逃不开的
经济周期

历史，理论与投资现实

拉斯·特维德（Lars Tvede）◎著　董裕平◎译

BUSINESS CYCLES

HISTORY, THEORY AND INVESTMENT REALITY

珍藏版

中信出版社·CHINA**CITIC**PRESS ·北京·

图书在版编目（CIP）数据

逃不开的经济周期：历史，理论与投资现实/（挪威）特维德著，董裕平译.—北京：中信出版社，2012.11（2025.5 重印）
书名原文：Business Cycles: History, Theory and Investment Reality
ISBN 978-7-5086-3521-7
I.逃… II.①特… ②董… III.经济周期论 IV.F037.1
中国版本图书馆 CIP 数据核字（2012）第 212249 号

Business Cycles: History, Theory and Investment Reality by Lars Tvede
Copyright © 2006 by John Wiley & Sons. Ltd.
Simplified Chinese translation copyright © 2012 by China CITIC Press
Authorised translation from the English language edition by John Wiley & Sons, Ltd.
All Rights Reserved.

逃不开的经济周期：历史，理论与投资现实

著　　者：［挪威］拉斯·特维德
译　　者：董裕平
策划推广：中信出版社（China CITIC Press）
出版发行：中信出版集团股份有限公司
　　　　　（北京市朝阳区东三环北路 27 号嘉铭中心　邮编　100020）
　　　　　（CITIC Publishing Group）
承　印　者：北京通州皇家印刷厂

开　　本：787mm×1092mm　1/16　　印　张：27.5　　字　数：356 千字
版　　次：2012 年 11 月第 2 版　　　　印　次：2025 年 5 月第 68 次印刷
京权图字：01-2008-1119
书　　号：ISBN 978-7-5086-3521-7 /F·2718
定　　价：69.00 元

版权所有·侵权必究
凡购本社图书，如有缺页、倒页、脱页，由发行公司负责退换。
服务热线：010-84849555　　服务传真：010-84849000
投稿邮箱：author@citicpub.com

目 录
Business Cycles

序　言 / VII

第一篇　发现经济周期——繁荣与崩溃

第 1 章　密西西比泡沫 / 3

第 2 章　现金支付危局 / 19

第 3 章　经济危机——商业的苦恼 / 27

第 4 章　1837 年美国经济危机 / 45

第 5 章　繁荣的终结 / 55

第 6 章　萧条的唯一原因就是繁荣 / 65

第二篇　经济周期的规律

第 7 章　又到经济危机爆发的时间了吗 / 79

第 8 章　究竟什么是经济周期 / 99

第 9 章　商业萧条与货币稳定 / 105

第 10 章　病入膏肓的经济 / 113

第 11 章　大萧条 / 123

第 12 章　创新与经济周期 / 137

第 13 章　有关货币的问题 / 149

第三篇　经济周期的隐藏决定力量

第 14 章　经济周期的图景 / 163

第 15 章　三种周期模式 / 185

第 16 章　蝴蝶效应 / 193

第 17 章　趋势与心理 / 207

第 18 章　网络爆炸 / 225

第四篇　经济周期的精髓

第 19 章　理论与现实的背离 / 235

第 20 章　亚当·斯密的 3 个问题 / 245

第 21 章　周期的主要驱动力 / 251

第 22 章　中央银行的挑战 / 265

第五篇　经济周期与资产价格

第 23 章　周期之母：房地产市场 / 303

目 录

第 24 章　收藏品投资 / 333

第 25 章　贵金属交易 / 349

第 26 章　商品期货投资 / 367

第 27 章　债券、股票与基金 / 379

第 28 章　世界最大的市场：外汇交易 / 391

第 29 章　经济周期和市场循环 / 399

跋　　心跳之声 / 419

附录 1　经济周期理论重要事件一览 / 421

附录 2　历史上大规模金融危机一览表 / 427

序 言
Business Cycles

楚格州是瑞士最小的州。虽然面积很小，但充满了瑞士风情。放眼望去，山坡上散布着木质农舍，牧牛的铃声在山间飘荡。夏天的时候，许多房子旁边还会点缀上各种美丽的花。

它位于阿尔卑斯山麓，从这里向南可以远眺瑞吉山和皮拉图斯山的壮美。如果你置身其间，就可以看见西边耸立着秀美的少女峰和艾格峰。山谷中的河流汇入了当地的楚格湖。湖的东岸是古老的楚格镇，建于11世纪，镇上还保留着古老的木屋、狭窄的街道、富有浪漫气息的教堂，还有当年防御用的城墙和塔楼，人们还为湖上的船只建造了一个小小的码头。

岁月的洗礼极大地改变了这个地方。在漫长而暖和的夏天，生活变得纷扰忙乱。许多小小的户外咖啡馆挤满了欢乐的人群，这里有庆典、露天集市、音乐会，湖上偶尔还有壮观的焰火表演。预示着夏天快要结束的第一个信号是暴雨的到来。你会看见寂静的闪电划过远处的天空——不是几道闪光，而是几百道。闪电渐渐从远处逼近，轰隆隆的声音很快就打破了原来的寂静。当闪电出现在楚格镇上空的时候，几乎每道闪电都会击中湖面或者山坡。顷刻之间，风雨交加，而后又是一片明媚。秋天过后，会有一段阴暗多雾的天气。当雾散天清的时候，你就会看到白雪皑皑的山峰，此刻，冬天已经来了。

就在1998年年初一个清朗而寒冷的冬日，我沿着苏黎世班霍夫街前行，准备去和朋友尤根·奇德克（也是自2005年以来我的合作伙伴）共进午餐。我们喜欢约在中央广场的餐馆见面，主要聊聊世界经济的状况与金融市场的前景。尤根是一位对冲基金经理，正在这个市场上努力打拼。像往常一样，我先点好午餐，然后问："情况怎么样？""还有好多没有处理完。这次将是一场巨大的崩溃。"他回答道，"俄罗斯的股票市场像滚落的石头一样下挫。

尽管俄罗斯拥有1.5亿人口,但其经济规模比瑞士还要小一些。""比瑞士还要小?"

"是呀。俄罗斯整个股票市场的价值大约相当于美国一些互联网公司的市值。亚太地区则是一团糟,有一些地方看起来像要努力建设成为新的曼哈顿。而今,那里的建筑物虽然屹立不动,却早已是人去楼空。这就像古老的经济周期又发作了。"

我们一边享用着午餐,一般聊着危机的细节和经济周期的理论,喝完咖啡之后,我们便一起离开了餐馆。在外面互道再见的时候,我问他还有什么建议。"这是一次危机,你知道。而且这是一次很大的危机。不妨等等再看吧。"他回答道。户外寒冷刺骨,他说话时呼出的热气似乎都结成了冰霜。最后,他说完话,脸上竟然露出了很明显的喜色:"不过天气很可爱。"而后我们相互咧嘴笑了笑就分手了。

当我看到他走向自己的办公室时,我觉得他刚才说过的那些话仿佛已经凝结成冰,正在班霍夫街上飘荡,而且带着令人心寒的消息:"这是一次危机,你知道。而且这是一次很大的危机。"他所说的某个信息可能马上转过街角,进入瑞吉斯拉斯街,与其他所有忧心忡忡的商界人士所发表的言论混合在一起。或者它可能径直来到湖边,飘过湖面的小船,轻声向人们嘟囔着:"这是一次危机,你知道……不过天气很可爱。"

那天晚上,我回家的时候,没有脱外套就走进了花园,坐在树下的椅子上。这是一个异常漆黑的夜晚,雪花无声地飘落。我曾经非常喜欢这样寂静的冬夜,来自清朗天空的雪花在我身边轻盈曼舞。我抬头望得见远处皮拉图斯山顶上滑雪酒店的灯光,而在我的脚下,是那些威严的游船亮着航行灯从湖面上划过。这真是一派非常神奇的景象。

我的思绪又回到了午餐时讨论经济周期的情景。我看到如此多的老练商人,因为不懂得经济衰退而变得身无分文。就连经济专家也感到这是一个难题——有多少人能说自己真正理解了这个问题呢?当出现暴跌的时候,许多人相信我们再也恢复不了了,而当出现繁荣的时候,有些人认为这种景象会永远持续。经济周期问题是非常复杂的。让我感到好奇的是，这种现象究竟是从什么时候开始出现的？在石器时代肯定不会有任何的经济周期。那么它们是从1929年大危机开始的吗？显然不是，时间比这可要早得多。有可能是亚当·斯密时代吗？也不是，我们还要往前追溯。于是，我认为很可能是在欧洲市场经济引入纸币的时候，经济周期现象就真正成为了重要的问题。

把纸币引入欧洲的人是约翰·劳。这一举措刺激了一个非常巨大的信用市场的发展。信用市场对造成经济周期现象具有巨大的作用。因此，也许这就是经济周期现象真正成为重要问题的关键所在。

我深入地研究了约翰·劳。他是否真正理解自己引入的纸币呢？现在看来，他很可能没有理解。他怎么可能理解呢？我尽力想象着他的模样。他像我曾经看过的古老版画中的样子吗？他一定是高个子吧。在我的心里，他的一幅肖像已经渐渐浮现出来——轮廓修长的高个男子。在太阳王（路易十四）的时代，他的鞋子看上去有些女性化，上面满是各种装饰物。我闭上眼，静静地斜靠在椅子上，仿佛看见约翰·劳一副赌徒的模样。我似乎看见一个自信而傲慢的年轻人，站在早晨的阳光下。肯定在一个公园，因为旁边树木葱茏。隔着一段距离，一群人正望着他。他们都穿着同样颇为滑稽的文艺复兴风格的衣服。然而，约翰·劳只是站在一侧，陷入了沉思。现在，我已经把他看得清清楚楚，甚至注意到他脸上流淌的细小汗珠。他似乎并未察觉到，而只是一直牢牢地盯住某一个点。他如此固执盯着的是另一个人。他死死地盯着，然后我看到他迅速地伸手去拿一件东西……

BUSINESS CYCLES

第一篇

发现经济周期——繁荣与崩溃

第 1 章　密西西比泡沫

他站在那里，手里紧紧握着一把剑。即将要出现的一幕着实让人恐惧，他就要和一个 23 岁的年轻人进行一场决斗。这个年轻人名叫约翰·威尔逊，是这个镇上一个大家族的子弟。就在此刻，威尔逊的马车来了，除非威尔逊突然改变主意取消，否则决斗已经无法避免。约翰·劳为什么要接受这样一场决斗呢？他为什么要冒失去自己年轻生命的危险呢？他真的很愚蠢吗？实际上，他只要原谅自己，就可以退出决斗，绕开这个麻烦，或者只要离开伦敦一段日子，所有事情也就随着时间的流逝被人忘却了。然而，约翰·劳不是那样的人，他遇到麻烦时，从来不会逃避，就像他一看见机会总要伸手抓上一把一样。于是，当约翰·威尔逊向他提出要决斗的时候，劳就立刻准备直面这场挑战。

赌场上的数学天才

约翰·劳非常健谈，而且衣着讲究。尽管脸上有一些出水痘留下的疤痕，但看上去还是显得颇为睿智，况且他身材伟岸（有 6 英尺高，合 1.8 米），仪表堂堂，非常富有魅力。在故乡爱丁堡，姑娘们都知道他是"花花公子劳"。从 14 岁到 17 岁，他在父亲的会计行里学习银行业务，在此期间他展露出了超常的数学才华。1688 年，他的父亲故去，留下这个 17 岁的儿子，还有银行与金匠业务的收入。在爱丁堡，约翰·劳几乎不曾错过任何一次机会，然而，他想要的实在太多，这个小城已经无法满足他的欲望。

于是，他决定离开苏格兰去伦敦。到了伦敦，刚刚安顿下来，他就开始频繁光顾赌场。在赌场里，他的数学才华可以派上大用场，没过多久，他就在赌桌上赢了相当可观的一笔钱。很快，这个英俊潇洒的苏格兰青年在伦敦出名了，而在一大群崇拜者中，女士们显得格外突出。这不禁让人感叹：生活真是太奇妙了！

但是，日子慢慢地过去，约翰·劳也在不知不觉之间变成了一个无可救药的赌徒。他在赌场上玩得越来越大，直到有一天，他受到了上天的惩罚：因为输得太惨，他只好抵押房产来还赌债。

屋漏偏逢连夜雨。也就在这一年，当威尔逊提出决斗时，他竟然愚蠢地接受了。可是，这样一场严肃的生死决斗，却仅仅是因为他和威尔逊女朋友的一次小小的调情。当时的约翰·劳虽然也只有26岁，但是似乎已经作好了赴死的打算。

逃　亡

这场决斗因残酷的死亡戛然而止。威尔逊一下马车，便提着剑直奔约翰·劳而来。约翰·劳仅仅是迅速地作了防卫性突击，却意外地刺中了威尔逊。威尔逊受了致命伤，没过一会儿就倒在了地上。然而，就在这天晚上，警察逮捕了劳，随后他被指控犯有谋杀罪，他的案子是和其他26名被告一起进行听证审理的。在历时3天的听证审理过程中，法庭不允许他雇用辩护律师或者自己出庭作证，他唯一的辩护方式就是当庭宣读一份书面陈词。第三天，判决结果出来了。大部分被告——准确地说，是21名被告——由于犯有偷窃罪而被判处烙手印，一人被判处流放，其余5人则被判处绞刑。在这5人之中，有一个是强奸犯，还有3人是由于造假而犯罪，最后一个就是约翰·劳。

幸运的是，判决书上的谋杀罪名后来被改成了过失杀人，于是绞刑也被减轻为判处罚金。威尔逊的兄弟对此极为不满，提出了上诉，结果案子悬而未决，劳仍然被关在监狱里。但是，在上诉定谳之前，劳就已经作好了逃走的打算——至于他是如何逃走的，并没有明确的记载。当时的公报曾刊载过一则逮捕他的告示，对他作了这样的描述：

> 约翰·劳船长，男，苏格兰人，26岁，身材高挑瘦削，皮肤黝黑，6英尺高，脸上有明显的麻子，鼻子很大，谈吐不凡，说话嗓门很高。

由于这些描述和实际的情形相差太远，因此，我们可以推测，这张告示反而帮了他的忙，使他能够顺利逃亡。无论这个情况是真是假，但不争的事实是他的确设法从英格兰穿越海峡逃到了欧洲大陆。

新的货币

约翰·劳在欧洲大陆游历了多年，每到一个国家，上午的时间一般都用来研究该国的财政、贸易以及货币与银行方面的业务，晚上则是泡在当地的赌场里。大概是1700年，他在29岁的时候返回了故乡爱丁堡。在爱丁堡，他开始推销自己早在欧洲大陆游历期间就逐渐形成的理念：国家要繁荣，就要发行纸币。他本人对此深信不疑，因为相比传统的金币或银币，纸币进行交易会带来极大的便利。1705年，他出版了《论货币和贸易：兼向国家供应货币的建议》。他在这本册子的开头写道：

> 有几种办法可以挽救处于货币严重短缺困境的国家。当然，要进行正确判断，而且要符合最安全、有利与可行的原则，就应该研究清楚以下问题：1.要查明货币的性质以及为什么白银比其他物品更适合充当货币。2.要研究贸易，以及货币对贸易所产生的深远影响。3.要对已经采用的用于维护和增加货币供应量的办法以及现在所提到的这些问题加以检验。

这本册子的促销工作做得较好，许多地方都张贴了宣传海报，列出了他所提建议的要点。它的确写得很好，说理非常清楚，让人容易理解。例如，约翰·劳对价格与价值的区别作了这样的解释：

> 水的用处很大，但价值很小，因为我们拥有的水量远远大于需求量；钻石的用处很小，但价值很大，因为对钻石的需求量太大，远远超出了供应量。

再比如他对纸币的描述：

> 商品交换的目的不是获得货币，而是获得商品的价值。货币的用处就是购买商品，而白银作为货币并无更多的用处。

当时苏格兰的经济正处于不景气时期，劳相信自己看到了问题的症结所在：经济不景气与货币有关。这本册子还提出了一种从未有过的说法——"货币需求"。劳试图向读者说明，由于货币供给量太少，所以货币的利率就太高。解决的办法就是增加货币供给量。他声称，扩大货币供给量能够降低利率，而且，只要国家以全部生产能力运行，就不会导致通货膨胀。

他还提出了另外一项建议：在苏格兰建立一家"土地银行"。该银行可以发行银行券，但发行银行券的价值绝不超过国家所拥有土地的价值。持有银行券的人可以获得利息，并且有权选择在特定时间将银行券兑换成土地。这个新的方案有两方面的优点：

- 它将减轻国家的负担，即避免为了适应经济增长而购买越来越多的贵金属来铸造钱币。
- 它将使国家更容易管理流通中的货币量，以便适应国家需求的变化。

这个建议非常好，产生了很大的轰动效应，同时也引发了争议。批评者嘲弄这是一个"沙滩银行"，将会破坏国家的命脉。但是，另外有一些人则支持劳的想法，最后，议会也对这个问题进行了严肃的辩论。然而，事情也就到此为止，大部分议员最终还是拒绝了这个方案。约翰·劳对此感到非常失望，再加上他又得不到英格兰法庭对他过失杀人罪的赦免（当时的英格兰与苏格兰是两个不同的国家），于是，他又回到欧洲大陆。这一次，他重操赌博的旧业。几年之后，他的赌技在各欧洲国家的首都已经闻名遐迩。他已经历练得很有城府，为人处世变得非常小心谨慎，并且已经拥有大量的财富。

约翰·劳就这样在佛兰德斯、荷兰、德国、匈牙利、意大利、法国等地度过了 14 个春秋。有许多地方的人认为劳给青年人带来了坏的影响，也正是这个原因，他被逐出了威尼斯和热那亚。他还树敌不少，一方面是由于他太精于算计，在赌桌上总是赢钱，另一方面是由于他总是喜欢和女人们厮混，而这些女人有时也与别的男人来往。有一次，他遇见一个叫凯瑟琳的女士，虽然她已经结婚了，但还是喜欢上了劳，最终她离开了丈夫，跟着劳私奔到意大利。后来，他们在一起生育了孩子。他还和一些有权势的上层人士来往，其中就有法国的奥尔良公爵。菲利普·奥尔良和约翰·劳一样，长得非常英俊，而且富甲天下，有权有势，很是迷人。与劳相比，在玩弄女人方面是有过之而无不及。

但在劳的心里，还一直挂念着有关纸币的想法。他确信欧洲的繁荣需要纸币信用。大约 1708 年，他在法国的法庭上向一位检察官提出了建立土地银行的计划。然而，这个建议再一次被拒绝。之后，他又在意大利作过尝试，结果同样被拒之门外。

要繁荣，就需要纸币

然而，历史往往又是滑稽的，有时正是某个非常奇怪的巧合决定了一个国家的命运。挥霍无度的"太阳王"路易十四在 1715 年死去，继承法国王位的国王年仅 7 岁。于是，劳的朋友菲利普·奥尔良有机会登上了历史的舞台，作为年幼国王的叔叔，他成了摄政王。奥尔良大公不像劳那样懂得银行与高级财政事务，他对此几乎是一窍不通，但与欧洲其他国家的领导人不同，他开始认真考虑劳的设想。

大公要自己承担这样的责任并不是一件容易的事。由于路易十四对珠宝与宫殿的兴趣远大于预算平衡，在他挥霍无度之后，法国的财政已经是摇摇欲坠。以下是关于这个国家的几个关键数字：

国家债务：	20 亿里弗尔[①]
年财政收入：	1.45 亿里弗尔
付息之前的年支出：	1.42 亿里弗尔
付息之前的盈余：	300 万里弗尔

当一个国家的债务差不多达到每年财政收入的 14 倍时，日子就会特别不好过。法国 20 亿里弗尔的债务中大部分是从大约 40 个私人银行家那里借来的，这些银行家也负责收税。当时的情形实在已经糟糕透顶，因为每年需要支付的债务利息就高达 9 000 万里弗尔，相当于利率为 4.5%。如果财政盈余在付息之前就只剩区区的 300 万里弗尔，那你如何能支付高达 9 000 万里弗尔的债务利息呢？那时候，诺阿耶公爵被新任命为财政大臣顾问，他后来对当时的实际情况作了记载：

我们发现，加上王室的财产，国家的财政收入几乎被无比庞大的费用和巨额账单消耗光了。正常税收早就被提前吃完，而各种拖欠的债务还在逐年累积，各种债券、收费条例、预支摊派的名目如此繁多，把这些加总起来几乎是一个天文数字。

圣·西蒙大公后来在他的回忆录中这样写道：

没人还有付款的能力，因为谁也拿不到薪金……

既然情况如此糟糕，那奥尔良大公还能干些什么呢？按照古代欧洲的传统，他可以有以下 5 种选择：

- 宣布国家破产；
- 竭尽能事进行大规模征税；

[①] 里弗尔（livre），古时的法国货币单位及其银币名称。——译者注

- 使硬币缩水（收回所有的硬币，然后用含金量更低的新硬币替换）；
- 出售垄断特许权，例如，垄断某种商品或殖民地的全部贸易；
- 查抄腐败政府官员的财产。

奥尔良大公选择了两种方式：使硬币缩水与查抄官员财产。他下令将所有硬币回收到造币厂，并禁止使用旧币，而替换的新币含金量则只有旧币的80%。但是，这种做法非常不受欢迎。况且，所有硬币替换完成之后，对国家财政的贡献也仅仅是新增7 000万里弗尔。

大公还向公民承诺，如果有人举报腐败的政府官员，在其定罪后，这个人就可以获得罚没财产的20%。对那些长期受到压迫的人来说，出台这样的政策措施是令人高兴的，于是法庭很快就高速运转起来。政府查抄了1.8亿里弗尔，大公将其中的1亿里弗尔作为特别款项拨给了新的官员。因此，政府新获得的总收入是：

来自硬币缩水的收入：	7 000万里弗尔
来自查抄的收入：	8 000万里弗尔
=总收入	1.5亿里弗尔

虽然采用了上述两种办法，大公也只是填补了国家债务的7.5%，或者说还不到两年的利息支出。他自己绞尽脑汁，再也无计可施，事情已经到了既无办法也无精力对付（除了和女人在一起）的地步。另一方面，约翰·劳像一把锋利的刀子，而菲利普·奥尔良对他则早已知晓。在1716年，也就是大公开始摄政的第二年，大公接见了劳，和他讨论了施政的政策。这时的约翰·劳已经是一个44岁的大富豪，他再次重复了以前说过无数次的话：要繁荣，就需要纸币，而且这种纸币还应该是硬通货，不贬值，不缩水。他提议设立一家银行来管理王室的收入，这家银行所发行的银行券要完全由贵金属或者土地作为支撑，换句话说，这是改良的"土地银行"。结果，大公高兴地同意了。

垃圾债券

1716年5月5日，一家名为劳氏公司（Law & Company）的银行创立了。银行从做担保业务开始，宣布所有税收都要用劳氏银行所发行的银行券缴纳，法国由此采用了纸币。

劳氏公司的资本为600万里弗尔，如果要购买其股份，需要用硬币支付其中25%，其余75%用行政债券支付。这是非常聪明的一步棋。行政债券是路易十四为给其巨额花销进行融资而发行的债券，这些债券在刚发行的时候售价为100里弗尔，现在则只值21.5里弗尔，因此被认为是垃圾债券。表1-1显示了当时的情况。

表1-1 1716年法国政府的财政状况

从政府视角来看	
未偿的公债（名义价值）	20亿里弗尔
利率	4.5%
每年应付利息	9 000万里弗尔
从投资者视角来看	
未偿的公债（市场价值）	4.3亿里弗尔
有效利率	18%
每年应收利息	9 000万里弗尔

有效利率如此之高（债券的市场价值如此之低）的原因当然是人们担心国家破产。然而，有一个可能的解决办法就是，政府按照当前很低的市场价格回购债券。如果这样做，政府实际上就可以将债务从20亿里弗尔（按政府出售债券时的价格算）减少到4.3亿里弗尔（按当前的市价算）。这样做实际上没有伤害到任何人！而且，此举有助于恢复信心。从原则上讲，政府还可以通过发行新的债券来支付债务利息——现在是按照4.5%的利率来计算4.3亿里弗尔债务的利息，可见利息负担已大为减轻，新的利息负担大约仅为每年1 900万里弗尔。

解开死结

现在的问题是，政府如何设法把20亿里弗尔的垃圾债券收回，并且不至于抬高其市场价格。如果人们真认为菲利普·奥尔良会从价格挤压中摆脱出来，他们肯定就会提高债券的报价，这样一来，他的图谋就会失败。约翰·劳劝说人们专门用行政债券购买劳氏公司股票的办法，也只能解决一小部分问题。

在这个阶段，劳的"债务－股权互换"部分仅占债务总额很小的比例，剩余的政府债务还有18.5亿里弗尔。发售劳氏公司的股票所购回的行政债券仅为450万里弗尔，即600万里弗尔的75%——相比20亿里弗尔的债务总额，几乎可以忽略不计。但是，劳已经有了下一步的计划，他又做了下面的三件事情：

- 规定劳氏公司银行券可以"见票即付"。这就是说，无论何时，只要你愿意来到劳氏公司，出示持有的劳氏公司银行券，都可以足额兑换硬币。
- 规定其银行券可以兑换旧币。如果政府采用缩水硬币（之前常常如此），那么约翰·劳仍然会支付原始含金量的硬币。
- 他公开宣称，任何银行家在发行银行券时如果没有足够的储备作为支持，就应该"受死"。

他这样做的结果是：新的纸币作为硬通货被接受，而且一开始的交易价格为101里弗尔，也就是说，与相同名义价值的硬币相比，还有1%的溢价。这种可靠交易手段的出现，很快就刺激了贸易的发展：商业出现好转，对纸币的需求也与日俱增。不久，劳氏公司就在里昂、罗谢尔、图尔、亚眠和奥尔良开设了分支机构。一年之后，即1717年，劳氏公司的纸币价格用硬币计价已经上升到了115里弗尔。

与前两步棋相比，约翰·劳走的第三步棋则更加辉煌。他提议法国政府实施一项新的债务－股权互换计划，最终把剩余的行政债券全部吸收完毕。他建议奥尔良大公应该同意设立一家公司，这家公司获得与两个殖民地进行贸易的垄断权——这两个殖民地是1684年法国政府占领的密西西比河与路易斯安那州。在公司公开出售股权时，人们应该用行政债券购买，如此一来，国家的债务就消失了。大公对此提议非常兴奋，于是开始着手准备这个新的"密西西比计划"。

与此同时，大公的兴趣转到了劳的银行上。至此，它已经不再被看作一项实验，而是成功的典范。他决定采用若干特许权——包括冶炼金银的唯一特权——进一步支持银行。他甚至还同意了一件从一开始就不愿意做的事情：将银行命名为"皇家银行"。很显然，这时他已经掌控了这家银行，而且高兴怎么干就可以怎么干。他之所以这样胆大妄为，是因为看到了以下四个方面的问题：

- 人们对纸币已经树立信心；
- 纸币是政府借款的"无痛方法"；
- 由于纸币处于溢价交易状态，很显然供给不足；
- 纸币似乎带来了繁荣兴旺。

既然如此，为什么不多印发纸币呢？如果人们购买银行券来兑换硬币，大公就可以花费那些硬币！于是，他下令该银行印制10亿里弗尔的纸币——这超出了之前所印制纸币的16倍之多。这个命令遭到了大臣达古梭的反对，大公于是立即用更加听话的人取代了达古梭。约翰·劳对此感到了恐惧。

密西西比计划

此时的约翰·劳正在准备启动他的密西西比计划。1719年年初，新的密西西比公司的特许权得以扩大，包括：

- 在密西西比河、路易斯安那州、中国、东印度和南美享有贸易专权；
- 为期9年的皇家造币权；

- 为期 9 年的国家税负征收权；
- 烟草专卖权。

除了这些，密西西比公司还获得了塞内加尔公司（The Senegal Company）、中国公司（The China Company）的全部财产，以及部分法国东印度公司（The French East India Company）的财产。随着法国东印度公司被控制，人们期望这个新的巨人能够挑战全能的英国东印度公司。

由于拥有了这些特权，不难想象，这家公司会创造出巨额的利润。公司被命名为"印度公司"后，又宣布增发价值 2 500 万里弗尔的公众股票，从而使公司的总股本增加到了 1.25 亿里弗尔。约翰·劳对外宣称公司的预期红利能够达到 5 000 万里弗尔，这就意味着投资年收益率达到 40%。然而，由于投资者是用"太阳王"的垃圾债券来购买股票的，所以实际上获得的投资收益率比 40% 要高得多。我们可以举一个例子来算一下，假如你购买价值 100 万里弗尔的股票：

股票名义价格：   100 万里弗尔
预期年红利：   40 万里弗尔
用名义价值 100 万里弗尔的债券（折现率为 0.2）购买的价格： 20 万里弗尔

因此，实际投资收益率竟然高达 200%！你当然会期望每年能够获得大约 200% 的投资回报！这是 200% 呀！！！顷刻之间，申购股票的投资者蜂拥而至，股票被超额认购。公司职员要花几个星期的时间来整理认购人的名单，约翰·劳在这段时间里也无法叫出这些股东的姓名。可是，就在这段等待的时间，出现了戏剧性的心理效应。一大早就有成群的人在坎康普瓦街集结，一直到很晚才离开，只是为了听到结果。没过多久，人数就增加到好几千，越来越多的人挤满了整个街道。这可不是一群普通的人，其中就有诸位公爵、伯爵和侯爵夫人，所有人都急切地想狠赚一笔。最终名单出来的时候，这次股票发行已经至少被超额认购 6 倍。而在自由市场上，股票价格急剧飙升到了每股 5 000 里弗尔，是发行认购价格的 10 倍。劳和奥尔良大公决定好好利用人们的这种激情，于是又增发价值 15 亿里弗尔的股票，这次的发行规模达到了前两次的 12 倍之多。

大泡沫

这次股票发行确实应该引起投资者的担忧。我们这样想一想：投资者投入的是垃圾债券，并没有新的资本——仅仅是利息——注入公司，但是，随着资本份额的扩大，相应的每股收益已经被大大稀释，仅为原来的 1/13。

然而，公众对此并不担忧，导致如此巨额的股票发行仍然有 3 倍的超额认购。于是，极为离奇的事情发生了。尽管 4 年前法国还陷在深深的绝望之中，但仅仅过了 4 年，整个国家又开始沸腾起来，到处充满了喜悦与幸福。所有的奢侈品价格都开始上涨，花边缎带、丝绸、宽布和天鹅绒的产量翻了几番。工匠的工资涨了 4 倍，失业率也下降了，到处都在忙着建造新的房屋。每个人都看到价格在不停地上涨，谁都想赶在价格进一步大幅上涨之前去抢购物品，抢着投资，抢着囤积。

在巴黎，经济比其他任何地方都要热。据估计，在此期间，巴黎的人口增加了 30.5 万。街道上常常塞满了新的马车，挤得谁也动弹不了。巴黎从世界各地进口了大量的工艺品、家具和装饰品，这种情形还从未有过，消费者也不再仅仅由贵族构成，还包括新兴的中产阶层。那些购买了股票的人突然发现，区区几千里弗尔居然可以增长到 100 多万里弗尔。很快，法语增加了一个新的词汇——"百万富翁"。不过，最大的受益者还是贵族阶层。这也包括约翰·劳，他是爱尔兰流亡者理查德·坎蒂隆的朋友，坎蒂隆当时是法国巴黎最成功的一位银行家。劳、坎蒂隆以及他的兄弟伯纳德一起在密西西比购买了 16 平方里格①的土地，并且招募了大约 100 位想淘金的移民到那

---

① 里格是弃用的长度单位，1 里格约等于 3 英里或 5 公里。——译者注

里种植烟草。不久之后，伯纳德就和他的移民一起乘坐贩奴船起程了。当他到达那里的时候，才发现实际情况并不像先前在巴黎的沙龙里所描绘的那样，而是布满了荆棘与敌意——在接下来的4年里，他带来的人有3/4死于疾病或印第安人的袭击。

然而，这类故事需要经过一些时日才能传回故乡，所以巴黎的投机狂热并没有丝毫减轻的迹象。先前在萧条中受到残酷压榨的许多中产阶层人士，如今依靠对印度公司的股票投机得救了。波旁公爵就是其中之一，他在股票交易上赚了大笔的钱，这足够让他在尚蒂伊重建一座无比奢华的宅第。他的投机还让他能够从英格兰进口150匹精心挑选的赛马以及购买一大片土地。其他许多中产阶层人士也都发了大财，但最大的玩家之一还是理查德·坎蒂隆，他是劳的朋友与投资合伙人，在股票价格还很高的时候，手里便累积了大量的股票。

偶尔的震颤

股票交易不会是只涨不跌的，即使最疯狂的牛市也会有下挫的情况。印度公司的股票的确也是如此。在几天时间里，印度公司的股价有时不止一次大幅下跌，这就足以消灭掉那些处于边际的交易者。在股价下跌的情况下，一位名叫希拉克的内科医生给一位女士看病。希拉克自己也感觉不太好，因为他买的印度公司股票价格已经连着几天大幅下跌。当他给这位女士号脉时，他的心思还在股票市场上，他沉思着说道："不行了！不行了！天哪！快不行了！"那位女士非常恐慌，踉跄着去拿钟，还一边哭泣着："哦，希拉克先生，我就要死了！我就要死了！不行了！不行了！不行了！"

希拉克很是惊讶，问她到底在说些什么。"我的脉搏！我的脉搏！……"她回答道，"……我会死的！"幸运的是，希拉克先生的解释让她平静了下来，因为他刚才说的是印度公司的股价，而不是她的脉搏。

新的繁荣景象

随着牛市的继续，在劳位于坎康普瓦街的房子外发生了一些稀奇的事情：整条街都变成了股票交易场所，挤满了针对印度公司股价变化进行投机买卖的投机商。股票经纪人与中间商在这条街上到处租房子，租金比通常的价格高出12~16倍，而且连酒吧与餐馆也改成了股票交易场所。随着投机商和金钱而来的，还有小偷与骗子。所以，派一群士兵到坎康普瓦街来维持夜里的治安，已经是见怪不怪的事情了。

最后，劳实在受够了外面喧嚣的噪音与拥挤，于是在宽敞的凡登广场旁找了一个新的住处。但是，他不能从这些人当中搬走，因为在这些人的眼中，他是所有活动的中心。对他们来说，他比历史上任何国王都要伟大，是最伟大的金融天才，他独自创造了一个国家的繁荣新景象。贵族们用大笔金钱贿赂劳的仆人，就是为了能成为劳的听众。无论何时他驾车外出，皇家骑兵都要在前开道，为他挡开那些崇拜者。那些投机商与股票经纪人必须清楚地了解他的一举一动，就像圣·西蒙在他的回忆录中所写的那样：

> 劳被那些信徒与野心家紧紧围绕着，有的人把他的屋门挤坏了，有的人从他的花园翻窗而入，还有一些人从他办公室的烟囱上爬了下来。

奥尔良大公夫人也这样写道：

> 劳成天被人追逐着，不分白天与黑夜，没有间歇。有一位公爵夫人就在大庭广众之下亲吻了他的双手，而既然一位公爵夫人已经亲吻了他的双手，那些普通的女士又该亲吻他身上的什么地方呢？

因此，就像工蜂追随着蜂王一样，人们也紧紧跟随着约翰·劳。不久，他家门前的广场上又搭满了摊位与帐篷，凡登广场也变成了一个兴旺繁忙的集市，人们不仅在这里从事股票与债券的买卖，还做起了各种各样的生意。广场上一片喧嚣，这比先前在坎康普瓦街时还要糟糕。奥尔良大公听到了一些对这种乱七八糟的状况的抱怨,尤其是首席法官的抱怨。因为他主持的法庭正好也在凡登广场,外面噪音已经让他听不清律师的讲话。约翰·劳决定再找个新的地方,于是买下了苏瓦松酒店,这个酒店的后面有一个大花园。就在同时,法庭发出了明文规定,除了这个花园之外,禁止在其他任何地方进行股票交易。于是人群再一次蜂拥着跟了过来,酒店的后面立即搭起了500多个大大小小的帐篷。这一次,巴黎的每一个人,不论男女老幼,几乎都在投机买卖印度公司的股票,而这只股票正处于加速的牛市行情。故事还在继续,当时清醒的阿贝·特诺松与和他同样清醒睿智的朋友拉莫特相互庆贺彼此都没有卷入这场全民的疯狂。然而,几天过后,拉莫特禁不住诱惑,跑去买了一些印度公司的股票。但是,当他走进苏瓦松酒店的时候,迎面碰见从酒店里面出来的人是谁呢?当然是阿贝,他刚刚在市场上买进了股票。在这个插曲之后的很长时间里,他们在经常进行的哲学讨论中都避免谈及投机的话题。

与此同时,奥尔良大公还在通过皇家银行印发更多的纸币。为什么不呢?难道不是发行货币的做法使国家重新繁荣起来的吗?既然是这样,为什么不多印发一些货币呢?打个简单的比方,货币对于经济这部机器来说就像油一样,不是吗?油灌得越多,机器就会运转得越好!这对股票市场也同样有好处。印度公司的股票价格已经从初始的每股150里弗尔飙升到超过8 000里弗尔。就在这一天,一位生病的投机商听到如此令人难以置信的价格后,就打发他的佣人去卖掉250股的股票。当佣人来到市场,他看到价格实际上更高,卖出的价格不低于每股10 000里弗尔,这已是原始发行价的67倍了——股票价格已经令人惊异地飙升了6 700%。他回来的时候,交给了主人400万里弗尔的预期收入。然后,他回到自己的屋子,收拾好东西,卷起剩下的50万里弗尔,迅速离开了这个国家。

但是接下来,在1720年年初的一天,非常奇怪的事情发生了。一个人拉着两马车的纸币来到皇家银行门前,他愤怒了,而且非常愤怒⋯⋯

第 2 章　现金支付危局

孔提王子相信自己有充分的理由愤怒。他想购买一些印度公司的新股票，但是劳没有同意。这个傲慢的苏格兰杂种！踢开他！王子愤愤地骂道。于是，他拉着满满两车的纸币来到银行门前，径直走进了大门。"瞧，先生们！你们的纸币，所谓'见票即付'的纸币。现在，你们瞧见了吗？那好，给我换成硬币吧！"银行随即把纸币换成了硬币，装了两马车。奥尔良大公听到这件事之后，显然大为震怒，立刻命令孔提把 2/3 的金属硬币退回了银行。事情仅此而已。后来公众便不喜欢孔提了，而且谴责他不合情理的做法。但是，这个事件仍然产生了重要的影响：它在民众的心里播下了一点点怀疑的种子。如果有更多人都拿着纸币要兑换，那会是什么样子呢？如果所有人都拿着纸币去银行兑换呢？银行会有那么多的黄金吗？我自己是否要去兑换呢？！

在随后的几个月里，一些机敏的投机商开始从股票市场抽身，卷走收益，而一些股票价格在短暂地摸高到每股 10 000 里弗尔的水平后便开始下滑。有一对兄弟，鲍登与拉·理查蒂埃尔，开始悄悄地拿着纸币到皇家银行去兑换，每一次兑换的数额都比较少。他们还开始尽量收购白银与珠宝，并且把白银、珠宝和硬币一起秘密地运到荷兰与英格兰。一位成功的股票交易商沃默雷特也卖掉了全部股票，把价值 100 万里弗尔的金属硬币装进了马车。他在上面覆盖了干草与牛粪，自己假装成农夫，驾着马车跑到了比利时。许多人离开了法国，剩下的人对纸币也越来越没有信心，并秘密储藏金属硬币。人们要么把硬币藏在床垫下，要么就把它们运到国外，这样一来，法国的货币流通速度慢了下来。

在这种情况下，大公采取的措施实在不够高明。首先，他把纸币兑硬币的兑换价调高了5%。显然，他第一步是想恢复信心，但是这对资本外逃毫无效果，于是他把兑换价又调高了5%，但还是不见效果。1720年2月，他干脆禁止使用硬币。在法国，任何人财产中的硬币价值不得超过500里弗尔，否则就有被罚没充公的危险。他还禁止收购白银、珍贵宝石和其他珠宝。任何举报收购这类贵重物品的人，将会得到罚没财产价值的一半，当然这一半的价值是要用纸币支付的。最后，大公在2月1日到5月底的这段时间里，又印发了价值15亿里弗尔的纸币，纸币的总供应量已经达到了26亿里弗尔。很显然，公爵采取所有这些措施的目的，就是要迫使人们继续使用纸币，然而，这些举措此时已经回天乏力，毫无效果。经济已经开始紧缩，人们心里充满了恐慌。法兰西的未来在哪里呢？这又该谴责谁呢？

约翰·劳。正是这个约翰·劳应该受到谴责。不是他最先编造了纸币的故事吗？他的密西西比计划又怎样了呢？人们在那边除了被蚊子咬死或是被印第安人杀死，还能干些什么呢？印度公司的股票真的比皇家银行的纸币还值钱吗？难道不是这样吗？最好还是把这些东西统统卖掉吧！于是，股票价格很快崩溃了，大约超过50万人亏了本，成千上万的投资者破产了。那些在股票投机上亏本的人还不了别人的钱。面对这样一条残酷无情的反应链，需要采取一些补救的措施，以使印度公司的股东们相信公司实际上仍然运转良好。补救的办法很简单：把巴黎最穷的人与罪犯征召起来送到新奥尔良为公司挖黄金。有6 000多个"穷鬼"参加了这个计划，这支队伍推推攘攘地在巴黎的街道上游行，准备去码头，然后坐船到美洲去。起初，人们喜欢这个计划，因为6 000名工人已经是一支很大的队伍了。如果他们能找到金矿，那么公司当然会顺利运转。如果能用这些黄金铸造新的硬币，那甚至可以让法兰西再次振作和繁荣起来。于是，有一段短暂的时间，印度公司在股票市场上又重整旗鼓了。

黄金在哪里？

但是，古怪的事情发生了：那些在街上游行的人绝大部分根本没有离开这个国家。3个人中就有两个把配发的新衣服与工具卖掉了，根本没上船，而是回到了家里。在巴黎忍受贫穷也比到新奥尔良挖黄金强。很明显，这个密西西比冒险计划已经不可能实现人们曾经寄托的希望，于是劳和他的朋友理查德·坎蒂隆，这位23岁的超级银行家，也就放弃了从他们合伙购买的那块土地上挣钱的希望。然而，坎蒂隆对此显得很从容，因为他正在做着另外一桩挣钱的大买卖。当银行大量发行货币的时候，他的反应并不像其他人，实际上他早就看到了法国货币迟早是要贬值的，所以他收回了所有钉住法国货币的贷款，而把收益投在了英国货币上。劳听说了这种情况，于是来到坎蒂隆的办公室，告诉他：

> 如果是在英国，我们可以谈谈并能达成一个协议。但现在是在法国，你也知道我会告诉你什么——如果你不答应我在48小时之内离开这个国家，今晚你就会被送进巴士底狱。

这听上去是一个非常不错的建议。坎蒂隆卖光了全部资产，大约净赚了2 000万里弗尔，这确实是一笔巨大的财富。然后他火速离开了法国。

这时，印度公司的股价还在持续下跌，奥尔良大公变得绝望起来。很显然，他越是采取限制使用硬币的措施，人们越是想要持有硬币。他决定把皇家银行与印度公司合并起来，希望两者能够相互支撑。可是这也没有奏效。1720年5月初，他召集了一个约翰·劳和所有大臣都参加的紧急委员会会议。在会议的日程中，首要的便是处理正在流通的价值26亿里弗尔的纸币，而这每一张纸币都可以从官方兑换金币和银币。实际的硬币数额还不到一半，而且多数已经被民众藏在了床垫下面（法国人的这个习惯在此后几个世纪里已是臭名昭著）。会议决定将纸币贬值一半，从5月21日起生效。这对法国民众的打击简直太沉重了。由于社会动荡的不断升级和反抗的威胁，仅仅过了一个星期，即 5 月 27 日，原来的法令就被取消了。也正是在这一天，皇家银行暂停支付金属硬币，而约翰·劳也被解除了职务。

然而，这天晚上，大公派人去请劳，劳从一个密道进了王宫。大公竭尽所能地安抚劳，说劳这次成为众矢之的，被民众憎恨，是如何不公平。过了两天，他邀请劳去歌剧院看演出，劳还带着家人一起来，好让每个人都看到他们一家和大公在一起。但是，这对劳来讲，几乎是一个致命的错误。他的马车刚到家门口，民众就用石头进行袭击。车夫驾着车迅速躲进了大门，佣人随即把门砰地关上，劳才免遭皮肉之苦。劳受了惊吓之后，大公派了一队瑞士卫兵日夜驻扎在劳的宅子里。即使这样，劳还是感觉不安全。很快，他搬进了王宫，和大公享受同样的保护。

大公现在完全隐退了。为了帮忙收拾混乱局面，他决定重新起用两年前被他解职的大臣达古梭。为了能够劝他回来救场，他派劳坐着邮政马车去面见达古梭。达古梭同意了，而且和劳一起回来了。很快，在 6 月 1 日，禁止自由持有硬币的法令被废除。也是在同一时间，价值 2 500 万里弗尔的新纸币得以发行，这些纸币是用巴黎的税收作为支持的。6 月 10 日，皇家银行重新开张，也作好了纸币兑换金属硬币的准备——但它们已经不全是以往的贵金属硬币，现在有一部分被换成了铜币！

沉重的金属

历史上，铜的价格经历了好多次牛市，但这一次更是独特。在接下来的几个月里，总有一群人聚集在银行门前，每个人都要把纸币兑换成一堆铜币。有几次聚集的人太多，以至于有人被挤死。为了缓解压力，7 月 9 日，士兵封锁了大门，于是外面的人就开始投掷石块。一个士兵开枪还击，打死了 1 人，还伤了 1 人。8 天之后，又有 15 个人因挤压而毙命。人们被激怒了，他们用担架抬着 3 具尸体游行到了皇宫花园。在这里，他们发现了约翰·劳的马车，于是就把它砸得粉碎。

委员会不得不寻求新的解决之道。下一个紧急措施就是进一步扶持印度公司，公司贸易特权的范围将进一步扩大，以至于垄断法国所有的海上贸易。这样做将使数千名独立的商人丢掉生意，于是议会收到了一封接一封满是怨言的请愿书。议会因此否决了这个方案。大公对此恼羞成怒，就把议会和所有议员驱逐到偏僻的蓬图瓦兹。

8月15日，一道新的法令强加到了可怜的法国人身上。该法令规定，除了购买年金、存入银行账户或者购买分期付款的印度公司股票之外，不允许进行全部纸币价值合计1 000~10 000里弗尔的交易。10月，印度公司的许多特权被拿掉了，纸币也贬值了。股东们被迫与公司一道持有股票，而且，那些已经同意购买公司新股票的人还被强迫按照几乎是当时市场估价30倍的价格购买。许多人试图离开这个国家，以逃避这恐怖的惩罚。于是，所有的边防哨所都接到了命令，要求扣留任何想出境的人，直到弄清楚他们是否认购了印度公司的股票。那些已经设法出境的人则要因缺席被判处死刑。

1720年法国货币供给是如何下降的

法国有效货币供给下降有三个主要原因：

- 资本外逃。人们携带金币和银币离开法国。
- 货币流通（速度）下降。人们因不相信纸币而储藏硬币，随后可能由于对每个人持有硬币数额的限制，人们更是竭尽所能地保存硬币。
- 银行信用降低。法令强制规定，价值合计1 000~10 000里弗尔的所有纸币，只能用来购买债券、印度公司股票和存入银行账户，这就减少了有效货币供给。

一位现代经济学家很可能建议放弃金本位制，鼓励增加借贷，降低利率，增加公共开支，减税，以及让银行发行更多的货币去购买债券。

约翰·劳现在整天生活在恐惧之中，他成了法国最遭憎恨的人。离开了皇家庇护所，他要么隐姓埋名，要么得找到一个强大的保护队伍。他请求搬到一个乡下庄园去，大公对此求之不得。几天后，他收到了大公的回信，大公在信中展现了仁慈，并且还允许他离开法国——如果他想离开的话。大公还同意送给他一笔钱，想要多少都可以，他恭敬地婉谢了大公的好意。随后，就在开启这场冒险旅程5年之后，他只带了一颗大钻石，离开了法国前往威尼斯，这一年他49岁。

约翰·劳在法国所见的现象是非常令人震惊的，但是这并不是法国独有的。最狂热的投机刚刚在法国上演完，一场场非常相似的闹剧正在英格兰的土地上酝酿着。诚如法国一样，英国政府也被不断增加的巨额公共债务紧紧地缠住，其解决问题的措施也与法国类似。"南海公司"接管了偿付政府债务的义务，作为回报，它被授权垄断与南美的贸易。公司发行的股票早被急切的公众一股脑儿买完了，虽然没有证据表明南海公司做过任何实物贸易（正如我们后面将要看到的，到它真正做的时候已经是90年之后的事情了），这些股票的价格还是涨到了名义价值的10倍（后来被称为"南海泡沫"）。其中一个早期的最大买家不是别人，正是理查德·坎蒂隆。1720年6月，南海公司的股价达到了历史顶峰（见图2-1），而在接下来的3个月里，股价下跌幅度达到了85%，它也像法国的印度公司那样崩溃了。

许多投资南海公司的人是靠借钱来购买股票的，由于股票价格的崩溃，他们也失去了偿付债务的能力。于是造成银行倒闭的恐慌，结果拖累了很多金融机构的经营，导致了违约高潮的出现。

游戏的结尾

当英国的泡沫破裂的时候，约翰·劳作为法国纸币事件的策动者，正生活在威尼斯。他在很长一段时间里仍然抱着希望，盼着被召回法国并帮助政府重新创建稳固的信用体系。但是，奥尔良大公在1723年去世了，他的希

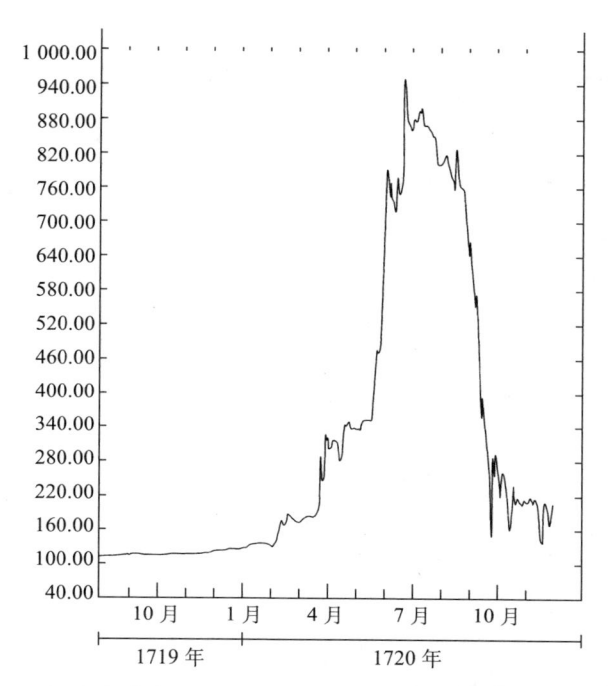

图 2-1　1719~1720 年南海公司的股票价格（以当时英国货币计）。在法国的印度公司崩溃之前，"南海泡沫"就已经开始了。当年的资料表明，正是法国的冒险者带着大量的资金进入英国，从而给这个新泡沫的后期阶段提供了支撑。理查德·坎蒂隆在这两个泡沫故事中，都是尽力早买并赶在股价崩溃之前抛售。

望也随之彻底破灭。于是，他就依靠赌博来度过余生。有好几次，他当掉了那颗大钻石，但每次都赢了足够的钱又把钻石赎了回来。1729 年，他在 58 岁的时候客死于威尼斯，那时他已经穷得身无分文。

　　英国南海公司的结局又怎么样呢？它最终在 1855 年解散，其股票转换成了债券。在南海公司存续的 140 年时间里，它从来没有在南海做过什么辉煌的贸易。坎蒂隆在股价很低的时候买进，而且赶在股价崩溃之前卖空。

第3章 经济危机——商业的苦恼

奥尔良大公去世的那一年，约翰·劳放弃了被召回法国的所有希望。也是在这一年，在离劳的故乡爱丁堡大约15公里的柯科迪小镇上，玛格丽特·斯密有了她的第一个孩子。她是一个单身妈妈，丈夫在孩子出生前几个月就已经死了。这是一个男孩，1723年6月5日出生，名字叫亚当·斯密。他的童年生活很安宁，只是在两岁的时候发生过一个小插曲。一个吉卜赛罪犯把他拐骗了，但很快就没事了。孩子在一天天的长大，玛格丽特·斯密注意到他对身边社会的情况有着强烈的兴趣。尽管柯科迪是一个只有1 500个居民的小镇，但还是有很多值得关注的地方。小镇有多种多样的商业贸易，来自许多地方的商船就停泊在房子旁边。小男孩喜欢坐在海边的峭壁上，远望着商船来来往往。

嬗变之年

那时候的英格兰不像法国，它已经建立了一套运转良好的纸币制度。支付手段不仅包括金币与银币，还包括英格兰银行和其他银行所发行的纸币，以及本票和境内票据。除了硬币、纸币与境内票据，还有像财政票据和东印度公司债券这样的附息票据，它们都可以流通，虽然周转率较低。造币厂的主管就是艾萨克·牛顿，他于1696年获得该项任命。牛顿在年轻的时候，就注意到不仅政府可以实行硬币"缩水"的做法，许多市民也可以这样做。一些人把一堆硬币放进一个袋子里，使劲地摇晃，然后把那些磨掉的粉末收集起来。有的人更加粗暴,直接在硬币的边上切下薄片,然后再拿去花掉。为了防止发生这样的事情,牛顿主张把硬币磨成光边,以便鉴别硬币是否曾被动过手脚。

那时,工业革命已经处于摇篮阶段,经济大繁荣的条件正在日益成熟。首先,英国的海军正在快速地征服新市场,为英国的产品打开销路。其次,乡村也已经启动了一场"农业革命",农场正在扩大,产量也在提高。这个过程释放出了劳动力,越来越多的年轻人来到城市寻找工作、学习机会或者尝试一些新的冒险职业。这些人中的大多数来到伦敦,那时居住在伦敦的人口大约有 50 万~75 万。另外一些人选择去了英国第二大城市布里斯托,那里约有 4.3 万人居住。其余的人分别移居到了诺里奇(3.6 万居民)、利物浦(2.2 万居民)、曼彻斯特(2 万居民)、索尔福德(2 万居民)、伯明翰(2 万居民)以及其他一些商业中心。

不凡的个性

再回到柯科迪小镇看看。我们这位年轻的朋友亚当·斯密在 17 岁那年完成了基础学校教育后,决定离开家乡。他告别了妈妈玛格丽特,跨上马,风尘仆仆地骑了 500 多公里的路程,来到了牛津,他已经被牛津大学录取了。约翰·劳 17 岁的时候则是醉心于伦敦的赌场,他也曾经立志要成为一个人物。而亚当·斯密对于赌博则是乏料可陈。实际上,在牛津大学,他是那些表现得最心不在焉的学生中的一员。在喝茶的时候,他把黄油面包泡在茶壶里,然后却抱怨茶的味道不好,人们看到这些并不觉得奇怪。他浪漫地与一个姑娘相恋,但在聚会的时候居然没有发现这位姑娘也在场。而且,人们还经常看见他自言自语。就在亚当·斯密看起来似乎忘却周围一切的时候,他却并不是在发疯,而是正聚精会神地思考着某些问题。

他不仅能够专心致志,而且还有很强的表达能力。在参加社交聚会的时候,他可以整晚上都只想自己的问题。可是一旦有人引起他的注意,比如向他直接提问或者发表一些刺激性的观点，他会就此展开讨论，仿佛在发表一席演说。他在讨论问题的时候喜欢打破砂锅问到底，有时在一些具体的细节上不停地纠缠，使得人们都后悔不该和他争论，或者后悔不该碰见他。

亚当·斯密发现自己对牛津大学课堂上讲的东西并没有什么兴趣，他的大部分知识实际上来自他独立的学习和阅读。

1750年，亚当·斯密完成在牛津大学的学业后回到了家乡，在格拉斯哥大学担任逻辑学教授。1752年，又担任道德哲学教授。这些年里，克莱德河沿岸的贸易逐渐发展起来，促进了当地新兴产业的发展。亚当·斯密怀着很大的兴趣跟踪商业的发展动态，而且在大学里的工作也让他感到非常愉快。

新伦理学：同情与私利

亚当·斯密有一颗雄心，那就是发展一套新的伦理学理论，这套理论是以人的本能与情感为出发点，而不是从虚伪的教条中推演出来。他相信，任何人都有一个基本的愿望，那就是被他人接受，并获得他人的"同情"。为了博得他人的同情，心怀私利的人将会尽力以一种受人尊敬与赞赏的方式行事。这样一来，就会培养出道德感，良心在转化为行动之前，就已经渗透在人们的思想之中。如果忽略了这一点，就不能唤起他人的同情心。因此，伦理学研究的并不是有关功利、仁慈或者道德教条的问题，而是实实在在的私利问题。

他还以同样的视角来考察社会经济的进步。他认为，正是追求私利的个人推动了经济的进步，而且，任何企图压制个人（私利）的行为，结果都会导致对整体经济活力的压制。1755年，他在一篇论文中作了这样的解释：

> 让一个国家从最低级的野蛮状态发展到最高水平的富裕，其实并不难，只要有和平的环境、较低的税收以及老百姓可以忍受的司法管理，其余的都是一个自然过程。然而，那些反对这个自然过程，强迫自然过程改变轨迹，或者在某个特别关键点上拼命阻碍社会进步的政府，都是

不近人情的，而且会被迫采用压迫与残暴的手段来维护自身的统治。

1759 年，他出版了《道德情操论》，这是他的第一本著作，在苏格兰广为人知。这本书还使他成为巴克卢公爵的私人家庭教师，公爵不仅同意提供大学薪水的两倍，而且还提供一项特别的礼遇：如果斯密愿意陪他一起到欧洲进行为期两年半的游学，公爵还愿意承担他的花费。斯密欣然同意了这个计划。1764 年的一天，斯密乘船前往海峡对面的法国。

货币必须不停周转

在经历了奥尔良大公、约翰·劳与密西西比危机之后，法国又经过了很长时间才逐渐恢复，现在它正与英国争夺殖民地的控制权。这些年，法国一批知识精英已经成长起来。斯密来到法国后，乘机拜会了其中一些精英分子，包括时年 29 岁的魁奈。魁奈结交了很多有权有势的朋友，他自己实际上还是路易十五的私人内科医生，这个路易十五就是约翰·劳时期由菲利普·奥尔良摄政的那个年幼的国王。

魁奈的一部分灵感来自于理查德·坎蒂隆。坎蒂隆死于 1734 年的火灾，他当时是个顶级富豪，在法国与英国金融市场上狠赚了几笔。在这个年仅 37 岁的百万富翁的遗产中，发现了一本书的手稿。后来将其出版，这就是《商业性质概论》，这本书对许多经济现象进行了分析。回过头来看，到目前为止，坎蒂隆最重要的贡献是有关货币供给、货币流通速度与资本市场的理论。坎蒂隆了解到如何影响有效的货币供给，他认为这不仅取决于发行多少货币，还取决于货币的流通速度，也就是货币在不同的人之间周转有多快：

> 在某种程度上，货币流通的加速度或者更高的速度，将会产生与增加货币供给（发行）相似的效果。

这两种途径都有效。诚如他在密西西比恐慌中亲眼所见的那样，如果人们开始储藏货币，其结果等同于货币供给的下降。货币必须不停地周转，否则就不能给市场这部机器添加机油，萧条也会随之发生。

尽管魁奈受了坎蒂隆的启发，但他自己的开创性思想也为人类作出了贡献。他在历史上的确也留下了深深的足迹，以至于200年之后，经济学家约瑟夫·熊彼特评价他是历史上最重要的四位经济学家之一。他的主要贡献之一就是所谓的"经济表"，这张表解释了注入社会中的一定数额的货币是如何转变成流量的。然而，货币不会永远流动，因为每一个收到钱的人在花费之前，通常都会储蓄一部分。他用这个方法来证明，向社会注入新的流动货币产生的影响要大于所有票面的数额。因此，重农学派认为，资本在本质上是一系列的预付，而社会收入是流动的，并且从某种意义上说，其数额在流动过程中会有所增加。人们都把魁奈看成是"重农主义"运动的非正式领军人物。这场运动创造了一个流行口号：**自由放任**。

他们反对法国的重商主义传统，反对国家干预与保护主义，他们主张废除垄断、贸易壁垒和特权。他们还提倡个人主义与"自然法"概念，认为社会法律应该反映大自然的客观法则。实际上，这场运动的名称本身意味着"自然统治"。重农主义者还认为自己利益的最好看护者是个人，而不是政府。于是，他们到处宣讲私有财产应该受到完全的尊重。

为消磨时光而写成的巨著

斯密倾听着魁奈，心中有些怀疑，但还是很感兴趣。显然，他并不太忙，在到法国的第一年，他便开始写书来消磨时光。后来，他在谈到这件事的时候说，当时"写书就是为了消磨一下时光"。他在法国待到1766年，回苏格兰的时候，已经完成了这本书的第一部分手稿。他那时还不知道自己所写的这些内容后来会成为一部经典著作的一部分，这部著作受到了经济学家的称颂：

> "……不仅是所有关于经济学的著作中最为成功的,也是迄今为止所有科学著作中最为成功的,和达尔文的《物种起源》可以一较高下。"
> (J·熊彼特,1954 年)

> "……从最终的结果来看,很可能是所有著作中最重要的一部。"
> (T·H·巴克勒,1872 年)

但是,他知道,一定要利用这些手稿作非常彻底的研究。回到苏格兰的那一年,他 43 岁,在柯科迪的海滩边买下了一幢房子,打算在这里继续他的研究。

英国工业的起飞

18 世纪 50 年代,越来越多的英格兰商人开始使用一些简单的机器。那时,许多小企业都散布在小山坡周边,以便利用溪流作为机器运转的动力,还有一些则是利用矿物能源做动力。在斯密的家乡,就有煤矿、盐场和制钉厂。他的一位密友詹姆斯·奥斯瓦德就在城外开了一家制钉工厂,离斯密家也不算太远。制钉用的铁屑原料是从欧洲大陆进口的,而煤炭在工厂的门口就有。后来,斯密就运用这家小工厂的经验来解释产业进步的关键。他回来三年之后,英国诞生了两项重要的技术发明。一个是阿克莱特设计的"水力纺纱机",它大大地提高了纺织业的生产效率。更为辉煌的还是第一台蒸汽机,它是斯密的一位好友詹姆斯·瓦特的专利发明。水力纺纱机与蒸汽机以及其他一些发明,加上煤炭生产,推动了英国工业的腾飞(表3–1)。

机器带来了两种戏剧性的效应。一是提高了单位资本投入的产量,另一个是在建立新工厂时,有必要预先制订深入的生产计划,这与以前向许多小家庭作坊订货的方式大不一样。当然,随着工厂潜在赢利能力的扩大,不确定性也增加了。在工厂建成投产之前,就可能面临市场需求变化的风险。没有人确切地知道这种发展对经济运行会造成怎样的影响,但肯定会有某种影响。

表 3-1　创新带来的工业革命

年份	技术创新	行业
1709	焦炭冶炼程序	钢铁业
1733	飞梭	纺织业
1761	曼彻斯特—沃斯勒运河	水路运输业
1764	珍妮纺纱机	纺织业
1769	蒸汽机	所有行业
1769	水力纺纱机	纺织业
1776	作物四路轮种技术	农业
1776	冶炼蒸汽鼓风机	钢铁业
1779	纺织骡机	纺织业
1784	搅铁法反射熔炉	钢铁业
1785	动力织布机	纺织业

资料来源：梅格，1987。

《国富论》

1766~1773 年，就在当地资本家正忙着用新机器设立工厂的时候，已经回到英国的亚当·斯密却一直在专心致志地著书立说。最终完稿的时候，已不知不觉写就了鸿篇巨制。这部 5 卷本的《国民财富的性质和原因的研究》（一般简称为《国富论》）全面地向读者阐述了资本主义经济的运行机制。在第一卷，斯密阐述了劳动分工是一些国家经济产出增长的主要原因。他用劳动分工来解释劳动生产率大幅提高与各种机器的发明。关于理性人，斯密用亲自观察的实例来说明自己的观点，而不是从理论上给出假设（有一次，他在解释制革厂的劳动分工理论时，由于注意力太集中而跌到了制革的坑里）。但是，他在书中说明劳动分工的理论时，举的例子不是制革厂，而是他曾经考察过的制针厂。在这家制针厂，10 个工人一天总共生产出 48 000 根针。

但是，如果把他们全都分开并独立工作，而且他们之中没有人接受过这项业务的专业培训，那么每个人一天的产量肯定不到 20 根，甚至可能连一根针都做不出来。

由于劳动分工是国民财富的基本源泉，他提倡通过自由贸易来促进国家之间的劳动分工。《国富论》接下来分析了价格机制，他认为市场价格围绕"自然"价格或"均衡"价格上下波动。该书的其他章节还研究了工资、利润、企业家承担的时间风险、利息、地租、资本与税收等问题。关于政府的作用，他建议应该最小化：

我从来不知道那些人为了公共利益而进行政府干预会带来什么好处。

他认为，公共部门不应该干预市场，而应该致力于保护市民、建立司法公正，以及承担一些特定的工作，像发展教育、运输系统和监管票据信用等。

看不见的手

然而，斯密著作最重要的部分并不是他的局部分析（其中多数是正确的），而是一个至关重要的基本原理：自由是最有效率的经济模式。他在书中得出这样的结论，如果让每个人成为自己利益的守护者，而且依靠自私的力量，那么，资本主义经济就是最理想的：

他只是追求自己的利益，像在其他许多场合一样，他受一只看不见的手的指引，去尽力达到一个并非他本意要达到的目的。

而且：

我们与生俱来的追求优裕生活的愿望，至死也不会改变。

他一遍又一遍不厌其烦地在书中重复着这样的话语：

> 我们的晚餐不是出自屠户、啤酒商或面包师的恩惠，而是出于他们自利的打算。我们不要向他们乞求怜悯，而要诉诸他们的自利之心；我们也决不向他们谈论自己的需要，而只谈论对他们的好处。

斯密如此强调这个原理，并不意味着他把市场经济想象成一个乌托邦式的天堂。他认为，雇主总是尽力压榨劳动工资，商家总是尽力消灭竞争，生产商总是尽力共谋提高价格，而工人们对此感到非常厌烦，有些人一辈子都处于穷困潦倒之中。但是，总体上看，经济体系会快速成长，而且那只"看不见的手"——市场的力量——将会迅速地对成长路径的任何偏离加以纠正。

这是一部经典之作。此前还从未有人像他那样深入地阐释经济的运行。这本巨著产生了极大的震撼力，连议会的议员们在演讲中都开始参考借鉴。1782年，斯密的一位崇拜者谢尔本勋爵被选为首相。谢尔本在很多问题上都要寻求斯密的意见。他还曾经写道：

> 和斯密先生从爱丁堡到伦敦的一次旅行让我获益匪浅。在我人生最美好的岁月里，这份收获始终如影随形。

当斯密住在伦敦的时候，他经常和谢尔本在一起。而且，通过谢尔本和其他国会议员，他在当时辩论中的影响力仍在不断扩大，尽管他偶尔有些奇怪的举止，人们也会原谅他。例如，当要求在文件上签名的时候，正在聚精会神思考问题的斯密，可能会仔细模仿别人在上面已经签过的姓名，代替自己的签名。

18 次经济危机

有一位崇拜斯密的议会议员，是一个出色的人物，名叫亨利·桑顿，22岁时就被选为下院议员。

桑顿出生于1760年，在18岁的时候就到父亲的会计室工作（就像93

年前的约翰·劳那样）。这个男孩曾经好奇地看着父亲如何打理生意，那时，父亲经营小麦、烟草以及其他类似的商品贸易。由于缺少主营业务，亨利对那时的生意没有什么印象。然而，像任何一位有抱负的青年人一样，他对自己挣的工薪也不满意。24岁那年，他去了一家名为"道－福瑞"（Down & Free）的银行工作。他在银行的工作很出色，于是，这位年轻的议员不久就受邀成为这家银行的合伙人，银行的名字也改成了"道－桑顿－福瑞"。

但在英格兰经营银行并非易事，业务经营上彼此竞争是很常见的现象。另一个严重的问题就是信用系统内部的沟通很差。如果某个地方的人嗅到经济的危险，他们就会带上票据到当地的"乡村银行"去兑换硬币。如果银行担心贵金属短缺，就要请伦敦的有关银行运送过来。如果没有及时送来足够数量的硬币，就会发生恐慌，人们就跑到其他地方的银行去兑换硬币。这些银行就会向伦敦要求运送更多的硬币，结果伦敦的银行也会感到是不是有什么地方不对劲儿，这样一来，恐慌有可能在首都蔓延开来，甚至会超出国界。

这种恐慌过程的开始可能仅仅是由于道路不通而引起的。当时的很多路都是黏土路面，一下雨就变得非常泥泞难行。春天冰雪融化之后，泥泞的路面有时要用多达10匹马拉着犁耙来弄平。由于经常运送煤炭和其他重的物件，很多地方的路面都坑坑洼洼。而那些运送物品的马车不仅轮子很重，而且没有弹簧，移动起来很笨拙。

派人去运送钱币的费用也很昂贵。在1700~1750年间，英国议会通过了400条交通立法，允许在公路上设站收费。那个时期，闻名遐迩的绅士强盗，像迪克·特平、克劳德·杜瓦尔、乔纳森·怀尔德与杰克·谢泼德等，常常潜藏在树林里袭击过路人，更不消说是从伦敦某家银行送来的装满钱币的马车了。

商业的苦恼

作为一个银行家，桑顿已经注意到，无论哪个时期，在过了几年相对繁荣的好日子之后，经历一场恐慌似乎都是不可避免的。回顾他所处的那个世纪，他看到英格兰在以下年份经历了经济危机：1702年、1705年、1711~1712年、1715~1716年、1718~1721年、1726~1727年、1729年、1734年、1739~1741年、1744~1745年、1747年、1752~1755年、1762年、1765~1769年、1773~1774年、1778~1781年、1784年和1788~1791年。在这18次经济危机中，每一次都是经济自我复苏，而且多数时候经济在复苏后都会上升到更高水平的稳定状态。但是，每一次复苏都只有几年时间，随后又会发生新的危机，并再次摧毁经济。

在1788~1789年发生危机之后的几年里，商业正处于繁荣状态。但是，过多新开设的乡村银行又发行了大量新的银行券，这造成了纸币发行量的大规模膨胀。1792年，贸易与制造业达到了最高水平。11月，股票市场发生了急剧下挫，货币也开始出现雪崩。次年2月，法国宣布对英国开战，3月，许多头寸紧张的乡村银行派人急驰伦敦求援。但是，这一次伦敦的银行也被抽干了。桑顿的银行尽管已经发展成为伦敦最大的银行之一，也没有逃脱厄运。后来，桑顿这样写道：

> 在1793年，经济非常糟糕的一个时期，我们所经历的困难比大多数银行要大得多，因为突然减少了一大笔头寸，这笔头寸是一些非常重要的银行所存放的利息。

当英格兰银行决定再发行500万英镑货币刺激经济时，危机才得以化解。在之前的1784年危机中，银行通过减少货币供给——限制票据信用的数量从而迫使利率上升的方法来阻止资本外逃。现在，事实证明，通过采取反向操作可以避免内部的经济危机。显然，银行正从危机中不断学习。

自由放任——哦，不？

英格兰银行发行新货币之后，货币供给增加了，桑顿的银行也得救了。但可能正是这次危机使他开始研究信用理论。为什么会发生这么多次的金融危机？如何阻止危机的发生呢？是应该交给斯密教授的"看不见的手"，还是应该像英格兰银行那样进行干预呢？桑顿没有什么可以求助的文献。他的论证只能以常识与经验为基础。但是，当桑顿在思考有关不稳定的问题时，经济仍然在不断地发出挑战。就在上一次危机过去两年之后，新的危机又开始了，而这一次形势更为严峻。发生金融恐慌的原因，是英格兰银行的黄金储备突然从 500 万英镑下降到了 125 万英镑，而且，就在这一年的最后一天，英格兰银行决定对金属硬币采取限量供应。这造成了灾难性的后果。就在接下来的一个月里，恐慌进一步扩大蔓延，倒闭的商店与银行大幅增加。1797 年 2 月 26 日，英格兰银行承认失败并宣告破产。毋庸置疑，这是一次严重的挫败。

货币供给

第二天，英国议会下院设立了一个委员会着手追查问题的起因，上院隔天也成立了一个类似的委员会进行调查。前一个委员会召集了 19 位证人，后者则召集了 16 位证人。亨利·桑顿似乎是作为伦敦私人银行家的唯一代表参加了这两个委员会的听证。

他提出的证据让人感到吃惊。他刚一开口，人们就觉得桑顿对银行的本质有着深刻理解。他清楚、详细地指出了英格兰银行的责任，并且对中央银行政策工具箱里应有的工具进行了仔细介绍。回想起来，我们知道至少有部分理由支持了他的证词。他开始利用夜晚与周末的时间写一本有关这个主题的书。这本书出版于 1802 年，书名为《大不列颠票据信用的性质和作用的探讨》（通常简称为《大不列颠的票据信用》），至今仍然被认为是经济学历史上一部伟大的经典著作。作为当时仅有的几本著作之一，它比同时代其他著作的水平要高得多。然而，起初并没有人重视它，因为它从未强调过其观点是多么新颖和具有原创性。实际上，这部著作的观点既新颖又原创。直到如今，书中所解释的许多原理依然被看成是信用（或者货币）理论的精髓。并且，桑顿在今天常常被称为"中央银行之父"——这正是约翰·劳曾经热切希望得到的头衔,遗憾的是菲利普·奥尔良把他的计划变成了人们的狂怒。

约翰·劳阐述了"货币需求"的概念,桑顿紧随其后,把所有不同的信用手段看成一个整体。今天,经济学家通常会谈到的"货币供给",即被定义为一些货币手段的加总。例如,"M2",其构成包括"纸币与硬币,个人与企业的支票账户,以及较短时间的定期储蓄存款等其他账户"。但是在桑顿之前,习惯的做法是对各种流动性的来源进行单独分析。因此,桑顿创造了一个强大的分析工具,用来考察货币总量(流动性)、货币流通速度(由坎蒂隆所提出)与利率之间的相互影响。下面是他的一些观察结果:

- 高利率可以防止资本外逃,甚至吸引国外的流动资金。
- 高利率可以吸引民众将部分现金存放到银行账户上。通过维持高利率,中央银行就可以降低流通速度,吸收货币,从而给经济活动降温。与此相反,低利率将会增加货币供给并且刺激经济活动。
- 公众对未来通货膨胀的预期会影响现在的利率水平。如果人们担心将来发生通货膨胀,现在的利率水平就会相应地提高。
- 非计划的信用收缩可能导致经济萧条。相反,信用的大幅扩张(通过增加借贷)可能导致经济过热。因此,如果经济已处于充分就业的状态,货币供给的增加将导致通货膨胀;如果还没有达到充分就业,那么,增加货币供给只会促进经济增长。

这对法国人民来说是颇为遗憾的,他们的统治者——继太阳王之后的奥尔良大公并不了解这些规则,因为他如果了解这些规则的话,就肯定不会印发过多纸币而毁掉约翰·劳的天才计划了。

信用陷阱

桑顿指出,如果增加货币供给,比如把利率降低到商业团体的预期盈利水平之下，就会导致借贷数额大幅上升，结果商业活动的水平也大幅提高（桑顿举了法国约翰·劳计划早期阶段的情形作为例子）。但是，他还进一步作了一项非常重要的考察：在特定的经济活动增长水平下，社会有能力吸收更多货币。每一次货币供给的增加，在后来似乎都被证明是合理的——只要之后的经济活动能够随之增长，直至达到充分就业的水平。问题的关键也就在这里，这种情况会导致中央银行在对危险毫无察觉之时过多地增加货币供给，而当它察觉的时候，已经太迟了。换句话说，信用体系是不稳定的——增加信用似乎（欺骗性地）证明了信用增加的合理性，相反，减少信用似乎也证明了信用减少的合理性。诚然，这种内在不稳定性的观点与斯密"看不见的手"的概念有着显著的差异，它表明，经济运行具有自我脱轨的能力（由于正向反馈），正像经济具有自我复轨的能力一样（由于负向反馈）。如此一来，看不见的手就不止一只了，而是有两只！如果要说桑顿的著作已经包含了世界上第一个经济周期理论，那是有争议的，而且多数人可能不会同意。但是，他的确已经接近了这块领地。

萨伊定律

就在那个时候，亚当·斯密的著作已经在英国之外传播开来。有一位名叫让·巴蒂斯特·萨伊的法国商人在1788年读到了斯密的书。萨伊在法国经营棉纺织业并在新技术上进行投资。由于业务太忙，他很少有时间著书立说，但在1803年，他最终还是出版了自己的著作《政治经济学概论》。这本书在许多方面把26年前斯密所写的问题作了概括与澄清，但在结构与论证上更加清晰了。此外，他还提出了某些新的观点，其中就有让他闻名遐迩的"市场法则"，也就是后人所说的"萨伊定律"。

什么是萨伊定律呢？萨伊自己是一位商人，他曾经和其他许多商人谈到这样一种现象：在商业活动中，最容易的就是生产产品，而比较困难的则是销售产品。因此，他提出一个非常合理的问题：我们为什么不创造一个总能卖出所有东西的社会呢？为什么不让人们有足够的钱去购买所有的产出呢？如果不能卖出我们所制造的所有东西，社会就不能公平地分给人们更多钱或者其他财物吗？这确实是个好问题！

遗憾的是，萨伊的答案并没有提供一个新的解决之道。他首先简单地假定供给能够创造自己的需求：

> 我们有必要注意到，某种产品一生产出来，从那个时刻起，就为其他产品提供了市场，这个市场是以该产品的自身价值为最大限度的。当生产商完成其产品的最后一道工序时，他最焦虑的就是要把产品立刻卖掉，唯恐产品的价值在他手上会有所减少。当他销售产品获得货币时，又同样焦急地要把货币花出去，因为货币的价值也是容易改变的。而花费货币的唯一方法就是购买别的产品或者其他东西。因此，生产某种产品只不过是立即为其他产品打开了市场出口。

虽然这些话听起来颇合逻辑，但为什么他的商业伙伴们感觉产品销售如此难，他还是不能解释。然而，萨伊还是回答了这个问题：

> 当太多的生产手段被用来生产某一种产品，而其他产品的生产却不足，此时就会发生供给过剩的问题。

这就是问题的答案。说得再清楚些，这意味着货币本身并不是问题。货币在交易中不过是霎时间的媒介，说到底，市场交易的实质还是产品与产品的交换。至少，他所见的情况就是如此。

萨伊定律具有非常重要的意义，它解释了通过刺激供给能够促进长期的经济增长，并且也说明了为什么用缩短每周工作时间来解决失业的办法从长远来看是行不通的。由于处在"政治光谱"两端的派别都可以采用萨伊定律作为自己政策论证的基础，因此，这个定律具有相当广泛的吸引力。右翼人士可能会说，让我们刺激需求吧，这样货币就会涓涓流出并创造供给。而处在另一端的左翼人士则可能会说，给我们的平民百姓多分些钱吧，这将会刺激供给。

到此为止，萨伊的解释都还不错。然而，萨伊定律在理解经济的不稳定性方面则有失偏颇，因为他在剔除一些长期的潜在未知因素的同时，又完全忽略了许多短期的复杂因素。由于这一点，甚至可能有人会简单地认为，如果没有萨伊，那么人们对经济波动的理解可能会进展得更快一步。

大卫·李嘉图

南美洲最终在1809年向英国商人敞开了大门，随即涌现出一股乐观主义的热潮（像90年前南海公司事件那样），这导致英国货币供给的大幅度增加。不久之后，货币相对于黄金的价格开始下滑，于是给英国带来了通货膨胀的问题。1809年8~10月，有三篇批评英格兰银行政策的文章刊登在了《纪事报》上；稍后，又有一篇相关的文章发表在《爱丁堡评论》上，这篇文章的标题是《金银的高价格，银行票据贬值的证据》。文章的作者是桑顿的一个熟人，37岁的伦敦股票经纪人与金融家，大卫·李嘉图。

这是他在学术舞台上初次登场。他在学校接受了非常基础的教育，14岁的时候就加入了父亲的股票经纪业务。从那时起，他就开展了自己的经纪业务，主要是买卖政府的证券。他的座右铭被成千上万的经纪人所采用，那就是：**砍掉亏损，让利润增长**。遵循这个原则，他变成了富豪。在27岁之前，他从未想过自己应该花点时间研究经济理论。为什么要研究经济呢？现实中的经济不是运行得很好吗？但在1799年度假的时候，他无意中发现了《国富论》，而且读得入了迷。"某一天……"他曾经想着，"……我也要考虑加入进来。"1808年，他遇到了一位生活潦倒的记者，名叫詹姆斯·穆勒，与李嘉图一样，他也对一般经济学有兴趣。与李嘉图不同的是，穆勒在爱丁堡大学（斯密曾经在此校任教）受过正规的大学教育。从此，李嘉图与穆勒经常一起长途漫步，讨论着政治与经济方面的问题，后来穆勒建议李嘉图投稿。这就是李嘉图发表这篇文章时的情况。

李嘉图发表在《爱丁堡评论》上的文章的结论是，通货贬值的原因在于纸币的超额发行，以及农业收成不好与战争开销造成的进口数量不足。他建议英国应该立即恢复1797年废除的金本位制。为了澄清问题的根源，1810年英国设立了"金块委员会"，桑顿是该委员会的成员，他同意了李嘉图的结论。让人感到奇怪的是，委员会发表的调查报告却差一点儿导致了桑顿自己破产。在调查报告发表之后发生了一场金融恐慌，桑顿不得已向他的一位朋友透露：道，桑顿与福瑞银行的存款头寸快要耗尽了。幸运的是，他有许多忠诚的朋友，他们立即到他的银行存了足够多的钱，于是银行得救了。曾经饱受通货膨胀之苦的李嘉图则坚持认为恢复金本位制是有利的。

1816年，辩论又重新开始，李嘉图发表了《有关经济与稳定通货的建议》，他在该文中再次建议英格兰恢复金本位制。但是，这个金本位制并不要求使用金币，而是要求英格兰银行能按照需求进行纸币与黄金的兑换——就像劳氏公司开始时所做的那样。他认为这样的货币体系具有自我稳定性，理由如下：

- 如果英格兰银行发行的纸币过多，它将不得不进口黄金储备来予以支持……
- ……这一过程本身能够自动减少货币供给，并且缩减英格兰银行发行新货币的潜能。

桑顿不同意这样的观点。他认为任何货币体系都不能实现自我稳定，因此，英格兰银行应该而且能够积极地管理货币供给，而且他相信货币供给的波动不仅会影响价格，还会影响经济活动的水平。1820年，英格兰银行推出了一项与李嘉图的建议非常相似的计划进行试验。这导致了价格的急剧下滑和一场灾难性的衰退，于是计划很快就被废除了。显然，这场争论的赢家是桑顿，并不是李嘉图。这时离约翰·劳的计划失败正好是100周年，然而，经济似乎依然非常不稳定，而纸币似乎也不是造成经济不稳定的唯一原因。

经济学的梦幻团队

我们注意到一个非常有趣的想象，尽管用今天的标准来看，当时的交通运输非常落后，国际交流也非常少，但是早期经济学家之间的交往传承竟然如此顺畅。劳是坎蒂隆的一位生意伙伴，魁奈则像劳一样为法国王室工作，给奥尔良公爵的继任者当私人医生。而魁奈又遇到了斯密，斯密则是桑顿的朋友，桑顿又与李嘉图成了朋友。

在这些杰出的人物当中，约翰·劳、理查德·坎蒂隆、弗朗索瓦·魁奈和亨利·桑顿这四个人都致力于阐释大量有关货币与信用的问题。因此，听起来有点让人吃惊的是，我们有关货币的大量知识应该归功于这支梦幻团队，这个团队的成员竟然包括一位苏格兰的杀人犯、色鬼和赌徒，一位爱尔兰的核心投机分子，一位英国的银行家和一位法国的医生。正是这四位组成了一支经济学领域最伟大的梦幻团队。

他们主要因为以下的贡献而被铭记

本章所提到的一些名垂青史的经济学家是：

- 弗朗索瓦·魁奈："经济表"与"自由放任"的理念。
- 理查德·坎蒂隆：对"货币流通速度"效应的理解。
- 亚当·斯密：强调追求私利的重要意义与效率。所有形式的保护主义都具有破坏效应。
- 亨利·桑顿："中央银行之父"，总量货币供给波动的原因与影响。利息率如何推动储蓄率、货币供给、汇率以及国际间的资金流动。货币供给的变化如何具有初始的经济增长效应，以及随后的通货膨胀压力。中央银行的积极干预是有利的。为什么中央银行家可以让繁荣更加持久。
- 让·巴蒂斯特·萨伊：供给能够创造自己的需求。
- 大卫·李嘉图：强调在经济理论中计算边际效应的重要性。

第4章　1837年美国经济危机

李嘉图的密友詹姆斯·穆勒终其一生保持着对经济学的强烈兴趣。这两位好朋友和其他一些杰出人士创建了一个"政治经济学俱乐部",经济学家杰文斯后来对此作了记载:

> (俱乐部)继续存在下去,是由于每个月精彩的晚宴——俱乐部似乎并没有去研究经济问题——也是由于每次晚宴之后的经济辩论,我并不想对此作出评判。

尽管詹姆斯·穆勒花了很多时间去发展李嘉图的观点,但他对经济理论与问题的研究也自有一套。他曾经提出了一个重要而实际的问题,那就是要限制人口出生数量——他认为在食物供应有限的条件下,这个问题是一个主要的威胁。穆勒对这个问题可能确实有感而发:李嘉图的兄弟姐妹有17个,他排行老三,而穆勒本人则有9个孩子。

在詹姆斯的9个孩子中,有一个名叫约翰·斯图尔特·穆勒,出生于1802年。小穆勒在很小的时候就显露出超常的智力,而且詹姆斯认为他这时已经可以接受正规的教育。就在这个小男孩刚满3岁的时候,詹姆斯便开始教他学习希腊语和算术,8岁的时候让他学习拉丁语,随后不久开始学习几何、代数、化学和物理。小穆勒12岁的时候开始学习逻辑学,一年之后,他被引领到政治经济学领域,詹姆斯认为这是最难的学科。詹姆斯给他讲授经济学的一种方式就是带着他散步(就像詹姆斯和李嘉图一起散步那样)。詹姆斯在路上给自己的儿子讲授了经济学各个方面的问题——主要还是李嘉图曾经描述过的那些东西。每天上午，小穆勒必须交出一份完整的书面报告，内容是父亲前一天所讲过的东西。这些报告后来成了《政治经济学要义》的草稿，该书在1819年出版。这本书是经过非常努力思考得到的出色成果，而作者写作这些内容时年仅13岁。

就在该书出版之后，詹姆斯认为自己的工作已经完成，他儿子已经作好了进入社会的准备。这个17岁的男孩加入了东印度公司，这让他有了极好的机会去洞察私营企业与公共事务，而且，他在空余时间可以进行写作与学习。20岁的时候，他已经发表了7篇有关经济学、政治学与法学的重要论文，并且编著了一本有关哲学的书籍。

约翰·斯图尔特·穆勒对经济理论的最大贡献是他在23~24岁时所写的内容，这些东西直到多年以后才得以出版，题目是《政治经济学若干未决问题》，其中有一篇论文分析了萨伊定律。穆勒称，在简单的物物交换经济中，萨伊概念中的供给自行创造需求是可行的，但是当货币作为交易的媒介时，结论就不一定成立。因为人们可以把销售收入储存起来，所以供给并不总是创造等量的需求，普遍信心的改变能够引发供给与需求之间的不平衡。

为什么繁荣会走向完全脱轨

在接下来的几年里，他又发表了许多有关经济学的论文。1826年，他写了一篇题为《纸币与商业困境》的论文，在文中介绍了"竞争性投资"的概念。他的看法涉及技术发明可能造成市场突然扩大等问题。对于扩大的市场"馅饼"，商人们可能过高地估计了自己正常情况下能够得到的份额：

> 每一个期盼自己走在全部竞争对手之前的商人，会向市场提供他认为起飞时自己所能获得的最大份额；这没有反映出其他对手的供给，而其他人的行为也像他这样，并且他们都没有预估到价格的下跌，而一旦

增加的供给进入市场,就一定会发生价格下跌。这样一来,短缺很快就演变成了过剩。

在这种情况下,对某种物品的需求暂时过多可能很快就会演变成相反的一面:供给暂时过剩。在同一篇文章中,他还介绍了"职业交易商"和"投机者"之间的差别,前者的行为是建立在长期经济分析的基础之上,而后者的行为基础则是对短期价格走向的分析:

> 那些试图观察未来供给与需求信号的少数人,一旦预估到价格会大幅上涨,就会大量买进。这种购买行为会立刻造成价格的明显上涨,结果反过来诱惑许多只是关注市场即时变化的人也去购买,这些购买者期望价格仍然会有更大的上涨空间。

这就意味着一个恶性循环,它很容易解释为什么繁荣会走向完全脱轨,就像密西西比计划与南海公司的泡沫那样。而且就在穆勒的书出版10多年之后,类似的灾难再一次降临了。

1837年危机

发生在1837年的危机成了证明穆勒经济理论的一个绝佳例证,就好像人们想要验证一下他的经济理论似的,但实际上并没有人真想要那样做。在这个故事中,我们需要介绍五位杰出的美国人,他们在这场大戏中分别扮演了不同的角色:

- 安德鲁·杰克逊,在1828~1836年期间担任美国总统,是个极其不信任纸币的人。
- 马丁·范布伦,接替杰克逊担任美国总统(1836~1840年)。
- 尼古拉斯·比德尔,担任第二合众国银行总裁,任职到1836年。他是个极有天赋的人,但不是杰克逊总统的朋友。

- 菲利普·霍恩，一位投资者，在1837年之前相当富有，之后则变成了穷人。
- 詹姆斯·戈登·贝内特，《先驱报》的编辑，散文写得极好。

现在大戏开场了。安德鲁·杰克逊是这场大戏中的第一位总统，他是一位有着独裁倾向的辉煌政治家，固守原则，脾气很坏。然而，他还曾经是1812年的战争中一位叱咤风云的将军，他所领导的军队在新奥尔良击败了英军，这场胜利也为他踏上政治舞台奠定了基础。在政治舞台上，他的第一场斗争则是反对中央银行，也就是所谓的"第二合众国银行"。

这家银行的领导者是天才人物尼古拉斯·比德尔，他13岁的时候就在宾夕法尼亚大学获得了学位。这两位先生相互憎恨，彼此攻击，但是当杰克逊成为美国总统的时候，比德尔变得更加忧心忡忡。有一个很好的理由可以说明这一点。杰克逊任命了荷兰人马丁·范布伦担任副总统，并且告诉他："那家银行正在设法置我于死地，但我会先干掉它！"后来，比德尔的银行被迫关闭。事情就是这么简单。

安德鲁·杰克逊为什么不喜欢比德尔和他的银行呢？一个主要的原因是他不喜欢纸币。在他看来，纸币是不真实的，而且造成了投机与各种各样的歪曲。就此而言，他确实击中了要害。看一下流通中的货币总量吧：1832年仅有5 900万美元，到1836年已经疯长到了1.4亿美元——仅仅4年的时间竟然大幅上涨了137%。这是一个非常吓人的数字，而当你透过表象深究实情的时候会更加忧虑。大量的流动资金是由新开业的银行创造出来的，可是这些银行的资本储备少得可怜，有的甚至根本就没有。问题是，所有这些钱流到了哪里呢？投资新兴产业了吗？这些钱并没有投资到新兴产业，其中的大部分都流进房地产业用于投机了。在此之前，美国有中央银行，而现在，它已经不复存在。

抛售、破产、恐慌

我们这场大戏中的第三位人物就是富有的投机者菲利普·霍恩先生。这位绅士般的投机者生活在纽约,他之所以成为我们关注的人物,不仅因为他成了那场危机的牺牲品,还因为他留下的日记至今依然保存着。那就让我们翻开他的日记,看看他在1836年3月12日的心境:

> 纽约所有东西的价格都高得离谱。下一年的房租已经上涨了50%。我为获得一大笔钱而卖掉了房子,这是真的,但我不知道该到哪里去住。离市政厅两英里左右的许多房子都涨到了8 000~10 000美元。就连第十一区那些朝向东河的房子,两三年前才卖2 000~3 000美元,如今也涨到了4 000~5 000美元。

他有理由发出这样的悲叹。房地产价格的快速飞涨并不限于纽约一个地方(见图4-1);芝加哥的土地价值也已经从1833年的15.6万美元涨到了1836年的超过1 000万美元——3年之内令人难以置信地暴涨了6 400%。试想一下,暴涨6 400%,仅仅在3年之内!

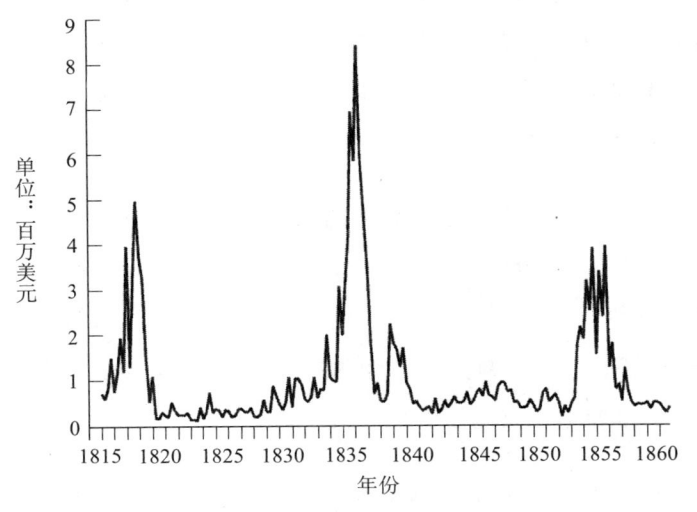

图4-1 美国出售公有土地的收入,季度数据,1816~1860年。
此图显示出了非常强烈而缓慢的周期。

由此可见,杰克逊总统完全有理由在7月签署法令,规定大多数购买土地的交易必须采用黄金或白银支付,禁止用纸币进行房地产投机!这时,他还要处理另外一个问题，那就是政府的财政盈余正在增加。当然，这个问题会让人觉得稍微愉快一些。杰克逊提议通过削减关税来恢复预算平衡，但国会表决的结果是把财政盈余分配给各个州。这样做意味着什么呢？根据国会的这项决议，从 1837 年 1 月 2 日开始，每隔 3 个月就要从纽约的主要银行提取 900 万美元，并把这些钱分配到各个州。诚然，纽约的主要银行很厌恶这样的做法。

与此同时，我们的朋友霍恩先生则想方设法在百老汇与大琼斯街的转角处新买了一块地，花了 1.5 万美元。虽然这一点都不便宜，但他还能买得起。拿到土地后，他就开始在那块地上盖一座新房子，然后，自己便去了一趟欧洲。

或许本就不该他发财。当他从欧洲回来的时候，发现城市的气氛完全改变了，当然不是变得更热烈。以下摘自他 11 月 12 日的日记：

> 艰难岁月。货币紧缩的压力已经有一段时日了，现在情况还在继续变糟，我已经深受其害。股价已经跌得太多……房屋价格以及其他东西的价格虽然名义上没有下跌得太多，但基本上没有了交易，现在已经没有人还有钱买得起这些东西了，而且也没有人还愿意要那些不能换成现金的债券与抵押品了……

这还是发生在政府资金分配计划之前，但也已经够严重了。1837 年 1 月 2 日，美国财政部从纽约的主要银行提取了 900 万美元。没过几天，恐慌与一系列的破产事件就发生了，街上也发生了骚乱。房地产市场进入了一个被迫抛售的恶性怪圈，大量银行破产，其他许多行业也是如此。3 月 4 日，霍恩先生在日记中非常悲哀地写道：

> 这是我的家族历史上最黑暗而悲惨的一天。布朗与霍恩公司今天停止支付款项，并且召开了一个债权人会议。我的大儿子把我给他的资本全部赔光了，我也被牵扯进去，为他们背负了一大笔款项，数目真叫人胆战心惊。

第 4 章　1837 年美国经济危机

就在此时，美国又完成了一次总统选举，人们开始期望新当选的总统马丁·范布伦会改变对待票据信用的态度，然而，这种期望很快就被击得粉碎。杰克逊总统在他的告别演说中强调："总之，我们不能依靠那些创造纸币的公司来保持流通媒介在数量上的统一。"然而，马丁·范布伦在他的就职演说中根本就没有提到这个话题。他对正在酿成的金融危机连一个字都没提到！

现在，房产根本卖不出去，除非打很低很低的折扣，而股票市场从 1 月到 2 月一直在急剧下挫。詹姆斯·戈登·贝内特，这位《先驱报》的编辑，以他的方式在 1837 年 3 月的一篇社论中这样写道：

> 美国从来不曾处于现在这样的危险境况。我们现在被商业恐慌包围着，这场恐慌正在发出巨大的威胁，它要破坏我们社会的一切事务——要毁灭我们整个国家，要把大片地区变成废墟，要把我们一半的银行机构从地面上抹掉，要点燃那些最浮躁的热情，并且制造突变，最终让国家停滞不前。

这听起来有些绝望，但那时人们的情绪的确如此。必须得有人采取行动。于是，霍恩和他的朋友们想了一个主意，便去和前中央银行总裁比德尔先生联络。比德尔来了，并召开了一个协调会议，提出了一些建议与意见。随后，货币便从各个地方冒了出来，人们看到了一丝希望的曙光。贝内特又写了一篇新的社论：

> 尼古拉斯·比德尔是金融业的拿破仑。他抵得上两个亨利·克莱，两个半丹尼尔·韦伯斯特，更抵得上八个马丁·范布伦。

当了解到自己的伟大仅仅是对手的 1/8 时，心情肯定不会愉快。因此，总统先生肯定不喜欢这句话。但是社论还是如此写道：

> 尼古拉斯·比德尔走在大街上，像个天堂里的精灵，他对这场商业

飓风说"保持安静",又对投机风暴说"停下来"。他就是这样一个天才,扮演抚平夏日早晨烦躁的角色。

尽管我们这位金融业的拿破仑曾经是个令人生畏的人物,但他如今不再经营中央银行,也不能去印钞票。他没有说服总统改变既定的路线。政府在4月1日仍然从纽约的主要银行里提取了900万美元的款项,于是,恐慌进一步蔓延开来。一些主要银行在5月初开始营业,到5月10日便宣布银行假期,以便给金融业一点儿喘息的机会。但是,这并没有起多大作用。随着泡沫的破裂,大量的破产还在继续,美国西北部的失业率已经超过了20%。芝加哥的一块土地在1836年曾经卖到1.1万美元,如今持续下跌,到1840年只要花100美元就能够买到。由于地价的下跌,那些购买了大片土地并将其分成更小的地块囤积起来的投机者开始认识到再也没有后续的购买者了。最后,他们把那些分成小块的土地又集中起来,转成了农业用地,这样至少还能种点东西,有一点儿收入。到了1842年,也就是危机发生5年之后,全美国大部分地方的房产价格最终跌到了谷底。

同时期的伦敦

就在美国发生所有这一切的时候,我们的英国天才经济学家约翰·斯图尔特·穆勒正在他的东印度公司办公室里继续努力工作着。他在1835年被录用为《伦敦评论》的编辑,要写大量的文章,后来这些文章都编进了他的主要著作。也是在1835年,他的一位朋友,托马斯·卡莱尔,请他对一本长达800页的关于法国革命问题的手稿写一篇评论。一天晚上,穆勒刚读了一点儿就昏昏欲睡,随后便睡着了。他的女仆过来烧壁炉,不幸的是,她用卡莱尔的手稿来引火点着了炉子。后来,卡莱尔表面上原谅了穆勒,犹豫了一段时间之后又把整个书稿重写了一遍。卡莱尔的书在1837年出版,那时他又请穆勒公开发表了一篇评论,不出意外,穆勒对其"相当"肯定。

第 4 章 1837 年美国经济危机

就在同一年，穆勒读了《归纳法哲学》，这是威廉·休厄尔的一本关于历史与哲学的重要著作，他还重读了著名天文学家维尔霍姆·赫歇尔的《自然哲学研究的基础》。这些著作中的知识给穆勒后来的写作带来了许多启迪与灵感。1845 年，他决定把一条条思路整理成一本著作，并将其命名为《政治经济学原理及其在社会哲学中的若干应用》。他对这个主题已经思考了多年，当决定要写出来的时候，他的写作速度创了一项纪录。他完成这本长达 971 页的著作仅仅用了 18 个月的时间，其中的材料都有详细的考证，还有很多独到的分析。在这本书中，他把货币流通速度——坎蒂隆的老概念与一般增长及投机联系起来，这在国际上成为了经典。

对于穆勒来说，1848 年是很有意义的一年，因为他的书出版了。而对于其他几位杰出的绅士来说，这一年也很有意义。例如，有一位奥弗斯通勋爵，是当时英格兰最成功的银行家，他思维清晰，认为经济危机是一种有着自身内在动力的重复发生的现象。有一天，他和《经济学人》杂志的主编沃尔特·巴奇霍特进行一次谈话，后来，巴奇霍特引用奥弗斯通的话来描述繁荣－萧条周期的不同阶段：

　　静止，增长，信心，兴旺，激奋，发展过快，震荡，压力，停滞，再次进入静止而告终。

如果说桑顿差一点儿创造了最早的经济周期理论，那么可以公平地说，奥弗斯通差一点儿给出了最早的经济周期的定义。但是，他是个实干家，在相当长的一段时间内，他一直在关心英格兰银行遏止严重的银行危机与恐慌的能力。作为一位经验丰富的银行家，他密切跟踪市场动态并尽力预报存在的危险。1845 年秋天，他觉得局面正逐渐变化，于是坐下来给好友 G·W·诺曼写了一封信，谈到了这一点。奥弗斯通并不认为危机即将发生，但是，有一些早期的预警信号则是确切无疑的。"我们现在还没有危机……"他这样写道，"……仅有一些轻微的前兆迹象，就在我们脚下。"他是对的，1847 年，危机发生了——距离上一次危机整整 10 年。

中央银行如何增加货币供给

到19世纪中期,人们了解到中央银行有3种创造货币的重要途径:

- 购买债券(并支付货币)。这样做有一种直接效应(注入货币)和一种间接效应(债券价格上涨,所以利率会下降,这将鼓励更多的私人借贷)。
- 降低中央银行对私营银行的贷款利率(贴现率)。这将鼓励各银行从中央银行贷款,从而使各银行能够增加向私人放贷业务。
- 降低私营银行的存款准备金率。减少存款准备金可以使私营银行增加放贷业务。

第5章　繁荣的终结

为什么在一段时期内的过量投资会导致经济危机，而不是一次平稳的纠正？对于这个问题，我们一直很难找到足够的理由来解释。然而，在英国1847年的危机中，采取分期付款的方式购买铁路股票似乎是导致危机发生的决定性因素。在那个时候，采取分期支付的办法购买股票很常见，购买者只要支付首期款项就可以了，然后，他可能希望按照可获得收益的价格在下一期付款之前将股票卖出。经过这样一系列的分期支付，1847年1月到期应付款的总额约为650万英镑。如果真要按期支付这些款项，许多人都有困难。于是，就在当年夏天，酝酿成熟的危机爆发了：8月有22家英国公司破产，9月增加到了47家，10月则达到了82家。没过多久，危机就扩散到了荷兰、比利时、纽约和德国。

《资本论》

1847年对于一位名叫卡尔·马克思的年轻人来说，是很有意义的一年。马克思1818年5月5日出生于普鲁士的一个小镇特里尔。他生活在一个传统的中产阶级家庭，后来依靠自己的努力进入著名的柏林大学学习。他在大学里的专业是哲学。离开柏林之后，他在耶拿大学获得了博士学位。1842年他24岁的时候，被聘为《莱茵报》的编辑。然而，就在5个月之后，这份报纸被政府查封了。他的职业生涯遭遇这次挫折之后，便举家搬到了巴黎，他在巴黎担任了多家杂志的记者，但两年之后又被法国政府驱逐出境。这就是在举世公认的名牌大学里研究哲学的青年人的遭遇。当他想要表达自己思想的时候，社会却不允许。

后来，他加入了共产主义者同盟组织。作为资本主义和资本主义社会的激进批评家，卡尔·马克思的目标在于说明资本主义经济是不公平的，存在严重的缺陷，因此它应该被社会主义或共产主义制度所代替。因此，应该尽可能地将工人动员起来，待到时机成熟之时，实施罢工并获得掌控权。

如何判定时机已成熟是个让人感到棘手的难题。从1847年的危机来看，当时应该是一个较为合适的时机，因为这场危机已经激化了矛盾，一些群情激愤的事件由此爆发。在欧洲的多个地方，一些共产主义者发动了起义，尽管这些起义都被镇压下去，但它们确实给马克思某些启发：很显然，正是经济危机导致了对革命的探索，因此，新的经济危机可能会点燃下一次革命的火种。于是，他有了一个雄心勃勃的规划，不仅要说明资本主义制度的腐朽和共产主义制度的美好，更要为实现这两种制度的转变提出明确的路线图。经常爆发的经济危机正是实现制度转变的一条导火索。因此，他决定剖析资本主义市场经济体制下发生有规律的经济危机的内在机理。

就在他深入思考这个问题的时候，经济再一次出现了过热现象。19世纪50年代发生了对铁路股票的新一轮投机热潮，还有对小麦（英格兰）、土地（美国）和重工业（欧洲大陆）的投机。1857年，距离上一次危机已整整10年，俄亥俄人寿保险信托公司的纽约分公司暂停营业。很快，出现了连锁反应，铁路股票价格像自由落体一样大幅下跌。

这次危机激发了卡尔·马克思的无限热情。它再一次发生了！他决定把自己的理论公开发表出来！在6个月的时间里，他写出了第一部书稿——《资本论》，这最终成了他的经典著作。在这部著作中，他把自己的理论称为现代政治经济学各个方面最重要的原理。他所描述的过程大致可以归纳为以下几个方面：

- 技术革新会经常创造经济的繁荣。
- 技术革新的效应指资本家在生产过程中使用更多的资本（机器等），雇用更少的劳动力（工人）。
- 只有劳动才能创造价值，但是由于劳动力与资本的比率下降，利润率也会随之下降。

他指出："利润率的下降不是因为工人被剥削的程度减轻了，而是由于相对于所用的资本而言，雇用的工人总数减少了。"尽管后来的经验表明情况恰恰与此相反，但他还是继续阐述，利润率的下降导致了债务亏欠的增加，直到最终发生危机，于是共产主义者就可以实施接管。他后面的结论得到了验证。共产主义者的接管确实发生了，而且在随后一个世纪中的相当长时期里，世界上的大部分地方都由共产主义者统治着。

卡尔·马克思作为经济周期理论的贡献者，在今天依然被人们铭记，这不只是因为他有关周期的结论与预言，更是因为他分析处理问题的方法。他是最早尝试建构有关资本主义经济如何发生危机与萧条的系统性理论的学者之一。

危机导火索

1864年，法国开始出现新的危机，两年之后就蔓延到了英格兰与意大利。这一次，投机者的目标是毛织品、船运业和各种新兴的企业。然而，与正在角落里徘徊等待的噩梦——19世纪最具破坏性的国际大萧条相比，这次危机根本算不上什么。这场噩梦之前的一次金融危机发生在1873年，也就是约翰·斯图尔特·穆勒去世的那一年。

我们很难确认1873年危机的真正导火索是哪一个事件，但如果从1869年开始数，那肯定不会遗漏这个让人相当困惑的故事的任何一部分。当时，在纽约证券交易所的黄金交易室里，市场交易非常活跃。交易商在这间交易室里买卖黄金，但由于黄金在性质上属于国际硬通货（当时欧洲的大部分国家都采用金本位制），所以实际上这里交易的只是美元；如果你购买黄金，就要用美元支付。如果以美元计价的黄金价格上涨，实际上就意味着美元的国际价格下跌。

黄金交易室里有两位最活跃的交易商，他们是杰伊·古尔德和吉姆·菲斯克。吉姆·菲斯克是一个胖子，有着开朗乐观的性格和迷人的气质，同时还是一位营销高手。他非常喜欢一家瓷器商店里摆放的一件公牛瓷器，就经常光顾这家瓷器店。杰伊·古尔德是一位精明、谙熟世故的投机者，他在伊利铁路事件中受到了磨炼，也正是在那次事件中，他结识了吉姆·菲斯克。古尔德曾在繁荣一时的铁路股票上投入了很多钱（他仍然持有这些股票）。他并不是一个让人觉得很舒服的人。他曾经这样说："在共和党的领域，我是一个共和党人。在民主党的领域，我是一个民主党人。而在多疑者的领域，我就是一个多疑者。但是，我始终在为伊利铁路而奔波。"另一次，他又说道："我可以雇用一半的工人阶级去杀死另外一半。"

现在，他为了获取巨额的财富，决定倾尽全力执行一项让人难以置信的计划：他要尽可能地收购黄金，以打压美元的汇率。然而，这里的黄金可不是一点点，而是数量庞大。随着美元汇率的下跌，这样做能够推动美国出口的增长（这将为铁路带来更多业务），当然也会刺激美国的通货膨胀——于是可以减轻他所投资的铁路公司的债务负担。

在那个时候，美国大约有价值 1.15 亿美元的黄金，其中有 1 亿被锁在财政部的金库里。由于交易保证金要求非常低，古尔德自己只需要投入 50 000 美元就可以用期货合约购买价值 1 000 万美元的黄金，这种交易只要人们相信他大致具有这样的信用价值就可以进行了。但是，在行动之前，他还要高度警惕是否会发生某些意外情况。例如，只要格兰特总统决定把财政部的黄金出售一部分，就必然会压低黄金的市场价格。于是，他想出了一个办法，就是精心培养和格兰特总统以前的妹夫埃布尔·戈尔宾的友谊，而后，戈尔宾就可以把古尔德介绍给格兰特总统。最终，这一幕在菲斯克的轮船上发生了。在旅途中，古尔德试图弄清楚总统对于提高黄金价格持何种态度。然而，这次会面的结果并没有让古尔德感到完全满意，因为格兰特似乎并没有清楚地表明对于黄金狂热的看法。

9月16日，古尔德请戈尔宾给总统呈送一封信，在这封信中，他解释了在农作物出口之前卖出黄金为什么是错误的。信一写好，他就立即派了一位信使马不停蹄地赶往华盛顿。信使向总统呈上书信之后就问是否有回话。"没有，什么都没有。"总统这样答道，然后信使便返回匹兹堡并发出了一封简短的电报："安全送达。"（Delivered all right.）

但是，电报在传送过程中出了一点儿差错，古尔德与戈尔宾收到了电报，但其所表达的意思很不一样。电报内容变成了："送达。同意。"（Delivered. All right.）

一看到这封电报，古尔德就决定立即行动。他答应给戈尔宾一份价值150万美元的无保证金交易合同，然后就开始买进黄金。他在自由市场上以大约135美元的价格购买，而后价格开始逐渐小幅上升。9月22日，当菲斯克来到交易室的时候，收盘价涨到了141.5美元。那天晚上，古尔德拜访了戈尔宾，而戈尔宾收到了一个非常令人不安的消息。他刚刚接到了格兰特总统的来信，在信中，格兰特表达了他对美元汇率下跌的不满，这意味着他将命令财政部出售黄金。

通过戈尔宾的安排，古尔德再一次见到了总统，这一次是在一个公开聚会上，当时在场的每个人都看到他和总统在一起。古尔德试图说服总统，美元汇率的上升将会极大地损害出口，因此，即便要采取行动，至少也应该等到那些大额的、尚未明确的订单都确定下来。在这次简短的会面之后，他开始设法让其余的人都相信总统自始至终都是支持他的。然后，他长舒了一口气，就接着买进黄金。

幽灵黄金

古尔德把大部分交易都交给一位名叫亨利·史密斯的交易商，史密斯招募了其他许多交易商，这些交易商又招募了另外一些交易商，结果总共大约有五六十位交易商一起行动。他们一起买进黄金，直到把市场上的黄金几乎全部买完。当市场上已经没有黄金可卖的时候，他仍然利用远期合同继续买进黄金，最后，他手中持有价值 4 000 万美元的黄金合同，另外还有价值 1 500 万美元的黄金现货。在这个过程中，金价上涨到了 146 美元——这意味着他独自发力就已经迫使美元汇率下跌了 8%。

但是，后来发生了一些奇怪的事情。由于某些原因，金价卡在 146 美元，好像有其他人在这个价位上大量抛售黄金，抑或是有人已经知道财政部将要出售黄金。通过远期合同的交易，古尔德可以买进比市场上现存数量更多的黄金。然而，这是一个很难突破的价位，和古尔德的预期相互矛盾。因为当抛售方必须交割时，他们手中没有那么多的黄金，该到哪里去买黄金来交割呢？当然，他们要向古尔德购买，那时价格就要由古尔德来操纵了。但是，既然如此，为什么黄金价格还是停留在 146 美元呢？难道是由于格兰特要出售黄金吗？

庆幸的是，没过多久，总统看望了戈尔宾。这一次，戈尔宾成功说服总统不再干预市场。受此鼓舞，古尔德告诉老朋友菲斯克，并邀请他参加这次最精彩的突袭——历史上最大的突袭行动之一——而且这次行动得到了上自总统、下至国会门卫的所有人的支持。古尔德还让菲斯克负责购买黄金，并且负责把这些谣言传给黄金交易室的同僚。菲斯克踊跃加入了行动，而且开始用自己的账户购买远期的"幽灵黄金"合同——那些黄金实际上并不存在。抛售方一边卖空远期交割的黄金，一边希望财政部会释放一些黄金，这样他们就能够以较低的价格来抢购。古尔德告诉菲斯克，格兰特想要看到黄金价格飙升至 1 000 美元，菲斯克很快就把这个谣言传给了其他交易商。

当公众都参与进来的时候，时机就成熟了（诚如约翰·斯图尔特·穆勒曾经预言的那样）。很快，牙科医生、店主，甚至全国各地的农民都在预期黄金价格还会进一步上涨，于是这些人也尽可能地买进黄金。这股抢购黄金的新热潮猛烈地冲击着那些专门做空的卖家，这些卖家要将合同平仓，就只好不惜血本地买进黄金，于是 146 美元的价格屏障崩溃了。此时，古尔德已经不再买进黄金。他知道机会稍纵即逝，于是开始出售黄金。菲斯克对此一无所知，他的账户还继续买进黄金，实际上，他买进的黄金正是古尔德所卖出的。终于，情况开始出现变化。格兰特给戈尔宾写了封警告信，说财政部将要出售黄金。戈尔宾立刻要求古尔德结清账户，并把利润支付给他。古尔德同意了，条件是戈尔宾要对那封信保持缄默。他知道自己正处在灾难的边缘。他仍然持有一些黄金存货以及价值3 500万美元的远期合同——要想把这些都悄悄卖掉，无异于牵着一头大象经过餐馆而不想让人知晓一样。现在他仅有几天的时间，甚至只有几个小时去处理这件事情。

他首先决定撇下菲斯克。一头大象或许能够不被注意地潜行离开。而如果两头大象一起行动而不被发觉，那是万万不可能的。因此，第二天早晨，他鼓励菲斯克继续买进，而自己则以更快的速度秘密出售黄金。奇怪的是，黄金价格还在继续上涨，而公众也还在继续买进。巨大的交易量也很稳定，而且价格还在一美元一美元地提高。与此同时，古尔德一个劲儿地不断卖出，直到一点儿不剩。尽管如此，他还在不断卖出黄金，通过远期合同建立空头头寸，这个头寸也在持续增加。一位来自《纽约先驱报》的记者看出了其中的蹊跷，他在文章中作了这样的描述：

> 狂怒的印第安人发出复仇之战的呐喊，从疯人院里传出得意的狂叫，其激烈程度都比不了黄金交易室里那些投机者哭天喊地的哀嚎。

由于公众还在继续买进，黄金价格依然保持上涨趋势，但气氛开始变得凝重。价格最终真的会涨到1 000美元吗？格兰特是否参与了呢？财政部会卖出黄金吗？然而，就在12点零7分，当价格刚刚涨到165美元的时候，财政部发表了将要卖出黄金的公告。

据估计，古尔德在接下来的14分钟时间里赚进了150万美元。就在这14分钟里，金价从165美元下跌到了133美元，于是，所有做多者的浮动收益被一扫而空。做空者从他们的压榨中得救了，而古尔德的计划也获得了成功。结果，古尔德成了华尔街最让人厌恶的家伙，菲斯克说他"除了一堆衣服和一双眼睛,便所剩无几"。

繁荣的终结

古尔德保持着对铁路股票的兴趣。此时,公众对铁路股票保持着一如既往的热情。然而,由于许多人都在拼命投资铁路以争夺市场份额(即约翰·斯图尔特·穆勒所说的"竞争性投资"),实际的铁路运载能力已经过剩了。1868年之后,每年新建的铁路里程快速大幅增长,铁路行业已经感觉到生存的压力。古尔德控制着伊利铁路,这条铁路与范德比尔特的纽约中央铁路展开了激烈的竞争。范德比尔特刚把每车运费从125美元降到100美元,古尔德为了夺回市场份额,就决定把价格降到75美元。于是范德比尔特又把价格调到50美元,古尔德就跟着把价格降到了25美元。最后,范德比尔特干脆把价格降为一美元——这个价格远远低于成本。这样,范德比尔特就把所有的生意一网打尽。实际上,他所承揽的生意要比以往多得多,因为古尔德把布法罗的公牛全部买了下来,并用纽约中央铁路来运送。

价格战正是铁路运载能力出现过剩的征兆。繁荣已经持续了很长时间,人们在许多行业的大量投资已经收不回利息。在1872年,包括古尔德的伊利铁路在内的89家铁路公司的债券发生了违约现象。在364家上市铁路公司中,有260家公司无任何红利可分。到年底之前,越来越多的铁路公司股票交易量下滑,市场环境也变得更加谨慎。欧洲的情形与此非常相似。经过一些年大规模的投资建设,情况已经变得越来越不稳定,而且市场信心也开始跌落。

大崩溃

有时候,恐慌会肇始于最意想不到的地方。这一次,它起始于奥地利。1873年5月1日维也纳国际展览开幕之后,恐惧的浪潮突然袭来。许多奥地

第 5 章　繁荣的终结

利的银行都深陷在铁路股票的泥潭之中,由于投机者的失败而受到拖累。很快,恐慌蔓延到德国,而后又传到了比利时、意大利、瑞士与荷兰。1873年9月8日,华尔街也受到了牵连。就在那一天,纽约仓库与证券公司(New York Warehouse and Security Co.)违约了。此时,已没有人能够阻止这一切的发生:

　　9月13日:肯永考克斯银行违约。
　　9月17日:潘德莫钮门公司违约。
　　9月18日:杰·库克公司违约。

9月19日,局面开始平静下来,但就在这天下午,大多数的铁路公司股票突然开始下跌。有人怀疑这是杰伊·古尔德独自操纵的结果,人们认为他提前把持有的所有铁路股票抛售出去。下跌很快变成了彻底的恐慌,每个人都在绝望地挣扎着,希望能够找到一个买家来接手。第二天早上,证券交易所闭市停止交易。总统召开紧急会议,与会者有财政部长和其他几位官员,还有商人,其中就包括范德比尔特。解决问题的办法只有一个,与76年前的英国金块委员会不同,这些人仅仅花了几个小时就作出了选择:"增加货币供给!"

财政部通过购买政府债券的途径向市场注入了1 300万美元,10天后,交易所复市了。但是,交易所复市的事实并不能说明危机已经结束。这次恐慌成为美国历史上罕见的大萧条的序曲。纽约的失业率达到了30%,然后是40%、50%,节节攀升。新建铁路里程也从1872年的5 870英里下降到1873年的4 097英里,到1874年进一步减少到2 117英里。1875年新建铁路里程降到谷底,仅有1 711英里。这又一次证明约翰·斯图尔特·穆勒所言是正确的:信心很重要,因此投机也很重要。即使不受印发货币增加供应量的刺激,也不受到其他外部刺激,经济繁荣也会发生。如果人们减少储蓄,货币流通速度提高,或者存在竞争性投资,就可以出现经济繁荣的景象,而经济萧条作为对繁荣的一种反应也会出现。就在劳的计划遭遇

63

逃不开的经济周期

失败154年之后，资本主义经济的不稳定性看起来似乎越来越成为其内在的一种性质。也许经历了一阵群体性的贪婪与恐惧之后，会有一只"看不见的手"来恢复平衡，这样的经济调整是客观需要，但毕竟是痛苦的：人性使然，如之奈何。

第 6 章　萧条的唯一原因就是繁荣

在刚刚走进大学校园的新生当中，一般总会有一两个表现得格外聪慧和富有创造性。在 1810 年剑桥大学三一学院录取的一批新生中，就出现了这样的情形。在这一群富有朝气的年轻人中，查尔斯·巴贝奇这个 19 岁的男生显得非常突出。他很擅长数学，实际上，他入学后没多久，就已经达到了很高的数学水平，以至于他自认为对数学的理解已经超过了导师。

学习数学非常有趣，只要不去计算对数表。因为那个时候要计算对数表，唯一的办法就是两个人分工，用手工方法来计算整个表格。一个人读自己的数字，另一个人就帮助检查核对。然而，有一天，巴贝奇正拿着一张这样的对数表，坐在他和朋友创办的组织——"解析社会"所使用的屋子里，另一位成员进来问他想干什么。巴贝奇抬起头看了看，然后给出了令人惊奇的回答：他正在考虑能否建造一台可以自动完成这种计算工作的机器。

计算机的发明

正是那个时刻改变了他的生活。有了这个想法，他就开始投入实现这个计划。不久，他造了一个非常简单的机械装置，这个东西可以帮助计算对数表。但是，当他在这台小小的机器上工作的时候，他的思想又开始漫游。我们可以走得更远吗？或许我们可以制造一种能够解决所有这类数学问题的机器，从而促进人类智慧的发展？或许人类有一天可以制造出能够思考的机器？

1822 年 6 月 14 日，他提交了一份关于运用机器计算数学表的观察报告。

在这篇报告中，他描述了一种可以用蒸汽引擎来驱动并装有一套落锤的先进数学机器。这个想法引起了人们相当大的兴趣，第二年英国政府就提供最大规模的资助来推动实施这个项目。巴贝奇计划在两到三年之内造好这台机器。然而，后来的事实和他原先的估计落差太大。当工匠们制造机器的时候，查尔斯·巴贝奇则在研究制造机器的方案。他的工作团队只要一造好某一个部件，巴贝奇就会在设计上又提出改进。于是，整个齿轮机必须再次被拆开，所有的工作又要重来一遍。这样一遍又一遍地重复返工，几乎把团队中的每个人都快逼疯了。就这样折腾了10年之后，随着他的首席制造师退出了团队，这个项目最终被迫搁浅。

然而，巴贝奇并没有被这次失败所击倒。他不但没有放弃，反而更加信心满满，又开始设计比以前的机器还要更复杂的计算机器。不过，这一次仅仅是在图纸上画画而已。按照他的设计，这部机器会是一个庞然大物。它由6台蒸汽机驱动，可以用穿孔卡片进行编程，而且能够每秒钟完成一次计算。

萧条的唯一原因就是繁荣

法国人克莱门特·朱格拉和魁奈一样，也是一位医生。但是，在他29岁的时候，便开始研究社会问题。两年之后，他在《经济学人》杂志发表了大量有关法国的出生率、结婚率和死亡率波动方面的研究文章。写作这些文章的过程中，他也调查了有关法国经济繁荣波动的情况，后来，他便醉心于研究这方面的问题。

1862年对于克莱门特·朱格拉来说，是非同寻常的一年。就在这一年，已经43岁的朱格拉发表了他有关经济波动进程的研究成果——《论德、英、美三国经济危机及其发展周期》。尽管当时几乎没有什么人注意到这本著作，但它确实具有革命性的意义。

克莱门特·朱格拉揭示了古典经济学家遗漏的某些方面。桑顿提到货币过量供给的假象，穆勒则指出了竞争性投资问题，奥弗斯通曾经关注过商业

第6章　萧条的唯一原因就是繁荣

波动的规律性问题,但没有去作更加深入的描绘与解释。早期的研究者发现了经济内在不稳定性的多个踪迹,同时也发现了带来经济稳定的多种内在因素。他们思索过货币因素,如货币供给、利率和流通速度,还有实际因素,包括随机扰动、投资、储蓄、消费(不足)和生产(过量)等。作为讲求实用性的商人,他们还总结出某些超现实的因素,像公众信心、愚蠢(即非理性)和恐慌等。但是,很显然,这些巨匠中并没有一个人苦心思索一套连贯而统一的理论来解释经济周期。这是为什么呢?

令人惊奇的是,原因在于他们还没有发现经济周期。当你读到他们写的书或者文章的时候,你会发现他们中许多人都提到"危机"这个说法。然而,尽管配第早在1662年出版的著作《赋税论》中就使用了"周期"这个说法,却没有人意识到,即使没有任何触发性的因素出现,这种周期性的现象也会发生。他们都曾经认为,经济的繁荣与危机是由一些特定现象引起的,例如外部冲击或失误。有的人,例如穆勒,还发现存在使经济从一个极端走向另一个极端的事件。遗憾的是,他们中没有一个人把这一连串的现象看成是资本主义经济与生俱来的一种基本波浪式运动的不同阶段。正因为他们没有这样看问题,所以就没有一个人会尝试集中精力描绘和计算一种系统的动态变化规律。

克莱门特·朱格拉的新作完全不同于以往有关经济危机的文献。他比其他任何人都率先认识到,经常性的经济危机并不是一些简单的相互独立的事件,而是经济组织内在不稳定性、周期性重复发作的体现。意识到这一点之后,他进而对这种周期性运动的不同阶段进行了分类。他提出"上升"、"爆发"和"清算"等不同阶段,为了区分这些阶段,他收集了跨度时间尽可能长的时间序列统计数据加以分析。通过研究这些长时段的数据,他确信周期的平均长度为9~10年。朱格拉说明了他对经济内在不稳定性的理解,他写道:"萧条的唯一原因就是繁荣。"

他认为,没有发生萧条正是由于某些方面出错了,而萧条的到来则说明经济处于正常的运行轨道。这个观点与当时占主流的看法迥然不同。当时的主流观点认为造成危机的原因是"失误",例如不负责任地滥发纸币,存在垄断行为,滥用海关特权,存在贸易壁垒以及农业收成不好,等等。然而,朱格拉不同意这样的看法,他认为危机的发生就是由于繁荣。

朱格拉对他的著作进行了两次修订完善,并且终其一生都在研究经济周期问题。但他后来的成就再也没有超过第一本著作,他也从未把经济周期与信用周期更紧密地联系起来解释经济周期问题,但不管怎样,就一个人的贡献而言,他有这一点已经足够了。

虽然学者们曾经多次描述过某些重要的事实与概念,但他们并没有真正理解这些事实与概念所具有的重要意义,这在科学界是一种较为常见的情况。只有当某位学者充分认识到这类事实的全部意义时,我们才能说它们被真正地"发现"了。在朱格拉的著作出版之前,许多人都描述过经济不稳定的因素,但他们并没有真正理解周期的概念。而在克莱门特·朱格拉之后,经济学家可能很少会说他们在研究"危机",他们要研究的是"经济周期"。这正如熊彼特后来所指出的那样:

> 他发现了新大陆,而在此之前,有些人只是发现了大陆附近的一些岛屿。

甚至在朱格拉于86岁高龄去世之前不久,我们看到他依然在埋头研究一堆统计数据。查尔斯·巴贝奇也是满腔热情地坚持到自己生命的终点。在1862年的展览之后,他又继续研究项目。就在临终的那一年,前来探望的人们发现他仍然热切地向别人夸耀他的工作室。像朱格拉一样,他了解自己工作的真正意义,而且直到生命的最后时刻,他依然相信人类终有一天会造出他所设想的计算机,改变科学运作的方式。然而,正是巴贝奇所设想的机器最终揭开了令人难以想象的经济周期的秘密。诚然,如果没有相关的方程置入巴贝奇的机器之中,那它对于经济学家来说也毫无用处。有了硬件,还需要相应的软件支撑,因而就需要有人发展出一套与经济行为相互耦合的数学表达式。

第 6 章 萧条的唯一原因就是繁荣

一般均衡

里昂·瓦尔拉斯是一位工程师，1834 年出生于法国诺曼底。他的父亲是一位经济学家，这种家教渊源使他对经济学有了更深的理解，把经济学看成是研究效用最大化的学科。他想进入巴黎综合理工大学，但两次尝试都失败了，后来只好进入稍逊一筹的巴黎工程师学院，但没过多久就退学了。

对于一个人的学术生涯来说，这并不是一个前途看好的开端，但他决定过一种更加不拘一格的波西米亚式的生活。他从事过文学创作，也当过新闻记者，而且还一直自学经济学。在某一个地方，他创作了一本浪漫小说，换一个地方，他当上了铁路公司的职员，后来又去做新闻记者，之后又成了讲师。他还写了两本有关哲学的书籍。1870 年，他申请了洛桑大学政治经济学的首席教职。在众多的候选人中，他并没有给人留下特别深刻的印象。尽管这位让人多少有点疑虑的人物最终获得了职位，但大学董事会的投票结果显示出他是以微弱优势获选的。

洛桑大学位于一个面向日内瓦湖的山坡上，在这里可以把瑞士与法国阿尔卑斯的美丽风光尽收眼底。瓦尔拉斯一定非常喜欢这个地方或者他的工作（或者两者都喜欢），因为他在此地生活和工作了 22 年之久，并且在他的人生旅途中第一次感受到了成功的喜悦。1874 年，他写了一篇关于用数学方法解决经济问题的论文。瓦尔拉斯还和一些经济学家联系紧密，彼此常有书信往来。1889 年，他出版了第一版《纯粹经济学要义》，后来又继续对这部著作加以修订与完善。在这本书的开始，他描述了纯粹经济学和应用经济学——一种艺术级别的表述。然后，他提出经济学必须要用数学术语来描述，于是就用到了边际分析方法。在该书后面的章节中，他详细说明了如何用数学原理来描述和分析经济问题。他的主要方法是描述一般均衡，在一般均衡状态下，所有市场参与者（"代理人"）的活动加总起来形成一种稳定状态。他慢慢向读者介绍了整个模型。首先，他介绍了一种非常简单的情形：只有两个代理人进行物物交换的经济。而后，他的论述扩大到有多人参与交换的情形，接下

69

来是有多种物品进行交换的情形，然后涉及生产要素市场，之后又包括了储蓄、资本形成、货币，最后加入了信用因素。在几个简单化的假设基础上，完成了整个理论的构建。这些假设包括完全竞争、完全的可变性以及价格的完全灵活性。在每一种情形中，他都演示了均衡状态是如何达到的，不过他也确实提到过存在多种可选均衡的可能性。

瓦尔拉斯把数学方法运用到经济学的研究之中，似乎让人想起某位物理学家模仿机器行为的方法。但这并不是巧合，瓦尔拉斯深受牛顿和法国大数学家皮埃尔-西蒙·拉普拉斯的影响。另外，路易斯·潘索的一本静态力学著作也给了他很大的启发——实际上，几十年来他一直把这本著作放在手边，足见它对他的影响有多么深远。

经济周期与太阳黑子

当瓦尔拉斯在用数学方法进行经济分析的时候，另外有一些人则开始试图对朱格拉的周期进行解释。威廉·斯坦利·杰文斯就是一个很好的例子。杰文斯的一生为经济思想贡献良多。1871年，也就是大危机发生之前的一年，他出版了《政治经济学理论》一书。在书中，他对边际分析方法作了很好的说明，而且第一次对"理性人"作了描述——经济学构想出来的只会做出理性决策的人。他解释了理性消费者是如何努力将效用最大化的：当消费者在购买某种商品时，如果他们认为把下一块钱花在其他方面能够获得更高的效用，那么他们就会不再继续购买这种商品。

还有一个与太阳相关的问题。杰文斯从自己的亲身经历中深深体会到经济萧条所造成的痛苦，当他开始撰写一系列有关经济周期的文章（发表于1875~1882年）时，他很可能受到了1873年经济危机的激发。他的一个灵感之源就是穆勒的《政治经济学原理》。杰文斯注意到穆勒强调了公众情绪的变化，但在杰文斯看来，穆勒对重复发生的繁荣与萧条现象的解释很不充分，仅仅是发现了相对的规律性。哪一个过程可以解释人们为什么每隔一定时间就会变得贪婪和恐慌呢？穆勒根本没有解决这个问题。杰文斯于是把目光投向了经济体系之外，四处寻觅刺激经济发生大波动的因素。在研究了大量的统计数据之后，他作了一番认真的思考和推测。他得出的第一个基本结论是，农业（收成）是经济发展中一个非常重要的组成部分，因此农场里发生的某些事情也许能够解释经济波动的原因。然而，农场里会发生什么事情呢？是农作物病虫害吗？

杰文斯最后作出了自己的解释，他认为原因就在于太阳光炽热强度的波动——由"太阳黑子"（隔一段时间就会出现在太阳表面的大火球）现象的规律性所造成。他的第一篇论文——与1875年的大危机巧合——试图说明1254~1400年间英国的谷物收成变化存在一个11.1年的周期，这与太阳黑子活动的周期非常吻合，当时的天文学家宣称太阳黑子的活动周期也是11.1年。太阳黑子活动的增加会造成阳光照射强度的提高，从而刺激作物的生长，于是农业收成就会高于平均水平。问题由此迎刃而解！

答案或许并非如此。不久，天文学家对太阳黑子周期的时长进行了修正，将其调整到10.45年，这意味着杰文斯的模型由于时间上的不一致而遭遇尴尬。于是他又把谷物收成的统计数据查看了一遍，得出的结论表明实际的周期长度也是10.45年，而不是他先前所说的11.1年。因此不必为此担心，理论还是站得住脚的。

然而，问题并未就此打住。英国新发布的谷物报告与他的模型并不符合，于是他被迫对模型进行修正。修正后他认为，太阳黑子造成了其他国家谷物收成的波动，从而间接影响了英国的贸易与制造业。这意味着太阳黑子与英国的经济周期之间并不存在严格、直接的因果关系，但有很强的间接影响。之所以存在这种间接效应，是因为农产品的价格、数量和生产的变化，还有商人在决策中加入了对太阳黑子爆发的预期（现在他的理论已为人知晓），即在计划决策时把太阳黑子的波动加以贴现。即使太阳黑子无论出于什么理由而在预期发生的时间没有发生，仅仅是对太阳黑子的这种预期就可能造成经济周期的出现。这样来解释理论预测和实际结果之间的不一致性，显示出了他的才华，也是真正的创新。但是，并没有人买他的账。他同时代的人中，并没有多少人真正相信太阳黑子是解释商业波动的基本原因，或者两者具有相关性（时至今天也没有一个神志健全的科学家会相信这一点）。

杰文斯的太阳黑子理论留给我们的并不是其错误的结论，而是分析问题的方法。当代经济学家常常使用"太阳黑子"这个术语，他们所指的并不是太阳表面燃烧的火球，而是一种状态。在这种状态下存在某些现象，其本身不能对经济产生影响，但能够改变一般人的预期从而间接地对经济产生影响。由此可见，杰文斯的方法留存下来了。

货币数量论

有一个理由让我们不能遗忘杰文斯，那就是他曾经与其他一些经济学家有过很多交流，而且得到很多评论。例如，他的《政治经济学理论》得到了著名天文学家西蒙·纽科姆的评论。纽科姆是天文学家，一位天文学家为什么要去评论一本经济学著作呢？

这是一个颇为奇怪的故事。当我们看到纽科姆先生实际上并不是科班出身的天文学家时，故事变得更加离奇了。按照西蒙·纽科姆所受的教育，他是要成为一名草药医生的。事情是这样的。纽科姆从未进过学校，而是在家接受父亲的教育。他16岁的时候和一位自称为医生的"草药医生"一起工作，可是不久之后，纽科姆就发觉那个所谓的医生开出的药方竟毫无科学性可言。那些药方全都建立在任意假定和迷信的基础上，这个自称医生的家伙不过是一个江湖骗子。纽科姆最后决定辞职，所以他告了假就直接离开了。他走了190公里（120英里）到了加来港，说服了一位船长带他上船做一名水手，由此踏上了返回他父亲位于马萨诸塞州塞伦的家中。

纽科姆在塞伦当了一名教师，同时他利用业余时间学习各种科学文献。1856年，他21岁，在华盛顿找到一份工作。工作的地方离图书馆很近，这样可以读到更多的科学著作，他对数学方面的著作尤其钟爱。有一天，他在

第 6 章　萧条的唯一原因就是繁荣

图书馆里借到了一本拉普拉斯的《天体力学》译本,但无法读懂,这让他非常受挫。于是他决定去找一份可以学到更多知识的工作。1903 年在《一位天文学家的回忆录》中他这样写道:

> 在 1857 年 1 月的一个寒冷早晨,我仿佛获得了新生,走进了一个美妙而明亮的世界。在马萨诸塞州剑桥市的"航海天文年历"办公室里,我面对着烧得很旺的炉火,坐在两位著名数学家中间。带着亨利教授和希尔达德先生的书信,我从华盛顿赶到这里,就是为了能够成为一名试用天文计算员。坐在我旁边的是项目管理人约瑟夫·温洛克教授,还有办公室资深助理约翰·D·瑞克勒先生。我告诉他们自己曾经试图学习拉普拉斯的《天体力学》,但是由于当时的基础数学知识非常贫乏,又没有其他知识储备,因而完全读不懂。
>
> 就在 22 岁的那一年,我第一次看到有人对《天体力学》是那样的熟悉……而我自己在这方面连一个新手都算不上。但在几个星期之后,我还是成为了试用计算员,月薪 30 美元。

他在这里找到了工作,还可以同时在哈佛大学读书,由此开始在学术领域里辉煌崛起。1862 年,西蒙·纽科姆成为海军天文台的数学和天文学教授。1877 年,他成为美国航海天文年历办公室主任、《美国数学杂志》编辑、美国天文学会的发起人和首任主席,后来又成为美国数学学会的主席。

直至今天,他还被认为是现代天文学的奠基人之一,他的工作越来越引人注目和受到尊重。实际上,他所获得的美国与国际的奖项以及各种荣誉会员的数量是如此之多,竟然要写满整整两页纸,由此可见他是多么受人器重。他还出版与发表了大量介绍天体位置的书籍与文章,讨论如何预测天体运动,以及进行这类计算和许多其他类似的计算所要求的数学能力。我们的故事讲到这里便有些离奇了,因为他所出版的大约 1/3 的著作与天文学或者理论数学毫不相干,在这部分著作中他讨论的是有关政治与经济的问题。

1885 年,西蒙·纽科姆出版了一本《政治经济学原理》,非常清晰地介绍了流量与存量之间的差别，并且对收入的圈流作了图解，他画出箭头把经济体中不同的人联系起来，展示了这些人相互之间如何进行支付。然而，这本书最重要的内容则是叙述了一个更为简明的关系。他称之为交易方程，该方程后来被欧文·费雪作为货币数量论重新介绍，这也就是我们今天所知道的情况。这个方程是：

$$MV=PQ$$

其中：

M = 货币供给

V = 货币流通速度

P = 商品与服务的价格

Q = 商品与服务的数量

这个模型并不是解释经济动态变化的理论，但它说明了一个更为核心的关系，可以作为许多理论的参照基点。在本书后面的章节中，我们将多次详细说明这个模型，但在这里只需了解它的来源。

快乐原子

一台机器总是按照专门设定好的用途来运转，例如轮子的旋转，或者编织机纺锤的运转。这对于"经济机"也是同样的道理，它也应该有设定好的运转目标。与瓦尔拉斯同时代的一位学者对这些目标的设定作出了贡献，他就是弗朗西斯·伊西德罗·埃奇沃思。

埃奇沃思注意到，加入经济机中的人一般都被假定为将个人"效用"最大化的"理性人"。现在的问题是如何定义这个效用，以及如何将其细分成最小的可能单位。1881年，他提出了"快乐原子"这个术语来定义它。但要测度这些原子则不容易：

第 6 章　萧条的唯一原因就是繁荣

快乐原子不容易辨别，也不易看清楚；它比沙子紧密，比液体松散；就好像那些仅仅可以感知到的原子核，嵌在圆形环绕的半意识里。

难怪人们觉得他的文章如此难读。

帕累托均衡

你可以说，瓦尔拉斯的经济机的用途就是把埃奇沃思的快乐原子的产量最大化，而且有相当多的人追随瓦尔拉斯的理念。瓦尔拉斯是一位先驱者——一个启迪他人的人，因此，当他 1892 年从洛桑大学退休的时候，重要的是找到一位继任者，能够跟随他的足迹并且继续启发和领导这场新的运动。学校选择了维弗雷多·帕累托，一位出生于巴黎而大多数时间居住在意大利的工程师。帕累托曾经在铁路公司任职，他从工程师升为两家公司的董事。1890 年，在 42 岁的时候，他才开始学习经济学，1893 年则接替了瓦尔拉斯在洛桑大学的教职。帕累托在洛桑大学工作了 7 年，后来继承了一笔财产便决定退休。但是，他仍然留在瑞士并且继续撰写经济学文章，直到 1923 年去世为止。

帕累托一个很大的优势是他所接受的工程师教育，而且他具有多年的技术工作经验。因此，他掌握很高深的数学知识，这些数学知识常常贯穿在他的著作之中。他的劣势则像埃奇沃思一样，写作风格很糟糕，就像一个喝得酩酊大醉的高智商的人那样。他常常在一张纸上同时阐述几个半拉子理论，然后又去谈论别的事情，讲了很多之后才转回来把前面的半拉子想法写完整。

今天，帕累托这个名字的使用频率很高，经济学家常常会提到"帕累托最优"或者"帕累托均衡"，这种状态表示经济系统生产出的埃奇沃思快乐原子达到了最大的可能数量。随着第一个经济周期理论渐渐发展起来，人们将一遍又一遍地运用他和瓦尔拉斯所发展的方法。

他们最大的贡献

查尔斯·巴贝奇

- 发明计算机
- 首创性的操作分析

克莱门特·朱格拉

- 最早使用时间序列数据，例如利息率、价格和中央银行的余额，系统完整地分析一个定义明确的经济问题。这种方法成为一般经济学和经济周期研究的标准
- 描述了经济周期的形态（周期阶段），这种方法后来经常用到
- 最早清晰地理解萧条是对此前的繁荣所造成的经济状态的适应性调整

里昂·瓦尔拉斯和维弗雷多·帕累托

- 把经济问题进行数学模型化
- 一般均衡模型

威廉·斯坦利·杰文斯

- 由于"太阳黑子"效应，仅凭人们对太阳黑子发生变化的预期就会使经济/金融体系发生变化

西蒙·纽科姆

- 货币数量论，描述了货币与实体经济活动之间的关系

弗朗西斯·伊西德罗·埃奇沃思

- 快乐原子的概念

BUSINESS CYCLES

第二篇
经济周期的规律

第7章　又到经济危机爆发的时间了吗

1876年，即朱格拉的著作出版14年之后，查尔斯·巴贝奇离世5周年，由李嘉图和穆勒组建的"政治经济学俱乐部"举办了经济科学创建100周年庆典，因为亚当·斯密的《国富论》已面世整整100年。担任会议主席的是格拉德斯通先生、洛先生和时任法国财政大臣的里昂·萨伊。在一如往常的奢华晚宴过后，洛先生率先起身发表演讲。从他的演讲来看，他并不觉得政治经济学在将来还会有更大发展。他认为社会学方面的进展可能对政治经济学会有所裨益，但影响不大，因为政治经济学作为一门科学，其发展已达到顶峰。

这就是当时英国的经济学精神。自从《国富论》发表之后，发生了许多事情，桑顿、萨伊、李嘉图、穆勒、马克思、白哲特、杰文斯、朱格拉、埃奇沃思、瓦尔拉斯、帕累托以及其他许多经济学家都为经济学的发展作出了伟大的贡献。

为什么价格会波动

显然，洛先生错了。就在他发表演讲之后的一段时期内，经济学家在经济周期研究方面又提出了许多重要的概念，也正因为如此，我们把这段时期称为经济周期研究的黄金时代。在当时从事经济学研究的一批年轻才俊中间，阿尔弗雷德·马歇尔是一位佼佼者，他即将成为英国的大经济学家。

在洛先生发表演讲的时候，马歇尔34岁，在剑桥大学教授伦理学。他学习的专业是数学，最初到剑桥大学也是教授数学。但是他的兴趣非常广泛，对如何改变社会的贫困问题也感兴趣。可是，当他提出解决贫困问题的一些想法时，却遭到了同事与朋友们的嘲弄。他们认为"他没有资格讨论这个问题……"，"除非他受过一些商业或者政治经济学方面的基础训练"。于是他很不情愿地决定研读一些基础性经济学书籍。一开始，他读了约翰·斯图尔特·穆勒的《政治经济学原理》，而后又读了许多其他著作，其中包括李嘉图的著作。然而，他读书的方法却非同寻常：他手里拿着一支铅笔，把读到的每一个重要概念都转换成数学方程式。实际上，他这样做仅仅是为了方便自己，以确保能真正理解这些经济学概念。

他迷上了经济学，因而也开辟了自己职业生涯的一个崭新方向，他对经济学理论的发展将使洛先生的演说处于尴尬境地。由于阿尔弗雷德·马歇尔总在不断地追求完美，所以他倾向于推迟出版自己的著作，尽管如此，这些著作出版的时候还都可谓是恰逢其时。他的第一个贡献来自于1879年出版的《经济学原理》，这本书探讨了有关经济周期的一个新理论。在书中，他对价格作了这样的阐述：

> 当价格有可能上涨时，人们就急急忙忙借钱并抢购物品，于是会推动价格上涨，商业出现膨胀，经营者也会变得鲁莽挥霍，通过借入资本经营所获得的回报比实际借入的资本还要少，而他们自己变得富有的代价就是牺牲了社会利益。随后，当信用波动出现的时候，价格也开始下滑，这时人人都想卖掉商品而持有货币。因为相对于商品而言，货币价值在快速增加，这又会加快信用下降的速度，而信用的进一步下降会导致信用本身更严重的收缩。于是，由于价格已经进入了下降通道，在长期内都会继续下跌。

正是因为他宣称价格下跌是因为价格已经进入下降通道，所以在《货币、信用与商业》（1923年）一书中，他也阐明了股票交易中存在着类似的效应：

第 7 章 又到经济危机爆发的时间了吗

一些投机者为了偿还债务而不得不出售股票,这种做法会阻止价格的上涨。看到价格上涨受阻,其他所有投机者都会焦虑,于是也都急于抛售。

马歇尔通过求解经济学的难题来努力寻找自己的研究路径,但遭遇了以前许多并不正确的假设的羁绊。例如,1803 年提出的萨伊定律,其非常美妙的简化形式是:供给等于需求。

这个定律肯定遗漏了一些重要的细节,因为任何一位经历过 19 世纪经济衰退的商人都会问道:"萨伊怎么会因为这样一句话而用自己的名字命名了该定律呢?这个定律根本不符合实际。只要发生了经济危机——通常是残酷血腥的——你就卖不出那些该死的东西,而这才是残酷血腥的事实!"因此,在衰退期间,这个定律的形式更应该是:过多的供给,但哪里有需求呢?

萨伊定律对于长期的供求总量而言是可行的,但短期来看,供给与需求在衰退期间显然彼此偏离。

实际利率与自然利率

实际上,穆勒率先指出储蓄利率会发生波动,朱格拉把经济周期与信用周期二者联系起来。如果人们像萨伊所假设的那样把所挣的钱立即全部花完,信用周期怎么会发生呢?然而,瑞典经济学家克努特·魏克塞尔首次对这个问题作了阐释。克努特·魏克塞尔 1851 年出生于斯德哥尔摩的一个富裕的房地产经纪人之家。他 15 岁时失去双亲,继承了一大笔财富,并开始研习数学与物理学。几年之后,他的兴趣转向了社会科学与经济学,后来决定到乌普萨拉大学谋求一个教授经济学的职位。然而,他遇到了一些问题,因为当时经济学是在法学院讲授的,而法学院的所有教师都需要有法学学位——需要修读 4 年时间才能得到。或者按照标准,魏克塞尔至少要修读一个法学学位并在两年内完成。他很聪明,也有好斗的个性。他在非常年轻的时候就已具备了教授的资质,但是直到 52 岁时才成为教授。之所以如此,是因为他拒绝签署一份呈送国王的强制性申请，在申请中有一句"君王陛下最顺从的仆人"这样的话语。他并不是残暴君王的仆人！有一次，他因为在演讲中亵渎神明而蹲了两个月的监狱。

尽管受到许多以往思想者的启示，但魏克塞尔的最爱还是大卫·李嘉图。他特别喜欢读李嘉图的《金银的高价格》这本册子，这启发他作出了最重要的理论贡献，即提出"自然利率"的概念。他在1898年出版的《利息与价格》一书中阐述了自己的核心思想：

- 我们知道低利率会刺激商业活动，而高利率则会抑制商业活动。但问题是，多少才算"低"，多少才算"高"呢？
- 要回答这个问题，我们要考虑进行商业投资实际能够赚到多少钱。比如，如果一项新的投资能够获得6%的平均收益率，我们就称其为"自然利率"。
- 现在，我们假设可以按照2%的利率贷款，这个利率称为"实际利率"。在这种情况下，二者之间存在差异，贷款人获得4%的利润，所以会继续贷款进行投资。
- 但是，如果银行利率是10%，那么贷款人要承担4%的损失，结果就会停止投资（除非他们很蠢）。而经济将会出现停滞或者收缩。

这里的"实际利率"与"自然利率"的概念非常简单，但直到今天仍然是许多理论的一块基石。

"需求不足"理论

既然萨伊定律是公开掠食，那么发起下一次攻击就不会间隔太久，这是约翰·霍布森的观点。他是一位校长，同时在牛津大学与伦敦大学任兼职讲师。他认为需求短缺是经济周期问题的关键，因为人们把收入的一部分储蓄起来，而后才投资到新的产能上。工薪族的储蓄可能并不多，但富裕的资本家有很多储蓄，这会导致投资过量。

第7章 又到经济危机爆发的时间了吗

在1889年出版的《产业生理学》一书中，他首次解释了这一点，并且一直到1910年，他仍然在其他一些著作中对此进行详细说明。他还提出了一个激进的解决方法：对公司课征重税或者进行国有化，用这些收益来提高需求。

这些观点在商业界与学术界都缺乏友好之声。1889年出版第一本著作后不久，他就丢掉了两个大学的教职，在《经济学杂志》上也经常受到嘲弄，而且基本上被禁止加入政治经济学俱乐部。这位可怜的先生再也没有获得任何学术性职位，但他确实成为了所谓的"需求不足"理论的一位先锋人物。

自由资本的消耗

就在霍布森的第一本著作出版5年之后，出现了另一种截然不同的研究方法。乌克兰经济学家米哈伊尔·塔干-巴拉诺夫斯基在其著作《英国的产业危机》中也提出过，而他的理论是建立在以下核心假设的基础之上：

- 在获得货币收入与进行花费之间存在着长时间的滞后期……
- 在货币的储蓄与投资之间也存在着长时间的滞后期。

巴拉诺夫斯基常常把经济与蒸汽机相比较。人们每天都会进行储蓄，他把这些储蓄称为"自由资本"，这些不断累积的储蓄就像是锅炉里的蒸汽。随着蒸汽逐步累积超过一定时间，活塞受到的压力会不断增加，直到最终产生运动。货币的道理也是如此，储蓄者都想获得好的回报，随着时间的推移，他们会失去耐心并寻求更高的收益率。于是，这些自由资本就会投入"固定资本"（机器、厂房等）。在这个过程中，整体经济会产生收入与财富。但是，在某个时点上，剩余的自由资本可能并不多（就像蒸汽机里的蒸汽跑掉了一样），因此固定资本的累积也会趋于平缓，而经济可能出现倒退，这时大量新投资的产能也会随之闲置浪费。

巴拉诺夫斯基在本质上是一位马克思主义者。然而，尽管他的分析基础是马克思主义的方法，但他并不同意马克思关于资本主义经济最终走向崩溃的结论。他认为资本主义经济只会不断地循环，而这个观点使他成了左派的敌人。

技术创新成为触发器

阿瑟·斯皮索夫是一位专门研究经济周期的德国教授，他同意巴拉诺夫斯基关于资本主义经济不断周期性循环的观点。然而在1902年和1903年出版的两本著作中，他聪明地指出巴拉诺夫斯基的模型中遗漏了对自由资本转换为固定资本时发生波动的解释。为什么不能平缓地完成这种转换呢？

对此，他声称答案在于新科技发展。科技创新创造了新的商业机会，正是由于追逐新的商业机会，先前闲置的货币才释放到经济中来。或者，引用魏克塞尔的专业术语来说，新科技把自然利率水平提高到实际利率水平之上，于是诱发了投资急速发展。而后，随着新的商业活动逐步展开，整个过程最终出现停滞并走向倒退，这和巴拉诺夫斯基所描述的情况很类似。

空前繁荣

当斯皮索夫的书出版之时，经济环境非常轻松愉快。实际上，当时的经济环境非常好，仿佛存在多年的经济周期已经终止，经济呈现一派风平浪静的景象。对美国读者来说，相比重要的经济事件，他们对当地报刊的娱乐与体育版面更感兴趣。例如，铁路大亨杰伊·古尔德要离婚，他的妻子要求每年得到25万美元。这是多么精彩的八卦！然而，人们还是会关心金融版面，因为他们的股票价格正在连年快速上涨。

而且这还有一些较好的理由。美国经济自1897年以来一直在快速增长，仅仅偶尔受到一点儿小小的阻碍。到1907年，美国的出口在10年之内几乎翻了一番，货币供给也相应增长，金融机构的总资产从91亿美元增长到了

210亿美元。这段时光的确非常美好，难怪罗斯福总统在1906年12月提交国会的报告中这样写道："我们仍然继续享有毫不夸张的空前繁荣。"然而，学习经济周期的学生们可能有一些理由担忧。还记得1816年的大危机吗？还有1826年、1837年、1847年、1857年、1866年的危机？每次危机的间隔大约都是10年。从那之后危机要少一些，但10年的经济周期是否可能仍然存在？最近一次的衰退发生在1895年，当时的英国与欧洲大陆由于黄金与矿业股票发生危机。因此，是不是现在又到爆发危机的时间了？

1907年经济危机

可能是因为利率出了一些问题，19世纪后期，黄金的生产已经落后于经济的增长。由于人人都想借钱投资，于是货币开始紧缩。实际上货币紧缩得非常厉害。到1906年年底，英国的利率从4%提高到6%，而美国的利率则出现了大幅波动——从3%升到超过30%。现在有多个铁路大亨都开始觉察到这个问题，当他们试图把1907年年初的债务进行展期①的时候，他们发现根本不可能销售更长期限的债券，因而不得不改为发售1~3年期的债券。控制着大北方铁路公司的詹姆斯·J·希尔对此提出警告说，美国经济中，流通中的货币至少需要增加10亿美元，有了这样一个稳定的流通量，才可以避免"商业瘫痪"——他还没有看到商业瘫痪当时已经出现。

美国的牛市终于在3月13日崩溃了，股票像跌进一个巨大的气旋之中，许多蓝筹股下跌了25%以上，之后才有微弱的反弹。可是这个反弹并不真实，因为流动性的短缺正在逐步恶化，股票与商品的价格在整个春季和夏季都在下跌。5月，衰退开始了。不只是在美国，日本的股票交易在4月下旬随着一系列违约事件的发生也大幅跳水。在欧洲，也出现了恐慌的迹象，因为法国与英国的买家从美国进口的黄金数量在增加，同时却抛售他们的股票。8

---

① 展期即延期交割，减少浮亏。——编者注

月，波士顿市想发行一笔债券，但发行总额为400万美元的债券仅有20万美元的投标。而后，到1907年10月，所有事情都变得更加糟糕。两个鲁莽的赌徒奥托·海因泽和查尔斯·莫斯获得了许多小银行与信托公司的控制权，并且还非法使用资金，企图对美国铜业公司操纵空头挤压。他们的计划是：买进具有决定性数量的股票和看涨期权，以逼迫空头以更高的价格买进股票来平仓。然而，这种空头挤压在脆弱的市场上不易控制，最后惨遭失败。就在10月，危机已经蔓延到了世界各地，海因泽与莫斯公司的那些紧张的客户开始撤回资金。这触发了反应链条，很快就波及其他银行与信托公司。

救世主摩根

面临这样的恐慌，人们在呼唤着救世主，而就在人们慌乱地奔向银行的4天之后，救世主出现了。自愿挑起这一重担的是一位70岁的老人，而且他刚刚患了严重的感冒，但是此人的性格非常坚强。如果说还有谁能够阻挡恐慌大潮的袭击，那就应该是他——J·P·摩根，一个庞大产业与金融帝国的主宰者。

他停下了原来的工作，在接下来几个星期里，摩根面临一次又一次的灾难性袭击，每一次他都必须快速采取果敢的行动——有的问题极为紧迫。就在10月23日那一天，林肯信托公司的存款在短短几个小时之内就损失了1 400万美元，美国信托公司简报在同一天报道了此事。下午1点钟，公司持有现金头寸为120万美元，20分钟之后，头寸下降到80万美元，而到2点15分的时候，现金头寸便只剩下18万美元，这仅够支付几分钟。对此，摩根需要想办法解决了。第二天，证券交易所的总裁急急忙忙跑进摩根的办公室，告诉摩根说，除非有人能够借钱给经纪商，否则将会发生大规模破产倒闭。摩根召集几家银行的总裁开了一个会，会议一开始，他就问交易所的代表，需要多少钱？他们回答说："2 500万美元。"时间期限呢？回答是"15分钟之内"。银行立刻遵照要求，在5分钟之内投放了2 700万美元。这一次，

第7章 又到经济危机爆发的时间了吗

救火的人还是摩根。

他继续竭尽所能借钱给那些非常脆弱的机构,并且鼓励其他银行也这样做。他也曾经一度找不到现金,于是就设计出一种新的货币——"手写货币",这种货币的发行人承诺会将其转换为真实货币。他还设法说服财政部将3 500万美元的政府资金存放到多家银行,再由这些银行把钱立刻转借给那些濒临破产的信托公司。10月28日,纽约市长来到摩根的办公室,告诉他纽约市政府也筹不到资金偿还债务了。摩根便安排清算行接受纽约市政府发行的债券,但用"手写货币"支付。市长就把政府的账簿移交给摩根,后来他便给纽约市当了一段时间的"监护人"。

最终,摩根的计划取得了效果:金融恐慌在年底之前就结束了,道琼斯工业平均指数从3月的顶点下降了39%,在10月21日触底后开始反弹。但是,1907年开始的衰退持续到了1908年,因为公司积压的产品没有市场需求,而且失业率也从3%提高到10%,翻了两番还多。产品仍然堆积在那里,

图 7-1 1907年的危机。该图显示了道琼斯工业平均指数1906~1909年的表现。

但是没有市场需求。人们还在继续储藏货币,此时此刻,无论是亚当·斯密的"看不见的手",还是萨伊定律,都不灵了。

高利率与经济衰退

美国发生1907~1908年的衰退之后,又在1910~1912年以及1913~1914年一再爆发经济危机。经济周期看上去似乎并没有走到尽头,人们还需要继续努力寻求问题的解决之道。这时,瑞典教授古斯塔夫·卡塞尔给人们带来了新的思想,在有关储蓄与投资相互作用,以及利率在经济周期中可能扮演重要角色的理论方面,他成了最为知名的经济学家:

- 我们不妨假设现在处于经济繁荣期,这可能是由于新技术造成的,正如斯皮索夫所说的那样。
- 不管怎样,随着繁荣时期的延续,我们会看到巴拉诺夫斯基所说的"自由资本"在不断转换为"固定资本"。
- 至此,情况已经非常清楚。但在这一阶段,我们发现投资所耗费的自由资本要多于人们新增的自由资本,这就出现了储蓄不足的问题。
- 接下来的关键是:储蓄不足导致了利率上升。
- 提高利率会改变许多商业项目的盈亏平衡点,原来看起来有利可图的项目,只是由于财务成本的增加便突然面临亏损。
- 这样一来,突然间,有些企业家便停止了投资活动,经济也就进入了螺旋下降通道。

因此,根据卡塞尔的观点,高利率常常是触发经济衰退的关键因素。

如何解决消费不足

有两位美国经济学家对此持有不同的看法。瓦蒂尔·卡钦斯和威廉·福

第 7 章 又到经济危机爆发的时间了吗

斯特两人都毕业于哈佛大学,后来卡钦斯成了银行家,而福斯特则成为一所大学的行政官员。卡钦斯早就不满意哈佛大学所开设的经济学课程,因为在他看来,这些课程过于偏重长期的问题,而对短期的经济波动问题鲜有涉及。因此,他梦想着能够支持和发展对于短期经济波动问题的研究。然而,要实现这个梦想,他首先就要发财致富。

当他 40 岁的时候,他确实成了富翁,所以决定把曾经的梦想变为现实。他辞去了工作,并创建了"波拉克经济研究基金会"。后来,他便与福斯特合作写了几本书。第一本就是 1923 年出版的《货币》。他们 1925 年又出版了《利润》,1927 年出版了《没有买家的生意》。他们所宣称的中心论点是,现代经济存在朝向消费不足偏离的系统性趋势,造成这个趋势的原因在于以下事实:

- 建造新机器、厂房等投资项目造成了经济的扩张,只要这类项目建设还在继续,从事这类项目的雇员就要获得工资并进行消费。
- 然而,一旦计划的新产能建设完成,这些雇员也就失业了。
- 这个时点是很不幸的,因为新建产能投产后会生产出更多的新产品,而与此同时,那些建造这些新产能的人却失业了。因此,需求不能与新的供给相匹配。

在《丰裕之路》这本册子里,他们对此作了更为详细的说明:

> 为了让人们有能力购买现有设备所生产的产品,我们不得不去建造新的设备;而后,为了让人们有能力购买这些新设备所生产的产品,我们又不得不去建造更多的新设备。

因此,为了避免出现消费不足的问题,就必须按照某个固定的加速度来扩张产能,而事实上,这显然又做不到。鉴于此,他们建议美联储的政策应该是维持货币供给每年以 4% 这样的速度增长,同时政府要设立一个理事会,认真负责跟踪经济的动态变化,一旦出现消费不足的迹象,即刻启动

89

公共开支与投资计划。换句话说，就是采取消极的货币政策和积极的财政政策。

卡钦斯与福斯特对商业实践有着深刻的理解（或者至少卡钦斯是如此），并且用通俗易懂的话语表明他们的观点。他们还非常聪明地推销自己的想法：为了给《利润》这本书征求批评的意见，他们对最佳的批评者给予5 000美元的奖励。结果，至少435人给他们提出了意见，其中包括许多学术圈内的人士。这两位作者对那些有价值的批评作出了回应，而那些批驳他们基本假设的人则什么都没有。

心理因素驱动的周期

霍布森、巴拉诺夫斯基、斯皮索夫、卡钦斯和福斯特等人的经济周期理论有一个共同点：它们都相当机械。在他们的理论分析框架中，很难容纳非理性的行为。穆勒的方法则与此不同，他曾经强调人的感情因素。例如，他曾经谈到当价格上涨时，人们如何被迫去购买更多的物品。

阿瑟·塞西尔·庇古也强调心理因素。他1877年出生于英国怀特岛一个退役军官的家庭，曾经获得一所很有名气的公立学校的奖学金。1896年，他19岁，进入剑桥大学。他是一个天才，刚一毕业就留校任教。庇古不仅是一位优秀的教师，而且是一位高产的经济学者，在任教的前5年内，这位年轻人就出版了3本著作。他的研究主要得益于当时在同一大学任教的马歇尔，他经常对学生们说："马歇尔是集大成者。"然而，此时的马歇尔已经越来越老迈，并宣布要在1908年退休。这对庇古来说，是一个难得的机遇，但他知道自己仍然太年轻，而且没有经受过考验，他有可能接替马歇尔的职位吗？幸运的是，他的梦想实现了：他接过了马歇尔大师的光荣职位，此时的他只有30岁。

他最初3本著作确实还不够振奋人心，但他依然笔耕不辍，随后又出版了一些新作。他最优秀的著作是1927年出版的《工业波动》。在这本书中，

第 7 章 又到经济危机爆发的时间了吗

他把经济周期和由真实因素、心理因素以及自主的经济因素造成的冲击联系起来。他认为,乐观主义的错误造成了随后的悲观主义错误。他还明确指出,破产很少毁灭资本(当一家公司倒闭的时候,其资本设备仅仅是被新的玩家所接管而已,并没有被实际销毁),但会造成恐慌,而这才是重要的影响。虽然资本在机械的程序中被转手,但是,当人们目睹破产的惨状时,进行新资本投资的意愿自然不足。

他并不十分相信"看不见的手"能够使陷入困境的经济自动恢复均衡。原因就在于整个经济周期中的价格变化方式以及商业计划所遭受的巨大破坏。当商家努力维持原有的计划时,如果价格过于保持刚性,就会发生其他问题。这种价格刚性会阻碍市场的出清(阻碍交易以平滑的形态发生)。庇古曾经试图从数量上估算造成经济周期的重大因素,包括价格刚性因素。他认为每种因素对整个周期的影响大致如下:

农作物收成变化:1/2;

工资刚性:1/8;

价格刚性:1/16。

他还提出了恢复市场均衡所需要的多种措施。最重要的 3 个措施是提供更好的经济统计数据,稳定价格以及追求积极的货币政策。

庇古在剑桥大学遇到了另一位天才经济学家约翰·梅纳德·凯恩斯。让庇古意想不到的是,他这位同事后来不仅曲解而且嘲笑了自己的主张,同时又引用了他最好的想法。例如,凯恩斯会给人造成这样一种印象,即庇古建议应该把削减工资作为治理经济萧条的主要政策,而且庇古忽视了预期对造成失业的作用。实际上,这并不是庇古的真正思想。不仅如此,庇古所阐述的许多概念后来也被凯恩斯据为己有。不过,我们将会看到,凯恩斯的成就也确实非常显赫。

资本投资

经济周期理论中的一个最重要发现就是"加速"的概念。它最早出现于美国经济学家约翰·M·克拉克1917年的一篇题为《商业加速与需求法则》的文章。这个概念描述了投资支出如何变得不稳定,因为那些需要扩张产能的企业要订购资本设备,而订购资本设备本身就会增加市场需求,从而会诱导商家订购更多的资本设备。但是,一旦这种加速过程趋于平缓,就会导致经济出现暴跌。

克拉克、马歇尔、庇古以及我们所提到的其他经济学家同样伟大。但是,人们并没有把这些杰出的经济学家之中的任何一位看成是这个领域的领头人。其实,那个时代的真正领袖人物是丹尼斯·罗伯逊。他在1915年出版了第一本专著《工业波动研究》,而后在1922年出版了《货币》,1926年又出版了《银行政策与价格水平》。他的第一本著作是对经济周期研究的重要贡献。其中一个主要观点是,经济不稳定性的首要原因在于对资本货物需求的变化。他描述了以下情形:

- 由于设备更换或者技术创新导致资本投资的增加……
- 新的资本又导致投资回报的增加……
- 与此同时,货币的数量与流通速度提高,从而导致价格上涨,而价格上涨对企业具有吸引力,但不可能持久。
- 利率也会上涨,但存在时滞,因此不能快速对商家提出充分预警。
- 结果将会是一种累积性的扩张,扩张的程度远大于初始的推动。
- 当利率赶上来并且价格开始出现下跌时,这两个因素对于经济而言都是坏消息,于是经济扩张就会停止。

在罗伯逊看来,正是由于技术创新和设备更新再投资的浪潮造成魏克塞尔的自然利率出现了变化,从而导致了经济的不稳定。他认为,经济本身是不稳定的,伴有波动,而且波动的幅度被货币供给与流通速度的变化放大(但

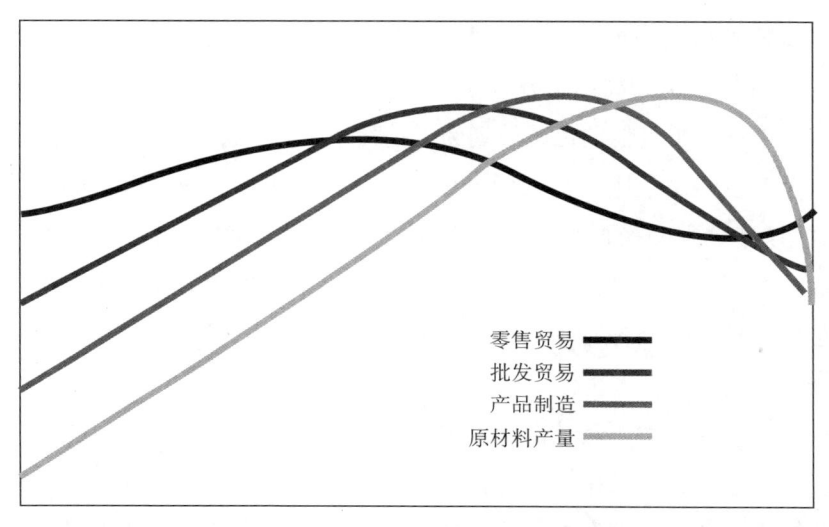

图 7-2　加速原理。由于加速原理，零售贸易的微小增幅导致了批发贸易、产品制造与原材料产量的很大增幅。

不是货币因素造成的）。在长达半个世纪的时间里，人们有充分的理由推崇他为经济周期领域的研究权威。在今天看来，资本投资、实际利率、价格、货币供给与利率仍然是关键要素。

投资过度与消费不足

为什么坎蒂隆、萨伊和魏克塞尔等人所描述的并不是真正的"经济周期理论"呢？这是因为他们遗漏了完整的循环过程。然而，马歇尔、霍布森、巴拉诺夫斯基、斯皮索夫、卡塞尔、卡钦斯、福斯特、庇古、克拉克和罗伯逊等人的模型则走得更远一些——其中有些描述了自始至终的各个循环阶段。这 10 位经济学家阐释了在短期内萨伊定律与斯密的"看不见的手"为什么失灵，以及为什么会造成周期性的波动，即在经济的繁荣期供给会出现短缺（可能导致通货膨胀），而在衰退期会出现需求不足（导致失业）的原因。

从这些经济学家的分析中，我们很难说有哪一个特别追究供给方面，又有哪一个特别追究需求方面，但就其所给出的政策建议来看，霍布森、卡钦斯与福斯特3位较为突出。在以上10位经济学家之中，正是这3位建议对需求进行干预，于是他们也就被划为"消费不足"学派。

其余7位经济学家则被划为"投资过度"学派。然而，有趣的是，尽管这10位经济学家的模型都强调了不同的方面，但总的来说，可以把它们相互叠加在一起，结果则是一个更为复杂而又相当连贯的整体。实际上，常常会有这样的情况：当你听到经济学家辩论时，可能你留下的印象会是经济学家的分歧其实没那么大。

投资过度与消费不足这两个学派都很重要，但就后来所出现的众多学派来看，它们也仅仅是其中的两个而已。第三个是"货币"学派，其先锋人物是一位绅士，他就在拥有大量货币的地方工作——伦敦城和英国财政部。他的名字就叫拉尔夫·乔治·霍特里。

货币观点

霍特里1904年进入英国财政部任职，并在1913年出版了第一本关于货币与经济周期的专著。这本名为《商业的盛衰》的著作基本上把经济周期归咎于货币供给的波动。在霍特里看来，常见的经济周期有两种不同的演变方式：

- **外部冲击**。某些外部推动因素可以造成一连串涟漪式的反应，其影响会从一个行业蔓延到另一个行业。但是，在初始的冲击结束之后，这些波动就会减弱，或者会消失。这种波动就被称为"真实经济周期"。
- **内在的货币不稳定性**。霍特里相信货币体系具有内在不稳定性，因为对于中央银行来说，要在稍长的一段时期内把实际利率标定在魏克塞尔所说的那个含混不清又变化无常的"自然利率"水平（或者是霍特里所说的"盈利率"）上，是极不可能的事情。

按照霍特里的解释，货币的不稳定性主要和银行储备的作用有关。金融监管部门要求各家银行按照其存款余额的既定比例持有金融储备。经济的持续繁荣能够创造市场信心并增加投资活动，这就意味着银行倾向于发放更多的贷款。但是，银行增加的贷款发放到一定阶段后，就会遇到最高放贷比例的限制。当银行达到这个阶段时，就开始提高利率以便吸收更多的存款，同时也会适当削减一些借贷活动。最终，这将迫使工业企业降低存货和生产。然而，企业作出调整并适应新的状态还需要一段时间，所以银行也会在这段时间内继续提高利率。这就意味着银行利率将继续大幅偏离原本使经济维持稳定水平的较低利率。

霍特里最为关注的一种状态是他所说的"信用僵局"。在这种状态下，降低利率似乎不能刺激任何借贷活动。当采取过度收缩的信用政策致使大量企业崩溃的时候，这种状况就会发生。"你可以把马拉到水边，"诚如他们所说，"但你不能让马喝水。"一旦发生信用僵局的情况，唯一能做的事情就是通过各种渠道增加货币供给。

在20世纪20年代，霍特里被尊为经济周期理论中生产力与货币政策研究方面的领军人物，但他与其他10位思想者都存在一个共同的问题：当应该停止支出时，你不应花费时间思考经济会如何运转，而应当去看一看实际上要发生什么。坦白地讲，尽管经济周期理论在理论层面上已经有了较长期的发展，但在实践层面尚缺乏过硬事实的支撑。

黄金时代的新思想

关于价格与心理因素

- 价格上涨会吸引投机者，而投机者又会推动价格进一步上涨（马歇尔）
- 当价格下跌时人人都想把东西卖掉（马歇尔）
- 心理因素与价格的不稳定性起了主要作用（庇古）

关于支出、储蓄与投资

- 资本家从经济扩张中受益最大,但他们储蓄也最多。因为他们储蓄过多,使得剩余支出不足以吸收新的生产能力所带来的产出(霍布森)

关于生产能力建设

- 当自由资本转换成固定资本(生产力)时,经济扩张就发生了。反之,由于缺少更多的自由资本,扩张也就停止了(图干-巴让诺夫斯基)
- 经济扩张的触发器是技术创新,它能够增加潜在的盈利(斯皮特霍夫)
- 当生产力水平达到顶峰之时,大量从业人员被解雇。如此一来,原来设想的与生产能力相匹配的需求水平随之下降(卡钦斯和福斯特)
- 在生产力建造期间,该行业的自我订购创造了一个暂时的需求高峰(克拉克)

关于利率与货币

- 只有当利率等于新项目投资的平均机会收益率时,经济才会处于均衡状态。如果实际利率低于那个点,经济就会扩张。反之则收缩。(魏克塞尔)
- 繁荣期对自由资本的消耗推动了利率的上涨。更高的利率水平导致企业家原来预期的投资盈利减少,所以他们会停止投资。(卡塞尔)
- 繁荣创造出虚假的价格能量(它给予商家市场信心),但利率(它能对商家提出警示)却赶不上价格上涨的速度(罗伯逊)

第7章 又到经济危机爆发的时间了吗

- 在经济繁荣后期，银行的放贷将受到临界限制，这迫使银行提高利率。到了周期的后段，计划期更长的商业项目被迫寻求信用支持，因而利息率依然在较长时期内保持高水平。当然，在经济衰退时期，低利率也未必能够使经济受益，因为经济已经非常疲弱而且深受伤害。（霍特里）

第 8 章　究竟什么是经济周期

美国经济学家韦斯利·米切尔 1913 年出版了其著作《经济周期》。在书中，他一开始就对流行的经济周期理论作了简短的叙述。他在叙述这些理论时——诚如熊彼特后来所指出的——非常冷静客观，似乎所有这些理论彼此不分轩轾。米切尔对经济周期做了如下的定义：

> 经济周期指由工商企业占主体的国家在整体经济活动中出现波动的现象。一个完整的经济周期由以下几个阶段组成：扩张阶段，此时大部分经济活动同时出现扩张，继而出现类似的普遍性衰退，然后是收缩，以及融入下一个周期扩张阶段的复苏阶段；这个变化的序列重复发生，但不定期；经济周期的持续时间从超过 1 年到 10 年或者 12 年不等；它们不能被细分成更短以及与自身有近似波幅特性的周期。

在这个定义中，有两点特别重要。一是总量的振荡。无论是什么因素驱动了周期的发生，似乎都是在更加广泛的程度上对经济产生影响。二是周期并不是定期发生的。他之所以一再强调这个重要的发现，就是担心人们会夸大经济波动的规律性。

预测工具

1920 年，米切尔在纽约与人一起创办了研究国际经济周期的机构——美国国家经济研究局，或者简称"NBER"。经过多年岁月的洗礼，他的研究团队受到了人们越来越多的尊敬，以至于后来NBER成了受人景仰的研究经济周期问题的中心（今天依然如此）。

不久之后，NBER的专家们就发现了许多经济与金融指标，这些指标可以分成三类：一类是"领先"于周期的指标，一类是与周期相"契合"的指标，另外一类是"滞后"性指标。举例来说，领先指标的上升趋势是在一般经济活动之前形成的，而下跌趋势也是在经济活动处于平台整理之前就出现。这类指标能够经受时间的考验，在建立起来之后就保持可靠性，而且在检验其他经济活动时也很可靠。

在对经济周期作图解方面，美国人并不是唯一的贡献者。1923年，德国科学家约瑟夫·基钦也发表了一篇文章，他在文章中分析了英国与美国31年的数据。基钦发现其中存在一个周期，但有趣的是，周期的波长不同于朱格拉周期——实际上二者截然不同。基钦发现的周期平均长度为40个月——比3年稍长一点：这比朱格拉所观察到的结果的一半还要短。虽然基钦没有在文章中对这个差异作出解释，但这个结果非常重要。一个可能的解释是经济行为已经发生了变化，而另一个解释则很滑稽：也许人类在行为上存在若干周期性的现象……

此时，该轮到西蒙·库兹涅茨出场了。如果说米切尔收集了大量的经济数据，那么相比较而言，库兹涅茨所收集的数据比米切尔还要多。他是米切尔的学生，在NBER的赞助下做了大量的研究工作。

库兹涅茨的一项主要工作就是测度国民收入。在开发出计算国民收入的方法之后，库兹涅茨又转向收入波动问题的研究。他也发现了周期现象的存在，而且，他比朱格拉与基钦曾经作过的研究还要深入透彻得多，他能够证实周期的出现。然而，滑稽的事情再一次出现了，库兹涅茨的周期波长既不同于基钦的40个月，也不同于朱格拉的10年，他所发现的周期平均长度大约为20年。这确实让人觉得非常奇怪！

或许，这可能还不值得我们大惊小怪。因为一个人在一堆散乱的时间序列中所发现的经济周期的数量，取决于他对样本进行筛选时的定义。如此看来，上述3位经济学家所发现的结果都是对的,但他们所确定的经济周期对应着不同的经济现象。基钦周期是存货周期,朱格拉周期则与丹尼斯·罗伯逊所说的资本投资周期相关。那么,库兹涅茨周期说明的又是什么现象呢?在他这个周期长度为20年的观点发表后不久,一位名叫霍默·霍伊特的绅士提供了一些有趣的数据,这些数据显示,房产价格波动的周期平均为18年。

当NBER的研究团队在对不同的时间序列进行调查研究的时候,他们发现,在1885年以前,朱格拉周期与库兹涅茨周期都表现得很明显,只有一些更短期的波动表现出了很大的特异性,以至于看起来根本不像是周期——而更像是对随机冲击的反应。然而,1885年之后,它们的特异性显著缩小,于是便产生了基钦周期。

长周期理论

就像我们很难觉察一只蚂蚁从鞋子上爬过一样,置身于茫茫世界中,人们也会由于自身的渺小而无法认清"庐山真面目"。就在1910年,一位18岁的俄国学生指出了这个问题。这个学生名叫尼古拉·康德拉季耶夫,他研究了资本主义经济的行为,并确信自己发现了经济是以极低频率振荡的——其波长超过了50年。9年之后,他对这个现象进行了科学研究。1924年,他完成了一份长达80页的研究报告。在这份研究报告中,他宣称资本主义经济已经走过了两个长周期,周期平均长度为53.3年——而且正在进入第三个长周期。1926年,他在德国的《社会经济学文献》杂志上发表了自己的研究结果,他这样写道:

> 我们所检测的从18世纪末到现在的时间序列所发生的变化,显示出了很长的周期。尽管对所选择的序列进行数理统计处理非常复杂,但所发现的周期现象并不能被看成是这种处理方法所带来的偶然结果。

他检测了多个时间序列,其中有许多序列与周期理论相符,但也有些不符合，而且还有一个序列与周期理论相反。或许，第一个周期开始于亚当·斯密的故乡苏格兰的山坡上，这个长长的周期是由工业革命，包括蒸汽机、水力织布机等技术发明孕育出来的。第二个周期则是来自铁路业的繁荣，它开始于1843年，终结于1887年杰伊·古尔德的做空袭击。第三个周期从建造电厂开始，其后又受到自动化、钢铁、玻璃、公路以及纺织业发展的推波助澜。这个周期开始于1893年，在康德拉季耶夫1926年出版论文的时候，他设想这个周期已经接近高潮。

康德拉季耶夫也采用资本过度投入来解释经济的波动，过度投资会导致市场供给过多，然后便是衰退，直到有新的技术发明最终带来新一轮投资的井喷。然而，新的技术发明并不是驱动这种上升的唯一驱动力，实际上，它仅仅是一个触发器：

> 如果我们想要得到关于技术发明的足够数量的观点，那么，按照设想，我们必须记住，技术发明的数量应足以点燃经济的繁荣之火。

他认为，点燃繁荣之火的条件，即导致经济起飞有以下几个因素：

- 高储蓄的倾向；
- 在较低利率水平上有相对大规模的流动性借贷资本供给；
- 这些累积的资本掌握在有能力的企业家与金融集团手中；
- 较低的价格水平。

NBER的经济学家有保留地接受了康德拉季耶夫的理论。实际上，康氏周期可能有助于从理论上解释克拉克的加速原理，或者资本货物生产部门的"自我订购"（即资本物品生产部门依赖自身产出扩张产能）如何导致经济波动。但是，批评康德拉季耶夫的人则认为，他宣称经济经历了两个周期以及断言其正处于第三个周期的说法，理论证据极为贫乏，所以他的结论基本上也不切实际。

诺贝尔经济学奖

朱格拉发现了"新大陆",而米切尔、伯恩斯、基钦、库兹涅茨以及康德拉季耶夫等人都对这个新大陆做了大量的早期阐释工作。米切尔因其著作和所创立的机构而赢得了崇高的荣誉与尊敬,朱格拉、基钦、库兹涅茨和康德拉季耶夫的名字都被用来给周期命名,而且在今天,朱格拉周期、基钦周期和库兹涅茨周期被很多经济学家认为是已经证明的事实。伯恩斯在1969年被任命为美联储主席,而库兹涅茨在1971年荣膺诺贝尔经济学奖。

第 9 章　商业萧条与货币稳定

1898 年,有着光明前程的美国经济学家欧文·费雪正值青春韶华,并且在耶鲁大学接受了良好的数学教育,享受着幸福的婚姻生活,美好的职业蓝图也刚刚展开。然而现在,医生诊断他患了肺结核,这实际上就等于宣判了他的死刑。难道欧文·费雪的人生画卷在刚刚打开的时候就要合上吗?

不!费雪准备接受这场命运的挑战,他决定进行当时唯一可能的治疗:呼吸新鲜空气和采取健康的生活方式。他搬到了科罗拉多,在那里有许多同样的病人也在接受治疗。在这些患者当中,有一位很有趣的青年,他就是年仅 22 岁的工程师罗杰·沃德·巴布森。费雪和巴布森很快就意识到,他们除了肺结核这个病,还有很多的共同点。他们都对经济学着迷,特别是对经济周期问题与货币部门的作用有着强烈的兴趣;他们都被股票市场及其灾难性事件深深地吸引;他们都富有创造力的特质,都想在各种各样的问题上给别人当顾问。而且有迹象表明,他们都发明出一种辅助治疗肺结核病的方法。费雪为肺结核病人设计了一种小帐篷,正是因为这项小发明,他后来获得了纽约医学会的奖励。巴布森的发明则是电加热的外套,以及一些小小的橡皮锤子,人们使用这种锤子可以在很冷的天气戴着手套打字。

经济周期的 10 个阶段

一段时间之后,巴布森开始对这种与其他病人一起的生活感到厌倦,于是决定搬回原先在马萨诸塞州的韦尔兹斯山(Wellesley Hills)租住的房子。

他在那里雇了一位秘书，还设了一间办公室，就在这间窗户常开的办公室里，他对经济周期及其对股票市场的影响进行了认真的分析。

1909年，罗杰·沃德·巴布森出版了有关经济周期问题的著作《货币累积的商业晴雨表》（第一版），对历史上的经济危机进行了透彻地分析，他的主要观点是过度投资与增加货币供给一定会导致负面的反应。这本书的主要目的，正如其书名所暗示的，在于劝告股票市场上的投机者。在他给出的忠告里，着重强调了"标准的十阶段经济周期模型"：

1. 提高货币利率；2. 债券价格下跌；3. 股票价格下跌；4. 商品价格下跌；5. 房产价格下跌；6. 货币利率较低；7. 债券价格上涨；8. 股票价格上涨；9. 商品价格上涨；10. 房产价格上涨。

巴布森的书很快就成了畅销书，而且这本书还促进了他的多篇投资通信的发布。这些投资通信建立在其经济周期模型基础上，例如；用来衡量多种经济指标的"波浪图形"。他的分析方法在本质上相当简单：首先对长期经济增长趋势进行估计，然后计算出围绕这一趋势所累积的偏差。在某一个方向上的每一个偏差，都将被其相反方向的相似量级的偏差所抵消。实际上，对他来讲，分析经济周期已经成为一项重要的收入来源。

首要的是稳定价格

欧文·费雪的身体也在奇迹一般地逐渐康复。1901年，他的肺结核病竟然痊愈了。费雪选择了比巴布森更加学术化的职业生涯。就在他患病的头一年，他还是想把自己塑造成一位数学家。直到1911年，当他选择博士论文论题的时候，他最喜欢的教授威廉·萨姆纳问他："你为什么不去研究数理经济学呢？"费雪回答道："我还从来没有听说过呀。"

于是，威廉·萨姆纳向费雪介绍了瓦尔拉斯与帕累托在洛桑大学所发展的研究方法，费雪随即决定对此展开研究。1911年，也就是巴布森发表其《货币累积的商业晴雨表》之后，费雪出版了自己的专著《货币的购买力》。该书主要论述了通货膨胀与货币供给波动所造成的不稳定效应。在书中，他还把天文学家、经济学家与数学大师西蒙·纽科姆 1885 年提出的方程式加以通俗化：

$$MV=PQ$$

这里的 M 是货币供给，V 是货币流通速度，P 为物价水平，Q 则是商品数量。在费雪对这个方程式的重要性作出解释（并命名为"货币数量论"）之前，这个方程式并没有被广泛接受。费雪的货币经济周期理论表明，货币供给的增加首先将会导致经通货膨胀调整的实际利率下降，由此刺激商品产量的增长（这本身是件好事），而后将会出现通货膨胀率与实际利率的上升（这是让人难受的事情）。换句话说，如果大量增加货币供给，首先会带来正面效应，而后则会发生极其糟糕的情况。谈到这一点，我们应该记得桑顿也曾提示过存在这种联系。

与费雪等人的经济理论相比较，一个更优的基本理论就是对银行实际功能的重新理解。直到 19 世纪末，大部分经济学家都倾向于把银行仅仅看成货币交易商。银行接收存款并向他人发放贷款，在此过程中，货币仅仅是在换手而已。但是现在，经济学家开始窥探到这些让人敬畏的机构的高墙大院内所藏匿的其他真相，这里所发生的一些非常重要的事情已经远远超出了政府或中央银行的控制范围。银行不仅从事货币的交易，而且还能够通过刺激货币流通速度来创造货币供给。如果了解到这一点，那么费雪经济周期理论中关键的内容大致就可以表述如下：

- 经济周期的关键在于银行信贷，因为现代经济中的银行能够创造货币。
- 在增长的开始阶段，商家看到其存货大量减少，于是会增加订单。
- 这会导致生产的普遍增长，但是按照萨伊定律，它又会进一步刺激需求的增长……
- 这意味着，尽管订单增加了，但存货却不会增加，于是，在一段时间内，商人们会继续增加订单。
- 由于生产商在满足这些不断增加的需求时遇到了麻烦,因此交货甚至会被限量,这种情形会鼓励商家把订单的数量增加到超出其实际所需要的水平。
- 在上述过程中,由于银行要为经济活动的扩张提供信贷支持,所以货币供给增加了。货币供给增加的初始效应是降低贴现率,这将导致经济活动的进一步扩张。
- 由于一些银行增加了信贷供给,这会造成其他银行的储备增长(资产价格上涨,人们储蓄更多的货币),从而刺激这些银行增强放贷的倾向。与此同时,由于商业活动启用原先闲置不用的储备,货币流通速度也会加快。
- 然而,萨伊定律并不是永动机。供给增长所产生的一些额外收入会被人们储存起来。在这个时点上,商家终于发现它们的存货数量已增加到正常水平之上,于是会减少订单……
- ……在这种情况下,商家开始偿还银行贷款。正是由于这种行为,货币供给开始收缩,随着收缩的不断累积,最终出现了暴跌。
- 随着货币供给的收缩,诸如房产之类的资产价格以及各种存货的价格都会开始下降,而且债务清算跟不上价格下跌的步伐,于是债务清算自身造成了失败。
- 这意味着如果每个人都试图减少债务,总体效果反而加重了负担,因为蜂拥清算债务所产生的集合效应导致一美元货币购买力的增长。

所以费雪认为货币体系是不稳定的,他这样写道:

> 债务人偿付的债务越多,他们所负担的债务就越沉重。经济航船越是歪斜,它就越趋向于倾覆。

在他看来,如果想要稳定经济(方程式中用 Q 表示),首要的事情就是

第 9 章　商业萧条与货币稳定

集中精力稳定价格（方程式中用 P 表示）：

> 要停止或阻断这种萧条，在经济上总是有可能的：只需把价格重新提高到债务余额刚开始收缩时的平均水平，然后把价格维持在这个水平不变。

1920 年，他出版了《稳定美元》。在发售这本书的时候，他还要求出版商在每本书中插入一张明信片，对创建一个稳定价格与货币供给的组织感兴趣的读者可以把明信片寄回。就在这一年的新年前夜，他举办了一个 254 人参加的宴会，在这场宴会上，他宣布已经有大约 1 000 人对此项工作感兴趣。随后，他决定组建一个"稳定货币联盟"。很显然，稳定价格有多种途径，例如，把货币转变成金属硬币（大卫·李嘉图的哲学），或者通过中央银行业务操作来稳定货币总量（亨利·桑顿的哲学）。另一个不太常见的方法，也是联盟中的一些成员所倾向的方法，是"美元补偿计划"。按照该计划，价格每上涨 1%，美元也应该按照 1% 的幅度重新估值，而一旦价格下跌 1%，美元也应随之贬值 1%。

私营银行如何创造货币

假设费雪继承了 10 万美元（尽管他自己没有这些钱，但他娶了一位富豪千金），他把这些钱存在当地的一家银行。把钱存在银行里当然不会改变他所拥有的钱的数额。但是，银行将会怎么做呢？假设银行业监管当局要求银行保有 10% 的准备金，银行就会把其余的 9 万美元立即贷给别人，这样可以保证利息收入的最大化。从银行贷款的人当然有自己的目的，他会把这笔钱花在某个项目上，例如支付给某个人。现在，这个"某个人"也会把所收到的钱存到银行——这家银行也会把其中的 90%（81 000 美元）用于放贷，依此类推，直到最初的 10 万美元存款最终增长到 100 万美元。换句话说，当银行收到费雪的 10 万美元存款的时候，银行系统就具备了创造出高达 90 万美元信贷的能力！信贷与货

> 币是等同的，因为持有者都可以花费。由此可见，货币供给很大程度上掌握在私营银行手中，而不仅仅是掌握在中央银行的手中。

德国的恶性通货膨胀

　　费雪的下一本书是在1922年出版的《指数的编制》，尽管其内容读来相当冗长，但还是成为了畅销书，连他自己都大为诧异。这本书出版之后，他动身前往欧洲，在伦敦经济学院讲授"商业萧条与货币稳定"，并且顺便研究了德国经济发展中的一些奇怪现象。第一次世界大战的前一年，在外汇交易中，官方要求的汇率是4德国马克兑换1美元。然而，就在战争爆发之前，大量的德国人蜂拥着要把手中的德国马克兑换成黄金，这使得德国不得不放弃金本位制。战争拖延的时间与花费远远超出了预期，为了筹措战争经费，德国政府开始首次发行短期债券，然而所有这一切都是徒劳；德国在1918年战败，并且被迫做出巨额战争赔偿。在战争期间，德国马克兑美元的汇率已经下跌了50%，战后更是加速下跌——诚如桑顿曾经预言的那样。开始的时候，德国马克汇率比较温和地下跌，但随后下跌速度加快，最终德国马克在市场上被疯狂抛售，就像脱缰的野马一样失去了控制。1920年2月，德国马克兑美元的汇率达到了100：1，是战争之前汇率的1/25。而且随着货币供给的继续增加德国马克汇率还处于不断的下跌过程之中。众所周知，对于那些有储蓄的人来说，通货膨胀无疑是一场灾难。但在其他方面，加速通货膨胀也存在一些好处：德国的失业率大幅下降，1922年春季的失业率已经低于1%，到夏季差不多已经没有失业的人了。

　　总的看来，似乎是货币引发了大量的经济活动，但费雪和他的同事罗曼教授则发现，经济活动是建立在整体幻觉的基础之上。对于费雪与罗曼来说，德国所有的东西都非常便宜，这是由于德国马克兑美元汇率太低所造成的，但对于德国人来说，所有东西似乎都极为昂贵。这两位教授就高价格的问题询问了两家女性用品商店的老板，她们对此给出的答案是：盟军封锁、工会强制增加工资、运费上涨以及政府无能。但是，当费雪继续问她们这种情况是否是由于政府一直在印发太多的货币造成时，两位女性就摸不着头脑了。费雪由此得出了结论，即德国人认为商品与美元都在升值，但是德国马克却始终没有变。于是，他把这种不顾本国货币总量变化而一如既往地信任本国货币的荒唐倾向称为"货币幻觉"。

到底是为什么……

德国马克汇率继续像自由落体一样下跌。到了1923年的春季，德国议会的一个委员会被要求调查为什么德国马克兑美元汇率在当年的头一个月便从1.8万德国马克下跌到了3万德国马克。然而，当该委员会在6月召开第一次会议的时候，这个问题又得重新措辞表述——现在得调查汇率为什么下跌到了15.2万德国马克。在7月，情况再一次改写为：

> 在过去的仅仅6个月的时间，为什么德国马克兑美元汇率从1.8万德国马克下跌到了100万德国马克呢？

这是否有可能，哪怕微乎其微，是由于在政府支出中，通过税收渠道获得的收入仅占3%，而发行短期债券为政府筹措的收入则占到了97%所造成的呢？

1923年，鸡蛋的价格已经上涨到1918年战争结束时的5亿倍。也是在这一年，雇员要求每天支付两次报酬的情形已司空见惯。企业发工资时的场景常常是，一辆装满钞票的卡车开进工厂，出纳员爬到钞票堆上大声念着员工的姓名，然后把整捆的钞票扔给应答的人。员工们拿到钱之后就赶紧跑出去，购买任何能够想得到的东西——像一份报纸要花2 000亿德国马克，一杯咖啡则更贵，诸如此类，还有什么值得计较吗？事情到了这种地步，已经不再是玩笑了。失业问题又回来了，街上也出现了骚乱。费雪所说的糟糕的效应露出其丑恶嘴脸。

第 10 章 病入膏肓的经济

犯错误和重复错误是不同的。奥地利经济学派经济学家路德维希·冯·米塞斯能够理解奥尔良大公曾经所犯的错误，但让他感到奇怪的是：人们为什么没有从过去的历史中吸取教训？当出现多次经济衰退的时候，为什么政府或者中央银行没有一次能够辨识基本的错误，并采取有效措施以防重蹈覆辙？实际上，他对此有自己的解释，显然政治人物和银行家们受到了诱惑。

看不见的通货膨胀

在冯·米塞斯看来，周期的反复发生是由于政治人物与央行行长们倾向于在经济复苏时期把利率削减到魏克塞尔所说的"自然利率"水平以下，而商业银行则会增强流动性并扩张自己的业务。这就意味着它们一次又一次地放任投资的过度扩张，从而最终导致信用收缩乃至爆发经济危机。

然而，冯·米塞斯认为魏克塞尔也遗漏了非常重要的一点。米塞斯指出，向经济中注入流动性首先会导致资本货物行业的通货膨胀，而就在资本货物行业刚开始出现通货膨胀的时候，消费品价格则可能仍然在下降。在后来的过程中，价格变化会出现反转，当消费品价格上涨的时候，资本货物的价格则可能下跌。因此，如果没有注意到注入流动资金引起普遍的看不见的通货膨胀，而对通货膨胀作出反应又已经太迟，则很有可能出现实际利率低于自然利率的情形。这也就是说，米塞斯认为魏克塞尔与费雪的理论都过于简单化。

20 世纪 20 年代，冯·米塞斯觉得这种现象正在发生。欧文·费雪认为

20世纪20年代的经济扩张是可以持续的，因为它没有使消费品价格出现通货膨胀，但是冯·米塞斯则认为，由于戏剧性的信用扩张或者信用膨胀，经济将会出现崩溃。从纽科姆方程式左边的变量来看，由于货币体系内在的不稳定性已经造成了疯狂，这种情况亟须得到纠正。当方程式左边开始被纠正的时候，方程式的右边就会被损害。或者，正如他所指出的：

> 由信用扩张带来的经济繁荣最终出现崩溃是无法避免的。只有两种选择，要么自愿放弃进一步扩张信用，使危机早一点到来，要么推迟危机的发生，让整个货币体系都卷进来并最终爆发更大的灾难。

米塞斯自1924年起，每个星期三的下午都会与经济学家弗里茨·马克卢普见面，他们一起在维也纳的街头散步，而每次经过奥地利最大的银行时，他都会说同样的一句话："它将会遭遇一场大危机。"

"财政部观点"

这些年，英国一直在辩论政府是否应该在衰退时期刺激经济的问题。对此持反对意见的人占了多数，他们坚持所谓的"财政部观点"。1929年英国政府发表的白皮书就是一个例证。这份政策白皮书作了如下的陈述：

> 政府资助公共事务领域的大规模计划除了会对金融产生影响，也会对普遍的产业定位产生干扰效应。如果该计划是长期的，且承诺相关人员工作具有持续性，那么它就会使这部分人员退出劳动市场，否则他们会在一般产业中另寻就业，尽管那样的就业缺少安全感和规律性。

因此，根据这种观点，增加政府支出没有益处。但是，如果面对失业率高企的经济状况，依据这种观点给出的答案便会暴露明显的弱点；情况越严重，政府的作用就越重要。在同一年，自由党发布了一份名为《劳合·乔治能做吗？》的政策建议，主张政府增加支出对抗失业。根据该政策建议，失业问题终将减轻：

> 当前大量失业人员重新获得工作，这将使其获得工资收入，而不再依靠失业救济金，这也就意味着有效购买力的增长，从而将刺激商业活动；再者，增加的商业活动又会促进商业活动本身进一步发展，从而有助于推动经济的繁荣；繁荣具有累积性效应，这也类似于商业萧条的反面累积情况。

接下来，该政策建议针对那些反对财政部观点的意见给出了如下的答案：

> 劳合·乔治先生的计划中所运用的储蓄将不会转移到其他资本设备上，而是：(1) 部分用于对失业提供金融支持；(2) 部分帮助运转那些由于缺少足够信贷而浪费的资源；(3) 部分用于新政策所促进的繁荣；(4) 余下部分将会用于削减对外债务。

换句话说，该政策建议认为，财政开支能够实现高度的自我融资，而且能够发挥比初始效应更大的刺激经济的作用。额外开支的一英镑不仅能够有效地治疗经济创伤，而且还具有部分自我融资的功能。

香槟与货币

这份政策建议的作者有两个人，一位是休伯特·亨德森，另一位就是大名鼎鼎的经济学家约翰·梅纳德·凯恩斯。凯恩斯确信，资本主义经济包含着一些内在的不稳定性，这个观点在大量新的经济周期研究文献中已经被普遍接受了。他还认为经济会朝着持久失业均衡状态下滑，这种观点不同寻常。

当这个文件发布的时候，凯恩斯已经46岁，是当时辩论的积极参与者。凯恩斯在伊顿公学和剑桥大学接受过良好的教育，曾经做过记者、讲师、保险公司的经理，还担任过英国财政部的高级官员。他给政府提出过很多政策建议，参加过第一次世界大战结束后与战败国德国的谈判，也算得上是罗斯福总统和温斯顿·丘吉尔的朋友。4岁时,他就曾经对利息的意义感到好奇,6岁的时候,他就在想自己的头脑是如何运转的。在学前班,他雇用了一位"奴隶"帮他拿书本,作为回报,凯恩斯则帮助那个小家伙做家庭作业。后来他上了伊顿公学,之后又上了剑桥大学,到剑桥不久,就与著名经济学家马歇尔经常共进早餐。而后他通过了公务员考试,在全部参加考试的学生中名列第二。在那次考试中,他的经济学成绩最好,后来他解释了原因:"对于经济学,我显然比主考官了解得更多。"

凯恩斯在音乐方面也是一个内行,他还与毕加索是朋友,而且是一位现代艺术品的收藏家。他创建了自己的剧院,还附设了一家餐馆,并对菜单的安排有着极大的兴趣。他还在好几家大型机构的董事会任职。像亚当·斯密一样,凯恩斯在遣词造句方面也是一位大师。他像劳一样,喜欢玩扑克牌和轮盘赌。他和桑顿的类似之处则是有许多可以信赖的好朋友。他与一位甜美而又风趣的俄罗斯芭蕾舞演员结了婚。如果所有这些信息还不足以让人了解凯恩斯的话,那么就再补充一点:他还非常喜欢喝香槟酒。

当然,我们还要谈到股票市场。像坎蒂隆一样,凯恩斯很喜欢投资股票、货币与商品,这些投资活动使他能够更好地理解经济的不稳定性。许多人都知道他喜欢早上躺在床上作出投资决定,但是,如果他的研究有了几分松懈,他的实际状态就很难说了:他的投资决策会表现得大胆激进。他热衷货币市场,因为他相信自己在财政部的经历能够帮助他确立竞争优势。

然而,仅凭这些,我们还不能彻底了解凯恩斯。1920年4月,也就是欧文·费雪着手研究德国恶性通货膨胀的前两年,凯恩斯已经嗅到了一个投资机会,于是他在货币市场采取做空策略。当他卖空的时候,价格的确是在下行,但很快就触底反弹,他为此损失了13 125英镑,他的投资伙伴也损失了8 498英镑。当接到经纪人要求追缴7 000英镑保证金的通知时,他已经无力支付了,依靠仅有的两笔贷款才使他免遭破产的厄运。然而,这次的经历并没有将他挫败。1924年,他被任命为国王学院的首席会计师,并成功说服学院董事会设立一只由他管理的投资基金。

第 10 章　病入膏肓的经济

不同的意见

就在凯恩斯的观点获得普遍认可的时候，奥地利学派也崭露头角，一批从维也纳大学毕业的学生开始成长起来，并出任一些重要职务，使得该学派的信徒也逐渐增多。费利克斯·索玛瑞就是其中的一位，他曾师从冯·米塞斯。作为冯·米塞斯的学生，他对经济周期理论特别感兴趣，在成为苏黎世的一名投资银行家之前，他写的一篇关于朱格拉周期与经济危机的论文在1901年获了奖。1926年9月10日，他在维也纳大学发表演讲。一些聆听他演讲的人觉得他所讲的内容非常怪异，因为当时的经济正处于繁荣时期，而且周围所有的一切看上去都是那么美好。然而，费利克斯·索玛瑞却预言经济的繁荣景象将要以政府的破产和银行的崩溃而告终。

1927年，他与凯恩斯会面时，凯恩斯问他能给客户什么样的投资建议，索玛瑞回答道："对即将到来的全球危机应该采取最好的保护措施，并且远离市场。"然而凯恩斯仍然显得非常牛气，并回应道："我们这个时代将不会再发生任何危机。"然后他便向索玛瑞咨询了一些具体的股票情况，并且补充说："我发现市场非常有趣，而且价格较低。所以哪有什么危机呢？"索玛瑞回答："危机来自预期与现实之间的差异。我从来没有见过地平线上有如此密布的乌云。"

然而，股票市场还在继续上扬。1928年，凯恩斯对自己的投资业绩也不满意。因为英国的股票指数收益率达到了7.9%，而他所管理的投资基金收益率却不到3.4%。显然，如果他在下一年取得更好的业绩，他将更受欢迎。诸多迹象也显示，他在下一年可能会取得更好的业绩。首先，作为世界股票市场领头羊的华尔街一直处于牛市行情，而且股票价格自1924年以来一直在稳步上涨。其次，一直以来的经济行情让人深刻印象。在一定程度上，这应该归功于NBER的"考古学者"们，他们使凯恩斯能够查阅到一些相当好的统计报表。表10-1列出了部分关键数字。

表 10-1　美国 1922~1928 年的关键数字（以 1922 年数据为基准，100）

年份	工业生产	耐用消费品	非耐用消费品	消费者价格指数
1922	100	100	100	100
1923	120	146	116	103
1924	113	130	102	100
1925	127	176	113	104
1926	133	143	116	104
1927	133	143	117	98
1928	140	156	117	99

在过去 7 年之中，工业生产增长了 40%，耐用消费品增长了 56%，而非耐用消费品增长了 17%。通货膨胀则处于最低水平，在最近两年里物价出现了下跌。约翰·福特忠实地实践了萨伊定律，他用自己的一些产品来支付工人的部分工资，纽约的股票经纪人也看到了资金总是流向那些最强大、最健康的企业。的确，股票交易从未像当前这样红火过。就在此前一年，自动收报机、报价板和经纪人服务都登上了远洋客轮，收音机也开始整天定时播报股票价格的信息。工厂为了取悦工人，就把股票价格信息每隔一小时张贴到黑板上。可以设想，一位繁忙的市场报务员曾经夸张地抱怨，自己为了能够好好吃顿饭而不得不在餐厅里装上自动收报机，他的佣人不到股市收盘不会来上班，连华尔街的清洁工也只捡地上的财经类报纸。事实上，随着股票价格的节节上涨，人们认为股票交易是非常容易的事情，几乎不会有任何损失。当时有一则流行的笑话，说一位绅士给一家股票经纪行的经理打电话，他问道："威廉·琼斯在你这里开户了吗？""你有什么权力这么问？""我是律师，也是威廉·琼斯的监护人。他正在精神病院里。""他的账上有 180 000 美元的盈利。"

因此，撇开笑话来看，如果有人怀疑资本主义经济的优点，那么对绝大部分人而言，他们此时都会让步。如果人们像第一次世界大战之后的德国那样，或者像太阳王当政以及其后一段时期的法国那样，粗暴地对待这个经济系统，你就会咽下失败的苦果。但是，如果人们能够按照经济自身的规则来操作的话，也就是像美国那样，那么经济将会运行良好。从一端的底特律到另一端的华尔街，资本主义大厦似乎比以前更加牢固地矗立着。所以，凯恩斯和费雪一样，都看好股票市场的牛市行情。对于经济的健康稳定，没有任何理由加以怀疑。

奥地利学派

奥地利经济学派倾向于反对任何形式的政府干预，包括对整体经济进行调整的任何企图。冯·米塞斯和他的学生弗里德利希·冯·哈耶克是这派哲学的领军人物。冯·哈耶克的大量著述都对冯·米塞斯的理论作了详细的阐释。在他看来，问题的根源在于金融部门对于货币需求增长的反应，它们提供了更多的信贷，而不是保持货币供给的稳定性和提高价格（利率）。下面列举了他的一些主要研究结论：

- 利率低于自然利率可能是不稳定性的种子，因此刺激经济繁荣是不可持续的……
- ……或者是新的商业机会提高了自然利率水平，而实际利率仍然停留在原来的水平上。
- 在繁荣时期，快速增长的货币供给没有造成任何初始的通货膨胀，但经济繁荣一停止就会出现通货膨胀。
- 而且，如果利率仍然处于过低的水平，那么相对于投资需求而言，储蓄就会不足。

换句话说，在经济繁荣时期，中央银行可能会错误地允许货币供给过快增长，因为没有立即出现任何警示的信号。因此，它们也就允许储蓄增长落后于投资需求，并且还会为后来的通货膨胀水平上升创造条件（实际上，桑顿早在1802年就已经得出了这个结论）。

冯·哈耶克所提出的奥地利学派经济周期理论的另外一个要点是，

> 低利率会鼓励许多"庞大的投资计划",或者会导致现代经济学家所说的"资本结构的深化"。最终,利率水平上升,使这类投资计划变得不再盈利而被放弃,从而造成了极大的成本浪费。在20世纪20年代末,冯·哈耶克越来越确信这个过程正在展开,一场经济危机也已不可避免。

对此,几乎每一个人都会赞同。当然,这里的"几乎每一个人"不包括韦尔斯利山的预言家罗杰·沃德·巴布森——他有一段时间曾经警告他的客户当心将至的崩溃——另外,当然还不包括一直持怀疑态度的奥地利人。其中一位就是我们的朋友费利克斯·索玛瑞,他在1928年与一群经济学家的谈话中,曾经警告他们要关注利率与非常低的股票收益率之间所存在的过大差距,他把这种情形称为"崩溃的明显征兆"。后来他说,很奇怪,在场的经济学家中竟然没有一位相信他的预测,尽管这些人所代表的各种理论纷繁芜杂。在奥地利经济研究所2月出刊的杂志中,冯·米塞斯也预测了美国经济即将发生危机。

虽然没有人愿意听进他们任何一位的意见,但就在索玛瑞8月底去西班牙度假,路过法国的时候,他接到了维也纳的冯·莫特纳博士打来的紧急电话,他是为罗斯柴尔德男爵寻求咨询意见的。奥地利最大的金融机构土地抵押银行(Bodenkreditanstalt)遇到了严重的问题,奥地利政府坚持要信贷银行(Kreditanstalt)对其兼并以挽救其破产的命运。于是,冯·莫特纳打电话询问索玛瑞应该怎么办。

"兼并将是毁灭信贷银行的最佳办法。"

"我也是这样想的,但奥地利政府坚持要兼并;如果我们不照做,那么在我们需要帮助的时候,政府也将不再帮助信贷银行。"

"把土地抵押银行的问题留给政府;当你需要以自身的生存为代价时,你就不能帮这个忙,而当你自身也正在遇到困难的时候尤其如此。"

1929年夏天,信贷银行为冯·米塞斯安排了一个报酬非常优厚的工作,这使他的女友(后来的妻子)欣喜若狂。但是,让她更感惊奇的是,他根本不愿意接受这份诱惑。当女友问他为什么的时候，他回答道："一场大危机即将爆发，而我不想让自己的名字与之有任何牵连。"

冯·米塞斯与索玛瑞都认为经济的某些方面出了问题。实际上，它已经病入膏肓……

第 11 章 大萧条

杰西·利弗莫尔在第五大道赫克谢尔大厦的顶层办公。他有一个精心选拔的团队，大约包括 20 名职员和 30 名统计员，他们帮助利弗莫尔收集和解读来自世界各地的市场情报。1929 年的夏天，助手们告知利弗莫尔，道琼斯工业平均指数（该指数是以少数大企业的股票为基础编制的）仍然表现良好，但他们所监测的 614 只股票（从 1 002 只股票中挑选出来）的表现，实际上从年初开始就在下跌。利弗莫尔把这种"缺少人气"的状况看成一个警示。是否应该准备大量抛售呢？他要寻找更多的线索。

决策，决策……

就在 9 月 4 日的下午，他找到了这类线索。一位职员提供了一则消息，有一位英格兰银行的高管在午餐时向同伴透露，"美国的泡沫已经破裂"，而英格兰银行的董事长蒙塔古·诺曼正在考虑月底之前提高利率。这天，利弗莫尔在办公室一直待到午夜，绞尽脑汁设想将要发生的事情。后来，他回家睡了几个小时。第二天一大早，在其他员工还未上班之前，就赶回办公室。上午，他把能够想得到的人全部召集到办公室，一起商讨当前的形势。

早上 8 点钟，波士顿的一个电话提醒他，在下一个财政年度[①]的全美商业代表大会上发表演讲的人正是欧文·费雪的朋友罗杰·沃德·巴布森。

---

① 美国的财政年度是自上一年的 10 月 1 日开始，至次年 9 月 30 日结束。——译者注

利弗莫尔当然知道那意味着什么。根据巴布森的"波动图表",自20世纪20年代初以来的经济繁荣已经大幅度偏离了经济增长的长期趋势。很多人都知道巴布森正在关注这个问题,而且他对利率的上升也非常担忧。直到最近,本杰明·斯特朗才掌握纽约联邦储备银行的决策权。他曾经强烈反对通过采取紧缩性货币政策来降低股票市场的收益,因为在他看来,紧缩性政策可能对经济造成不必要的伤害。然而不幸的是,他在1928年死于肺结核,他的继任者则主张对股票市场采取紧缩政策。他们上来便威胁给处于边际的投机者提供贷款的股票经纪人,但毫无效果,于是便在1928年开始提高利率,尽管此时的通货膨胀率还是略微为负,而且经济也刚刚从一轮小幅下降中恢复过来。到了1929年3月,利率首次提高到14%,随后到了26日,利率进一步提高到20%。就在电子报告板刚刚显示出20%的利率时,仪器保险丝烧断了,在场的人群爆发出一阵笑声。虽然股票价格再次出现了反弹,但在巴布森看来,利率如此飙升则是另一个明显的警示。

利弗莫尔确信巴布森会在演讲中谈到对此问题的担忧。在他看来,巴布森的分析技术有多么高明并不重要,他所要关心的是人们对巴布森的讲话会有什么样的反应。利弗莫尔让一位秘书把有关巴布森的文件拿过来,看了一遍后就放在了一边。然后他要了一份报纸。他阅读报纸的方法与众不同,养成了一种对记者心理的特殊嗅觉。仿佛出于一种本能,他知道记者什么时候会对坚持同一种态度感到厌倦。一旦如此,他们就会突然跳到对立的观点,读者也会随波逐流。利弗莫尔感到记者们正在准备作这样的一种转变,因为此时已经没有什么新闻了,人们所传诵的都是发财致富的成功故事。新闻界很可能会把有关巴布森的报道做成封面故事,人们也很可能会去听他的演说。于是,利弗莫尔决定抛售30万美元的股票。

这一次他赌对了。在新闻发布会之前,记者们想找巴布森要一份演说摘要或提纲甚至都被他拒绝了,因此造成了一种颇为紧张的气氛。这使编辑们相信这将是一次重要的演讲,所以《先驱论坛报》的记者便给欧文·费雪打电话,以确认他能够对此演讲发表评论。9月5日的中午,美联社便发出了

第11章 大萧条

一条即时消息：

> 经济学家预测股票市场将会大跌60~80个点。

这则消息通过无线电与晚报传播出去，覆盖面很广。《先驱论坛报》给费雪打了电话，而费雪则否认股票市场即将崩溃。第二天，报纸的同一个版面上刊载了巴布森的演说和费雪的评论。与此同时，利弗莫尔让其经纪人增加了空头的头寸。

崩　溃

1929年的大危机就这样开始了。尽管费雪在10月15日发表了股票市场会继续走牛的评论（"我预期未来几个月的市场交易状况会比今天更好"），但市场却不可避免地进入了下降通道。10月21日，当杰西·利弗莫尔读到《纽约时报》一则新闻的标题时，他感到怒不可遏：

> 据传利弗莫尔领衔阻击高估价证券。

他的确在卖空股票，但这篇报道的其他内容几乎都不正确。他并没有因这篇报道直接攻击报社，而是决定将计就计。他打电话给《纽约时报》的一位记者，说马上要举行一个新闻发布会以澄清事实。除了这位记者，他没有邀请其他任何人参加新闻发布会，然而，他并没有把这个情况告诉这位记者。上午10点钟，这位记者来到了他的办公室。刚一坐下来，就忙着记录下他的观察：

> 行为怪异，看上去泰然自若却很古板……他抓起电话向左边斜靠着，用纤细的手指小心谨慎地捂着话筒，窃窃私语，似乎在下达某个市场指令，大概是财务上的事情。

利弗莫尔微笑着对这位记者的光临表示感谢。记者问利弗莫尔能否证实他正在牵头做空，利弗莫尔递给他一份书面声明，对此正式加以否认。后来，记者问他为什么股票价格正在下跌，利弗莫尔则回答说，那是因为股票交易价格已经有很长一段时间处于荒谬的高位。这位记者则提醒他，欧文·费雪认为股票价格仍然很低。利弗莫尔于是迅速地从椅子上站起来说：

一个教授对投机或者股票市场能够知道多少呢？他做过保证金交易吗？他往这些所谓便宜的泡沫里投过一分钱吗？对内幕信息要小心——所有内幕信息。他怎么能依赖从课堂上得到的那些信息呢？而我要告诉你的是，市场从来不会消停，它像海水一样运动、变化，聚集成汹涌的波涛后又会分散开。

显然，他对欧文·费雪的这番评论有失公允，实际上，费雪在市场上有很多投资。但在10月24日，美国股票市场上爆发了恐慌，出现了从未有过的暴跌行情。

一位经纪公司的职员这样描述那天的情形：

"接线员连着30~35个小时未合眼，一直不停地处理公司的外地业务。每隔两小时就有人送进来三明治与咖啡。在最糟糕的时候，没有一个业务员能够回家。我弟弟连续工作了27个小时没能合眼。他已经连着几个星期每天都要工作18个小时，而他只是那数百名业务员中普通的一员。收款机旁的姑娘们和那些打字员都已经在岗位上累得晕倒了。一天下午，一家做股票零星买卖的商号中有34个职员由于精疲力竭而昏倒在地。在另一家，19个人被送回家……"

一位在交易所的旁观者这样写道：

我看到成群的人忙着抛售股票。当客户下达指令的时候，我注意着他们的脸。我看到男人们的头发变白了，一位妇女昏死过去，他们冷漠地把她抬了出去。我还听见一位中年医生在喃喃自语："我儿子的学费完了。"

20世纪20年代，一些投资团体有组织地操纵股市是很平常的事情，利弗莫尔则是这些投资团体当中最有名的人物，他对做空交易有着独到的眼光。在1929年的大危机中，他操作精准，到1931年年初，他个人财富总值达到3 000万美元。但是，他后来失去了自律能力，可能是因为他发现自己酒鬼一样的妻子居然和一个被禁止从业的代理人有暧昧关系。1934年3月，他宣布申请破产。

危机已成事实，很快就蔓延到欧洲市场。这一年的英国股市尾盘下跌6.6%，凯恩斯所管理的基金在1929年的增值幅度则仅仅为0.8%。至于欧文·费雪，他损失了大约1 000万美元，也就是他在指数编制机和股票投资的全部收入。

有谁见过"看不见的手"吗？

1929年股市崩溃仅仅是拉开了一个序幕。在1930年春季短暂的反弹之后，市场再次出现了下跌的行情，而且陷入了恶性下跌的旋涡，到1933年，股票市值损失达到85%。有人在这个时候开玩笑说，如果有谁愿意买一股高盛的股票，那他还会得到一把枪。或者，如果有人预订了酒店高层客房，服务员便会问客人是想睡觉还是想跳楼。随着股市的下挫，经济也跟着下滑。工业生产下跌的幅度不是5%，也不是10%，而是1/3。耐用品的消费则下跌了大约75%，居民住宅建造下降95%。支付给白领的薪水总额减少了40%，而支付给蓝领的工资总额则减少了60%。这些数据简直让人毛骨悚然。

在紧缩开始之时，许多家庭都努力保有资产，但随着局势的继续恶化，人们不得不出卖所有东西——只要能卖得出去，任何价格都可以接受。有一个例子可以说明当时的情形。1934年11月，切斯特·约翰逊美术馆因破产而需要出售资产。在这次资产出售中，毕加索的画作《超级派对》仅售400美元，而胡安·格里斯的一幅画作则只卖了17.50美元。然而，人们以不可思议的价格贱卖资产还不足以最形象地描述当时经济崩溃的惨状，最能说明其惨烈程度的则是非耐用品（例如食品）的销售额也减少了一半。

多数人都对银行不愿意增加发放贷款而加以谴责。公共部门的官员鼓励银行放松信贷政策，例如，阿特利·波莫林就在1932年11月指责那些不愿意放贷的银行家们：

> 即便提供合适的抵押品，那些具有75%或者更高比例流动资金的银行仍然拒绝发放贷款。在目前这种状况下，那些银行已经成了我们社会的寄生虫。

然而，无论人们怎么批评，银行家们就是不愿意放贷，尽管世界真的非常需要他们出手，可他们就是不去创造货币。已经有85 000桩生意失败了，还有900万个储蓄账户丢失。很快，压力开始转到银行家的身上。克利福德·里夫斯（Clifford Reeves）的批评则更为严厉，他在《美国信使》（*American Mercury*）杂志中这样写道：

> 银行家这个头衔，以前在美国是一种受人尊敬的标志，如今则几乎沦落为耻辱的代名词……甚至有一天，骂一个人是银行家之子就相当于说他是个发动突袭和故意加害的坏蛋。

图11-1 1929~1932年的大危机。当罗杰·沃德·巴布森在1929年9月5日提出股票市场即将崩溃的警告时，大多数人都对此嗤之以鼻。但是，危机真的来了，而且比巴布森预言的还要严重。3年之内，股票市值损失了大约85%。该图显示了巴布森、费雪和美国总统胡佛作出评论的时间。

由于货币供给急剧减少，美联储已经束手无策，只能眼睁睁地看着银行倒闭，企业破产，大量的人处于饥寒交迫之中。到 1932 年，失业人数已经从 150 万急剧攀升到 1 300 万，大约 25% 的劳动力失去了工作。1933 年，国民收入已从 1929 年的 870 亿美元下滑到了 390 亿美元——退回到 20 年前的水平之下。难道资本主义的末日真的降临了吗？有许多人的确是这么看的。广为人知的卡尔·马克思就曾经预言资本主义国家的衰退会一步步加剧，直到整个体系最终彻底崩溃。

凯恩斯的回击

约翰·梅纳德·凯恩斯没有加入其中。他与费利克斯·索玛瑞的谈话清楚地说明他并未洞察到经济的萧条，但既然现在萧条已经发生，他就需要弄清楚原因。他认为政治人物在政策运作上存在着技术性的错误，这个错误应该可以得到纠正。然而，错误究竟在哪里呢？他开始对理论抽丝剥茧，以找出经济理论的假设前提可能存在的错误。为了搞清楚这个问题，他付出了几年的心血。与此同时，他还是一位忙碌的教师，并且担任金融与产业麦克米伦委员会的委员，撰写了许多其他论题的文章。1936 年，艾萨克·牛顿所写的一些文稿被拿出来拍卖，凯恩斯便和他的兄弟一起把大部分文稿买下来。他仔细研究牛顿的这些文稿，这也为他撰写一篇有关牛顿的文章打好了基础。另外，他还忙着打理国王学院的基金。1930 年，这只基金损失了 32%，1931 年又损失了 25%。但适应了变化之后，这只基金在 1933 年盈利 45%，1934 年又盈利 35%。虽然凯恩斯的基金在那些年表现良好，但经济却出现了危机，人们又一次陷入绝望的境地。难道这次危机没有终结吗？亚当·斯密的"看不见的手"什么时候才会使经济秩序得以恢复呢？这个经济体系到底出了什么毛病？毕竟这次大萧条已经持续了 4 年之久。表 11–1 列出了美国的一些关键经济数据。

虽然凯恩斯还没有构建出一套完整的理论，但他已经准备好表达自己的观点。当时许多嘲笑过他的理论家如今不得不聆听他的理论！他安排了一次与罗斯福总统的会面，并要尽力说服罗斯福总统。然而，那次会面远谈不上成功。因此，凯恩斯回家后便继续研究和撰写文章。他安排好自己的工作，而且管理好基金，可喜的是，基金取得了连续盈利的好业绩——1935年实现了33%的投资收益率，1936年的收益率更高达44%。

表 11-1　1928~1933 年美国的关键数据（以 1922 年的数据为基准，100）

年份	工业生产	耐用消费品	非耐用消费品	消费者价格指数	货币供给（M2）
1928	140	156	117	99	144
1929	153	185	119	98	145
1930	127	143	97	91	143
1931	100	86	78	80	137
1932	80	47	56	73	113
1933	100	50	60	73	101

解决之策

凯恩斯的著作终于在1936年面世，他确信这本书已经找到了问题的症结所在。这本《就业、利息和货币通论》（简称《通论》）总共400页，笔调优雅而富有趣味，这足以证明凯恩斯也是一位散文大师。但是，这本书比较难读，一方面是由于它与以往的理论有很大的不同，另一方面是由于有些内容确实有点晦涩。然而，这本著作的诞生可谓正逢其时，因为当时正值资本主义经济分崩离析，而众人（除了奥地利人）又都束手无策的关键时刻。

这本著作主要因为以下三个方面的原因而赢得了赞誉。一是它介绍了若干经济分析新方法。二是它对普遍认为经济能够自动纠正衰退的观点给予了正面的回击。正是在这一点上，凯恩斯认为古典经济学家犯了最严重的错误。三是它提出了政策建议，即通过积极运用政府预算，从稳定价格的政策转到直接稳定就业与总收入上来。这本书的主题可以概括如下：

第11章 大萧条

- 如果把一国的投资与消费支出加总，就可以得到总的"国民收入"。如果劳动生产率的提升快于平均收入，就会出现失业问题。
- 国民收入中的消费部分随投资变化。如果投资上升，消费也会上升，因为投资的过程会增加就业岗位与薪金支付。这里面存在萨伊定律的元素。
- 然而，这种关系并不完全如此简单。那些用于投资的货币将会持续换手流通，每一个得到这些货币的人都会储蓄一部分，然后把剩余的部分花费出去，这个过程一直持续到这些货币全部被储蓄起来为止。我们把增加一英镑投资所产生的放大倍数称为"乘数"。因此，投资与消费之间的关系是由该乘数的大小来决定的。
- 如果人们的储蓄超过了社会投资，经济体系就会出现不平衡。换句话说，收入、储蓄和投资之间的关系可能平衡，也可能不平衡。
- 假设现在的投资低于人们当前的储蓄水平，在这种情况下，收入将会出现下降，而且收入的下降也具有乘数效应。
- 由于消费者的收入在下降，他们会发现不能再按照以前的比例进行储蓄了。这意味着储蓄也会下降，而且会一直下降到与已经降低的投资水平再次相互匹配。
- 换句话说，社会落入了失业均衡……
- ……当企业努力减少存货水平的时候，失业均衡的状态将会持续多年，这是由现有生产设备（资本）的持久性与累积效应所造成的。

在《通论》出版之后，经济学家们所写的著作几乎都与早前的文献有明显的不同。而在政策制定者看来，这本书最精华的部分就是弹性财政政策。在古典经济学中，节俭总是被当成一种美德来颂扬，但在凯恩斯的理论中，要把公共支出作为积极的稳定器加以运用，至此，财政也成为一种政策工具。相比较而言，桑顿则早在134年前就已经设计出了货币政策工具。然而，凯恩斯也并非没有遇到挑战，任何一位古典经济学家都会立即对他的理论加以反驳，他们之间的争论听起来可能会是这样的：

古典经济学家:"结论部分完全错误。如果投资水平下降,那将会有三种途径来结束衰退。"

凯恩斯:"我愿意洗耳恭听。"

古典经济学家:"第一,利率会下降,因为有太多的人在储蓄,而投资太少。低利率会鼓励新的投资并减少储蓄倾向,这是经济车轮再次高速旋转的一种途径。"

凯恩斯:"对,你说的可能没错。"

古典经济学家:"你同意了??好,我们继续讲。第二个稳定效应在于,工资水平在衰退期间也会下降,这使得一些新的商业冒险能够有利可图,同样也会刺激新投资。"

凯恩斯:"你说的可能还是对的。"

古典经济学家:"第三,房地产、消费品、资本货物等价格也会下降,这意味着现有货币的实际购买力增加了。最终,每个人又都会开始花钱。"

凯恩斯:"我对此可能也会表示同意。的确,有很多短暂的经济衰退在政府未加干预的情况下很快就结束了。这可能是你刚才所解释的那些情况。但是,在你看来,政府又应该扮演什么样的角色呢?"

古典经济学家:"只要简单地维持预算平衡以确保财政稳定,就可以保持信心,直到市场自动纠正,而情况往往会如此。"

凯恩斯:"在此你需要小心谨慎,因为当经济衰退已经到非常严重的程度,经济动态可能会与你的预期大相径庭。"

古典经济学家:"或许复苏只是一个较长时间的问题呢?"

凯恩斯:"那会是很长很长的时间,然而,长期而言,我们也都不存在了。不说这个,让我来解释第一个问题——关于储蓄。你刚才预期衰退期间储蓄会增加。或许是这样,但只要看一下美国1929年大萧条之后的情形就清楚了。公司会储蓄吗?不会,因为这些公司在1929年的税后净利润与股息之和达到26亿美元,而在1932年却亏损60亿美元。而且其中有85 000家公司已经破产,出现亏损或者破产的公司当然不会有储蓄。

那么，消费者会储蓄吗？也不会。因为他们的总收入已经被削减了一半。统计数据显示，1932年和1933年，消费者的平均储蓄为零。他们根本没有任何储蓄！我猜测他们实际上会因为担心将来而进行储蓄，但是他们已是寅吃卯粮，实在没有多余的钱可存。股东们会储蓄吗？1929~1933年，他们除了面对股票价格下跌85%的烦心事之外，还不得不忍受股息也下降57%的痛苦。"

古典经济学家（现在听起来有点乖戾）："因此，如果情况真的非常糟糕，你认为储蓄不升反降是吗？你还有什么其他重要的看法？"

凯恩斯："就你刚才所说，如果经济出现了下滑，那么对企业家而言，他们可能更容易找到闲置的资金与劳动力，这也是投资的机会。而我在这里想要说的是，当局势像1929年大萧条以后那样糟糕时，企业家的反应是不同的。实际上，他们的反应恰恰相反。潜在的投资者已处于休克状态。人们的非理性占据上风——他们彻底害怕了，并且会猜测今后的趋势。他们不会尝试着在价格底部买进，因为每当他们认为应该触底时，市场却总是无情地把这个底部击穿。就在你认为全部稳定因素应该能够起作用的时候，市场仍然无情地击穿此时的价格水平。因此，商业领域存在着我所说的'流动性偏好'，因为人们认为资本的边际效率已经下降了。而统计数字也正好说明了这一点：1929~1932年，商业扩张活动减少了94%。并且请注意，在局势不确定的时期，储蓄的下降与恐惧感的上升共同迫使利率走高，而不是下降。"

古典经济学家："不是这样的。利率在1929~1933年间是下降的，而这正是我们讨论的关键点。危机发生后，美联储在1929年11月1日把贴现率从大萧条刚爆发时的6%削减到5%，在1931年年中已经削减到1.5%。同时，5年期的公用事业债券的平均收益率也从1929年的10.1%降低到1930年的9.3%。"

凯恩斯："而且这类债券的收益率到1931年又下降到8.9%，但在1932年上升到10%，1933年涨到11%。然而，让我们猜猜会发生什么：

同期的消费价格下降大约25%。这使得经通货膨胀调整的实际商业利率变得很高，而且还在上涨，因此利率水平实际上并不低，也没有下降。这也解释了缺少储蓄的问题。鉴于这些情况，我认为经济进入了流动性陷阱，这是一种新的、可怕的，却又稳定的均衡状态。请注意，这也是均衡。让我们忘掉亚当·斯密的'看不见的手'吧，因为经济一旦掉进了这个深深的黑洞，那么它也会相当稳定，这是更不幸的。"

《通论》最重要的创新

《通论》中的以下4个分析概念特别重要：

- 依赖于收入水平的"消费倾向"与"储蓄倾向"
- "乘数"
- 人的投资决策受"流动性偏好"、"动物精神"（凯恩斯所说的）以及不确定性的共同影响
- 经济可能会进入"流动性陷阱"，此时无论注入多少货币，利率都不再下降，因为人们心里害怕，而且债券收益会下跌

地上的窟窿

凯恩斯在这场辩论中占有一个很大的优势：经济已经崩溃，但人们并不知道为什么。如果亚当·斯密及其追随者是如此聪慧的话，那么美国人为什么不再富裕了呢？凯恩斯所开出的药方则与早前的霍布森、福斯特与卡钦斯曾经提出的办法很相似：增加政府支出来填补投资缺口。当然，这可以通过采取比较有意义的方式进行。针对经济下滑，我们可以采取以下更有意义的政策措施：

- 减税。
- 增加转移支付。

• 增加或加快公共投资并维持支出水平。

此外，凯恩斯还注意到，即使政府投资的项目完全不合理，他的这套哲学思想也能够发挥作用。政府可以找人把钱装在瓶子里，再把这些瓶子埋到土里，然后把发掘瓶子的权利卖给企业。由于乘数效应，这将引发就业的总量效应，它比就业的初始效应还要大得多。

凯恩斯的著作具有巨大的影响力。他强调短期经济管理，这与自由放任的概念针锋相对。同样重要的是，他以一种具有操作性且可证实的方式来进行总量分析。在他的理论中，有许多定理可以加以验证，参数也可以量化。我们来看一看消费的边际倾向。库兹涅茨用美国的数据计算出来的消费边际倾向大约为 60%~70%。再比如说乘数，我们还是用库兹涅茨的数据来计算，它基本上稳定在 2.5 左右。

凯恩斯一定没有预料到，人们会把他的书当成经济学的《圣经》，而他自己在阅读的时候还发现有许多地方需要加以完善。他也没有想到，他的思想会被人们不加批评地运用。他确信自己是一位伟大的经济学家，但绝不是穷尽真理的人。有一次，他在华盛顿和一群经济学家讨论了整晚，他告诉他的朋友奥斯汀·罗宾逊说："我发现自己是在场的人当中唯一的非凯恩斯主义者。"他相信，一个思想者不应该像阿尔弗雷德·马歇尔那样，总是推迟阐述自己的思想。更好的做法是先将其表达出来，这样他人就可以吸收这一思想并加以咀嚼。如果这就是他想要的东西，他也没有什么好抱怨的了。很少有学术著作被如此多地讨论与研究。经济学家们对待他的理论，就像一群拉雪橇的狗想要生肉那样，而马歇尔、庇古、罗伯逊和霍特里等人所出版的关于经济周期的大量著作似乎很快就被人们遗忘了。

第 12 章　创新与经济周期

时值 1935 年的秋天，大萧条已经持续了 5 年之久，加拿大的毕业生罗伯特·B·布赖斯从伦敦来到了美国，他是带着凯恩斯在剑桥大学的讲义和笔记登上轮船的。当时虽然凯恩斯的书还没有正式发行，但许多经济学家至少已经了解了其中的一些内容。有一天，温司罗普宿舍①举办了一个"凯恩斯研讨会"，布赖斯便在会上解释了一些新观点。参会者想要弄清楚这位凯恩斯先生究竟要说些什么，此时，他们正好有机会向年轻的布赖斯提问。尽管人们对凯恩斯普遍怀有热情，但是在场的人当中至少还有一位不喜欢布赖斯所说的东西。实际上，他根本就不喜欢凯恩斯那一套。

有雄心的人

这个人既非无名之辈，也不是什么重要人物。他曾经为自己的人生设立了 3 个目标：成为维也纳的最佳情人、欧洲最顶尖的马术师、世界上最优秀的经济学家。他的第一个目标可能失败了，而他的确已经实现了第二个目标。可是，如果他认为自己能实现第三个目标，这就意味着凯恩斯并不是最优秀的经济学家。在熊彼特看来，凯恩斯完全错了——他所得出的结论是错的，他的分析方法是错的，甚至连他对科学研究所抱持的态度也是错的。智商正常的人怎么会对凯恩斯这些东西着迷呢？

---

① Winthrop House，它是哈佛大学早期的一个大学部学生宿舍。——译者注

约瑟夫·熊彼特出生于维也纳，碰巧与凯恩斯同年。1901年，约瑟夫·熊彼特踏进维也纳的法律界。1906年2月16日，就在他刚过完23岁生日之后的一个星期，他获得了法律学位。他的样子看上去颇为轻松，但在实际工作中非常卖力。他经常连着几个小时在维也纳的咖啡店里与人高谈阔论，俨然一副无所事事的样子，但是一回到家里，他就会苦读到深夜，因为他对自己感兴趣的学科有着极强的求知欲望。这个学科正是经济学。

在对经济周期与资本主义的未来所作的分析中，熊彼特尤其强调企业家的作用。每一次经济从衰退走向复苏，都是企业家在其中发挥了重要的作用，其重要性超过其他任何要素。和卡尔·马克思相类似，熊彼特也曾经预言资本主义会发生崩溃，但他所依据的理由完全不同。在他看来，商业与国家都会不断变得越来越强大，随着这个过程的发生，企业家将会消失，而社会方面的革新也将随之而消失。

约瑟夫·熊彼特的第一份工作是在埃及负责一家制糖厂的合理化事务。他工作干得非常出色，并且对技术革新如何提高企业盈利水平的问题作了认真的观察——这在他后来的理论形成中可能发挥了重要作用。他每天下班回家之后，还得继续干另一份工作。他决定要写一本有关经济学的著作，而这只不过是把德语与英国古典经济学二者结合起来的问题。

他花了一年半的时间写完了这本长达657页的著作，并在1908年出版。熊彼特当时只有25岁，便决定退出商业圈，转而开启学术生涯。于是他回到了维也纳，并争取到在大学教授政治经济学的机会。1909年6月，他在26岁的时候以"编外讲师"的职衔获得了"大学授课权"。那时，他除了那本著作之外，还发表了22篇书评和9篇杂志文章。由此可见，他已经为自己的学术生涯作好了充分的准备。

然而，学术界可能还没有准备好接纳他。人们发现这个年轻的熊彼特很是让人感到愤怒和不快。一个原因是，他把自己打扮得像位伯爵，另一个原因则是他在公众场合的讲话方式。他像一位经验丰富的老教授一样，讲课从来不带手稿，而且总是流露出优雅的笑容与傲慢的态度。因此，当这位年轻而充满希望的小伙子获得第一份教职时，他就被派到了偏远的切尔诺维兹，那里通常是一些爱找麻烦的老教授们待的地方。

切尔诺维兹的岁月

1909 年 9 月，熊彼特离开了维也纳。在到达切尔诺维兹之后不久，系主任主持召开了第一次教学会议。与会的教授们都穿着高领的黑色毛织西服套装，坐在那里等待接受教学任务。有一个空着的位子，留给了从维也纳来的年轻的新任教授。终于，屋子的门开了，熊彼特走了进来，他没有穿黑色的西服套装，而是穿着长靴、马裤和猎装夹克衫。他解释了迟到的原因：会议时间与他每天骑马训练的时间太接近了。对此，系主任是否有可能把下次会议的时间稍微推迟一点，好让他能赶得上呢？他们并没有把他遣送回去，熊彼特最终还是在切尔诺维兹交了许多朋友（包括一些女朋友）。他虽然只在切尔诺维兹生活了短短的两年时间，却给每一位同事留下了难忘的印象。还有哪一位年轻的教授，尽管身份卑微，却坚持在用餐时穿燕尾服呢？有一次，熊彼特对大学里一位图书管理员大为不悦，因为这位管理员不允许熊彼特的学生借阅有关政治经济学的图书。他们后来大吵了一架，最后这位图书管理员向他提出用决斗的方式解决。熊彼特接受了挑战，他们便让助手安排了这次决斗。熊彼特受过良好的剑术格斗训练，经过短暂的格斗，他轻轻地刺伤了管理员的肩头。助手们立即上来加以制止，于是决斗结束了。熊彼特为整个事件道歉，管理员也道歉了，而后熊彼特的学生们就可以借阅有关政治经济学的书籍了。

创新蜂聚与创造性毁灭

切尔诺维兹的岁月充满了乐趣与游戏，约瑟夫·熊彼特还在此完成了他的第二本著作——《经济发展理论》。在他回到维也纳之后，该书出版了，这一年他 29 岁。这本书中的一些原创性理论，虽然是建立在斯皮索夫有关新技术作为经济繁荣触发器的概念基础之上，但熊彼特通过强调企业家的行为更加详尽地阐释了斯皮索夫的概念。他宣称，在资本主义经济中，创新的产生就像蜂聚一样，而这些创新蜂聚正好解释了经济周期。创新并不等同于发现新技术。创新是一个过程，在这个过程中，人们将所发现的技术不断转化为商业成果。许多人认为这听起来有点不可思议："为什么创新的发生就像蜂聚一样呢？为什么它不是一个稳定流呢？"他声称这是由促进创新的条件急剧萎缩造成的：

> 一个有利的环境，即每一个萧条阶段所酝酿、创造的各种事件的总体状态，我们应该特别记住，而且它也成为一直促进并解释经济繁荣的一个因素。众所周知，在萧条阶段，有大量的失业人口、堆积如山的原材料、许多闲置的机器与厂房设备等，这些因素造成了低廉的生产成本，以及比正常情况低得多的利率水平。

对于企业家而言，这种状况非常理想，他们只要把这些生产要素按照有利可图的新方式组合在一起进行生产，就可以开辟出新的市场。因此，在困难时期，会有更多的创新出现，这不仅能够引发一个地区的兴旺，更会带来普遍的繁荣。对此，发生在新企业中的创新提供了很好的解释：

> 大多数新的制成品并不是由老企业生产出来的，也不会立即取代老企业，而是像雨后春笋般一个接一个地冒出来，加入市场的竞争之中。

这意味着创新不仅会改变商业活动的性质，而且会提升商业活动的总体水平。另一点需要解释的是，为什么一旦企业家开辟了一条新路子，造成经济周期的创新活动会立即大量涌现出来：

> 一位企业家取得成功之后，并不是仅有几个企业家效仿，而是会有更多企业家跟进，在此过程中，不断有企业家会逐渐被淘汰。

第三点需要加以解释的是，新兴产业的发展意味着对资本、原材料、服务以及新的配套产品等多方面需求的增加，因此这种派生需求会普遍溢出到其他产业之中。最终，由于创新造成的重要影响逐渐耗竭以及老企业因成本上升与竞争加剧而被迫退出，又会带来过度投资的苦恼。

在《经济发展理论》中，约瑟夫·熊彼特曾经使用过的一个术语后来非常流行。在说明为了向更有效率的新生产结构释放资源，而必须摧毁老的生产结构的过程时，他用了"创造性毁灭"这个说法。当经济周期处于这种阶段时，那些有着更富效率的新想法的企业家能够运用信用来建立企业。一旦他们能够给市场带来新产品，那么很显然，就会给原有供应商造成竞争压力，结果便是越来越多跟不上变化的生产商被淘汰出局。这样一来，企业家就可以利用原来生产结构中的厂房、办公地点以及雇员。如果这种创造性毁灭的过程没有发生，那么经济就不会快速增长，或者根本就不会出现增长。

艰难岁月

1919 年，社会主义拥护者在奥地利组建了一个新内阁，社民党的领导人奥托·迈耶当时正在寻找一位负责财政事务的国务秘书。他显然不知道熊彼特对自由放任的哲学极为赞同，于是，他建议熊彼特来担任国务秘书的职务。熊彼特接受了这个职务，上任后很快就开始推行他的新政策。他采取的政策包括：

- 通过征收一次性资本税来减少货币供给；
- 采取固定汇率政策；
- 建立一个独立的中央银行；
- 把重点放在间接税上；
- 促进自由贸易。

他在维也纳的华道夫酒店租了一个套间，并租了一个有马厩的乡间城堡——这些是他为自己生活所作的战斗准备。然而，他打不赢这场战斗，政府的其他成员都以一种完全异样的眼光看待熊彼特,他们要采取的第一步行动就是建立一个委员会,对一些产业进行国有化。熊彼特成功地阻止了大量的产业国有化行为,但在6个月之后,他被迫离开了政府。他们发现熊彼特根本就不是一个社会主义者。

经历此番失意之后,熊彼特又转入商界。一开始,熊彼特与一些保守派议员达成一项协议,根据该协议,熊彼特获得一张银行业务牌照。他于是便与比德曼银行(Biedermann Bank)联手,因为这家私营银行需要牌照准备上市。这家银行有货币资本,而熊彼特则握有银行牌照,于是他成了合伙人,担任银行行长,领取一份诱人的薪水,并享有一个很高的信用额度。因为急于把银行做大,他抓紧投资了许多行业,几年之后,他似乎变得非常富有了。但在1924年,奥地利遭遇了经济衰落,他以前所进行的几乎每一笔投资都变成坏账资产。这一年还没过完,他便丢了工作,并且背负巨额债务。此时,他感到自己浪费了大量时间,于是决定离开商界。在波恩的大学里教了几年书之后,在1927年,他接受了哈佛大学的教职。为了买船票,他还借了不少钱。然而,7年之后,他居然坐在温司罗普宿舍里听这位年轻的加拿大学生讲述被认为极具才智的凯恩斯理论。

熊彼特觉得凯恩斯低估了资本主义内在的稳定性,他的错误就在于把经济衰退归咎于储蓄水平太高。而在熊彼特看来,正是因为有了这些储蓄,企业家才能够进行创新并创造新的经济增长。进一步而言,凯恩斯的错误之处正在于他对待经济学的态度。熊彼特相信,一位科学的经济学家应该坚持只作经济分析,而远离与政治人物利益攸关的政策问题。在《通论》中,凯恩斯不仅给出了政策建议,而且在熊彼特看来,凯恩斯似乎是首先对这些政策建议有了判断,然后再发展出一套理论来为之辩护的。

整合理论

现在,我们知道了为什么熊彼特不认为凯恩斯有多高明,以及当他与布

第 12 章　创新与经济周期

赖斯一起参加"凯恩斯研讨会"时又为什么会感到恼怒。当时，熊彼特自己正在撰写一本有关经济不稳定问题的书，其主题就是有关经济周期的整合理论。他在 1933 年开始着手写作这个"框架"，原以为在 1935 年之前就能完成。但随着研究工作的进展，内容体系变得愈加庞大，此时有传闻说凯恩斯的著作已经成为 1935 年的关注焦点，而熊彼特自己的工作连一半都还没有完成。他又花费了好几年的时间继续这项研究工作，最终在 1939 年将其付梓——此时，任何非凯恩斯主义的理论几乎都被认为是不恰当的。

这本长达 1 095 页的巨著（两卷本）还是给人留下了深刻的印象。前面的 219 页是纯理论。首先，他根据均衡理论讨论了人的行为，然后便介绍了企业家为创新活动负责的概念——很像他在《经济发展理论》中所描述的那样。创新蜂聚推动形成了"第一波"——经济周期运动的最初阶段。接下来便是"第二波"，他这样写道：

> 这个第二波现象可能是，而且从质量上看也是，比初始的那一波现象更加重要的。由于这一波所覆盖的面更广，因此也更容易被观察到。实际上，它们早就在我们眼前闪耀，只是我们或许很难发现那点燃熊熊大火的火把，尤其当创新只是个别现象而并不显眼的时候。

因此，第二波把藏在我们眼皮底下的各种初始刺激加以放大。其他经济学家也曾描述过，有多种现象能够造成这种放大效应，例如债务紧缩、被迫清偿、群体决策等。在第一波刺激发生之后，少数具有企业家特质的人相信他们能够受益于企业家所创造的经济增长——从短期来看，这是一种自我实现的假象。然而，在更长的时期内，第二波阶段中的任何所得都会被消灭掉，而仅有第一波所创造的利润会保留下来。因此，第一波是"演化"，或者是结构性架构，而第二波则是围绕这个演化的增长路径所发生的振荡。但是，这些振荡发生的时点，便是在创新显露出来的时候：第二波中的下降趋势为企业家创造了必要条件。因为有了第二波，初期的演化便按部就班地发生了。

同步的周期

他接下来介绍了几个同时发生的周期：

> 演化的周期性过程没有理由仅仅引起一次波浪式运动。相反，有很多理由可以预期，它会造成多次波浪式运动，这些波动会同时继续延伸，并且在此过程中相互干扰。

他一开始就相信单个周期的假说，但随着对问题的分析不断深入，他意识到在实际过程中存在着多个周期，因为创新有多种截然不同的传播方式。在现实经济中，存在着多个振动同时发生的现象，但是他把这个图景作了简化处理，只是设定出三种主要周期：康德拉季耶夫周期、朱格拉周期和基钦周期，所有这些周期的长度都非常不规则（见图12-1）。

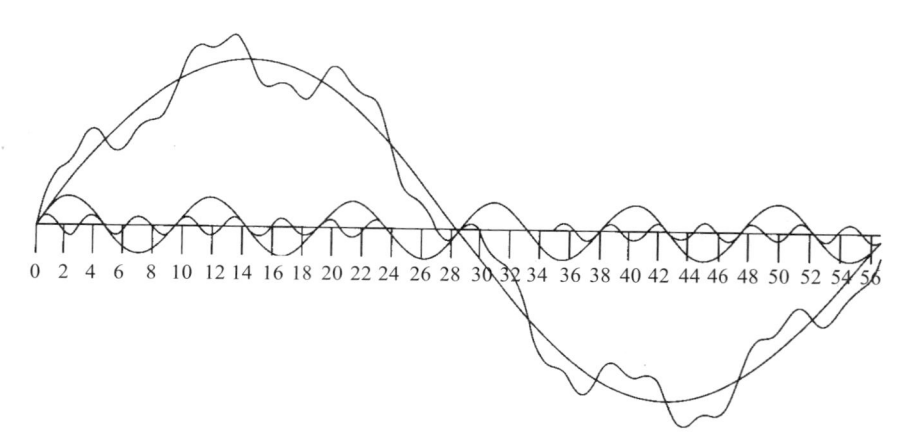

图12-1 熊彼特的三周期模式。熊彼特相信经济存在多个振动同时发生的现象，其中有强有弱。他认为多个周期的下降阶段趋于一致的情况将会导致萧条。

这本书从第220页开始对经济周期理论进行了深刻的历史分析。虽然他把资本主义历史追溯到12世纪或者13世纪——那时人类社会首次出现了信用工具——但他分析的焦点则集中在最近的300年时间里，其中包括约翰·劳的时代。他认为劳是一位创造了自己信用的企业家。这种分析对偶然的深度衰退作出了理论上的解释：

> ……很显然，这三种周期的相应阶段在任何时间上的巧合都将产生非同寻常的力度，尤其是如果碰巧遇到繁荣与萧条这些阶段，就将表现出更加强烈的阶段性特点。在我们所掌握的资料范围内，有3个跌幅最大且持续时间最长的萧条时期——1825~1830年、1873~1878年、1929~1934年——全都表现出了上述特征。

我们对这些情形作了一些调查。杰克逊总统与菲利普·霍恩在日记中讲述了1825~1830年的故事概况。1873~1878年的萧条是指铁路行业的崩溃，那是发生在杰伊·古尔德刚刚操控黄金袭击之后。1929~1934年的情形则被称为"大萧条"。这些情况，熊彼特认为是康德拉季耶夫周期、朱格拉周期和基钦周期的下降阶段在时间上的巧合造成的。而实际上，1929~1934年大萧条持续了相当长的时间，这就需要另外加以解释：为什么朱格拉周期不像1879年那样在1935年就把经济拉回正常轨道呢？

他对此作了解释，认为这是由反商业的政策累积效应造成的。第一，社会富裕群体的直接税收提高了。熊彼特相信，因为"在国家紧急时期需要作出牺牲"，所以人们能够广泛接受用增税作为中间措施，但在后来，它就成为抑制创造性的长期障碍。第二，政府对企业的未分配所得征税，从而迫使企业尽快将所得通过红利的形式分配出去，熊彼特则认为这种做法对企业发展与投资活动产生了普遍的阻碍效应。他相信企业更愿意持有留存收益，但现在却被迫将其分配掉：

> 私营企业具有效率的一个原因在于，和政治人物或者公共部门的官员不同，它需要为自己的错误承担损失。但是被迫采取上述措施会给不同状况的企业带来截然不同的结果，比如企业是用自有资本还是借入资金承担风险，或者某项损失仅仅是削减盈余还是直接侵蚀注册资本。

而后：

所有这一切，尽管都是真实的，但对经济学家来说，一旦他把自己陷入总量分析的理论之中，这一切在他的头脑中便不复存在了。

第三，按照熊彼特的说法，经济复苏失败的原因还在于，被迫提高最低工资水平使得产业更难"修复其已经受到损害的财务结构"。第四点原因是来自国有企业的竞争，而第五点则是反垄断新政策。熊彼特确信，上述所有反商业的政策措施"显然倾向于相互强化"。就像他所说的：

可以肯定，经济学家不至于认识不到人类社会的行为与动物社会或者机械系统的行为之间的差别，因为人类社会对"干扰"不仅是作出简单的反应，而且要对其所作的（正确或错误）诊断加以解释和预期。

他相信，这些反商业的政策措施加起来对商业产生了灾难性的心理效应。它们不仅在客观上对商人构成了威胁，而且使他们在心理上也确实感到了这种威胁的存在。他继续写道：

唯一要深思的是，个人与国家之间关系的任何主要变化——包括国家在全部个人所得中所占份额的任何重要变化——都会涉及基本思维习惯、人生态度的改变，以及那些直接受到政策影响的人们的价值观改变。

由于熊彼特把经济复苏的关键角色赋予了企业家而不是消费者支出，因此他认为在萧条时期提高工资显然不是明智之举。但是，通过提高税收来增加政府支出又会创造什么样的潜在正面效应呢？熊彼特在书中这样表述：

……笔者毫不怀疑，随着1938年400万美元预算赤字中的支出新计划在1938年秋季展开，经济将告别衰退而进入复苏阶段，但也要看到，支出的逐渐减少——根据其影响经济的方式——将会给经济带来再次衰退或萧条的征兆。这种情况让我们既嫉妒又感恩：嫉妒是因为我们的经济学家将会享受到其观点被验证的快乐；而感恩则是因为人们在其他领域——例如，医学领域——不会如此理性，要不然我们现在就都成为吸食吗啡的人了。

当他的书出版时，熊彼特知道自己行动已经太迟了。全世界的目光都转向了凯恩斯，而且这场游戏也已经被命名为财政稳定政策。熊彼特的这本书在首次面世后的18个月里，仅仅销售了1 075册。只有两位美国教授采用它作为教科书，而且也仅仅使用了一年。由此可见，学术界已经对熊彼特的微观经济学不感兴趣了。

在货币与经济周期方面观点被引用最多的宏观经济学家，1920~1939年

一位经济学家成功与否可以根据其观点被其他经济学家引用频率来衡量。帕特里克·多伊彻按照"总量、货币理论与周期"以及"货币、信用与银行"的分类标题对经济学杂志索引中的所有文献加以统计后得到表12-1中的数据。从该表可以看出，凯恩斯具有明显的优势，他的观点在此期间被引用的次数稳定增长（在1920~1930年间，费雪与米切尔的观点被引用的次数最多，凯恩斯排在第10位）。约瑟夫·熊彼特的同期排名则从第17位下降到第18位。

表12-1 在货币与经济周期方面观点被引用最多的宏观经济学家，1920~1939年

名次	姓名	被引用次数
1	凯恩斯（J. M. Keynes）	200
2	罗伯逊（D. H. Roberston）	104
3	费雪（I. Fisher）	73
4	庇古（A. C. Pigou）	72
5	霍特里（R. G. Hawtrey）	66
6	哈耶克（F. von Hayek）	58
7	马歇尔（A. Marshall）	43
8	米切尔（W. C. Mitchell）	42

(续)

名次	姓名	被引用次数
9	卡塞尔（G. Cassel）	40
10	希克斯（J. Hicks）	35
11	哈罗德（R. Harrod）	35
12	哈伯勒（G. Haberlar）	34
13	汉森（A. Hansen）	32
14	魏克塞尔（K. Wicksell）	31
15	克拉克（J. M. Clark）	25
16	杰文斯（W. S. Jevons）	23
17	斯奈德（C. Snyder）	22
18	熊彼特（J. Schumpeter）	22
19	罗宾森（J. Robinson）	20
20	库兹涅茨（S. Kuznets）	19

资料来源：Deutscher，1990。

第 13 章　有关货币的问题

海曼·明斯基 1919 年出生于美国，他的父母都是社会主义者。他从小生活在父母身边，上学读书，并且遵循家庭传统加入社会主义党派。后来他就读于芝加哥大学，并获得了数学学士学位。但是，不久之后，他觉得自己的专业研究不能只停留在单纯的数学专业上，实际上，他对社会与经济有着更强烈的兴趣。1942 年，他报名进入哈佛大学利托尔公共行政学院①学习，但仅仅一个学期之后，他因为要服兵役而不得不离开。1945 年年底，他被派出国；第一站到达英格兰的新港，而后又去了巴黎、法兰克福，最后到了柏林。明斯基在柏林的感触对他后来的研究产生了影响。他当时在戴维·萨珀斯领导的人力部门的报告计划组工作。明斯基后来声称，与萨珀斯一起工作的经历使他认识到，尽管抽象模型有助于表述思想与分析问题，但那并不是最终的目标，最终的目标应该是在真实情况与事件的基础上推导出切实的结论。他认为，只有像约瑟夫·熊彼特那样对一般的制度体系以及相关的历史框架有了深刻理解，才能做得到。

明斯基在战争结束之后回到了美国，此时他决定不去芝加哥大学，而是要留在哈佛大学从事学习研究。然而，回到哈佛大学一段时间之后，他开始对所教授课程中的一些内容感到奇怪。其中之一是他的一位老师阿尔文·汉森（凯恩斯信徒中的一位领军人物）讲授财政政策的方式。明斯基发现，阿尔文·汉森运用非常正统的凯恩斯主义框架来讨论传统的规则与反周期的财

---

① Littauer School of Administration，该机构始建于 20 世纪 30 年代中期，20 世纪 60 年代改为哈佛大学肯尼迪政府学院。——译者注

政政策。此外，明斯基认为，汉森对凯恩斯主义的理解在方法上有点过于机械。汉森没有谈到不确定性，但是，在明斯基看来，这一点正是凯恩斯思想中的关键部分，而汉森教授实际上忽略了货币与金融市场。

直到1949年获得布朗大学的教职之前，明斯基一直在哈佛大学。1949~1955年，他在布朗大学撰写博士论文。阿尔文·汉森希望明斯基能够和自己一起工作，但明斯基那时已经遇到了约瑟夫·熊彼特并且决定跟随他。明斯基准备探究的领域是市场结构、银行业、总需求的决定与经济周期之间的关系。他研究经济学的方法是朝着萨珀斯当初鼓励他的方向继续作进一步的深入发展：经济学必须讲究实用并符合现实，没有根基的单纯理论建构在现实世界中毫无意义。

明斯基的写作能力很强，而且著述颇丰。明斯基第一篇真正重要的文章是1957年发表的《中央银行与货币市场的变化》。在这篇文章中，他介绍了两个流动性概念的差异：

- 中央银行能够直接处理、控制的流动性，这部分是债券与货币市场；
- 驱动股票、房地产等其他资产市场的现金流。

他进一步讨论了两个层次价格水平之间的差异：

- 当前产出（包括服务），像食品、汽车以及假期等价格广泛依赖于劳动力的成本；
- 资本与金融资产，像股票、债券以及艺术品等资产的价格，表现出不确定性并且依赖于投资收益。由于投资收益代表了未来现金流，所以其估值就依赖于未来时段内我们对收入的预期。

明斯基一直把凯恩斯的理论作为主要的理论参考，而且他具有里程碑意义的著作，正是出版于1975年的《约翰·梅纳德·凯恩斯》。但是，他并不苟同多数经济学家对凯恩斯的理解，而且在某种程度上也不同意凯恩斯本人曾经有过的一些想法。

内在的金融不稳定性

明斯基像凯恩斯（而不像新古典主义者）一样，假定资本主义存在着显著的内在不稳定性。他观察到，不稳定性主要存在于驱动经济增长的私人投资部分，这些投资的波动比经济中的其他部分大得多，因为投资依赖于投资者对未来的主观评价。凯恩斯在书中谈到投资者短期关注的焦点（"长期而言，我们都不存在了"）、他们的"动物精神"以及在衰退与萧条期间持有现金的倾向（"流动性偏好"）时，曾考虑了这些方面的问题。然而，明斯基发现，凯恩斯的大部分追随者却忽略了这些方面。他认为，金融部门是资本主义经济不稳定的主要根源，因为刺激这个特殊部门的要素很多，并不只是技术和市场利率，而所有这些刺激因素都能导致不稳定性。他把自己看成是"金融凯恩斯主义"的阐释者，而且用"华尔街观点"与"货币经理资本主义"来为强调金融部门问题的分析方法命名。他所描述的过程很普遍：

- 增加联邦债务的扩张性公共政策为受债务驱动的私人投资快速发展创造了基础条件，例如，增加低风险的私人股份金融资产，并降低私人企业资产负债表的风险暴露……
- ……而这将会导致经济繁荣与投资过度。
- 政府最终会进行干预，以避免可能出现的崩溃……
- ……而这种干预政策意味着，金融部门不会完全承担由先前不负责任的信用扩张所造成的损失。

他断言，不负责任的金融行为得到政府挽救，将会导致经济周期的一再发生，这使得金融部门越来越脆弱。有关投资的决策是由董事会议确定的，决策时通常考虑的一个主要因素是获得融资的一般条件，而不是投资项目的基本健康状况。繁荣时期资产价格的上涨是投资者需要考虑的一个重要因素，因为资产可以用作贷款的抵押物。这就造成非线性关系，而非线性关系将会造成相当程度的不稳定性：资产价格上涨有助于货币的创造（例如金融资产被用作贷款抵押的情况）。当每个人（代理人）都采取理性行动追求自身收益最优化，甚至可能是被迫跟随普遍性趋势以求生存的时候，以上的一切情况都可能发生。他声称，经济周期的每个阶段都会造成金融环境的改变，这种改变又导致经济进入周期的下一个阶段。

明斯基的"华尔街模式"显著区别于众多经济学家所采用的主流的"物物交换模式"（忽略金融部门）。他宣布对新古典方法提出挑战，这主要基于以下3个脱离传统模式的命题：

- 坚持认为就业不能单由市场刚性来解释。假定衰退期间的工资水平就像新古典经济学家所期望的那样，确实下降了，其结果是物价水平也会下降，并且企业也会因此推迟投资。此外，人们还会受到债务服务成本增加的挤压（费雪的债务紧缩理论）。
- 金融市场的广泛波动是相关的。新古典经济学家忽略了金融部门，而假定其是有效率的。然而，金融部门并非如此。中央银行可以控制一些债券的价格与利率，但是不能直接控制其他任何投资资产的价格。
- 失业并不是由市场刚性造成的。它来自于企业执行层对未来不确定性的预期，这种不确定性反映在投资的波动中。

因此，金融部门的无效率可能是造成像20世纪30年代大萧条那样的重大经济灾难的罪魁祸首。

查尔斯·金德尔伯格

查尔斯·金德尔伯格是明斯基的一位盟友，他在20世纪30年代后期任职于纽约联邦储备银行，深知重新点燃微弱的经济之火是一项多么复杂艰巨的任务。金德尔伯格后来离开银行到美国国务院工作，参与过第二次世界大战之后的马歇尔计划。他38岁时转入学术界研究经济危机与恐慌问题，并最终出版了一套研究经济危机问题的系列丛书。在这套丛书中，他举了很多实例说明金融市场其实处于完全非理性的状态，而且紧随狂热之后的则是深度的萧条。他把围绕金融狂热的几个典型阶段总结为：

- 投机
- 财务困境
- 危机
- 恐慌
- 崩溃

金德尔伯格在1986年出版了《大萧条中的世界，1929~1939年》，该书分析了他亲身经历的那些可怕事件。他认为，货币供给的崩溃并不能解释那次大萧条，因为货币供给的下降比价格的下降要慢得多。这也就是说，在1929~1931年间，货币的实际购买力其实是上升的。再者，他不同意任何把经济崩溃归咎于股票市场崩溃及其负面财富效应的理论——因为在股票市场崩溃之前，生产已经开始崩溃。为金德尔伯格赢得最高声誉的是1978年出版的《狂热、恐慌与崩溃》一书。这一经典著作采取了很妙的复古风格，整本书中差不多没有一个数学方程。下面是他在2000年的版本中所写的一段话：

> 一位同事曾经试图采用一个数学模型来为这项工作增色。对某些读者而言，模型可能是有用的，但对我自己而言并不适合。据说，灾难数学，即专门研究如何把危机这类事件处理成从高处跌落的情形，是这个学科的一个新的分支，而且已经展示出其逻辑的严密性与价值。不过，我还是等一等为好……我自己似乎已经陷入了辩论的泥沼，而且还要付出高昂的成本卷入超负荷的工作之中。

弗里德曼与芝加哥大学

另一位经济学家米尔顿·弗里德曼也把货币因素看成是经济不稳定的关

键根源。他在大学决定研习数学，为的是将来去当保险精算师，但是在他目睹大萧条的惨状之后，便逐渐对经济学产生了兴趣。因此，当他收到两份奖学金的通知时，他选择了到芝加哥大学学习经济学。弗里德曼在芝加哥大学的一位指导老师便是西蒙·库兹涅茨，后来他为弗里德曼的分析提供了大量的事实与数据。

在第二次世界大战期间，弗里德曼曾在多个政府部门工作过，这段经历使他对经济预测以及政府干预经济的效率长期抱持怀疑主义的态度，他的信念就是保持经济尽可能自由。例如，他这样写道：

> 关于自由市场的最重要的核心事实在于，除非交易双方都获得好处，否则交易根本不可能发生。

1948年，他加入了NBER，任务是继米切尔之后继续研究货币问题。在NBER，弗里德曼逐渐成了知名的理论家。而后，他在1976年获得了诺贝尔经济学奖，因为他是20世纪经济思想最重要的发展——"货币主义革命"的一位领军人物。

经济学的集成促进者

许多经济学家发展了重要的理论，但并未因此而闻名于世。另一些具有天资的经济学家，能够对思想进行集成，重新措辞表述、解释并加以提升。这些人是"集成促进者"，正是他们对社会产生了最大的影响，也收获了最高的荣誉。如果说费雪、凯恩斯、萨缪尔森与弗里德曼是20世纪最伟大的四位经济学集成促进者，恐怕没人会反对。虽然这四位大师都发展了原创性的新理论，但是他们也同样精熟于对既有的理论赋予新的理解，并且通过演说、出版、采访、杂志专栏，以及采取与高级政治人物会面等途径来创造经济学理论对社会的影响力。弗里德曼甚至还自己制作了电视节目。

自20世纪40年代以来，固定货币增长率的思想实际上已成为芝加哥大学的正统学说。但是过了这么多年，弗里德曼更加确信这一政策能够处理经济周期的问题：社会只要确保货币存量的固定增长，就可以管理经济周期问题。这边，积极干预政策的支持者与更加错综复杂的仿真模型纠缠不休，那边，弗里德曼则像欧文·费雪那样，把纽科姆的货币数量方程式挖掘出来：

$$MV=PQ$$

我们回忆一下，这个方程式的左边是货币供给与其流通速度的乘积，右边则是物品价格与数量的乘积。弗里德曼首先指出，通过运用积极的反周期措施来管理经济存在着令人难以置信的困难。一旦你意识到经济正在"跳水"，那么等财政政策生效就已经太晚了。而当这类政策最终起作用的时候，经济本身极有可能又已经开始回升了，因此，这类政策增加了不稳定性因素。除此之外，有明显的迹象表明，政府通过举债来增加额外开支将会对私人举债产生挤出效应（老的"财政部观点"）。要点在于从方程式的两边都可以找到内在的不稳定性因素。左边（MV）的不稳定是因为内在的自我增强机制，这一机制是由诸如货币扩张时期利率的初始下降，银行部门的竞争等造成的。右边（PQ）的不稳定是因为存货效应（梅茨勒）、加速数（克拉克）、投资过度（穆勒）、创新蜂聚（熊彼特）等。而当这些因素合在一起时，货币与现实经济之间的正向反馈效应将会造成不稳定性的增强（明斯基）。但是，在任何方程式中，如果一边稳定了，那么整个方程式当然就稳定了。在此方程式中，稳定左边的货币供给部分要比稳定右边部分容易得多。

弗里德曼的假定获得了大量研究的支持，这些研究表明，在货币供给与经济周期之间的确存在很强的相关性——前者领先于后者。1963年，他与安娜·J·施瓦茨合著的《美国货币史（1867~1960年）》出版了。他们的研究表明，从长期来看，货币增长完全反映在通货膨胀上，并没有反映在经济增长上。

至此，他们宣布通货膨胀是"纯粹的货币现象"，并且经常重复这个观点。但从短期来看，情况则不一样。短期而言，货币波动造成了经济周期。

自1867年以来，美国在每一次严重的经济紧缩之前，都出现了大幅度的货币紧缩。平均来看，货币增长幅度在经济顶峰出现之前的半年达到最大，而在经济衰退出现之前的一个季度就已经收缩。20世纪30年代的大萧条就曾经伴随着货币供给的大幅紧缩——无论从哪一点来讲，美联储都应该能阻止这次货币紧缩，但美联储并没有这样做。在1929年出现崩溃之后，美国的利率跌到了极低水平，但不管怎样，货币供给还是减少了1/3之多——而当时的大多数观察者对此并未察觉。美联储曾经认为，在经济扩张阶段提高利率，而在衰退阶段降低利率，就足以保持经济稳定。然而，按照弗里德曼的观点，货币存量的加速增长刺激了支出，而人们一旦习惯了这种支出，就会变得不够谨慎，并且开始减少所持有的货币储备。股票经纪人很快就认识到这会推动通货膨胀水平上升，因此他们需要降低债券的价格。这意味着，恰恰在债券利率上升的时候，货币供给会保持扩张。换句话说，提高利率并不能阻止货币的过多增长。当然，相反的一面也可能发生，即利率与货币供给一起下降。为了解决这个问题，我们不得不从"I体制"（通过利率进行管理）转向"M体制"（通过货币供给进行管理）。管理货币供给包括，但并不限于对利率进行操控。

稳定经济体系

西蒙·纽科姆的方程式——MV=PQ——作为一个分析框架，适应于多种解决经济周期问题的建议。表13–1列举出了解决问题的一些建议。

表13–1 稳定纽科姆方程式构成要素从而解决经济周期问题的建议

稳定对象	简要描述	早期建议者
PQ	运用中央银行的干预工具（MV）来稳定总产出	亨利·桑顿
P	采取金本位制以保证价格稳定	大卫·李嘉图
P	对通货重新估值或降低估值以稳定通货膨胀	欧文·费雪
Q	运用财政政策来增加或减少总产出	约翰·梅纳德·凯恩斯
MV	运用中央银行管理工具保证有效货币供给的稳定、适度增长；忽略总产出的波动	米尔顿·弗里德曼

对菲利普斯曲线的批评

1958年,出生于新西兰的经济学家奥尔本·威廉·菲利普斯(他一生中的大部分时间在英国度过)发表了一篇论文(即《英国1861~1957年失业和货币工资变动率之间的关系》),他在该文中描述了在通货膨胀水平较高的阶段,失业率是如何降到最低的。欧文·费雪曾提到过这一点,奥尔良大公对此也有过亲身经历,他当时无成本地滥印钞票带来了短暂的经济繁荣。两位顶尖的经济学家,保罗·萨缪尔森和罗伯特·索洛对这个问题进行了挖掘,并将其纳入主流思想体系之中。这一结论被命名为"菲利普斯曲线",而且在一段时间内还成了主流思想的一部分(见图13-1)。

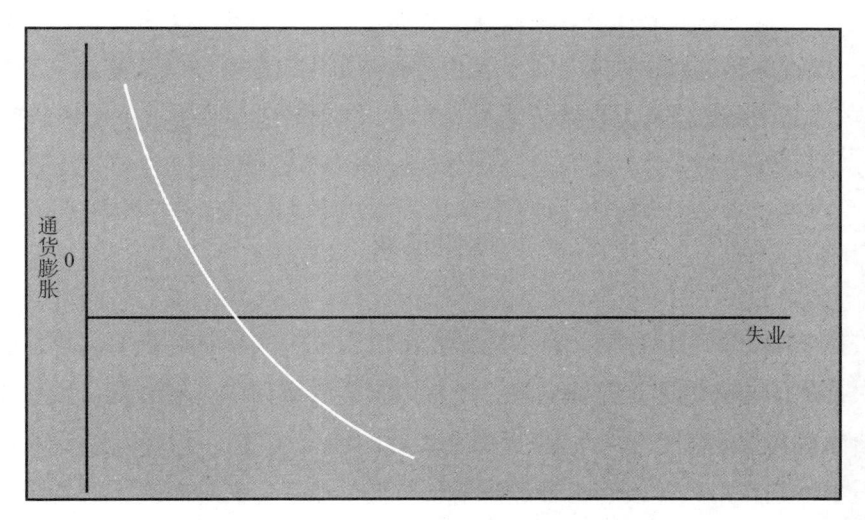

图13-1 菲利普斯曲线。该图呈现的是菲利普斯曲线最初的形状。弗里德曼相信菲利普斯曲线实际上是垂直的。今天,大多数经济学家支持"加速"假说,即假定加速的通货膨胀能够减少失业,但是仅在通货膨胀水平最终停止上升之前有作用,最后的结果还是通货膨胀和失业。

弗里德曼对这个理论持批评意见。他的确同意在基钦周期的时间范围内,失业与通货膨胀之间存在着这种关系,但这种关系仅仅在短期内成立:

- 社会存在一个自然失业水平，它取决于劳动与商品市场的结构性特征，如市场的不完美、有关职位空缺的信息收集成本、劳动力的可得性、迁移的成本等。当人们对任何特定的通货膨胀水平已经完全适应的时候，失业率就将朝着这个结构性水平变动。
- 把失业率压低到自然水平以下的唯一方法，就是使货币供给的增长快于预期的通货膨胀。然而，这个过程将会造成滞后的通货膨胀。
- 由于人们对所见所闻的学习，预期的通货膨胀将追随实际的通货膨胀。由于这一点，如果要把实际通货膨胀维持在预期水平以上，就不得不迫使货币供给变得越来越多。结果，如果坚持把失业率维持在自然水平之下，那必将以增速日益加快的通货膨胀而告终……
- ……这一切直到经济在恶性通货膨胀中崩溃，或者（更有可能）直到某人最终决定踩下刹车为止。在这两种情形中，最终的结果是由于总需求开始下降而造成大规模的失业，同时，预期的通货膨胀水平也非常高。

理性预期

在20世纪70年代初，资本主义经济出现了一次非常严重的衰退，引发这次衰退的部分原因是石油危机。一些国家的政府为了应对衰退，增加货币供给来刺激经济增长（与一些货币主义者的建议相反）。然而，这一做法这次根本不起作用，并没有出现经济增长与低失业率，而是出现了通货膨胀与失业的继续。

这种情况需要一个理论加以解释。另一位来自芝加哥大学的经济学家罗伯特·E·卢卡斯的理论对此给出的解释最受人们欢迎。卢卡斯的解释很简单，他假定货币供给将要加速的信息是广为人知的。政府官员利用机会正式宣布，增加货币供给对商业投资以及增加就业有益无害，因为在货币供给增加之后会有新的产出增长：

$$MV=PQ$$

然而，人们并不傻。他们了解以前的各种情况，并且知道货币供给的增加最终会导致通货膨胀。因此，公司会立即提高产品的价格，工会也将要求增加工资。所以，很遗憾最终得到的结果还是通货膨胀水平不断上升，却不是经济增长。

关于人们对政府刺激政策的适应可能使政策失败的主张被称为"理性预期"理论。对20世纪70年代所发生的情况，相比假定长期菲利普斯曲线存在的通货膨胀与失业相互替代的模型，弗里德曼和卢卡斯的两个模型则提供了更好的解释。

政治性经济周期

W·诺德豪斯和E·R·塔夫特两人都提出了一个名为"政治性经济周期"的理论。诺德豪斯在1975年发表的论文《政治性经济周期》中表述了这一思想，塔夫特则在1978年出版了《经济的政治控制》。这两位作者都阐释了政治人物一到选举时就会刺激经济，目的是为了更有可能再次当选。这就意味着，在选举之前会出现受政治刺激的经济繁荣，而在选举之后则会出现衰退。

BUSINESS CYCLES

第三篇
经济周期的隐藏决定力量

第 14 章　经济周期的图景

对每位经济学家而言，最可怕的噩梦莫过于和其他人同时发表划时代的新理论。然而，这样的事情还是发生了。1930 年，亨利·舒尔茨、简·丁伯根、翁贝托·里奇这 3 位经济学家各自发表了后来所称的"蛛网理论"。这 3 位学者的理论都是用德文发表的，而且，丁伯根与里奇甚至是在同一份杂志上发表了研究相同问题的论文！

蛛　网

他们的思想其实很简单。设想有一群农民，要决定用多大比例的土地来种植马铃薯。如果某一年的马铃薯市场价格非常高，那么每一个农民都会抢着种植更多的马铃薯。但是到了第二年，当他们在市场上销售那些堆积如山的马铃薯时，过量供给将会大幅度压低价格。经历失望之后，他们便减少种植马铃薯，这样做的唯一结果是减少下一年的马铃薯供给，从而使其市场价格再一次上涨。这样，他们一直在努力地进行调整，却永远不能获得令人满意的结果。

很清楚，对于亚当·斯密的"看不见的手"这一假说而言，这个蛛网设想造成了不止一次的扭曲。亚当·斯密假设商人能够很快判别有利的市场机会并获得收益，而这是正确的。但是，有两个因素会造成整个系统的震荡：一个是从投资到产出之间的时滞问题，另一个是制订竞争计划的信息是不完整的。显然，这两个条件都符合实际情况。

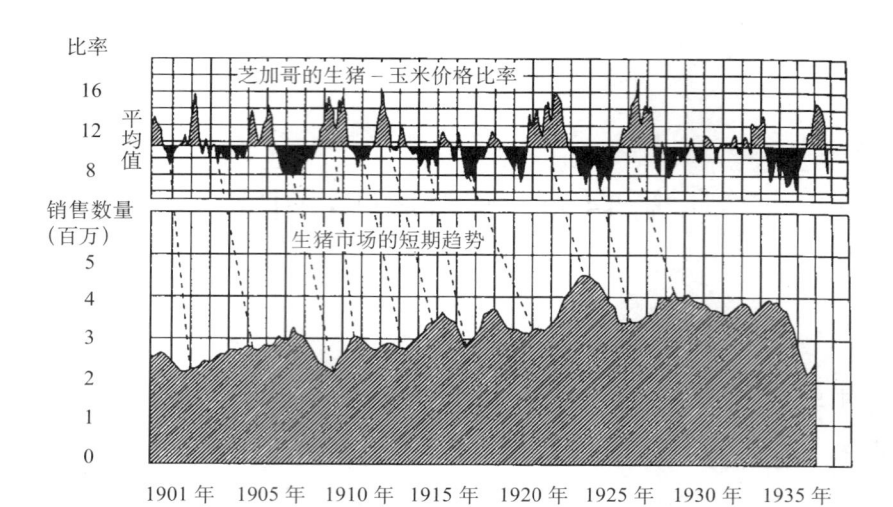

图 14-1 蛛网理论。该图显示，进入市场销售的生猪数量总是比生猪－玉米价格比率的增长滞后。这说明，贫困农户一再受到按当前条件决定将来产量这种模式的戏弄。

蛛网描述了商品市场的一种现象。然而，细想起来，它实际上与约翰·斯图尔特·穆勒 1826 年所提出的一般经济理论非常相似。如果市场上存在太多对价格水平不满意的竞争者，他们同时决定削减各自的供应量，那么就会出现一个"经济蛛网"。或者，许多公司由于受到未料到的高价格刺激，比如说面对某个新市场，就决定对该市场进行生产设备投资。这种错误被称为"竞争性幻觉"（穆勒则称之为"竞争性过度投资"），那么它显然也会导致生产过剩。我们引入蛛网这个概念后，就可以这样说：当某个重要部门出现地方性的蛛网现象后，它可能会推动整个经济，使人们与各种产业在群体心理学的黏合作用下，一起陷入一个巨大的蛛网。甚至如奥地利学派的经济学家所提出，在中央银行努力对货币供应进行适当调整的过程中，也有可能出现在蛛网中挣扎的情形。

挪威的膨胀

蛛网理论的重要之处实际上并不是对信息不足的假设——毕竟，这个假设无足轻重，而且已经渗透到所有的经济周期理论之中。（如果每个人都对一切了如指掌，投机者就将通过套利交易立刻把周期消灭掉。）这个理论的重要之处在于它提出了时间滞后性。该理论表明，在一个非常简单的系统中，甚至某些非常简单的时滞也会导致系统的明显波动。但是，蛛网并不是对这种内在不稳定性作出简单解释的唯一例子。另一个例子是所谓的"造船业周期"。1938年，挪威教授约翰·恩纳森发表了一篇论文，《挪威造船业的再投资周期及其证明》。在这篇经典文献中，他描述了所观察到的挪威造船业的一种现象：在船舶建造业出现一轮繁荣之后，每间隔一段时间建造业水平似乎也表现出了明显的"回声"现象（见图14-2）。他选择对挪威产业进行调查是经过仔细考虑的：首先，该产业有很好的统计描述；其次，挪威的船队规模位居世界第三；再次，挪威在第一次世界大战中损失了大约一半的船只，而后在1920~1921年仅仅两年的时间里，又重新建造了大部分船只。他所得到的曲线表明：

> 存在一个明显的5年周期，其巅峰年份分别是1884年、1890年、1895年、1899年、1906年、1912年、1916年、1920年、1925年和1929年。

似乎有理由假设船只的修理或者销售造成了这些回声——在这两种情况下，时间间隔都取决于船只发生严重磨损与消耗的平均时间长度。为了弄清情况，他对那些刚刚出售旧船只而后又购买新船只的业主进行了调查。他把这类投资称为"置换"。在置换情形中，他发现存在一种很明显的模式，在初次购买之后的第9年达到高峰，并且到第19~20年再次出现——这与朱格拉周期和库兹涅茨周期的长度相同。换句话说，因为这些交叠置换回声，所以产生了5年周期现象。由此，在投资与再投资之间存在一个时滞，它和蛛网现象非常不同，但也能够导致系统性的波动。就像蛛网现象一样，这种时滞现象至少可以部分解释经济周期中的拐点。恩纳森写道：

> 在我看来，纯粹的再投资周期理论似乎很好地解释了拐点是如何发

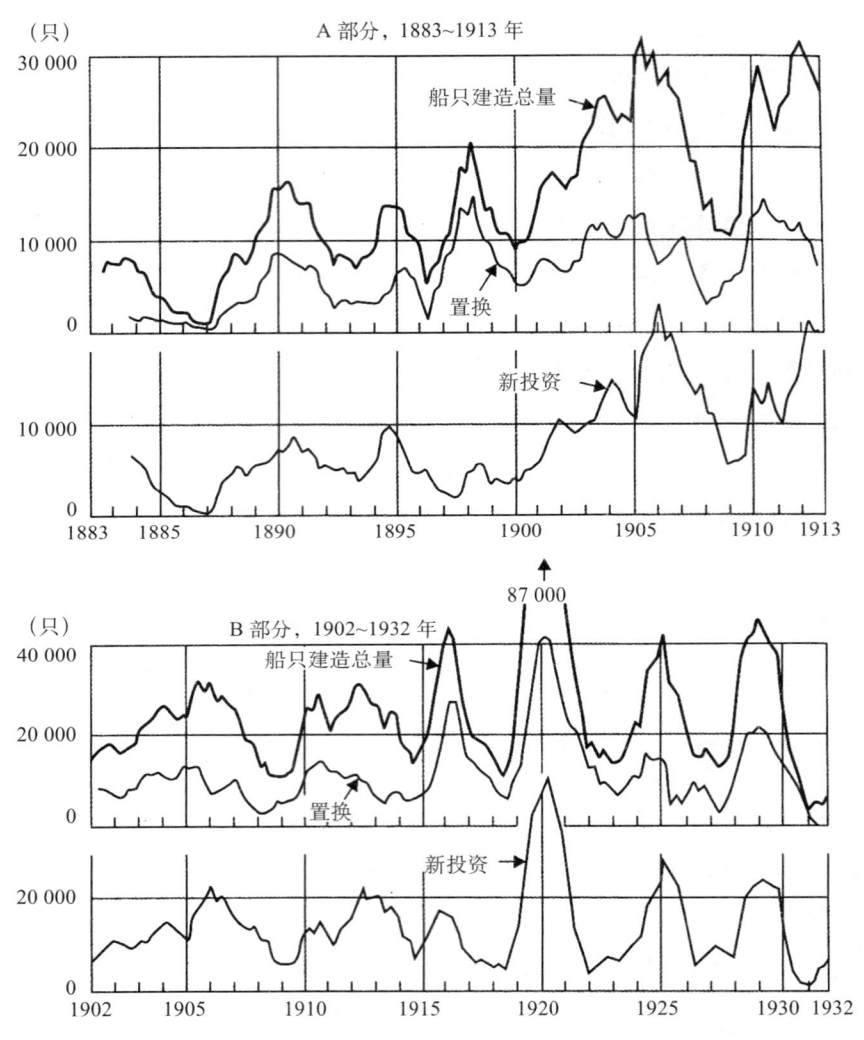

图 14-2 挪威造船业的回声现象。图形显示了挪威船主的所有船只建造、置换和新投资的情况。上一幅图涵盖了 1883~1913 年的情况；下一幅图则是 1902~1932 年的情况。在船只置换与建造上似乎存在一个明显的 5 年周期。

生的，以及它如何自动地发生。

在经济周期的研究方法论开始转变的 10 年里，经济学家提出了蛛网理论与回声理论。此前，大多数经济学家都强调用米切尔式的"耗竭"来解释经济拐点问题。照此说法，经济增长遵从自我增强的趋势，直至出现某些耗竭机制的阻碍，经济增长才会停止。对经济处于高位阶段的拐点，可以通过资本匮乏（货币理论）、缺少储蓄（投资不足）、生产资源或需求不足（过度投资）等加以解释，而经济处于低位阶段的拐点则大都可以看成是与之相反的情形。由于存在大量便利而且有利可图的投资机会以及各种创新，人们会到处进行积极投资。至此，人们已经描述了越来越多的有助于形成拐点的内在过程，并且通过简明的数学模拟就能最好地说明这些内在过程的作用机制。瓦尔拉斯、帕累托、马歇尔、费雪以及其他许多经济学家已经对经济学作了数理化的整合，但是今天，几乎每一个经济学家都在运用数学模拟方法——至少时不时会用到。他们正在为"计量经济学"铺平道路。

夜行列车分析

完整的计量经济学模拟思想通常与荷兰人简·丁伯根（即蛛网理论的三位贡献者之一）和拉格纳·弗里希联系在一起。如果运用丁伯根和弗里希的计量经济方法对经济进行模型化处理，首先要努力把调节经济的规则描述清楚。这不能用语言来描述，而是把每一个规则描述成一个数学方程式，就像马歇尔当初为了加强自己对经济学的理解所做的那样。这种方程式都是"恒等式"，可以简单地定义其中某个变量的构成——例如，定义"国民生产总值"。或者，它也可以是一种数量关系，比如国民生产总值（GNP）和消费之间的关系。我们可以列出关于 GNP 的方程式：

$$GNP = C + I + G + X - M$$

其中：
C ＝个人消费
I ＝私人投资
G ＝政府采购
X ＝出口

M = 进口

在这个方程式中，GNP是恒等式。定义完这个方程式之后，下一步便是估计参数值。比如，可以从现有的信息来预测以下参数值：

私人投资（I）= 1 000

政府采购（G）= 1 200

出口（X）= 800

当涉及消费和进口参数时，你会发现有点棘手，因为这些参数尤其依赖于GNP——而GNP又恰恰是需要估算的。因此你可以定义这两个参数各自与GNP之间的关系，可以采用历年尽可能多的数据，或者找到相关数据的平均值来计量。这里我们假设你经过研究库兹涅茨和米切尔的美国历年数据，发现存在如下的历史相关性：

消费是GNP的70%，或者C=GNP×0.70

进口是GNP的15%，或者M=GNP×0.15

在此基础上，你总共得到3个方程式。为了解决这个问题，可以对其作简单合并后代入参数值。现在，这个方程式变成了下面的形式：

GNP=GNP×0.70+1 000+1 200+800–GNP×0.15

即 GNP=3 000+0.55GNP

计算得出 GNP=6 666.7

瞧，这有多棒！然而，现实情况当然要比这复杂得多。起初，重要的初始经济方程式的数据会很大，而且有些方程式中存在指数、平方根等等。不管怎样，当你掌握了全部的方程式后，就要一步一步地进行整合，直到最后剩下一个较大的方程式。这种消元的过程被称为"夜行列车分析"，因为你会经常发现此前在白天行进的列车上从未被注意到的相互关系，但这些关系一定是真实的。当你研究数学的时候，可能一开始会获得一些新的东西。有时候这些新东西非常好，可以用它们作为构建一个新理论的基础材料。

不管怎样，下一步的工作便是将模型动态化，可以通过构建微分方程来实现，也可以把未来条件下具有先导性、同步性和滞后性的各种元素彼此联系起来。最后一步工作是用统计数据来检验模型,力图发现某种模式。这就是经济模拟研究的两位先驱者之一拉格纳·弗里希的真正过人之处。

木棒与摇摆木马

拉格纳·弗里希 1895 年生于奥斯陆的一个金银匠家庭,父亲名叫安东·弗里希,母亲叫拉格纳。小弗里希最初打算子承父业,于是便在奥斯陆著名的大卫·安德森作坊里当学徒。但是很快,他的母亲就强烈感觉到这份工作不能满足他追根究底的喜好,所以坚持让他去读大学。他成了经济学家,后来又学习了数学,随后就开始沿着瓦尔拉斯与帕累托的路径整合经济学与数学这两门学科。他提出将这门混合学科称为"计量经济学"。

1930 年,他与熊彼特、费雪一起创建一个计量经济学论坛,于是"计量经济学会"便诞生了。首要的问题就是寻找资金支持,但是,结果令人惊奇。有一位股票经纪人想要更好地理解经济市场的基本性质,这个人就是阿尔弗雷德·考尔斯。他不仅仅是一位股票经纪人,还是论坛报业公司(Tribune Company)的第二大股东,他已经连续多年发表关于股票市场预测的时事通信。但在 1931 年的一天,他做了一件非比寻常的事情:他给订阅通信的读者写了一封信,表示认为股市预测已经失灵,所以要停止这项服务。同时,他并不认为其他人可以做好市场预测的工作,在研究了其他时事通信所预测的记录之后,他发现这些预测全都非常糟糕。因此,他决定投入经济科学的发展上来。在对自己的市场模型的复杂性进行了一番深入研究之后,有一天,他拨通了在印第安纳大学工作的数学家哈罗德·戴维斯的电话,问了戴维斯一个不同寻常的问题:你能创造一个数学模型来描述包含 24 个不同变量的系统的行为吗?

戴维斯回答说,他不清楚为什么会有这么多人都想要这样一个模型,但是,原则上他可以帮这个忙。于是他们决定见面谈一谈,面谈的气氛非常融洽。他们商议的结果是,由富有的考尔斯为计量经济学会提供赞助。此外,考尔斯还提出赞助学会出版一份杂志,并且设立"考尔斯委员会",以支持计量经济学方面的工作，组织安排各种科学研讨活动。他所赞助的杂志名为《计量经济学》，拉格纳·弗里希担任该杂志的编委。

第一期《计量经济学》杂志在 1933 年面世。弗里希撰写了编者按，说明该杂志的宗旨在于把抽象的理论与对实践的观察二者结合起来，这样理论才不至于脱离现实。他宣称，杂志将聚焦于一般的经济理论，也将涉及经济周期理论、统计理论与统计信息。其时，弗里希已经对引发经济周期问题的基本原因产生了强烈的兴趣，像之前的诸多经济学家一样，他专心钻研了以往商业波动的有关图表资料。从大多数的图表来看，经济周期实际上似乎表现出某种程度的规律性——虽然这种程度有限。当然，这种规律性尽管并不能用日期来准确预测，但还是比纯粹的随机现象要有规律性。因此，经济周期并不表现为纯粹的"噪音"；它们是独立的"事件"，是需要进行单独解释的现象。弗里希想要解决的问题就是弄清楚经济周期为什么呈现出相对的规律性。难道是因为存在造成周期重复发生的简单的内在动态，或者是因为经济过了一定间隔就会受到外部冲击（像杰文斯所提出的可疑的"太阳黑子"理论）？他虽然并不相信这些解释，但又该如何解释这种相对具有规律性的现象呢？他做了多个模型，直到最终认为自己找到了问题的答案。因此，1933 年的一天，他坐下来开始撰写自己的论文。

刺激与传播

他的这篇题为《动态经济学中的传播问题与刺激问题》的论文，已经成为一篇研究经济周期理论的经典文献。这并不是因为其所论述的问题非常复杂或抽象（实际上并不复杂或抽象），而是因为他首次清楚地说明了一系列的随机冲击如何刺激经济出现看似有某种规律性的波动，换句话说，也就是经济如何从混乱中产生秩序。他请读者思考，假如用木棒随机敲击一个摇摆木马会发生什么样的情况。木棒敲击的动作快速利落，然而，随后的木马运动则完全不同。它是周期性的，而且会持续较长的时间。他后来继续提供了一些带有经济变量的简单数学模型，以说明经济冲击（"刺激"）是如何造成周期（"传播"）的。弗里希经常向他的学生们演示这个理论，他会教你如何把一系列完全随机的冲击添加到他的模型之中。结果则是随机冲击产生了周期性的运动，这种周期性的运动与引发它的冲击截然不同，而且更有结构化的特点。最有趣的观察结果则是：

- 周期性波动的振幅依赖于冲击的强度……
- ……但每次周期的时长又与内在的传播机制存在更为紧密的关联。

在经济是否稳定这个问题上，弗里希所持的意见几乎与同时代的其他任何经济学家都不相同。他相信经济自身是稳定的，当且仅当存在外部冲击时，摇摆木马才会出现摇摆。如果没有木棒的敲击，那也就意味着不会有周期，但在现实中，总是存在大量类似木棒敲击的情形；由于这些大量的外部冲击，摇摆木马也就总在以一种具有周期性但又复杂的模式摇摆。

计算尺与坐标纸

对于拉格纳·弗里希与简·丁伯根来说，运用数学模型方法有一些明确的理由：

- 它们能够揭示现有的理论是否完善；
- 它们将使经济学家对理论的阐述完全明晰；
- 它们为找出理论家之间的思想差异提供了一个很好的方法；
- 它们使得对任何理论的检验成为可能。

简·丁伯根运用他的方法对经济周期进行了模型化处理。如果他仍然运用瓦尔拉斯的原始方法，就需要大量的方程式（他的同事帕累托曾经估计，瓦尔拉斯在处理 100 个人交易 700 种商品时就使用了 70 699 个方程式）。丁伯根有一个优势：当时已经建立了一些相当确定的宏观经济关系——当然这也并不全是凯恩斯的功劳。因此，必需的方程式数量就大大减少了。

他首先试图处理本国的经济。准备好计算尺与坐标纸之后，他开始为荷兰经济建立一个数学模拟模型。他知道这项工作并不容易。首先，要运用魏克塞尔的阶段分析，就需要深刻理解经济动态关系。举例来说，如果消费依赖于收入，那么它依赖的是过去的收入、当前的收入抑或是预期的将来收入？其次，他不能只是运用一大堆方程式，即使这些方程式都是正确而且切题的。变量的个数必须等于方程式的个数，这样他就能够分离任何一个变量，并且检测其模拟现实的情况。然而，最大的挑战还在于其全盘思考的精髓，如果他在某个地方犯了一个明显的错误，哪怕是唯一的错误，那么全部的结果也将是一个彻底的错误。这就像把科学本身摆到了检查台上一样。经济学家是否理解经济系统的全部重要方面呢？计量经济学将会给出说明。

国际联盟的一个项目

对于子孙后代来说，很显然他们并不理解经济系统的全部重要方面。但是丁柏根发表于1936年的研究结果仍然是一座科学里程碑。他的经济系统包含24个方程式，其中有8个恒等式。把估计的参数值代入这些方程式之后，就可以估计整个系统的行为。这引起了国际联盟的注意，它有一个长期的研究项目，即在6年前就已经开始的研究解决经济周期问题的方案。国际联盟挑选了两位荷兰经济学家来承担该项研究任务。冯·哈伯勒负责调查与评价现有的全部经济周期理论，后来他在1937年结集出版了《繁荣与萧条》。后来，丁伯根负责运用统计数据来检验这些理论是否符合现实。丁伯根把全部现象进行了分组，然后检验围绕每一组的假设。1939年，他发表了两篇论文公布研究结果。得出的结论认为，到目前为止在大多数部门中，对总投资波动最重要的解释是利润波动。

约翰·梅纳德·凯恩斯对丁伯根的第一篇论文作了评论。他很不愿意写评论，但一旦写出来，就能成为经济学史上被引用最多的文献之一。下面是一段摘录：

> 丁伯根教授显然不急于作过多的断言。只要他能够继续下去，他就有足够的准备而且很乐意去经历一段长长的路程，最终则会带着让人动容的谦逊姿态，承认其结果可能毫无价值。他最糟糕的地方就是过分沉迷于他所从事的工作，而不愿意花一点点时间去判断这项工作本身是否值得去努力。他喜欢算术胜过逻辑，这一点表现得如此鲜明，所以我请求他宽恕一个多年来对统计理论有体会的人从反面所作的批评。

他指出丁伯根的方法存在一些弱点，例如，必须要了解每一个重要的参数，识别隐藏在实际结构下面的虚假振荡。还有，丁伯根所作的线性假设也是不切实际的。他认为，从本质上讲，只有在假设受到其他外生周期推动的情况下，丁伯根的模型才能解释经济周期。要想解释经济内在的拐点，丁伯根还需要引入非线性的相互关系。凯恩斯总结道：

> 我有一种感觉，丁伯根教授可能会大体上同意我的评论，但是，他对此作出的反应则是雇用另外 10 位计算员，并在计算中淹没他的悲伤。

这正是他做的事。他雇用了若干计算员（即从事手工计算的人），并在 1939 年发表了分析美国 1919~1932 年经济波动的经济周期模型。这一次，他利用明斯基与金德尔伯格所提供的线索，在模型中加入了金融部门，用一系列方程式描述了有关债券、股票、货币利率与货币供给的行为。整个模型包含了 48 个方程式（是荷兰国家模型方程式数量的两倍），结果认为存在时长为 4.8 年的周期振荡，且只在连续的兴奋状态下才成立。但是，这个模型并没有受到多少人的关注。诚然，这个模型似乎也表现得很不理想，例如，它不能解释大萧条。

然而，凯恩斯并没有就此停止。当丁伯根在 1940 年发表对他的评论的回复时，凯恩斯对丁伯根作了一番礼貌性的评论之后，便对计量经济学进行了毫不留情的批评：

> 就人的才能所及而言，没有谁会把自身的安全托付给巫术。

事实上，凯恩斯所接受的经济学基础教育并不十分广博。他在剑桥大学的 4 年时间主要花在了数学和其他一些爱好上。相比之下，他自身的商业与货币管理的经历很可能比一般的学院式教育对他的影响要深得多。这些经历使他认为，现实太过复杂，以至于用宏观经济方程式并不能正确地将其模型化。就在丁伯根公布他的美国经济模型的同一年，有一篇文章也郑重地提到了经济的复杂性。该文的作者是一位 24 岁的哈佛大学毕业生。

两个领域的融合

1939 年，阿尔文·汉森已经是哈佛大学的一位老教授，他开始考虑一个重要的问题。汉森是美国凯恩斯主义的领军人物，他非常希望整合凯恩斯的思想和早前的古典经济学。因此，他问自己最出色的学生保罗·萨缪尔森，是否能够设计一个可将凯恩斯主义的乘数与古典经济学的加速原理进行整合的理论框架——加速原理是克拉克较早提出的，但也有斯皮索夫、罗伯逊、米切尔、阿夫塔里昂、庇古以及哈罗德等其他经济学家的功劳。

激起汉森和他学生兴趣的是这样一个事实：加速数与乘数在原则上是两个简单的概念，但是没有人研究过把这两个简单概念融合在一起可能会发生什么情况。合成矢量的动态学会表现出振幅减弱的周期吗？或者是加快增长？或者出现完全不同的情形？会与所观察到的事实完全符合吗？因为如果不是这样的话，那就真正遇到麻烦了！年轻的萨缪尔森于是开始设计一个简单的表格把模型中的这两种效应结合起来。他设定的一些规则如下：

- 政府支出每年固定在"1.00"；
- 消费总是等于上一年国民收入的一半（当时，经济学家发现"消费倾向"更多受到过去收入的影响）；
- 投资总是等于当年消费较上一年消费的增加额的一半（这符合凯恩斯关

于投资者使用后视镜而非望远镜的假设），这种消费增长与投资之间的关系用术语来表示，就是"加速数"；
- 总的国民收入等于政府支出、消费和投资之和。

表 14–1 说明了在这个简单的模型中所发生的情况。

表 14–1 乘数与加速数的合成

时期	政府支出	消费	投资	国民收入
1	1.00	0.000 000 0	0.000 000 0	1.000 000
2	1.00	0.500 000 0	0.500 000 0	2.000 000
3	1.00	1.000 000 0	0.500 000 0	2.500 000
4	1.00	1.250 000 0	0.250 000 0	2.500 000
5	1.00	1.250 000 0	0.000 000 0	2.250 000
6	1.00	1.125 000 0	−0.125 000 0	2.000 000
7	1.00	1.000 000 0	−0.125 000 0	1.875 000
8	1.00	0.937 500 0	−0.062 500 0	1.875 000
9	1.00	0.937 500 0	0.000 000 0	1.937 500
10	1.00	0.968 750 0	0.031 250 0	2.000 000
11	1.00	1.000 000 0	0.031 250 0	2.031 250
12	1.00	1.015 625 0	0.015 625 0	2.031 250
13	1.00	1.015 625 0	0.000 000 0	2.015 625
14	1.00	1.007 812 5	0.007 812 5	2.000 000

这些是萨缪尔森计算的数字。第 6、7、8 期的投资为负数是因为边际效应，意味着每年政府额外支出 1.00，将使投资在第 6~8 年比在政府从未尽力刺激经济的情况下还要低。

该表用固定参数（消费倾向为 0.5；加速数为 1.0）表示了经济的时间进程。按照萨缪尔森设定的规则，该模型表明，如果受到持久的财政刺激，国民收入会经历振幅减弱的周期（周期振幅减弱直至最终消失，这与蛛网系统的行为恰恰相反）。这些波动产生的基本原因是萨缪尔森在方程式中插入了时滞，即投资与消费依赖于过去的收入，而不是现在的收入。

然而，萨缪尔森并未就此止步。他用自己的参数值，即边际消费倾向与加速数，在这个模型中又进行了一系列实验，被称为"因子分析"，结果如图 14-3 所示。

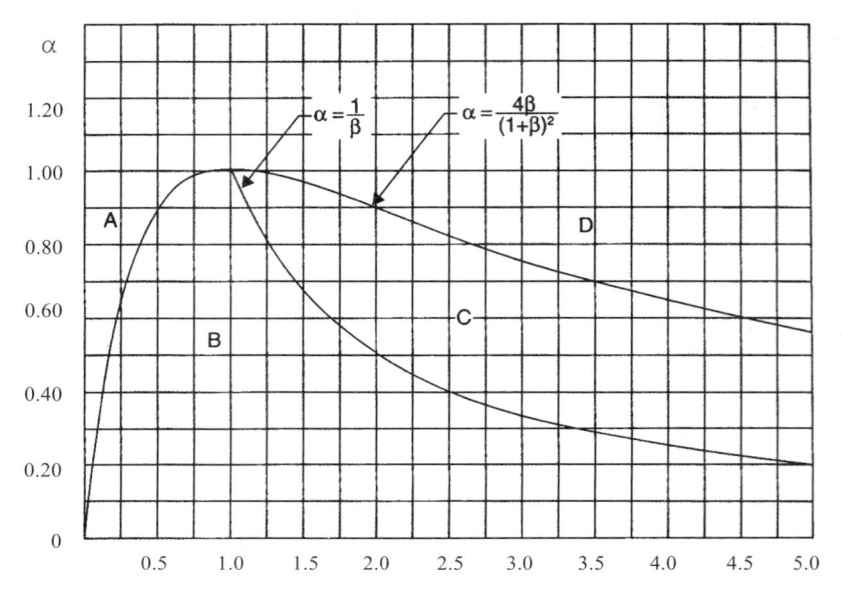

图 14-3　萨缪尔森对乘数与加速数模拟的因子分析。横轴表示加速数，纵轴表示消费倾向。图形显示了不同行为的因子合成的边界。A 区表示稳定，B 区表示振幅减弱的周期，C 区是爆炸性的周期，D 区则是极端性的增长。

于是，这位年轻的毕业生找到了教授所提问题的答案：依赖两个参数的实际值，该模型中的收入表现出以下 4 种情形：

- 稳定
- 振幅减弱的周期
- 爆炸性的周期
- 极端性的增长

新古典综合

萨缪尔森的文章成为后来出现的"新古典综合"理论的滥觞。这是 20

世纪发展起来的一个新的思想脉络，它有 4 个基本的简单假设：

- 所有人（或者是所谓的"代理人"）始终是理性的；
- 建立经济行为模型的最佳方法是，对单个代理人如何最大化其自身收益进行模型化，然后把这些单个行为加总即可得到宏观模型；
- 自由市场机制为实现经济协调提供了最佳的解决之道；
- 自由市场通常本身较稳定。

新古典模型主要受到古典模型的启迪。理性人将其快乐原子最大化来创造一个达到自我平衡的系统（亚当·斯密的"看不见的手"）。从个体开始，经济被模型化：个体行为的总和创造了总量行为（瓦尔拉斯与帕累托）。

该理论在科学与实践上表现出了一些优点。一个明显的优点就在于其精妙的模型方法基础。任何以模拟最小个体行动为基础的模型，比起那些依赖宏观层面总量假设的模型，如凯恩斯和弗里德曼所建立的宏观模型，都可能更加准确，而且更富弹性。其次，该系统能够发现自身的均衡。可以改变模型中的任何参数，在经过一段过渡期之后，它就会达到一种新的均衡。这意味着，对任何问题都可以找出明确的答案，比如："如果我们把税率提高 3% 将会产生什么影响？"另一方面，其假设应该切实简明，这是为了使模型具有实用性。例如，它的基础假设包括人是理性的，市场是有效的——凯恩斯对此有些不赞同。新古典综合理论经过多年的发展，按照保罗·萨缪尔森（1955 年）的说法，"其大概的理论轮廓后来已经被经济学者广泛接受，除了大约 5% 的极端左翼和极端右翼之外"。

阿罗、德布鲁与新古典理论

诺贝尔奖得主肯尼斯·阿罗与杰勒德·德布鲁在 1954 年发表的著名论文《竞争经济中均衡的存在》，是新古典理论的一个里程碑。他们这篇论文证明了亚当·斯密所说的"看不见的手"是存在的。然而，许多经济学家都质疑这个假设的现实性，最后阿罗甚至也加入了他们的行列。

新古典理论家假设市场是理性和有效的,这一事实并不意味着他们假装经济周期是不存在的。他们作出有关市场有效性和理性人的假设,同时也观察到因为受到一系列的外部冲击而造成的经济周期,这些冲击就像拉格纳·弗里希的"木棒"敲击一样,它们彼此之间绝对是连贯的。最基本的假说是来自市场外部的冲击本身引起了波动。但是,新古典学者在解释这些波动时,认为冲击因素并不是自由市场经济运行的内在因素。

货币因素或真实因素?

像马歇尔、魏克塞尔与冯·哈耶克,早期的新古典理论家也假设经济周期主要是由货币供给变化造成的(然而,这个假设并没有使哈耶克也成为新古典经济学家,因为他不相信理性人与有效市场)。早期的新古典经济学家在解释经济周期时把焦点放在货币因素上,这包括以下两个途径:

- 假设存在相对价格的混淆。增加货币供给将提高所有产品的价格。然而,单个生产商可能错误地以为只是自己产品的价格在上涨并带来了利润(相对的价格上涨),而事实则是所有产品的价格都在上涨;
- 假设混淆了价格变化的"持久性—暂时性"。人们并不理解货币供给的变化,因而也不知道价格上涨是持久性的还是暂时性的。

然而,新古典学派解释经济周期的焦点渐渐地并越来越多地转向了"真实"因素(即非货币因素)。

> ### 新古典理论背景下的"均衡"与经济周期
>
> 新古典理论研究经济周期的方法中包含初始的波动来源和传播机制,这个传播机制能够放大并将初始波动传递给经济的其余部分。若假设"货币因素"或"现实因素"是波动的主要来源,则该理论中的"均衡"概念指的是传播机制。

真实经济周期理论

真实经济周期的概念并不新奇。例如,杰文斯在其失败的"太阳黑子"经济周期理论中就曾经提出过这个概念,而且斯皮索夫与熊彼特的创新浪潮理论也是如此。

新古典学派的真实经济周期理论的基本假设是,经济周期主要是由真实因素冲击造成的,例如技术创新、习俗改变、战争、政治变革、自然因素等(主要关注供给方面的冲击——某些产出方面的变化)。这些模型并没有假设经济对于受到的冲击会作出相应的反应。其假设是,经济内在的传播机制能够把外部冲击效应转化成更有规律、重复发生的收缩与扩张运动。然而,它的理论方法则是新奇而古怪的:它认为经济总是处于均衡状态,甚至在经济处于很大波动的情况下也是均衡的!

该理论的解释非常简单:市场是有效的,而且总是在搜寻新的均衡点。我们所看到的是,经济时不时地受到冲击之后,每次都会沿着短期的路径变动,所有这些短期变动都代表了在那个时点上可能达到的最佳均衡位置。经济波动是简单平稳而且不断"循环"的,因为存在一个自然、平衡的传播机制来针对冲击作出反应。我们可以把真实经济周期称为"浮动的瓦尔拉斯均衡"。这种研究方法的吸引力在于它保持了新古典均衡模型及其微观经济学基础,而且仍然可以解释经济周期。

当代率先明确地试图描述真实经济周期理论的文章刊载于 1982 年 11 月的《计量经济学》杂志。这篇论文是芬恩·基德兰德和爱德华·普雷斯科特的合作成果,基德兰德在匹兹堡的卡内基-梅隆大学任职教授,普雷斯科特在明尼阿波利斯联邦储备银行研究部担任顾问,同时也是明尼苏达大学的经济学教授。这篇论文的标题是《置备资本的时间和总量波动》,它描述了所谓的"真实经济周期"模型——此前拉格纳·弗里希所介绍的木棒与摇摆木马模型,即经济周期是由外部冲击造成的,而经济的周期性运动是由内在的传播机制造成的,这种冲击效应受经济系统影响,产生一阵阵涟漪。

风中的摇摆

尽管真实经济周期模型无论从理论或者模型的视角来看都很完美,但它却引起了异常多的批评。一个典型的例子是,普雷斯科特 1986 年提交一篇有关真实经济周期理论的论文,哈佛大学的教授拉里·萨默斯随即撰写了回应文章《对真实经济周期理论的一些质疑》。后来萨默斯于 1999 年担任美国财政部部长——这可能是世界上最有权势的经济管理职位。萨默斯在回应文章中表达了与真实经济周期理论相反的观点:

> 这些理论否认了一些命题,但在许多学院派宏观经济学家以及所有对经济进行日常预测与控制的人看来,这些命题是不言自明的。他们断言,货币政策对实际经济活动没有作用,财政政策也仅仅通过刺激效应而产生影响,经济波动则完全是由供给方面而非需求方面的冲击所造成的。

他还继续写道:

> 如果这些理论是正确的,就意味着紧随凯恩斯革命发展起来的宏观经济学应该被完整地封闭在历史的垃圾箱里。而且,他们还表明,当代宏观经济学家的全部工作几乎都毫无意义,比占星术好不到哪儿去。

萨默斯还认为普雷斯科特模型中的参数也不正确:

> 普雷斯科特的经济增长模型并非是对现实的不可思议的表述。但要说明的是,其模型参数完全受制于经济增长,而且在我看来,其对微观经济的看法似乎也是一个粗糙的夸张说法。这让人联想到它就像松开的帐篷在风中摇摆一样。

除了认为其参数是错误的,他还指出,要识别哪些外部冲击造成人们所经历的实际经济周期也有困难。每一次经济增长和每一次崩溃或者衰退都应该有外部原因,但是这些外部原因却无处可寻。在绝大多数情况下,内部非线性因素似乎成了更显而易见的解释。他解释了真实经济周期的理论家们为何出错：

- 真实经济周期的支持者们会通过平均生产率的统计数据来测度技术创新……
- ……但是，以探访企业为基础的研究表明，经济下降期间的生产率出现了典型的下滑，这不是由于外部冲击造成的，而是因为企业选择留住员工，共同等待经济繁荣。

让萨默斯不能接受真实经济周期理论的另外一个原因是，这些理论家即使在没有引入价格数据的情况下，居然也宣称其理论经过了"检验"。价格数据将会显示是供给方面还是需求方面造成了冲击，但如果没有价格数据，就无法获知结论。最后，他认为有效市场出清的假设在萧条时期是极不现实的：

让我们看一下任何有关美国大萧条时期的生活情况的记录。企业生产出其想要销售的产品，工人们想要在市场上以劳动交换产品。但是，这些简单的交易却没有发生。在1929~1933年间发生科技水平下降的背景下，坚称这种情形是帕累托最优简直是荒唐，在大萧条时期，即使全要素生产率也是下降的。实际发生的情况是交易机制失灵了。

萨默斯的另一种解释是，有令人信服的证据表明某些机制的存在经常导致交易机制与信贷市场的崩溃。

真实经济周期理论的支持者们声称其理论方法的关键意义在于，为经济周期的研究提供微观经济学基础，而且这个基础符合主流的新古典经济学。但是，像拉里·萨默斯这样的反对者则声称，这些理论家们为了适合模型需要，而不得不进行如此多且如此粗略的抽象与简化，从而使其结果与现实之间几乎毫无关联。他们要做的事情就是清除任何造成其模型内在不稳定的因素——任何正向反馈环等等，这些正向反馈环我们在研究实际问题时随处都会碰到。他们对造成大部分经济波动的大多数因素却视而不见。

均衡存在的问题

萨缪尔森只是把两个简单的现象整合在一起,并且说明了其共同行为是多么复杂。但是问题在于,迄今为止所提出的经济周期理论包含了对至少5种不同非线性的反馈现象的描述:

- 正向反馈环。恶性循环,在此循环中,某个特定事件会刺激另外一个事件,反过来,后一个事件又会刺激最初的事件。这种例子包括早期的动量贸易理论(穆勒、马歇尔),以及自我订购理论(像克拉克的加速数和梅茨勒的存贷循环)。
- 回声效应。耐用资本货物(如轮船)或者消费品(如汽车)的投资聚集。恩纳森的轮船建造周期就是这种回声效应。
- 瀑布式反应。带有内嵌放大器效应的链条反应。这是典型的大众心理理论,留待后面讨论。很显然,熊彼特就曾经谈到创新蜂聚的第二波效应要比初始的刺激强大得多。
- 时滞。当前行动或事件的效应将会在一段时间之后呈现出来的现象。这类现象的例子包括蛛网(丁伯根、里奇)和加速数(克拉克),还有许多消费不足与投资过度理论(霍布森、巴拉诺夫斯基、斯皮索夫、卡钦斯、福斯特、卡塞尔、罗伯逊、霍特里、费雪、凯恩斯、冯·米塞斯、冯·哈耶克)。
- 去抑制器。潜在的负向反馈过程被正向反馈过程暂时阻止的现象。有关动量贸易的心理学理论中有这类因素,自我订购现象(克拉克、梅茨勒)也有。

反馈概念

非线性反馈说明在过去与现在之间存在着复杂的统计相关性。一般所描述的许多反馈现象可以分成两类:"正向"与"负向"。正向反馈现象是推动经济系统偏离平稳趋势的运动。相反,负向反馈现象则拉动经济系统回到平稳趋势上来。亚当·斯密的"看不见的手"是一个负向反馈的概念,其他对经济周期拐点的明确解释也属于负向反馈的概念。

但是问题在于,我们所发现的反馈现象还只是冰山一角:那些似乎合理的理论与规则,其数量的迅速增长让人感到害怕。在复杂的合成动态学既定条件下,怎么可能发展一套理论来描绘包含全部行为的清晰图景——更不用说用它来进行预测了?难道是资本主义的选择过程创造了如此复杂的系统,以至于没有人能够解决这个问题吗?试想一下,如果循环适合链条反应,其中有些反应被放大,形成了瀑布,所有反应又都受制于回声,而整个麻烦的事情又都附带有许多时滞和去抑制器!这真是可恶至极!

我们对经济周期的理解在日益清晰,这并不是堆积越来越多的数学规则就可以解决的,需要有人穿透迷雾发现真理。像萨缪尔森的模型所展示的那样,还有更加新奇的世界潜藏在模拟程序的清晰逻辑背后——那是一个有待我们继续努力探究的世界。但是,就在丁伯根与萨缪尔森的两篇文章发表的同一年,第二次世界大战爆发了。越来越多优秀的科学家都被迫转向军事研究。

宏观经济模型

劳伦斯·克莱因在1946年发表的《宏观经济学与理性行为理论》一文中率先介绍了"宏观经济学"这个概念。克莱因介绍了建立宏观经济模型的团队工作方法:一大群科学家一起工作,共同创造出有着数百个或者数千个方程式的总量模拟模型。大规模的经济计量模型通常包含至少100个方程式,这些方程式代表了宏观经济行为的不同方面,还有一些被用来定义以及代表外部输入与约束的条件。它们有各种各样的形式,但是,典型的现代模型是非线性的而且非常复杂,其典型做法是把新凯恩斯主义模型(假设市场是无效率的)与新古典模型(假设市场是有效的）二者合成起来。一些非常知名的研究经济周期的商业模型有：数据源公司的模型（DRI 模型），雷曼兄弟的模型，大通的计量经济学模型，沃顿计量经济学预测与联合模型（沃顿模型），以及劳伦斯·梅耶合伙模型（LHM&A 模型）。最为知名的公共模型包括 NBER 模型，以及把几个地方性模型联合起来创造一个国际性超级模型的 LINK 项目。LINK 项目发展很快，早在 1987 年其所包含的方程式就已经超过了 2 000 个，代表了 79 个宏观经济模型。

第 15 章　三种周期模式

战争陷入了疯狂状态，费城大学摩尔学院的学生们也在谈论着这场战争。在一间封闭的屋子里，正在发生着奇怪的事情。每天都有相同的一批科学家与工程师通过特殊的安检，在以前的教室进进出出。他们正在那里干什么呢？

巴贝奇的机器

他们正在创造历史。首次进入的人们会发现里面的情况完全出乎意料：他们正在建造人类从未有过的东西。它体积庞大，而且样子奇怪。

它就是人造计算装置，是查尔斯·巴贝奇大约在 80 年前所梦想的计算工具。现在之所以要建造这种机器，是因为已经到了非常必要的关键时刻。还记得巴贝奇和他的朋友们一道为对数表而奋斗的故事吗？如今，军队也需要类似的东西，而且需求量大，建造速度越快越好。其中一个问题就是要计算出大炮发射炮弹的可变弹道。要解决这个问题，就要模拟弹道路径，一次又一次地重复那些复杂的计算工作。

最初，他们考虑把它称为"电子数字积分器"，但后来又加上了"和计算器"，简称为"ENIAC"。它被认为是第一台人工智能机，一个速度极快多用途的计算机，它的基础并不是蒸汽动力、齿轮箱等机械，而是比它们快得多也小得多的电子元件。第一个发起建造这种机器的人是费城附近的尤西纽斯学院的物理系主任约翰·V·莫奇里。1943 年 4 月 9 日，这个项目得到了官方批准，于是在莫奇里和他的学生埃克特领导下，一个 50 人的团队投入了这项任务。

从某些方面来看，他们要建造的机器不同于巴贝奇曾经想象过的东西。它不受机器自身的内部记忆装置控制，而是采用插入板来控制。通过电路板进行物理连接，机器就可以确定如何解决问题，它也能够更快处理大量的指令。

1944年4月的一天，他们找来两名女士，用微分解析仪向她们展示ENIAC取得的突破性进展。他们各用500个电子管设立两个累加器，当莫奇里按下按钮时，第一个累加器的第50个氖灯亮了，几乎在同时，第二个累加器的第4个位格出现了数字"5"。这两位女士感到震惊：这就是重大的"突破"吗？难道一支如此声势浩大的科学家队伍经过埋头苦干，竟然只取得了这么一丁点儿成绩——仅仅把一个数字从一个单元传递到另一个单元？然而，这时团队的两位领头人作了解释。在第二个累加器的第4个位格出现的数字"5"实际上代表了"5 000"。这两个单元已经完成了5乘以1 000的运算。机器已经演示了它能够在0.002 4秒的时间内完成乘法运算。这已经比巴贝奇曾经梦想的机器快了4 000倍。

两个月以后，ENIAC项目的一位工程师赫尔曼·戈尔茨坦认出了正在火车站台上等着去费城的约翰·冯·诺伊曼。诺伊曼是一个长得很敦实的矮个子。当时许多人认为诺伊曼是世界上最伟大的数学家。戈尔茨坦向诺伊曼说明他正在参与建造电子计算机的工作。不久，诺伊曼也决定要为ENIAC项目工作。

世界上最著名的数学家决定支持这个项目，这件事鼓舞了电子计算机项目的许多决策者，他们相信这个项目的潜在价值比他们以前预期的还要大。1945年12月，这个团队完成了整个机器的组装工作。它几乎占据了整个房间，有80英尺长，8英尺宽，3英尺高。它总共有40个面板，4 000个旋钮，还有4 000个红色的氖灯用来显示其内部各个构成部件的功能。这些构成部件包括10 000个电容器、6 000个开关和17 468个电子管。后来，据说（尽管这可能不是真的）当这台巨型机器第一次打开的时候，费城整个城市的灯光都变暗了。

第15章 三种周期模式

ENIAC 建成之后没过多长时间，人们就开始建造另一台更加复杂的计算机 EDVAC，这台机器大约有 4 000 个电子管和 10 000 个晶体二极管。

旋风项目

诺伊曼与埃克特差不多在同一时间接待了来自麻省理工学院的 27 岁的杰伊·福里斯特的访问。杰伊·福里斯特毕业于电子工程专业，他来这里访问是因为接到一项艰巨的任务：他应邀负责建造一台实时的战斗仿真计算机。有关方面已经决定，这个战斗仿真系统要采用数字化技术，所以福里斯特正忙于参观所有采用数字计算处理技术的项目，以收集信息。1946 年 1 月，他名为"旋风"的项目得到了批准。这是 20 世纪 40 年代末到 50 年代初最大的计算机项目，团队有 175 名工作人员。1948 年，当中心框架建立起来的时候，它就占地 230 平方米（2 500 平方英尺）。它的改进目标要获得更快的运算速度和更短的停机时间（每天只有几个小时）。福里斯特的旋风项目取得了重大成功，这项技术后来被应用于更加复杂的空中防卫系统。

1956 年，杰伊·福里斯特与麻省理工学院的校长进行了接触，校长问他是否有兴趣回到麻省理工学院的斯隆管理学院工作。福里斯特欣然同意了，因为他看到这种新的计算机有着非常有趣的潜在用途，它可以用在许多科学领域——因为它所具有的强大能力可以用来做大量的实验模拟。计算机可以检查方程的结果是否合理从而检验方程，而后可以稍微修改一下参数再做实验。他把这种新的领域命名为"系统动力学"。

梅茨勒与存货周期

福里斯特对经济周期问题也很感兴趣，不久他便和同事们开始建立一个存货周期模型。存货周期模型最基本的原则有以下几个方面：

情景一，一家汽车制造企业：经济正在增长，因此企业老板史密斯先生按照预期的销售增长而增加存货。然而，一段时间过后，他认为存货太多了，于是决定减少下一期的存货订单。

情景二，汽车零部件供应商：汽车零部件企业的老板琼斯先生正在等待史密斯先生打电话来下达新的订单，但是，他最近收到的订单数量比平常要少许多。

情景三，大学讲堂：经济领袖凯恩斯先生向他的学生们解释说，如果某个部门的消费下降，那么其影响将通过乘数效应而被放大。

情景四，史密斯先生的办公室：由于乘数效应，经济在慢慢下滑，因此史密斯先生突然间对自己的存货感到担忧，于是决定一段时间内不再订购任何存货。

情景五，琼斯先生的办公室：琼斯先生正在等待史密斯先生的电话，但是电话铃声一直没有响。所以琼斯先生决定解雇一部分员工，并决定认真查看一下自己的存货。最好能够削减一些……

在福里斯特和他的团队开始关注存货周期的时候，已经有很多这方面的研究文献，其中包括劳埃德·梅茨勒的《存货周期的性质与稳定性》，这篇文章刊载于1941年的《经济学与统计学评论》杂志。梅茨勒的存货周期模型与萨缪尔森在1939年描述的加速数/乘数模型有许多相似之处。梅茨勒的模型表明，存货波动可能导致各种参数在一定范围内取舍：

- 单调性固定
- 单调性爆炸
- 振动式爆炸
- 振动式固定
- 振动式衰减

存货周期模型化

福里斯特曾经与通用电气（GE）的人讨论过。这家企业遇到的麻烦是，从前工厂采取一周7天的三班工作制，而在几年之后会有一半的工厂被关闭。于是他把所见到的情况用手工进行模拟，后来把它转化成冰箱制造业的一个桌面游戏。

福里斯特的这个桌面游戏后来又被赋予了新的使命，因为其他人把它转化成以啤酒为中心的棋类游戏，那些玩家采用了电子游戏板，这个游戏板上显示了啤酒业的4个部门：

- 啤酒厂
- 经销商
- 批发商
- 零售商

游戏典型的玩法涉及这4个玩家，有3~8支队伍，其中每个参与者只负责4个部门中的某一个部门。其各自存货管理的任务非常简单，谁都认为那不过是小菜一碟。

实际情况并非如此。这个游戏一开始只是在麻省理工学院的学生中间玩，但后来传到了其他国家的大学，成千上万的人——从高中生到大公司的首席执行官都在玩这个游戏。游戏经历总是相同的：人类行为造成了不稳定性。多年以后，麻省理工学院斯隆管理学院的斯特曼发布了跨越4年时间的48场游戏的结果。192个参与者都是商业主管以及麻省理工学院毕业的MBA与博士研究生。在每场游戏中，他设定消费者需求完全相同，而且极其简单：第一个4周每周有4种情形，而最后的36周每周有8种情形。在全部48场试验中，都存在这种不稳定和振动。在第20~25周，35种情形中，啤酒厂有一个平均的积压量——是每周消费量增长的9倍！其次，不稳定性有明显的放大，消费者需求方面的每周4种情形的初始扰动都通过链条被放大了。平均而言，消费者需求的初始增加量在传到啤酒厂时已经被放大了700%。因此，这个问题的结果并不是对暴露于外部冲击之下的系统加以稳定，而是放大扰动。图15–1说明了这一点。

逃不开的经济周期

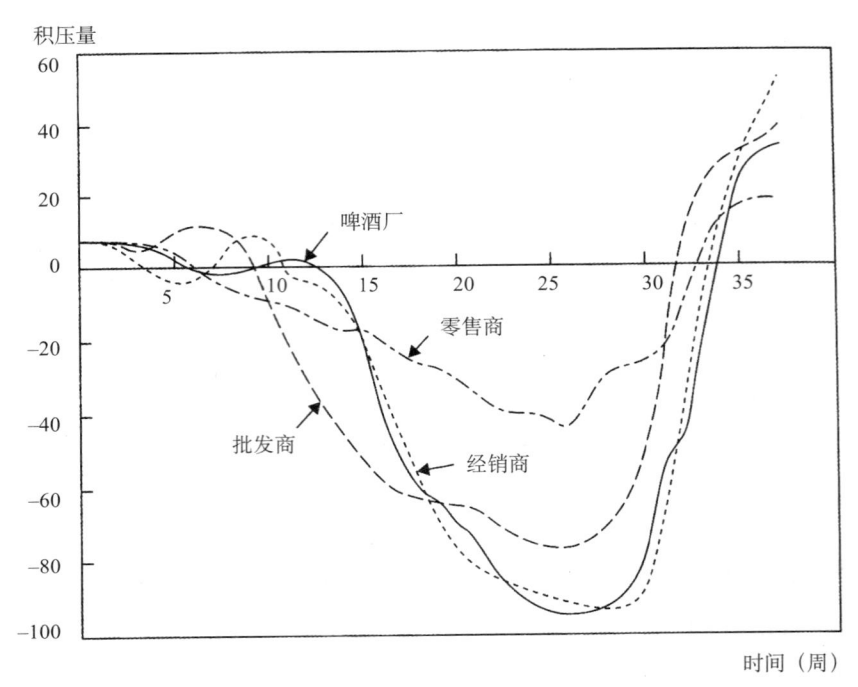

图 15-1 啤酒游戏中经济活动的有效存货。可以看到，在经历了一个很小的需求冲击之后，有 3 个部门的有效存货在较长一段时间内是明显的负数（大量积压），同时有两个部门的存货达到了顶点，其水平超过了 10 周的需求量。在 32 周之后，它们最终赶了上来——想不到竟会是如此之大。

在作出这类早期的模拟之后，杰伊·福里斯特和他的团队开始建设一个关于美国经济的动态多部门计算机模型。这个模型的基础包括以下一些核心原则：

- 每个部门的决策不是依据最优经济均衡的主流理论，而是以广泛观察到的实际人类行为模式作为基础（这与啤酒游戏中的情况没有什么不同）。另外，存货、在产品、雇员、银行余额以及订单积压这类储备池/缓冲库被加以特别关注。
- 纳入了实际上已知的若干非线性关系。

他的团队首先对生产部门作了单独调查，在调查中，他们把资本设定为固定不变，所以仅有各种各样的劳动投入能够引起产量的变化。

下一步，他们对模型进行了符合现实的扩展，允许产品与资本出现波动，这导致了另外的波动，情况类似于库兹涅茨周期和康德拉季耶夫周期。

杰伊·福里斯特认为这些结论对理解经济周期可能有根本性的暗示意义。首先，它们表明菲利普斯曲线可能是错误的。在20世纪70年代之前，菲利普斯曲线这个概念已经被广泛接受。这个曲线表明在失业与通货膨胀之间存在简单的替换关系。如果想要低失业率，就不得不接受相对较高的通货膨胀水平。（例如，在美国直到20世纪70年代末，主流经济模型都指出，接受4%的通货膨胀率，就可以达到一个较低的失业水平。）但是，杰伊·福里斯特的模拟结果表明，经济的确可能被几种波动所支配，正如熊彼特在1939年所提出的那样。他声称，如果是这样的话，那可能就不存在失业与通货膨胀之间的这种简单替换关系。取而代之的，很可能是经济可能同时具有，或者同时不具有这种邪恶的两面，这依赖于全部三种周期的模式：

> 可能潜在三种不同的而且大部分不耦合的动态模式。第一种经济周期可能造成工资变化与失业这两者周期性变动，并且造成菲利普斯曲线的关系。第二种可能是康德拉季耶夫周期，它导致失业的上升比周期本身振动幅度更大。第三种可能是常见的货币供给与价格之间的关系，货币供给的增加产生通货膨胀。如果我们能够区分这些不同的周期模式，那么货币供给就会引起通货膨胀，而不会触及失业问题。

福里斯特指出，经济学家如果不了解这些潜在的独立的周期现象，就存在着误解当前事件的风险。如果他的假设是正确的，那么计量经济学家在其努力对经济进行预测的系统中就可能遗漏了某些要点。

三位经济学家对菲利普斯曲线理论的批评

菲利普斯曲线描述了通货膨胀与失业之间的替换关系。这个关系最早是由费雪随意提出来的，后来菲利普斯对其作了统计描述。当索洛与萨缪尔森1960年合作的一篇论文（《反通货膨胀政策的分析》）发表后，它便成了主流的理论。这个理论最重要的反对者是杰伊·福里斯特、米尔顿·弗里德曼和罗伯特·卢卡斯。下面是他们批评意见的简化版本：

杰伊·福里斯特：工资与就业的波动都是经济周期的动态结果，因此，通货膨胀不是就业的独立驱动器。增加货币供给会产生通货膨胀，但对就业影响甚微。

米尔顿·弗里德曼：经验表明通货膨胀并不能减轻失业。通货膨胀率的增长也不能减轻失业，但是连续的通货膨胀率增长显然是不可持续的，也不是人们想要的。

罗伯特·卢卡斯：人们倾向于理性预期。如果试图通过注入货币来刺激经济，那么人们就会预期出现通货膨胀。企业会提高价格，而且工会也会要求更高的工资，以抵消通货膨胀。结果将会出现"滞胀"，也就是通货膨胀水平上升，但并没有额外的经济增长。

这种关系具有欺骗性，就像我们早前所看到的纸币导致的1720年密西西比泡沫。在20世纪70年代后期，这一点经过了广泛验证，那时候高通货膨胀率与失业并存。在了解到对调整政策的批评后，美国、英国、日本和瑞士的中央银行最终采纳了货币主义者的政策建议，即从那时起把货币扩张的年度增长范围作为政策目标（然而，日本的政策在20世纪90年代遭遇了悲惨的失败）。

第 16 章　蝴蝶效应

美国土木工程师学会 1951 年发表了一篇题为《水库的长期库容量》的短论文，此时，旋风计算机项目还刚起步，杰伊·福里斯特也还没有开始研究经济的稳定性问题。那篇短论文的作者是水文学者 H·E·赫斯特，他自 1907 年以来一直在为尼罗河大坝项目工作。从这篇文章的标题来看，它与福里斯特后来所发展的经济周期模型之间应该没有什么瓜葛，然而，实际上它们之间是有联系的。赫斯特最初的目的是找出计算大坝库容量的方法。然而，水库系统所发生的情况和我们所遇到的经济中的库存量问题之间，存在着有趣的相似性——就像福里斯特的游戏那样。

赫斯特的问题实际并不简单。最重要的是预测来自流域内的每条河流与每个湖泊的泄水量的自然波动情况。显然，这里有许多统计问题，包括降雨量、径流量以及支流的来水量等。赫斯特描述了自 1904 年以来的泄水量，但是，他如何能够确信这么有限时间段的情况也能代表未来呢？一旦大坝决堤，那会发生什么样的灾难呢？

肥尾问题

大多数具有统计学基础知识的人可能一开始就会面临类似这样的简单问题：

自然现象一般符合高斯分布——即所谓的钟形曲线分布。泄水量也必定符合这种分布，现在已经有超过 40 年的观测值，就很容易计算出其均值和标准差。把这些参数代入高斯分布方程，就可以计算出任何超出临界水平的波动的可能性。

解决方案就是这么干净利落而且简单明了。但是，赫斯特知道还是有问题，因为许多自然现象与高斯分布比较起来，存在比期望的高点还要高的"肥尾"。这就意味着存在出现极端结果的倾向。

赫斯特相信自然系统一般有三个特征。第一，存在正向反馈。从这个意义上说，任何初始的随机事件都有"自我放大"的倾向。这能够解释事件趋向极端结果的问题。第二，存在意外的成分。第三，存在某些阻断趋势演化的"断路器"。他发明了一个简单的卡片游戏来演示这类行为，而这个游戏的结果表明肥尾问题确实存在。此后，他决定发明一个数学方法来检验具有这种行为的系统，他把这种方法称为"重标定域"分析。他采用了三个基础变量和一个常量：

N，观测值的个数，例如天数、年数或者其他。

R，在所记录的 N 个观测值中最高值与最低值之间的距离（"域"）。

S，标准差，即每个观测值与所有观测值的均值之间的平均差异。

a，一个常数，表示所调查的任何自然案例的个体特征。

而后，他介绍了下面的关系式：

$$R/S=(a \times N)^H$$

方程中的"H"揭示了系统中存在的反馈现象。正常的高斯分布的"H"值为 0.5。具有无限负向反馈系统的"H"值为 0，而具有无限正向反馈系统的"H"值则为 1。赫斯特用这套方法对许多自然系统的行为作了检验，发现多数的"H"值高于 0.5。换句话说，多数自然系统具有较强的正向反馈过程，因此存在肥尾问题。

贝诺·曼德伯

另一位受到肥尾问题困扰的科学家是贝诺·曼德伯。当赫斯特正在埃及，临近日暮小酌一番，或者远眺开罗满是灰尘的街景之时，曼德伯可能正在赶往位于美国约克镇高地 IBM 公司的高科技研究中心。曼德伯涉足各种数学问题，无意中发现了与赫斯特完全一样的问题：在大多数令人惊奇的地方存在着肥尾现象。哈佛大学的亨德里克·霍撒克的办公室黑板上就有这样一个例子。1960 年，曼德伯被邀请来这里作一次演讲，当他走进霍撒克的办公室时，他注意到黑板上画着带有两个肥尾的钟形曲线。霍撒克解释说，这个图形表示棉花价格变化的统计分布。

在某种程度上，棉花可以作为理想的统计测试对象，因为其每天的价格数据都是准确的，而且可以追溯的历史很长。曼德伯演讲结束后离开的时候，带走了一个箱子，其中装有霍撒克用来记载棉花数据的计算机卡片。后来，他又从农业系拿到了更多数据，这些数据包括 1900 年以来的棉花价格变化情况。通过对这些数据的分析，他发现不管是每日数据还是月度数据，都存在肥尾分布的现象。

法老与经济周期

曼德伯对两种动态性质作了区分：

- "诺亚效应"或者"无限方差综合征"。很小的移动被暴力阻断，由于干扰而造成不连续的跳跃。
- "约瑟夫效应"或者"H 光谱综合征"。它是指价格按照趋势移动的内在倾向，像赫斯特所描述的那样。

他看到棉花的价格变动反映了这两种效应，部分出于偶然，部分出于必然。当经济系统受到外在的、没有预见到的事件摆布的时候，就会发生诺亚效应。至于约瑟夫效应，用曼德伯的话来说，当"统计相关性缓慢衰退"的时候，就会出现这种效应。约瑟夫效应意味着，在时间持久的情况下，每个观测值在统计上依赖于此前的若干观测值。在为这种动态性质选择名称时，仍然是《圣经》给了他灵感：

> "约瑟夫效应"这个术语，当然是来自于《圣经》中7个丰年与7个歉收年的故事。法老一定很清楚长久以来尼罗河水量每年的高低变化，所以其变化表现出很强的长期依赖性以及类似经济周期的形态，但是其中含有或明显、或隐匿的正弦曲线成分。

计算机困惑

曼德伯并不是唯一探究非线性行为的科学家。在麻省理工学院，气象学家爱德华·洛伦茨曾经在电子管计算机上编制程序来模拟天气预报。这台"皇家麦克比"计算机完成了一项所有计算机都非常擅长的工作：链式计算。首先，他输入每天天气状况的数据，例如风速、气压、温度和湿度。在输入这些数据之后，皇家麦克比就会计算出第二天的天气情况数据，然后再利用这些数据来计算第三天的天气情况，依此类推。只需大约一分钟的时间，皇家麦克比就能够模拟24小时的天气变化情况。

1961年的一天，也就是在同一个机构的杰伊·福里斯特开始研究系统动力学之后5年，洛伦茨看着计算机的模拟结果，却后悔过早将其中断了。于是他决定继续这项模拟，这就需要作一小段的重复计算，以检查、确认它是对上次模拟的继续。为此，他把数据打印出来，并把每天的数据仔细地复制到计算机中。然后，他让计算机开始模拟运算，自己下楼喝咖啡去了。一小时之后他回到屋子，发现了颇为奇怪的事情：两次计算的重复部分，实际上并没有像原本所设想的那样出现重叠。系统中的每一部分完全是预先决定好的：输入的数据和方程式都是他自己控制的，而且在两次运算中也是完全相同的。但是模拟结果出现了差异，开始的时候很小，后来就很大。哪儿出错了呢？

问题在于打印纸张的尺寸。这张纸上仅能打印三个小数位，因为没有空余的地方打印更多的小数位。他把仅仅带有三位小数的数字复制到计算机的程序中，尽管程序的运行实际上只有六个数据。因此，重复部分计算结果出现差异是因为初始数据是带有四位小数的数字。他对此想得越多，越是觉得难以置信：显然，无法进行长期的天气预报，除非知道带有四个甚至更多小数位的温度之类的气象数据。如果某个地方某天的温度是 21.563 摄氏度，或者如果它实际上就是 21.563 975 摄氏度，那我们还是不足以知道长期的气象状况。要想获得全部这类数据，并且是覆盖全球的数据，那绝对是不可能的。没考虑要引起公众的注意，洛伦茨便把他的观察结果发表在《大气科学杂志》上，文章的题目是《确定性非周期流》。

如果有人读过这篇文章，他们并不会觉得大惊小怪。在此后的 10 年时间里，它被其他作者引用的次数还不到 10 次。但是，在 1972 年，马里兰大学物理科学与技术研究所的一位科学家看到了这篇文章，感到非常兴奋。他把文章复制下来并且发给所有对此有兴趣的人。有一天，他把文章发给了在同一个机构工作的数学家詹姆斯·约克。约克理解这个信息的重要价值：长期不可预测性可能是非线性系统的内在性质。1975 年，他发表了关于这个主题的论文。这篇文章刊载在知名的《美国数学月刊》上，题目就是谁也无法忽略的《周期 3 意味着混沌》。

后来，人们采用文章标题的最后一个词来表述那些确定的，但又复杂而不可预测的现象。当我们用标准的统计方法来检验系统行为时，它表现出随机性，但实际上它也具有确定性——因此根本没有随机性的系统，所以通常就用"确定性混沌"来描述它。

蝴蝶效应

洛伦茨 1979 年发表了一篇论文，题为《可预言：一只蝴蝶在巴西扇动翅膀会在得克萨斯引起龙卷风吗？》。很显然，他也在向约克学习。如果以读者作为衡量成功的标准，那么他这一次成功了。混沌这个概念变得流行起来，科学家们也开始研究无所不在的混沌现象。洛伦茨的文章解释了在巴西的一只蝴蝶能够决定6个月之后在其他某个地方是否会发生一场龙卷风。假使气象学家掌握了这个世界的力量，而且决定把天气预报作为人类生活的主要目标，把气象站覆盖到整个地球表面，每隔一英尺就设立一个小的气象站并且延伸到大气层之外——即使这样，他们也无法进行长期的天气预报。即使数十亿个这样的气象站连续不断地把数据发送给一个巨型的中央计算机，这台计算机安装了完美的数学模拟软件，它也还是不能作长期的预报。因为可能会有一只蝴蝶在某两个测量站点之间轻轻飞过，引起了一阵很微弱的风，而气象站无法对其足够准确地加以记录——而且未被记录的空气运动的影响会通过正向反馈机制得到放大，以判断是否会发生一场龙卷风。至此，洛伦茨的观点已经阐释得很清楚：反馈系统对初始条件非常敏感——这个性质后来被称为"蝴蝶效应"。

靠不住的东西

不仅仅是经济学和气候学，生态学的反馈系统也臭名昭著。当罗伯特·梅1971年设计一个模拟鱼群数量的数学程序时，他遇到了一个奇怪的现象。他设计的方程式是为了计算一个鱼群在不同的假设条件下会成长到多大。当他把所选择的参数值输入计算机时，模型对鱼群生态系统的动态进行了模拟，直到鱼群数量达到某个固定水平时便逐渐稳定下来。如果他改变了参数，它又会在另一个新的均衡水平上稳定下来。

其中有一个变量是生育能力，就是鱼生子的能力。如果生育力非常低，鱼群显然会灭绝。在高生育力的情况下，它会达到不同的均衡点。奇怪的是，如果他输入一个很高的生育能力数值，模拟的结果却找不到均衡点，鱼群数量处于无休止的波动状态而没有任何明显的模式。造成这种混沌行为的一系列数学反馈可以用下面的方程式表示：

$$X(n+1)=r \times X(n) \times (1-X(n))$$

这个方程表达式非常简单。左边的意思是"下一期的 X 值"，这个下一期的 X 值要通过右边的算式计算出来，它是常数 r 与当前的 X 值相乘，再与 1 减去当前 X 值的差相乘的结果。这种微小（而且非常简单）的反馈机制在参数值很低的情况下会实现均衡，但在 r 值很高的情况下则会造成混沌。这很有趣，不仅仅让人觉得愉悦，而且在模拟许多动态系统时这种方程也是通用的，包括经济学。就像一个大的 DNA 分子中的一个小小的基因，这种算法隐藏在一个大的模拟方程中。除非用计算机对所模拟的系统作大量的因素分析，否则根本不会注意到它的影响。因此，正如查尔斯·巴贝奇早就预言的那样，计算机真正给科学带来了革命。

周期的同步

许多刚开始思考经济学问题的人当时并不是真正的经济学家。魁奈和朱格拉两人是医生，萨伊、瓦尔拉斯以及帕累托是工程师，而纽科姆则是一位数学家与天文学家。如今，正是来自其他学科的人员在触发混沌理论的研究。突然之间，我们发现世界各地的物理学家和数学家们正在作经济模拟。哥本哈根也在发生这样的情形，在埃里克·莫斯基尔德的领导下，一班人正在琢磨改进版本的福里斯特的经济周期模型。他们想要研究周期的同步性是否可能导致经济发生大萧条，就像熊彼特和福里斯特所指出的那样。考虑一下这种情况：如果存在几种周期现象，那你就不能把总产出仅看成是单个振荡运动的加总，就像熊彼特在 1935 年所画的图形阐释的那样。可能的结果要比这复杂得多，因为每一种周期现象可能会与其他周期现象产生相互影响与干扰。他们决定用康德拉季耶夫周期模型分别经受基钦和库兹涅茨周期振荡的情况来检验这个假设。图 16-1 说明了他们的康德拉季耶夫模型是如何变化的。

逃不开的经济周期

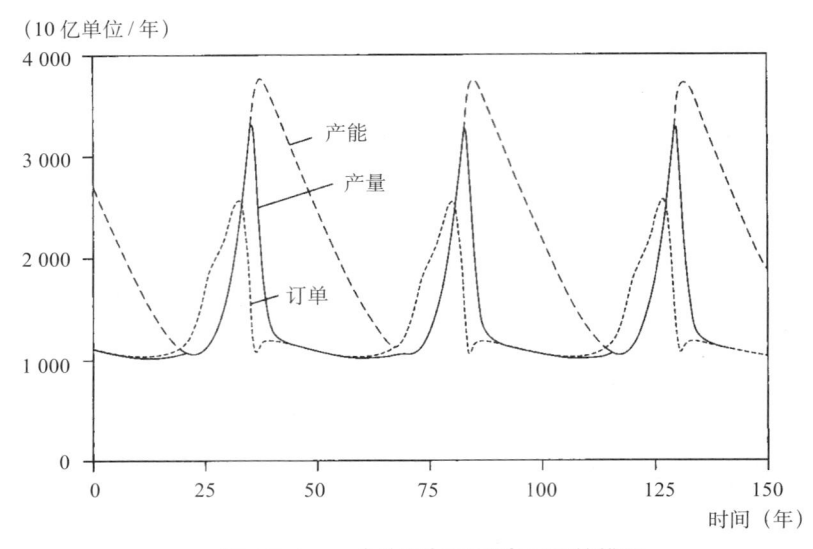

图 16-1 一个康德拉季耶夫周期的模拟

结果，他们的康德拉季耶夫周期模型平均长度为47年，图中的3条曲线分别表示产能、产量与订单，其中订单首先改变，而后是产量，最后是产能。这个模型显示了由于资本货物部门的自我订购（资本货物生产部门自身订购资本货物，但存在着时滞）而使经济系统具有内在的不稳定性。

这些研究者们现在继续创造一个模型来模拟库兹涅茨周期，结果发现周期的长度为22.2年。如果把库兹涅茨周期叠加到康德拉季耶夫周期上，又会发生什么情况呢？他们做了试验，结果发现康德拉季耶夫周期的长度自动拉长了大约40%，这样每个康德拉季耶夫周期就与3个库兹涅茨周期同步（见图16-2）。

他们还创造了一个模拟基钦周期的模型，计算机给出该周期长度的计算结果为4.6年。他们再次把基钦周期叠加到康德拉季耶夫周期上面进行试验，结果发现每个康德拉季耶夫周期自动与10个基钦周期同步。只要他们把固有的基钦周期长度设定在4.47~4.7年之间，就会完整地保持这个结果。但是，当基钦周期长度超出这个区间的时候，同步性就变得更加复杂。他们还证明了这个同步过程对振荡幅度具有敏感性。图16-3显示了基钦周期长度保持

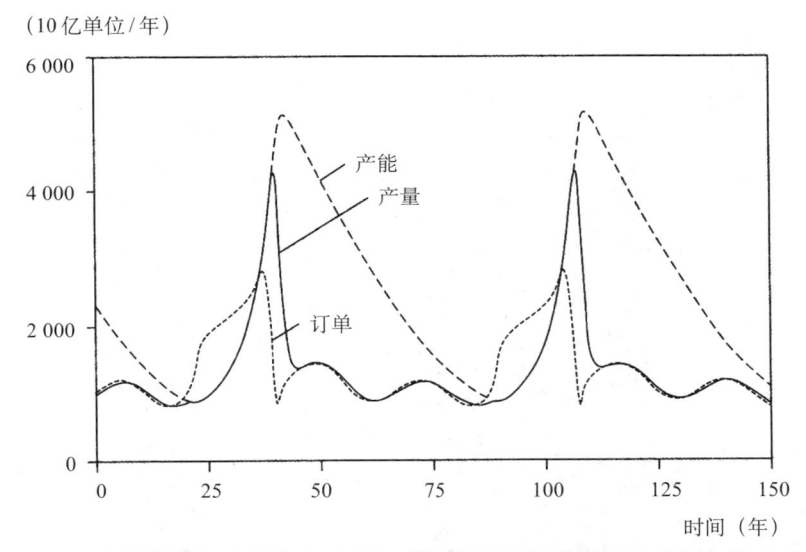

图 16-2　康德拉季耶夫周期与库兹涅茨周期之间的自动同步模拟。这个模拟由图 16-1 中的康德拉季耶夫周期模型与一个设定时长为 22.2 年（这大致相当于典型的库兹涅茨周期长度）的外部正弦曲线的振动合成。

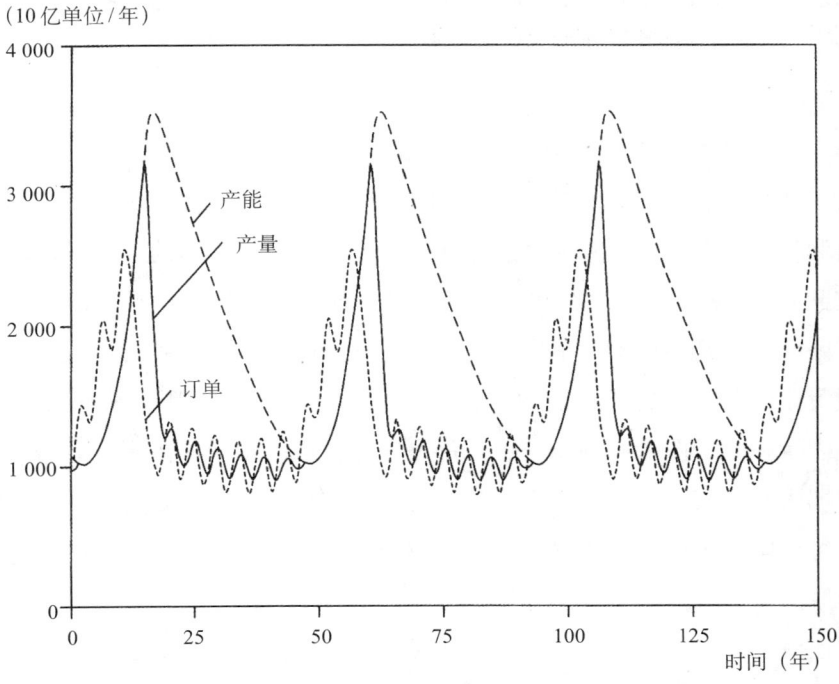

图 16-3　康德拉季耶夫周期与基钦周期之间的自动同步模拟

逃不开的经济周期

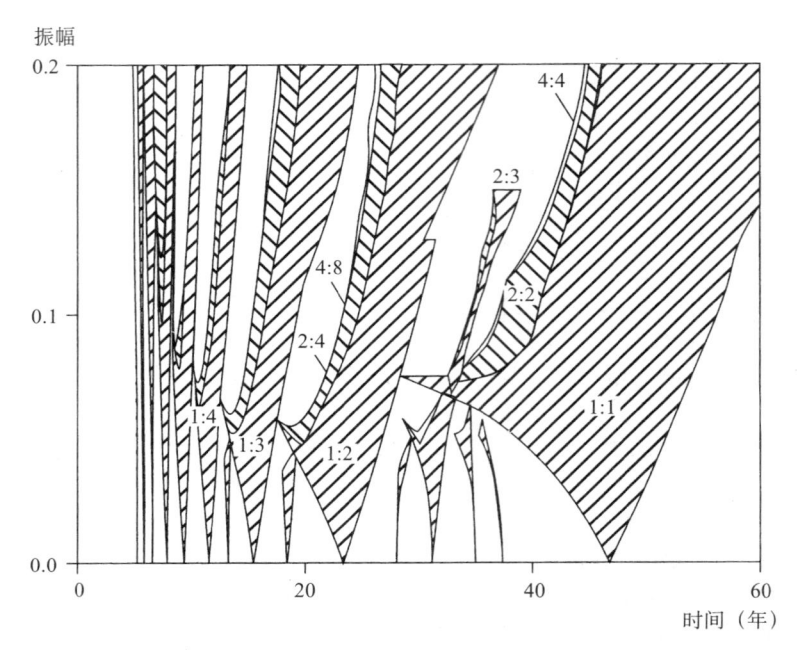

图 16-4　康德拉季耶夫与外部周期同步的拓扑空间。图形显示当具有不同振幅与期限的周期叠加时，康德拉季耶夫模型是如何反应的。

在 4.6 年时的同步情况。

在他们的实验中，图 16-4 所显示的情况看起来完全不同于引入混沌理论之前所作的任何经济模拟（而且可能用于心理学的测试——对作者来说，它看起来就像长颈鹿被帆船包围着）。这幅图形实际显示的就是所谓的"拓扑空间"。科学家们再次将他们的康德拉季耶夫模型用每次设定的周期振幅与期限叠加成其他周期。他们一次次重复这样的实验，直到所设定的振幅与期限覆盖了很广的范围。这个图形中的横轴表示周期的期限（从 0 到 60 年），纵轴表示振幅。图形中的每一个点都是完整模拟的结果，阴影区域表示康德拉季耶夫模型与外部周期产生同步时的结合，白色区域则是发生混沌时的结合。每个阴影中所写的比率则是每个康德拉季耶夫周期中所出现的外部周期的个数。

让我们看一下最后一幅图形，见图 16-5，这是所有图形中最奇特的一

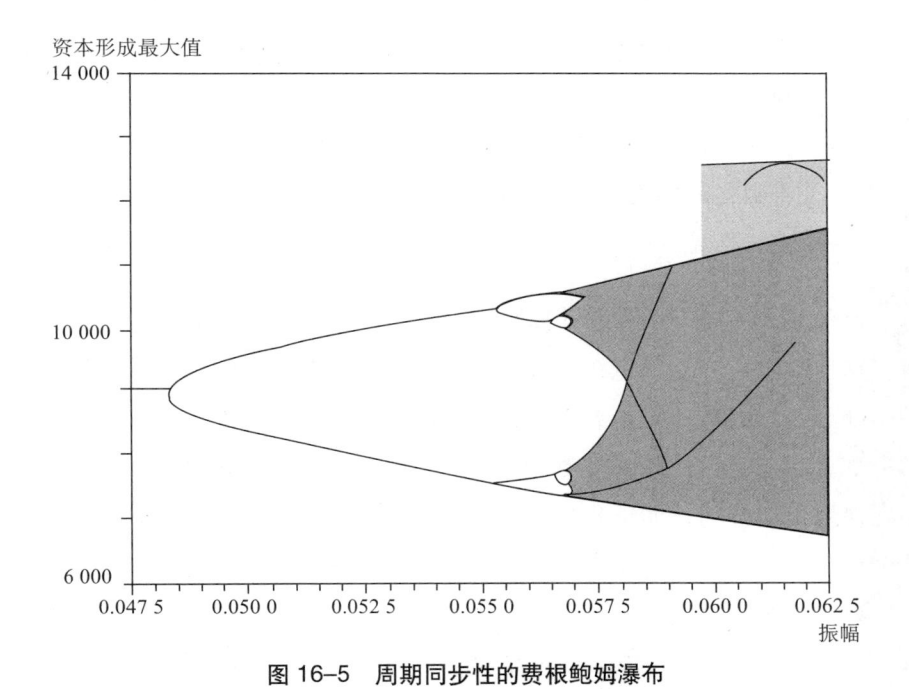

图 16-5　周期同步性的费根鲍姆瀑布

幅。它显示的是多次计算的结果。其中，在每次实验中，叠加的外部周期长达 19.6 年，但是每次计算的振幅（横轴）都有一点改变。这幅图中的纵轴刻度是实验所发现的资本形成的最大值。图形表明了如何从单一的答案演变成两个、四个、八个等答案，而且最终出现了混沌。

混沌的主要含义

混沌理论让我们了解到非线性系统是如何运行的。它也启迪我们在科学、工程、软件编程等许多方面发展出新工具。这类系统最重要的特征是：

- 对初始条件极其敏感（爱德华·洛伦茨的"蝴蝶效应"）。这就意味着在长期预测方面存在着突出的障碍。
- 自相似性（曼德伯"肥尾"处于不同的尺度范围内）。模型在不同的尺度范围具有看起来相似的趋势，但是永远不会自我复制成完全相同的微小模型。
- 有多个吸引因素存在于某些参数间隔。在特定时间内，系统可能很容易有几个稳定的解决方案，而随机冲击可能会将其从一个稳定位置推到另一个稳定位置。

混沌理论家的工作使我们对某些经济与金融系统的性质有了基本的了解，这使我们更容易确定在各种不同的状态下，哪一组实用预测工具是有效的。就经济学的其他基本数学方法而言，系统动力学特别重要，例如在统计学、计量经济学、神经网络与人工智能方面。我们不妨想象一下，某人可能正在使用设定好的长期预测计量模型，现在我们运用混沌理论的工具来检验这个计量模型在政策空间内的行为，或许会发现它出现了混沌。在这种情况下，我们的结论可能是，要么模型总体上是不正确的，要么不能用它来预测这个系统。或者，它可能表明系统仅仅在某些边界内才能被预测。系统动力学能使我们对要处理的问题有一种更好的感觉。

混沌的这类含义让人有些难以置信。因此，当萨缪尔森在 1939 年揭开非线性动力学领域的面纱时，他无法作出预测（这也是由于缺少电子计算机）。当人们进行狂乱的投机时，他也没有发现人们心里在想些什么。这个问题我们留到下一章来研究。

要想更好地理解经济，就必须使用一种综合的分析工具。下表对一些最重要的数量分析工具进行了简明介绍：

方法	作用	典型成果举例
统计学	运用统计标准方程来描述统计数据（"观测值"）之间的相互联系。统计学家要对所有统计模板进行实际数据检验。	·统计行为分类 ·测量参数值，如"均值"、"标准差"、"H 指数"等 ·提供系统规则的属性指标 ·对不同时间序列的行为进行检测、分类，测量相互间的关系

(续)

方法	作用	典型成果举例
计量经济学	用同时发生的方程组（通常规模很大）来描述经济。可以代入当前的参数值并计算经济未来如何演化。这是一种链式计算，其中任何一期的计算结果都将作为下一期的输入参数。	・经济预测 ・当给定某种变化时（例如，增税、降低利率等），模拟将会发生的情况 ・检验经济理论的有效性 ・检测、分类和测量给定时间序列中重复的模式 ・测量经济参数的相互关系 ・发现新经济关系
系统动力学	用一套方程来描述经济或者其中一部分。要调查不同政策结果是如何形成的。通过一遍又一遍的计算，每次对政策进行微小修正，直到参数值的"拓扑空间"或者"政策空间"被绘制出来。 在整个政策空间内判断经济的动态性质的表现。	・理解系统的动态行为可能如何依赖于政策而发生变化 ・识别运转最优性能系统的政策间隔
神经网络	把许多金融/经济的时间序列代入程序。然后用这些程序可以对统计关系进行连续检验，发现并创造计量经济学预测模型。	・经济预测 ・预测金融市场 ・显示模式 ・连续产生预测/建议
人工智能	观察（部分通过现场面谈）成功的专家对经济或金融事件的预测。然后把他们的决策过程用方程式表达出来。当把实际数据代入这些方程式时，就会产生预测与活动建议。	・经济预测 ・预测金融市场 ・发展理论

第 17 章　趋势与心理

怀疑！对于股票交易所的交易者而言，没有比怀疑更糟糕的感觉了。这种心境不是由单个事件的结果正常发展而来，它更可能是因为若干事件不符合你的世界观。由于若干事件中的某一个发生了，所以在潜意识里便种下了怀疑的种子，随着日子一天天过去，这颗种子也在发芽成长，直到有一天，还没有来得及作任何的心理准备，就已经心烦意乱。就在突然之间，发现自己如履薄冰，面临随时塌陷的危险。在恐慌之中，必须立即调转行动的方向。正是在这样的感觉之中，许多股票交易者熬过了 1987 年 10 月 17 日星期六这一天。

怀疑的种子

更大的投资组合经理与投机者可能非常熟悉罗杰·沃德·巴布森在 1911 年所描述的典型的经济周期次序：

总体上来说，产业一般是在几个月之后跟随股票价格变化的。

巴布森有一个为众多股票交易者所熟知的论点，即通过研究股票市场来预测经济活动，要比通过研究经济来预测股票市场容易得多。交易者如今也都知道股票市场已经成了正式的经济晴雨表。然而，债券甚至是更好的指示器。因为亨利·桑顿早在 1802 年就已经观察到，随着经济上升期的成熟，利率也趋于上升。1966 年，NBER 刊登了菲利普·卡甘的论文《利率的周期

性行为变化》,他对利率作了如下总结:

　　……因此证据支持以下的结论:(1)利率变化保持一种次序,首先通常是积极的公开市场利率发生变化,而后是协商性的利率变化,最后往往是惰性的市场利率变化。(2)所有的长期利率过去常常远滞后于短期利率,但现在不会了……

卡甘也注意到,1966年之前短期利率与长期利率之间的滞后程度似乎已经在收窄,但是在1982年全球股票市场繁荣之前,利率的这种次序变化再次很完美地表现出来。经济周期的另一个金融层面的特征是信贷质量。1955年,研究经济周期的专家杰弗里·穆尔在美国金融学会发表了一次演讲,他在这次演讲中谈到了发生萧条之前的金融状况:

- 信贷与债务快速增长;
- 房地产、普通股与商品存货之类的投资品价格出现快速、投机性上涨;
- 出借人之间为了新的商业机会开展激烈的竞争;
- 放松信贷条件与贷款标准;
- 风险报酬的减少由出借人寻求或承担。

他解释说,在上述条件下,新增信贷的质量会逐渐恶化。现在已经出现的大量此类信号说明经济趋势将会发生反转,这对于那些非常精明的交易者来说,并不是什么秘密。首先,在此前几年出现了信贷的快速扩张,但是这种扩张现在开始转变了。交易者们从《银行信用分析师》以及其他分析师的时事通信了解到,从年初开始金融系统的流动性就已经下降了。其次,美国的利率从1986年8月就开始上升。利率上升本身并不是什么大问题,因为每个人都知道,利率要持续上升一年甚至更长的时间,才会对股票市场造成伤害。然而目前的这种趋势已经持续了长达14个月之久,而且这个夏季它还在加速。

下一个受到波及的是财政部债券。在利率开始上升之后,财政部债券已经坚挺了很长一段时间。然而，财政部债券最终也像其他债券一样被拖垮了。此时是1987年4月，财政部债券开始下跌，情形已经收不住了。

牛市的一致意见

另一个警讯是市场的情绪。每个交易者都深知，当市场中几乎每个人都持看涨态度的时候，便是卖出的时机。问题是什么时候才是卖出的精确时点。现在，这个时点看起来越来越像是8月。就在这个月，《商业周刊》杂志发表了一份长达25页的《年中投资展望》，通篇都是对股票市场的积极评论。还是在这个月，"哈德迪牛市指示器"也拉响了警报。这个指示器是由加利福尼亚的一家研究公司生产的，它包含一个加权指数，为全美100多家领先的银行、券商和投资顾问机构提供投资政策建议。简单地说，哈德迪牛市指示器的经验规则就是，如果超过70%的顾问建议买进，你就应该卖出。这个比例在8月达到了，就在市场达到顶峰之前的一天。自那以后，股票价格就一直在逐步下滑。

最后的结果也是史无前例的糟糕：星期五，10月16日，道琼斯工业平均指数（简称道琼斯指数）出现放量下跌——下跌多达108.35点，这也是此前最大的名义跌幅。大多数的股票交易者都知道，大卫·李嘉图的割肉止损这条老规则并不愚蠢。此时，许多投资者的账户已经出现了大量亏损——这是否到了应该紧急救援的时候呢？彼得·林奇这位富达麦哲伦巨型基金的著名管理人就在灾难性的星期五前一天离开了美国。现在，他正在爱尔兰的基拉尼高尔夫球场打球，在球场上他开始担心自己是否真应该来度假。他这次打球的感觉糟透了，结束的时候，连自己的得分都没有记住——他的心思早已不在球场上了。彼得·林奇害怕他的股东会蒙受损失，甚至是巨额损失。其他人也是这样，交易者们从四面八方会聚到当地酒吧讨论最近的事态。为什么道琼斯指数跌了这么多？这真令人害怕。这次下跌是在持久的牛市之后出现的，受到了巨大的信贷扩张的刺激。市场情绪已经达到了顶点，利率也在稳步上升。而且此时离 1929 年大萧条 58 周年还有 5 天。1929 年，开始下跌时的交易量也很大——多么让人讨厌的相似点。而且，很遗憾，当年又是 58 周年。难道有"康德拉季耶夫周期"的某种因素吗？唉，最好还是再来一瓶啤酒吧！

风雨交加的星期一

10 月 19 日星期一这一天，情况一开始就不好。在东京，指数适度下跌了 2.5%，但在香港，则下跌了 11%，此后交易被暂停。当欧洲市场开盘的时候，伦敦与苏黎世的市场下挫了 11%，法兰克福下挫了 7%，巴黎下挫了 6%。

迪马奇银行（Banque Demachy）的董事让-吕克·雷宾这天晚上到巴黎一家环境幽雅的餐厅参加商业宴会。就在晚宴开始的时候，他已经知道道琼斯指数崩溃了，它打破了星期五的纪录，让人难以置信地下跌了 180 点。当开始上甜点的时候，道琼斯指数下跌了 300 点。当他准备离开餐厅的时候，有人告诉他道琼斯指数已经下跌了 500 点，雷宾觉得这简直是在开玩笑。用百分比来衡量的话，跌幅如此之大在历史上还从未有过——尽管出现过暗杀总统、骚乱、大萧条、越南战争、朝鲜战争以及两次世界大战这样的事件。这一次人们无法解释——绝对无法解释这样的崩溃，或者甚至不能解释此前的星期五所发生的可怕的下跌。然而，它发生了，千真万确。人们在不明就里的恐慌中大肆抛售手中的股票。

实际上，想要卖出股票的并不仅仅是人。大约 25% 的卖出指令是由沉默的计算机发出的。其余的卖方才是人，其中就有乔治·索罗斯。他预计日本经济会发生崩溃，于是便在日本股票市场上做空，同时在华尔街持有多头。现在，他正想躲进华尔街的避难所，而一位美国交易者则把他的这次避难描述成"所见过的最糟糕的抛售"，索罗斯的量子基金通过希尔森公司（Shearson）卖出几千份标准普尔（S&P）的期货合同，这家券商一开始卖出的报价为 230 美元，但是其他一些交易者就像秃鹫一样围拢上来，于是卖价

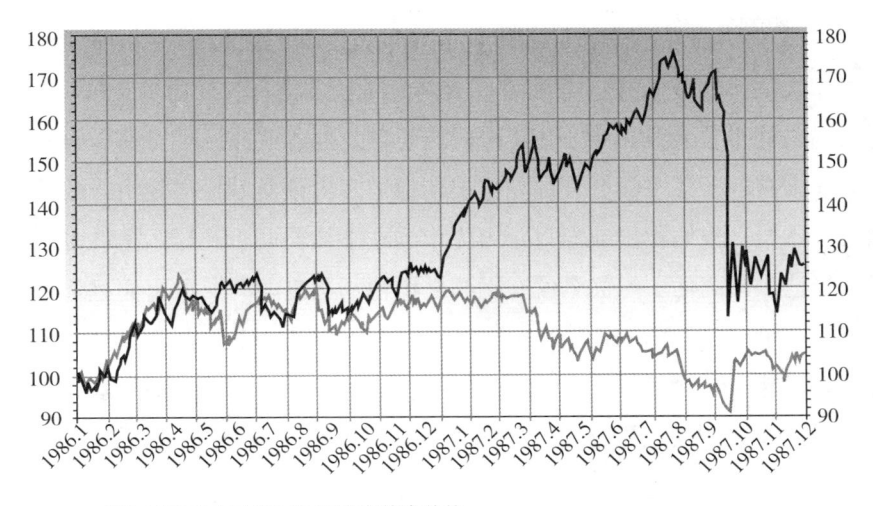

— 芝加哥斯货交易所30年期政府债券价格
— 道琼斯工业平均指数

图 17-1　1987 年股市崩溃之前的市场轮动情况。图形显示的是芝加哥期货交易所 30 年期政府债券价格与道琼斯工业平均指数走势。这两个市场彼此跟随相当紧密，直到 1987 年年初，此时债券市场开始下挫而股票市场则在上涨。1987 年 10 月股市崩溃后，两者之间的缺口大幅收窄。

垂直跌落到了 195~210 美元。等到他刚一清仓，价格又立即开始反弹，到收盘时达到 244.50 美元。据后来估计，量子基金在这次交易中的损失达到 2.5 亿美元。与此同时，索罗斯还在价格最低的这一天的某个时点卖出了他个人所持有的股票。

道琼斯指数在这一天收盘时下跌了 506 点。在短短 7 个小时的交易中，其市场价值损失 23%，自 8 月的最高点以来已经下降了大约 40%。彼得·林奇的富达麦哲伦基金损失高达 20 亿美元。美国股市崩盘把全世界都卷了进来。遭受此次极为沉重的打击，全球市场的证券价值大约损失了 2.4 万亿美元。

而后这一切便结束了。仅仅过了两天，市场崩溃就停止了，在 10 月 21 日星期三这一天，交易者的工作报告显示市场再一次恢复了平静。于是，牛市又重新开始，市场在一天天稳步爬升，在之后的两年时间里又创造了最高的历史纪录。

所有这一切到底是怎么回事呢？罗伯特·席勒，一位研究非理性金融市场的领军人物，想要解开这个谜团，于是他向私人投资者发出了2 000份调查问卷，向机构投资者发出了1 000份调查问卷。他总共收回了889份答卷，这些答卷非常有趣。几乎没有人提到有迫使他们卖出证券的任何经济或政治方面的消息。不过，他们卖出证券只是因为市场在下挫！调查还显示出许多人曾经认为市场已经被高估——甚至就在崩溃之前他们买进的时点上，而且他还发现大约有10%的人运用了明确的"止损策略"。大约有1/3的人尤其受到了技术趋势指标的市场渗透影响。所有这些答案似乎表明，人们存在集体的非理性趋势。因此重要的问题是：对于个人而言，非理性的思维方式是正常的吗？

表17-1 道琼斯工业平均指数单日下跌前十

名次	日期	收盘点位	点数净变化	变化幅度（%）
1	1987/10/19	1 738.74	−508.00	−22.61
2	1929/10/28	260.64	−38.33	−12.82
3	1929/10/29	230.07	−30.57	−11.73
4	1929/11/06	232.13	−25.55	−9.92
5	1899/12/18	58.27	−5.57	−8.72
6	1932/08/12	63.11	−5.79	−8.40
7	1907/03/14	76.23	−6.89	−8.29
8	1987/10/26	1 793.93	−156.83	−8.04
9	1933/07/21	88.71	−7.55	−7.84
10	1937/10/18	125.73	−10.57	−7.75

在黑色星期一股价大幅下跌，由于在此之前以及股价大幅下跌期间，并没有发生其他引人注目的重要事件——当然，除了股价大幅下跌这件事本身——因此，这次股价大幅下跌是很有意思的。

画出图形

仔细看图17-2，然后回答下面的问题：如何比较位于两组图形中心的圆？右边圆的面积是否比左边的要小？或者两者一样大？或者右边的圆比左边的要大？

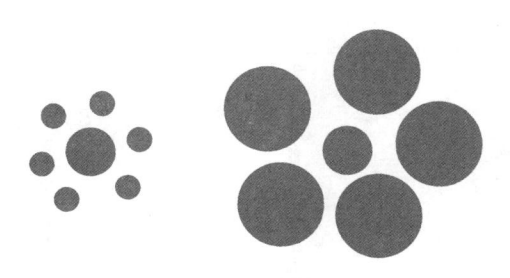

图 17-2　哪一个中心圆的面积更大？或者它们一样大吗？

如果你认为右边的中心圆小一些，那么这说明你是一个正常、理智的人。但实际上两个中心圆一样大。或许你有时觉得奇怪，为什么太阳与月亮刚刚露出地平线的时候似乎显得大很多，好像它们此时离我们更近一些。尽管实际上并非如此，但我们认为它们看起来的确是那样。我们会觉得任何处于地平线上的东西都比它们在天空中看起来要大得多。

让我们试试看另外一个图形。请注意图 17-3 中的线条。它们是平行的吗？或者不是？

图 17-3　这些线条是平行的吗？

这一次，如果你认为这些线条不平行的话，那么你就是正常人。但实际上它们是平行的。还有第三个例子：看一下图 17-4 中的四根线条并回答"A"、"B"、"C"三根线条中哪一根与"测试线条"一样高。

213

逃不开的经济周期

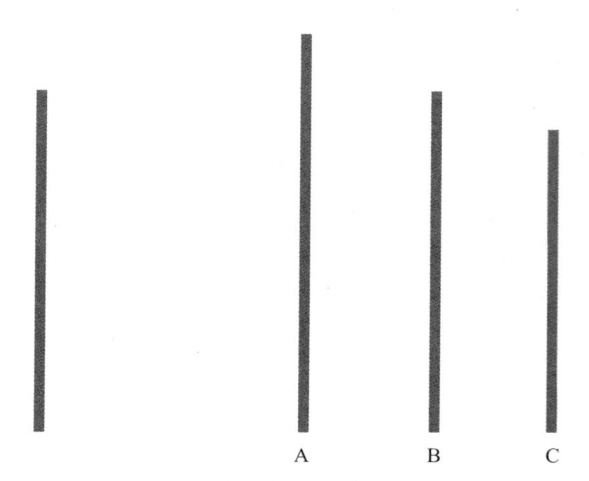

```
          |
   |      |      |
   |      |      |   |
   |      |      |   |
   A      B      C
```

图 17-4　哪一根线条与测试线条一样高？

你可能以为这和前面一样，实际上也是一个陷阱问题，但是这一次，你的直觉所给出的答案实际上是正确的，即"B"线条与测试线条一样高。测验结果表明有 99% 的人选择了正确答案。既然如此，那么这个问题的关键点在什么地方呢？1965 年，心理学教授所罗门·阿希设计了这样的一个试验，他带着一组人进入屋子，然后让每个人回答这个问题。之后，他又让自己的试验助手混入每组人中间，并让助手作出误导，即给出错误的答案"A"。下面是这些测试对象在不同情况下进行回答的结果：

- 此前没有人误导：1% 的人给出了错误的答案"A"或者"C"；
- 此前有一个人给出了错误的答案：3% 的人回答"A"；
- 此前有三个或者更多人给出了错误的答案：33% 的人同样也会认为"A"是正确的答案。

这是一个关于群体思维的典型例子，它是社会心理学中的典型现象。它表明人们并不总是理性的。这又意味着什么呢？它会改变我们对投资与投机在经济周期与资产价格变化中所起作用的看法吗？

经济学家一直有许多不同的观点。新古典经济学是建立在亚当·斯密的有效市场观念基础之上的，它可能认为个人并不总是聪明的，但所有人的平均水平则算聪明。米尔顿·弗里德曼朝这个方向走得更远，他声称投机不会造成经济不稳定，因为成功的投机者总是低买高卖，这种行为能够稳定市场。那些不成功的投机者会反向操作吗？如果是那样，他们就会亏损并很快完蛋。

然而，有一个相当不错的替代观点：技术娴熟的投资者数量有限，他们能够低买高卖，然而市场上更多的则是不成熟的投资者，他们会随着时间的流逝而改变做法，这些人会执行反向的操作。这个观点也并不是全新的。在前文中，我们看到约翰·斯图尔特·穆勒早在1826年就把市场参与者分成了"职业赌徒"和"鲁莽投机者"两大类。他认为，前一类人对市场需求与供给背后的力量有基本的理解，而后一类人只是简单地跟随价格变化，这种行为放大了市场波动。他也强调竞争性过度投资中的心理因素，认为这是由于"人类对有利于自身的变化存在高估的普遍倾向"。

心理因素

在早期的学者中，穆勒并不是唯一强调心理因素的。例如，庇古在这方面走得更远，下面是他的有关陈述：

> 商人们的预期变化……此外再没有别的东西，构成了产业波动的直接原因或者前导。

他认为，存在一种倾向，即人们喜欢用近期的趋势去推测将来，因此造成了羊群行为的自我增强。其中的一个原因在于人们难以获得信息与洞察力，所以，许多人或者绝大多数人会加入可能获利的那一边，并仿效那些专家的行为——就像所罗门·阿希试验中受到误导的那33%一样。

马歇尔在建议提高价格可能吸引买家的时候，也谈到了心理因素。当然，凯恩斯所说的"动物精神"经常被人引用。然而，凯恩斯最好的理论，也是当今流行的说法，还是他有关选美比赛的比喻。他把股票市场与美国的一些报纸选美竞争作比较，竞争者应该通过100位女性的肖像选择他们认为大多数人更中意的那一位。

专业投资很像这些报纸选美竞争，在比赛者中，竞争者需要从上百张相片中挑选出6位美女的相片，谁的选择最接近于所有竞争者的平均偏好，谁就能够获奖。因此，每个竞争者不得不挑选那些最有可能吸引其他竞争者喜爱的面孔，而不是挑选自己认为最漂亮的面孔，所有人都会从相同的视角来看待这个问题。这并不是选择符合个人标准的真正最漂亮的女性，甚至也不是选择平均最受认可的女性。当我们用自己的聪明才智来预测平均意见的期望值的时候，我们已经进入了第三个层次。我相信，有些人实际上进入了第四层、第五层乃至更高的层次。

查尔斯·金德尔伯格和海曼·明斯基也对心理因素赋予了重要意义。例如，金德尔伯格在其著作《狂热、恐慌与崩溃》中这样写道：

> 我认为，狂热与崩溃曾经是和普遍的非理性或者暴民心理结合在一起的。

其他许多经济学家在他们的经济周期理论中也提到了心理因素，但通常采用非常模糊的措辞。

通往非理性的16条大道

当越来越多的心理学家和经济学家通过特殊的实验试图揭示有多少人会处于非理性状态的时候，变革的时机便来临了。这个领域中的一些领军人物有阿莫斯·特沃斯基、丹尼尔·卡尼曼、罗伯特·席勒、理查德·塞勒和迈尔·斯塔特曼。这些人和其他科学家一道，经过多年的研究，探索出一些有助于解释经济与金融不稳定性的常见偏误，因为这些偏误造成了羊群式的从众心理。下面列出了最引人注目的16种现象：

第17章 趋势与心理

- 代表性效应：我们往往认为我们所观察到的趋势会继续下去。
- 错误共识效应：我们往往高估与我们所见略同者的人数。
- 后悔理论：我们试图避免可证实我们已经犯错的行为。
- 定锚／框架：我们的决策受到隐约暗示正确答案的信息的影响。
- 同化误差：我们会误解接收到的信息，以为该信息认同我们所做的事。
- 选择性接受：我们只接受似乎认同自己行为与态度的信息。
- 心理区隔：我们把现象区分为不同的隔间，并试着把每个隔间最适化，而非整体。
- 选择性认知：我们曲解信息，好让其认同我们的行为与态度。
- 过度自信行为：我们高估自己做出正确决策的能力。
- 后见之明偏误：我们高估自己预测过去一连串事件后果的可能性。
- 确认偏误：我们的结论不当地偏向我们想要相信的事。
- 适应性态度：我们与熟识的人往往持相同的态度。
- 社会比较：面对一个我们觉得难以理解的主题，我们以他人的行为作为信息的来源。
- 认知不协调：我们试图回避或扭曲表明我们的假设错误的证据，我们也会避免强调这类不协调的行为。
- 自我防卫功能：我们调适自己的态度，好让其似乎认同我们所做的决策。
- 展望理论：我们有一种不理性的倾向，比较愿意赌亏损而不是赌获利，这意味着我们持有亏损头寸的时间长于持有获利头寸的时间。

关于心理学作用的另一个重要变化是在金融市场中得到广泛应用的"技术分析"。这相当于以心理学现象为基础进行市场预测的计算机模型。这些模型可能在较早的时点上发现主要的转折点，但也可能引导使用者去跟随趋势。

我们把诸如此类的现象加总起来，可以解释投资趋势为什么会一意孤行，并且最终会超出所有的基本合理水平。这些投资可能存在于新兴产业、上市公司股权、债券、财产、商品或者艺术品上。下面我们不妨以股票市场的牛市为例来说明这个过程是如何发生的。

趋势心理

请假设有这样一种情境：股票市场已经持续上涨了一段时间，而且已到了人们情绪激动的时点。查尔斯·金德尔伯格经常在评论中引用这样的话："看到朋友投机致富的时候，没有什么比这更能扰乱人的安宁与心智了。"用科学术语来讲，这种情况就是后见之明偏误与后悔理论。随着市场的上涨，我们（错误地）相信在上涨发生之前自己实际上知道市场会上涨。于是我们会产生强烈的后悔感，并且会试图纠正我们察觉到的错误，从而在市场价格稍有一点回调的时候就买进股票（见图17–5）。

上涨的价格很快就会吸引技术分析师，他们以图表数据为基础进行分析后给出买进的建议（见图17–6）。

图17–5　以后见之明效应与后悔理论为基础的正向反馈环

图17–6　以技术分析者依据图形给出的买进建议为基础的正向反馈环

随着股价的进一步上涨，代表性效应开始发挥作用（见图17–7）。按照这种效应，我们会理所当然地认为新近的趋势代表了我们所看到的未来情形。于是我们倾向于买进更多的股票。

在牛市继续上涨之后，获得高额收益的投资者会越来越多。有些人常常把通过股市投资获得的利润全部再投资到这个牛市中来。社会心理学家根据赌场的一种普遍现象，把这种情形称为"用庄家的钱玩"。那些整晚赌博赢了很多钱的人会继续玩下去，直到把赢的钱又输掉为止，因为他们并没有觉得那些是真钱——只不过是"庄家的钱"。他们在心理上把近期的收益与其余的财富区分开来,把这些收益放在一个心理区隔中继续用来赌博(见图 17-8)。

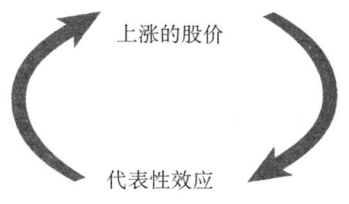

图 17-7　以代表性效应为基础的正向反馈环

图 17-8　以人们倾向于感觉是在"用庄家的钱玩"这种效应为基础的正向反馈环

当然,所有这一切都不能逃脱媒体的关注,媒体在报道时大都预先受情绪所支配,从而似乎把牛市合理化了(见图 17-9)。金融分析师的报告支持媒体的这种行为,然而这些分析师(在利益团体的重压之下)提供的买进建议要比卖出建议多得多。在此情况下,适应性态度、认知不协调、同化误差、选择性接受、选择性认知、确认偏误以及社会比较等效应可能全部都在起作用。

等到牛市发展成为金融泡沫的时候,可能会出现越来越多的警告信号。然而,错误共识效应将会给许多人留下错误的印象,即认为与实际情况相比,有更多的人同意其有关牛市的估计(见图 17-10)。

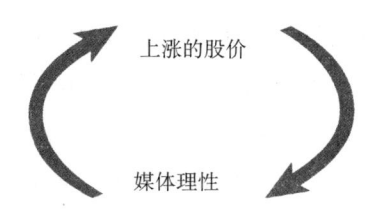

图 17-9　以媒体理性为基础的正向反馈环

图 17-10　以错误共识效应为基础的正向反馈环

在金融泡沫的最后一个阶段,许多技术老练的投资者将会在市场上做空。但选择确切的转折时点非常困难,而且做空的一方可能会被迫购回其原来的头寸,因为市场经常会继续上涨,以至于超出预期的水平(见图 17-11)。于是在价格上涨过程中，这种情况会创造最后一次急剧加速——仅仅是在市场达到最终的高点之前。

图 17-11　以早期做空者的止损买进指令为基础的正向反馈环

累加：情绪加速器

所有这些现象都已经在实验室中经过了科学检验，它们非常真实，而且造成了普遍的麻烦，要把这些因素纳入特定的宏观经济模型并非易事。技术分析师所做的不过是把总体的结果模型化——这也不能说完全没有成果。但是，为了下一节的研究目的，或许把所有这些现象捆绑在一起并起一个简单的名字是很合理的做法。我们可以把导致非理性交易的所有心理现象的总和称为"情绪加速器"（见图 17-12）。

这里用"加速器"这个术语似乎颇为中肯，因为它曾经被（克拉克和其他人）用来描述（克拉克例子中资本投资方面的）一种现象，即产出的增长也为产出自身触发了新的需求。克拉克的资本投资加速器是由产出（结构）而不是产出水平的改变触发的。上述各种心理现象也具有类似的效应，金融资产价格的变化也同样在引导人们买进或者卖出资产，这种行为又会使当前的趋势得以增强。在此，我们应该牢记有关情绪加速器的一些关键方面：

- 它主要是由金融资产价格变动触发的。主要是公开价格与个人情绪之间的反馈把个体态度与群体反馈过程联系起来。然而，其他因素，例如媒体的作用，也有所涉及。

第 17 章 趋势与心理

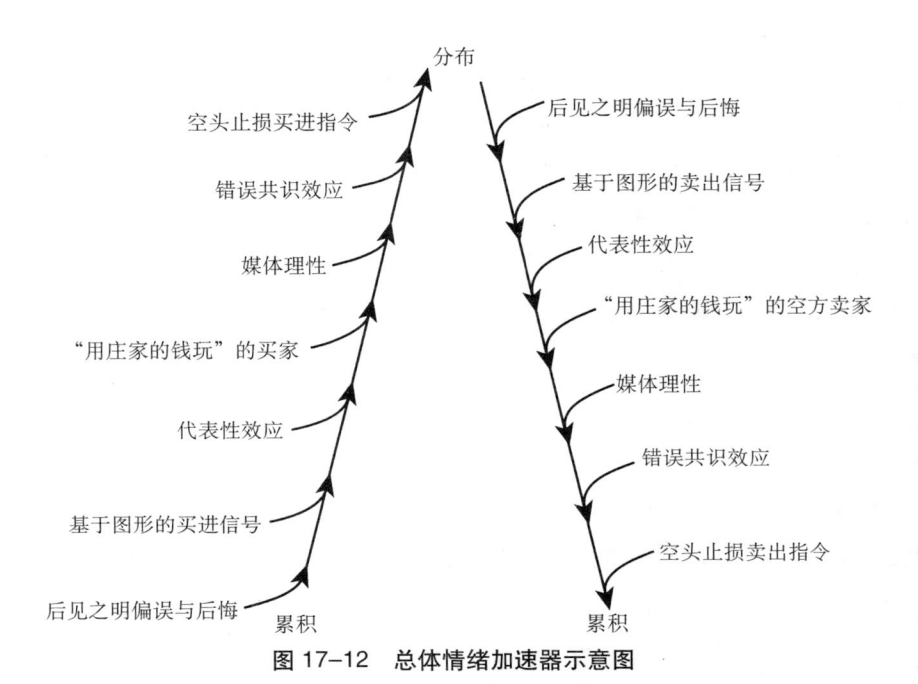

```
                    分布
空头止损买进指令  ↗   ↘  后见之明偏误与后悔
错误共识效应    ↗   ↘  基于图形的卖出信号
媒体理性      ↗   ↘  代表性效应
"用庄家的钱玩"的买家 ↗  ↘ "用庄家的钱玩"的空方卖家
代表性效应     ↗   ↘  媒体理性
基于图形的买进信号 ↗   ↘  错误共识效应
后见之明偏误与后悔 ↗   ↘  空头止损卖出指令
         累积        累积
```

图 17-12　总体情绪加速器示意图

- 早期的投资者进场是因为他们理解价值。后来的投资者则是受到价格显著变化的吸引而进场。于是，情绪加速器就像一个涡轮增压发动机一样驱动市场，但这必须是在趋势已经启动了一段时间的情况下才有效。
- 它是双向作用的。
- 它包括了串联反应，有若干因素发挥作用来增强趋势。
- 它容易出现偶然的、突然的膨胀。

最后两点需要作一些详细说明。我们的情绪加速器具有双向作用，但在价格向上和向下的过程中并不是完全相同的。资产价格的熊市交易量通常要比牛市情况下低得多，对于这一点，我们可以用自我防卫功能、展望理论、心理区隔以及认知不协调来解释。（然而，这还可以用纯粹理性的因素来解释，因为出售杠杆性资产，例如房屋，可能会暴露清偿力不足的问题。）此外，位于波谷的转折点往往比顶点来得更加突然。

注意力、不安与焦虑

下面来说明存在突然膨胀的情形。这主要发生在市场下跌并且继续恶化，乃至从可控下跌演变到完全恐慌的情况下。但是为什么会变成恐慌呢？

我们在这种现象中能够找到的解释就是所谓的"态度"。这是合乎本质的创造，以便我们能够把事情简单化。比如说，我们可能听说过许多有关股票上涨以及下跌的原因。我们的态度就是我们做出了什么样的结论，而且在情绪上它和我们的思考、行为与感觉相联系。这很有用，可以作为心理崩溃的保护伞使我们平静、好好调整并适应社会，同时把我们从常常让人累断腰的各种不同的投机活动中解脱出来。

现在，假设金融市场出现了一个不利于我们的出人意料的大变化。比如，股票市场的牛市已经持续了一段时间，然后突然像岩石滚落一样急剧下挫。或许我们能够从容应对这种变化，而且不会更多地改变我们的态度（因为态度的性质是稳定的），但它的确会改变我们的注意力。注意力在一定程度上取决于社会经验。许多研究表明，我们的注意力大部分取决于周围的人所注意的事情。如果股票市场下挫了，那么这至少告诉我们其他人正在关注的是风险因素，而不是牛市的证据。因此，当看到市场下挫时，我们会开始更多地注意自身的这类风险因素，这就造成了认知不协调的现象出现。不知什么缘故，我们开始觉得在这个市场上抛售股票实际上可能有很好的理由，所以我们不再有以前那种良好的感觉，而且随着市场的进一步下挫，不安的情绪开始发展到了焦虑的程度。

这种情况是很自然的，而且往往是处于危险情境时必要的反应。例如，大多数动物能够感觉到焦虑，这有助于它们继续生存下去。焦虑的情形包括烦躁不安、难以集中注意力、疲乏、肌肉紧张、睡眠不实，甚至头脑变成一片空白。处于焦虑状态时，我们的心智（和身体）非常容易受到恐慌的影响。恐慌会表现出一些症状，像心悸、盗汗、打哆嗦等，但最为重要的是其独特的精神状态，人们的态度此时会极其突然地急转，这也可以解释市场行情会突然出现间断的原因。

存在泡沫的投机标的物可以是老式的法拉利或者印象派的画作,而这些并不会给世界经济造成一丁点儿恐慌。然而,如果碰上的是房地产或者股票市场,那完全是另外一回事。这些资产的市场规模是如此庞大,以至于其泡沫的破裂能对经济产生重要的影响,例如,2000年发生的著名的网络泡沫就是这样。

第18章　网络爆炸

我们不知道查尔斯·巴贝奇在1822年第一次描述计算机的时候是否想过这个世界会需要多少台计算机,但是,托马斯·沃森这位IBM的总裁在1943年提出的一个精确的数字值得引用:"我认为,全世界最多只需要5台计算机。"

5台?这有点偏低,但是他可能不曾想过计算机后来会变得那么小。然而,沃森至少比Prentice Hall出版公司的一位商业书籍编辑要乐观一些,这位编辑在1957年写道:"我游历了这个国家的东西南北,并且与最优秀的人士交谈过,我能向你保证的是,数据处理只是一时流行的狂热,它不会持续到明年。"

数据处理热潮在持续了一整年之后开始了快速成长。而后出现了硅、个人电脑、光纤、局域网、PDA、移动电话和微小的计算机芯片,然后又有了互联网。所有这些都集中在改进计算机的商业用途上,从费城诞生的单体重达30吨的机器到真正的生意,再到一场革命,最终,在20世纪90年代,爆发了从未有过的最大规模的资本投资。互联网的用户数量从1996年的5 000万猛增到2000年的4亿多。在这次变革中,有两个关键的指数现象:

- 摩尔定律,指芯片的性能每隔约18个月便会提升1倍,而其价格则会下降一半。
- 吉尔德定律,指通信系统的光纤传输总带宽每隔12个月会增长3倍。

在20世纪90年代变革背后的第三个关键因素是在高科技市场上对"开

放标准"的采用不断增加。开放标准意味着趋同，而这又意味着应用软件程序可以在不同厂商所提供的越来越多的不同系统中运行。因此，开放标准创造了规模经济，并为终端用户带来了好处。

第四个驱动资本投资繁荣的因素是解除通信市场管制的全球化发展新趋势，这个趋势带来了许多新通信公司的成立，并形成了新老运营商纷纷采用创新与竞争性服务来抵挡暴发户的潮流。结果互联网成了这场战斗的主要工具之一，它不断把价格拉下来。核心创新的联合（导致了新的应用软件程序）、开放标准（导致了技术趋同）以及解除管制（导致了价格的下降），使得互联网的用户数量和收入都出现了指数级的增长。收入增长再次刺激了新核心技术与新应用软件的疯狂发展——正向反馈环在这里创造了可持续的增长。

网络效应

这些正向反馈过程并不是唯一起作用的因素。创造可持续增长的变革之一，便是"网络效应"。这个术语描述的是一个网络对既定用户的价值，会根据使用相同网络的其他用户的数量呈指数级增长。互联网创造了极其强大的网络效应，因为连入网络的价值根据用户的数量呈指数级增长——至少在某些参数区间内是这样。对每个用户而言，一个拥有100万用户的网络，其价值远高于分别拥有50万用户的两个相互分离的网络。这种现象被称为麦特卡夫定律。结果是互联网的数据流量每隔3~4个月翻一番。

回报递增

在所谓的"数字化经济"中，另一个有趣现象是回报递增的可能性。传统的经济理论假设公司的投资回报是递减的（每新增一美元，其投资回报会更低）。但是，那些提供数字化产品（像软件和互联网服务等）的公司会具有不同于传统的回报结构，这些公司会发现在同一个概念上每新增一美元的投资，要比之前的一美元投资获得更大的回报。其主要原因在于：

- 网络效应（麦特卡夫定律）；
- 复制自有软件或者接纳另外的网络用户的边际成本最小；
- 大型公司成为事实上的标准提供者的可能性更大。

因此，供给刺激了更多的供给（回报递增），而需求也刺激了需求（网络效应），这是萨伊定律的一个超荷载变种，而且比那个定律更厉害。我们已经了解，大多数的新古典经济模型都假设具有完整的信息，而且资金、商品、服务与人员都能够自由流动。每个人都知道这些是不现实的，但也都知道每一项通信与运输技术的创新都使经济向这些假设靠拢了一步。运河、铁路、汽车、电报与电话都提升了经济的实际效率。这些创新中的每一项都使人们更加易于兑换货币，也使人们更加易于把资金、商品、服务与人力配置到最能获得有效利用的地方。就此而论，互联网则是朝向自由与有效市场的巨大飞跃：

- 互联网创造了透明的市场，从而加剧了价格竞争。
- 互联网通过脱媒[①]、刺激协作性的工作方法以及加速软件的交换而提高了生产率。
- 互联网使经济电子化，在这种电子化的经济中，你几乎可以从任何地方购买任何东西，并且将其运送到你所在的地方。
- 互联网让人们在任何地方找工作成为可能。
- 互联网使交易资产和从写字台旁向任何地方的任何公司转移资金成为可能。

所有这些意味着生产率的增长和低通货膨胀，而低通货膨胀又意味着低利率，这些与不断增长的收益结合在一起，就意味着非常高的股票价格。再加上所统计的中年人口——他们为养老而储蓄——膨胀的现象，也就意味着新的互联网项目能够有机会获得充裕的资本，从而再次增强繁荣的景象。在

[①] 一般指在进行交易时跳过所有中间人而直接在供需双方间进行。——编者注

这种资本投资繁荣中并不缺乏正向反馈环。

泡沫浴

这是一次巨大的繁荣，随着巨大繁荣而来的则是泡沫。每天都有新的互联网公司创立，而且至少在一段时间内，那些投资于新兴互联网企业的人似乎没有谁可能会亏损。要么公司成功实现首次公开上市（IPO）——在这种情况下，风险投资者可以在10亿美元的市值基础上售出股票——要么公司没有真正成功上市，此时，风险投资者总是可以把公司作价几亿美元卖给需要这些人力与基础设施的人。几乎没有机会亏钱，至少如果你持有范围很广的投资组合就不会亏！

尽管很难精准地找到从大牛市到完全泡沫的转折点，然而，许多生意场上的专业人员还是把网络全球公司（Theglobe.com）的IPO看成这个转折点。当这家公司在1998年11月公开发行股票的时候，发行价格为每股9美元。但是，其股价在第一个交易日就一度猛冲到了每股97美元以上，并稳定在每股63.5美元，仅这一天的收益率就超过了600%。这家公司相当值得注意，因为公司在IPO之前的9个月期间，其账面总收入仅为270万美元。它没有专利技术，没有专利权，而且无论从哪个角度来衡量，它都不是领先的网站。可是，其市值在那神奇的一天居然达到了大约10亿美元。当ZD网请求福里斯特研究公司的分析师比尔·巴斯对此作出评论时，他回答："我不再对网络股所发生的任何情况感到吃惊。我已经得了'吃惊'疲劳症。"

比尔·巴斯并不是唯一感到惊恐的分析师。在对市场状况发出的最明白无误的警示中，有一本书是《互联网泡沫》。该书的作者，安东尼·珀金斯与迈克尔·珀金斯对所跟踪的互联网公司设立了一个指数，并且写了一篇文章发表在2000年2月的《圣何塞信使报》上。在这篇文章中，他们对所关注的情况做了如下的总结：

我们所跟踪的 315 家网络公司在未来 5 年内将需要按照 96% 的年复利率增长，才能证明当前的股票市场价格是合理的。这几乎是微软公司历史增长率（53%）的两倍。这些公司的总市值已经超过了 1.2 万亿美元，但其 1999 年的收入基础仅为 290 亿美元。

估价已经越来越高，直到雅虎公司市值超出了波音、卡特彼勒（Caterpillar）、菲利普·莫里斯这些公司的市值总和，市场才见顶，尽管实际上上述 3 家公司的总收入和总收益分别是雅虎公司的 339 倍和 159 倍。

泡沫破裂

互联网/科技股票在 2000 年春季开始崩溃。这次崩溃是全球性的——巴黎、孟买、东京以及美国的交易所，高科技与计算机、通信与互联网的股票正在受到重锤打击。指数已经大幅下跌，个股的表现甚至更加惨重。在日本，当市场恐慌的声音逐渐增强的时候，软银公司与光通信国际公司（Hikari Tsushin）的股价快速下跌，几乎天天触及交易跌停板。许多股票价格从最高点下跌超过了 95%。顺便提一下，在 2000 年 8 月，你可以用大约每股 1 美元的价格购买网络全球公司的股票。此时，该公司的股票价格与不到两年前的始发价格相比下跌了几乎 90%，与其最高点相比则下跌了接近 99%。

互联网泡沫包含了标准经济周期理论的多个因素。首先，它是前一次周期之后 10 年达到的资本支出周期顶峰（朱格拉）。它是由新的科技创新（斯皮索夫）和创新蜂聚（熊彼特）触发的，对真实经济周期（基德兰德、普雷斯科特）的理论观点也是有利的。它也呈现出太阳黑子的形式（杰文斯），因为人们坚信市场会立即变得庞大而使其更快成长。存货周期的形式也出现了，因为公司为了满足需求而增加了库存（梅茨勒）。抢抓市场份额造成了虚假的定价能力，导致了严重的过度投资（穆勒）。我们不妨再次引用约翰·斯图尔特·穆勒在 1826 年写的《纸币与商业困境》中的一段话：

每一个期盼走在自己全部竞争对手之前的商人，会向市场供给他认为市场起飞时自己所能获得的最大份额，这没有反映出其他对手的供给，而其他人的行为也像他这样，并且他们都没有预估到价格的下跌，因为一旦供给方的增加供给进入市场，就一定会发生价格的下跌。这样一来，短缺很快就变成了过剩。

货币状况也扮演了一个角色，由于利率上升得太慢（罗伯逊），由于金融投资的回报在一段时间内远远超过了利率水平，自然利率远远高于实际利率（魏克塞尔）。尽管很难把过度投资从消费不足中区分开来，但我们可以看一下后者。虽然数额巨大的纸币财富生产出来了，但只是分布在相对少量的企业家与投资者中间。这些财富的绝大部分被储蓄起来或者用于投资，而并没有花在最终产品上，因此需求跟不上供给（霍布森）。

在最后阶段，繁荣导致了严重的瓶颈与资本短缺，特别是当雇员要求一个更高的回报组合（熊彼特），而资金供给者也已经达到了极限（巴拉诺夫斯基、霍特里）时。而且，在最后阶段，自由资本的流动推高了利率，这使投资的利润减少而且资本更加稀缺（卡塞尔）。一旦趋势最终逆转，上述大部分因素的作用也颠倒过来。另外，大量开辟新业务的人员被解雇，或者看到自己的纸币财富也消失不见了，这就导致在产能刚刚达到顶峰时出现了需求的减少（卡钦斯与福斯特）。

再就是金融市场问题。上涨的股价吸引了大量的投机者，这些人把股价一步一步推向更高——因为有情绪加速器的作用（马歇尔、庇古）。很显然，存在很多的动物精神（凯恩斯），而且上涨的资产价格造成了抵押物价值的增加，于是货币流通速度也在加快（冯·米塞斯、冯·哈耶克、熊彼特、明斯基、金德尔伯格）。上涨的资产价格也刺激了抵押效应，高资产价值催生更多生意，这又对资产价格有好处（伯南克、格特勒与吉尔克里斯特）。当然还存在情绪加速器明显很强的情形，因为趋势在自我增强（特沃斯基、卡尼曼、席勒、塞勒、斯塔特曼）。

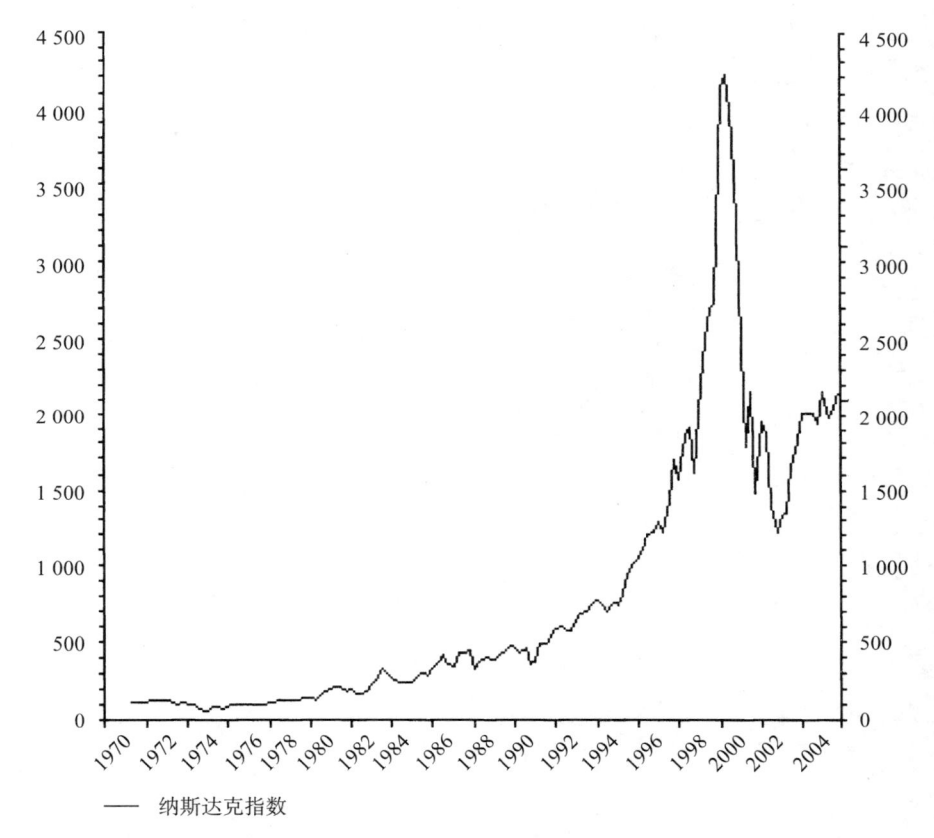

图 18-1　1970~2005 年的纳斯达克指数。该指数在出现惊人的崩溃之前，从 1990 年到 2000 年的 10 年间上涨了大约 1 000%。

互联网泡沫告诉我们最主要的是，新古典经济学者在计算机中模型化的理性世界，实际上并不总像人们认为的那样有效运转，虽然互联网加强了这个世界的模型化。在此不妨引用阿尔伯特·爱因斯坦曾经说过的一句名言来提醒一下我们的学术界："一切事都应该尽可能地简单，但不要过于简单。"

BUSINESS CYCLES

第四篇
经济周期的精髓

第 19 章　理论与现实的背离

波士顿是个非常宜居的地方。它位于纽约北面，距离不算太远。这里的港湾秀美，海滩舒适，绿荫环围，老城中心保存得十分完好，夜生活也富有激情。波士顿还因云集的学术机构而闻名于世，其中的剑桥大学城、哈佛大学和麻省理工学院这 3 家机构，在第二次世界大战之后崛起成为新的经济周期理论研究中心。

五花八门的周期学说

他们研究经济周期的新方法可以追溯到约 300 年前的争论，这似乎走过了一个完整的轮回。一开始，所有人都假设每一次经济危机都由特定的冲击或者政策错误所造成，而后（朱格拉之后）的观念则是将危机看成经济运行的内在构成部分。我们已经了解到经济学家是如何发展出包含多种解释因素的周期理论的，这些解释因素包括创新、储蓄与投资的总量不平衡、某些部门投资比例的失衡、存货的累积与清理、企业成本结构的变化、虚假的定价能力、债务紧缩、货币的内在不稳定性等。后来人们根据这些因素把经济周期理论加以分门别类，于是有了像"消费不足""过度储蓄""货币"与"债务紧缩"等多种不同的学说，但许多学说并不能简单归类，因为在用某种因素解释经济周期现象时，还存在其他不同因素的影响。最终就变成了鸡与蛋孰先孰后的问题，实际上我们并不知道哪一个在前。

早期的经济学家一般假定，在危机期间如果不进行干预，而任由经济自主运行，那么在所有情况下经济都会回到增长的路径上。有些人走得更远，他们认为干预不仅不得要领，而且完全没有必要，他们宣称只要保持平衡预算和低通货膨胀率就可以了。维持宽松的环境人们就会有信心，投资与消费很快也会恢复到高位。还有一些人走得更远，一些奥地利经济学派经济学家倾向于认为周期不仅不可避免，可以自我纠正，甚至还有利于经济发展。例如，熊彼特相信周期是驱动创造性毁灭和经济增长以及复兴的关键力量。因此，20 世纪 30 年代大萧条的中期，他在哈佛大学的讲堂上这样说：

> 先生们，为萧条担忧，这大可不必。对于资本主义来说，萧条是一种很好的清醒剂。

然而，正是这次大萧条使许多人相信，在某些条件下，经济的确会陷入停滞与高失业并存的状态。这就是著名的凯恩斯主义。其所关注的焦点是由利润、投资、信贷以及其他变量的波动所造成的内在不稳定性。凯恩斯主义不仅描述市场是如何失灵的，而且还建议政府应该如何进行政策干预，从而把经济带出萧条。

20 世纪 50 年代，凯恩斯主义的研究方法完全占据了主导地位，它成为剑桥大学的核心课程，在哈佛大学与麻省理工学院以及其他许多地方也是一样。其中一位最有影响力的倡导者是来自麻省理工学院的萨缪尔森，他最畅销的著作《经济学》从 1948 年以来就是全球成千上万学生的必读书目，事实上，这本书已经销售了几百万册。萨缪尔森不仅是写作教科书的高手、经济学的领军人物和著名教授，他甚至还成为肯尼迪总统的顾问，并且与罗伯特·索洛一起获得了诺贝尔奖。

理论之争

《新闻周刊》杂志曾经作过一个精彩的策划，由萨缪尔森和他的主要对手米尔顿·弗里德曼一起撰写专栏文章，讨论彼此相互矛盾的观点。由此萨缪尔森的名气更大了，因为弗里德曼是经济学竞技场中下一个流行学派——货币主义学派的当仁不让的代表人物。有趣的是，弗里德曼似乎成了整场争论的赢家，因为20世纪70年代所发生的事情表明通货膨胀与失业相互替代的假设是一个误导。当卢卡斯（曾是萨缪尔森的学生）发表其著名的理性预期著作的时候，弗里德曼阵营的力量得到了进一步加强。卢卡斯的著作说明财政刺激会很快导致通货膨胀而非经济增长。此后，就不再是萨缪尔森与弗里德曼两个人之间的争论了，而成了萨缪尔森与索洛、弗里德曼与卢卡斯之间的争论。

经济周期模拟中的理性预期

罗伯特·E·卢卡斯在其1981年的著作《经济周期研究》中提出，用于模型中的预期应该是理性的。这个理性与均衡的假设是对亚当·斯密所提出的核心原则的真正扩展。受到如此之多经济学家赞同的其中一个理由是它让制作理论模型变得更加容易。经济模型假设所有人都理性地倾向于稳定均衡状态。今天，这类模型叫作"新古典经济学"（马克思引入了"古典"这个术语来描述亚当·斯密及其后继者）。

几乎所有的当代经济周期模型都含有涉及预期的方程。通过让理论上的"代理人"对未来和模型具有相同的预期，就可以把理性预期这个概念引入模型之中。

然而，这场争论的轮廓并不十分清晰。在萨缪尔森继续用典型的凯恩斯主义解释宏观经济现象的同时，他也在给学生们讲授卢卡斯所倡导的带有理性行为特征的微观数学模型。而卢卡斯本人也并没有宣称现实中的人们是完全理性的，或者政府应该毫无作为。他同意另一阵营有关政府至少可以扮演某个有限角色的观点。这是一个新时代的开始，更多的经济学家既接受凯恩斯的某些观点，也接受弗里德曼的某些观点，凯恩斯主义逐渐演变成了重新定义的"新凯恩斯经济学"，货币主义也发展成为"新货币经济学"。

新货币经济学

新货币经济学的研究方法更多的关注微观层面的新发展。例如，经济学家们会研究那些改变有效货币供给或者货币流通速度的货币新发现。许多这类变化并没有体现在货币供给官方统计之中，但不管怎样，这类变化具有重要的影响。另一个主要的流派，新凯恩斯经济学，在20世纪70年代也得到了发展，该派主要研究以下方面的问题：

- 因为存在垄断、管制等因素，所以竞争是不完全的。
- 有时工资会固定在太高的水平上（因为工会），因而不能实现充分就业。
- 市场过于稀薄而不能出清。
- 由于非理性的恐惧或者贪婪（"动物精神"），市场有时也不能出清。
- 由于太阳黑子现象，市场行为（主要在金融市场）会变得非理性。
- 经济中某些部门（特别是在高科技产业）的投资具有报酬递增的特点，将抑制竞争。

新凯恩斯经济学

新凯恩斯经济学以卢卡斯的理性预期模型为基础，出发点是个体的效用与利润最大化，而不是总量行为。换句话说，其基础是微观经济学的假设，其理论模型假设一个低于充分就业的经济能够通过以下若干渠道达到充分就业的状态：

- 内在的市场动态学能够使工资下降，在这个工资水平上，有更多企业愿意雇用更多人员，而产品的价格也会下降，从而使人们有能力购买更多商品（典型的古典假设）。
- 干预，或者通过公共开支，或者通过货币扩张，这两种途径都可以创造充分就业。

新凯恩斯经济学并没有宣称哪种结果总是比其他更有效率，它们都取决于给定状态下的劳动力市场弹性。然而，对于一种分析方法上的新发展，凯恩斯主义的变化就像货币主义一样，是显而易见的。凯恩斯与弗里德曼对经济的分析主要是"自上向下"，但是卢卡斯、新凯恩斯经济学派和新货币经济学则更多地采取了自下而上的分析方法。

宏观与微观的对立与融合

自上而下意味着宏观。宏观经济学家努力关注重要的大事件，而忽略其他更多的细节，其研究方法的基础是对总量现象提出假设。另一个阵营是所谓的"微观经济学家"，他们关注个体有什么样的行为，而后将这些个体行为加总得到大致的总体模型。这个阵营被称为"新古典"学派。许多新古典微观经济学家都使用一种特殊的语言，许多句子的开头都采用了"让……"这种格式。这类句子的典型用法是引入一系列简化的假设，这些假设就算不够耸人听闻，也是相当不现实的。例如，在假设中可能会包含这样一些陈述：存在完全竞争，每个人都有完美的知识储备，劳动力市场完全可变，充满欲望的市场，品位与技术没有变化等。

这两个阵营之间的差异不仅体现在方法论的选择上，还表现在所关注的焦点上。宏观经济学家通常关注经济的障碍方面，而新古典经济学家则着重描述经济是如何实现平衡的。他们所关注的焦点的差异，并不是因为一个阵营是由悲观主义者组成，而另一个阵营是由乐观主义者组成，出现这种差异的原因在于其分析方法的内在问题：

- 宏观经济学家所使用的模型不必假设存在任何内在的均衡。
- 微观经济学家所使用的则是一般均衡模型（该模型假设理性预期和内在均衡）。这些模型与宏观经济学家的模型相比通常具有更加精美的形式，而且弹性更大。然而，必要的基础假设也限制了模型的最终结果，大大减弱了与之相关的实用性。

然而，这两个阵营也不会一直保持分离状态。有越来越多的经济学家开始向另一个阵营借鉴好的理论元素。例如，越来越多的传统宏观经济学家改变了他们的风格，他们仍然继续关注经济中的障碍问题，但也开始运用微观经济模型来进行模拟分析。微观经济学家则开始接受人类并非完全理性的概念，他们开始在模型中纳入正向反馈，尽管这样减少了稳定性，但其结果却更加具有实际意义。

4 种经济周期模型

在波士顿（以及其他地方）的领先学术机构工作的经济学家们，曾经亲眼目睹了经济学的关注焦点从一个学派到另一个学派再到下一个学派的不断改变，他们也看到了某些学派的支持者如何采用来自竞争阵营的最好的分析方法，他们还目睹了合理可信的经济周期模型的适用范围是如何一步一步扩大的。

在这个新千年到来之际，他们面临着经济周期模型按照 4 个主要维度进行分类的图景：

- 周期：内生性模型假设不稳定性是由经济系统的非线性规律造成的。
- 涟漪：外生性模型假设不稳定性来自于外部的冲击。
- 可预测：决定论模型假设经济行为相对可预测，而且是有序的。
- 混沌：随机模型假设行为是相对复杂的，而且是不可预测的。

然而，所有上述模型都在趋向于一些共同的假设：

- 更多地关注总供给，以及决定与影响总供给的因素。
- 假设市场充分竞争，而且倾向于出清。
- 假设理性预期。

就所关注的焦点而言，也曾存在一个从内部不稳定性向外部冲击的转变。

有若干理由可以说明这一点。其中一个很简单，就是为了数学上的便利：对内在的不稳定性加以模型化意味着要运用非线性方程，而建立在外部冲击基础上的模型则可以是线性的，因此处理起来要相对容易一些。另一个理由是对资本主义经济信念的提升，即相信资本主义经济已经更加接近稳定均衡的结构。

然而，每一类模型都有其自身的优点与局限性。内生性、决定论模型（可预测周期）很有吸引力，因为这类模型能够产生让人满意的解决周期的方案，具有不对称性、不可逆转性和不连续性——这些意味着从模型得出的结果看起来颇似现实世界。此外，这类模型可以建立在对经济持久性结构的相对现实的假设基础之上。然而，这类模型存在的问题是，其所产生的行为通常仅仅在相对较短的时期内可以被预测，而蝴蝶效应往往会掩藏更加长期的行为。

表 19–1　经济周期模型化的不同方法概览

	"周期"（内生性模型假设经济系统的不稳定性是由其非线性规律造成的）	"涟漪"（外生性模型假设不稳定性来自于外部冲击）
"可预测"（决定性模型假设经济行为相对可预测）	可预测的周期 这类模型描述了内在非线性引发波动的经济系统。一些模型显示出规则性波动（这是不现实的），另外一些模型则显示出混沌运动，还有一些处于上述两者之间。大多数古典与新古典模型都属于这一类。	可预测的涟漪 这组模型假设经济受到某种可预测形式的外部冲击，这些冲击造成了经济周期。杰文斯的太阳黑子理论假设外部因素（太阳黑子）有规律的变化能够驱动经济，是这类模型的第一个。政治周期模型也可以归属这一类。
"混沌"（随机模型假设经济行为相对复杂，而且不可预测）	不可预测的周期 这组包括假设理性预期与均衡的模型。但是，他们假设存在多个可能的均衡，因而很难或者不可能预测在若干潜在的均衡中，经济发展会达到哪一个。此外，模型假设从一个均衡变动到另一个均衡是由随机事件触发的。这类事件可以触发一般（理性）预期的改变，于是变成了自我实现（如杰文斯的太阳黑子）。这类理论倾向于关注金融的不稳定性，将其视为引发经济周期的一个主要原因。	不可预测的涟漪 20 世纪 80 年代，关注于外部冲击与不可预测性的模型占据主流。他们假设经济固有一种稳定均衡（新古典方法），仅当经济连续受外部冲击（"摇摆木马与木棒"的观点）影响的情况下才会发生经济周期。这类真实经济周期模型显示了经济的动态行为，其波动的幅度主要取决于冲击的规模与频率，周期性事件的持续时间与顺序则取决于传播机制的内在性质。冲击可能是随机性的，也可能是序列相关的（像战争、狂热、习俗、技术、政策的变化），但它们是不规则的，而且无论如何都预测不了。

随机内生性模型（不可预测周期）也具有某些相同的优点与局限性。这类模型描述了凯恩斯所说的经济落入陷阱的某些现象。奥默罗德在其1994年的著作《经济学之死》中谈到这类模型时说：

> 经济可能存在许多沟壑，以至于一旦迅速滑入其中，就再也出不来了。在过去的十多年以来，经济理论家对这种可能的状况表示了很大的关切。它的含义是，描述竞争性经济的方程不只有一个解。换句话说，经济并不只有一种均衡，而是存在着多种均衡。

而后，他又继续写道：

> 如果竞争性经济方程只有唯一解，就可以在这个框架内分析巨变出现的原因，因为经济最终总能找到唯一的均衡点。但是，在方程存在多种解的情况下，就只能分析说明在某个特定解的位置上发生的小变化。不然经济可能不会滑回其初始的深坑之中，而是到某个区域内的另一个位置上，从这个位置上会进入完全不同的深坑。

决定论、外生性模型（可以预测涟漪）是所有模型中问题最大的。几乎没有经济学家相信这类模型所描述的根本不是边际现象。

最后，随机外生性模型（不可预测涟漪）很精美，因为这类模型设法维持均衡的存在。然而，由于这类模型看起来很不现实，所以也没有被广泛地接受（尽管如此，我们应该注意到，如果有的话，也是极少数的经济周期理论的真正支持者确实声称用技术冲击能够解释所有波动。例如，普雷斯科特声称他们对战后时期超过一多半的波动进行了解释，最佳估计比率接近75%）。

脱离现实的理论

经济学家总是被取笑的对象，但是如今他们自己也开始表达出越来越多的挫折感。一个很大的问题是这些经济模型距离现实太遥远。例如，众所周

第 19 章　理论与现实的背离

知的约翰·希克斯勋爵，由于在一般均衡理论上的卓越贡献而获得了诺贝尔奖，后来他却放弃了自己的大部分观点，原因很简单，因为他发现这些东西是不现实的。在第二次世界大战之后，曾经对理论作出贡献的经济学家当中，即便不是绝大多数，也有相当多的人主要关心的是理论上的可能性，而不是造成经济周期的实际原因。一般而言，对于这些理论构成部分之间是如何相互适应以及理论如何与现实世界的事件相互匹配则关注得太少——如果它们的确是完全相互匹配的话。每个模型通常都在研究一些被孤立处理的现象，因此也就无法评估其是否切合实际。这好似一个密林，外面的旁观者看不清，但是在所有这些讨论的背后，实际上比旁观者所认为的更具有一致性。几乎任何一位经济学家都会同意，尽管问题复杂，经济周期还是存在的，而且使其得以运转的某种系统也存在。在下一章，我们将进行一次想象之旅去探究这其中的两个原因。

第 20 章　亚当·斯密的 3 个问题

设想一下这样的情景：多年以后，亚当·斯密在天堂召集一次会议。斯密认为，从他以来，人们对经济周期的理解已经取得了很大进展，因此把各个时期最优秀的经济学家召集起来进行一次午餐讨论，将是非常有意义的。

屋子里坐满了经济学家，斯密站起来刚宣布会议开始，人们便开始鼓掌。掌声越来越激烈，感染了在场的每个人，大家全都在有节奏地鼓掌，而且还有人跺着脚喝彩。亚当·斯密这个人太有名了。

"嗯，非常感谢大家，"斯密边说边理着一沓写好的备忘录，"先生们，我把你们召集起来开这个会有两个原因。首先，你们是经济学领域中的优秀分子，你们是英雄。其次，我们所有人都在研究经济不稳定性的问题。这次会议的目的就是为了回答两个基本问题，然后，对我们所思考的经济周期问题的实质作一个惯例性的总结。"

他转身在演示板上写下：

经济周期问题难道不是一个难以理清的毛线团吗？

"一个毛线团？"一位德国经济学家对边上的人耳语道，"怪不得我的书会流传得如此久远！""……并且如此令人费解！"另一位补充道。斯密又看了看他的备忘录。

"我要向大家介绍一下这个被称之为毛线团的问题。穆勒和马歇尔说价格上涨会让人们购买增多，而不是减少。这些是正向反馈环的例子。恩纳森的船舶建造周期是回声反应，熊彼特的企业家群集就像瀑布一样，凯恩斯的流动性陷阱则包含了除抑制器，而且这些理论几乎都包含了时滞因素。就拿加速数来说吧，涉及如此多的部门，如此多的现象，看起来确实像一个难以理清的毛线团。在这方面不是特别专业的人士该如何理解呢？因此，我要提出的第一个问题就是，在座的各位有谁能有办法向大街上的普通百姓解释清楚经济周期呢？我这里说的不是去描述，而是要作出解释。"

全场顿时鸦雀无声。"来吧"，斯密又说道，"我想有人一定能够用简单、直觉的方法作出解释。"全场还是一片寂静。然而，终于有一个人站出来说道："我有时把经济周期看成与共振相类似的问题。在成为经济学家之前，我是一名工程师，因此我懂得火车的共振问题。这里有许多正在运动的部件，而且这些部件都有发生振动的倾向，汽车也是这样。我认为经济周期就和共振问题非常相似，它都快要把火车设计师或汽车设计师逼疯了。"

"这个方法非常有趣，"斯密赞赏地说道，"请继续。"

"好的，我可以把它们的相似点说得更加详细一点儿。比如，我们有三个方法可以解决汽车的共振问题。第一个方法是除掉不稳定性的根源。例如，如果是挡风玻璃造成了不稳定性，那么就改变它的设计，直到问题消除为止。在经济学上，这就类似于除掉自动工资指数化这种正向反馈过程。对付共振问题的第二个方法是制造反向波。我认为这正是凯恩斯以及其他消费不足理论家所提出的意见。第三个方法是围绕振动源，例如，在轮子的周边与引擎周围安装冲击吸收装置。对失业者进行转移支付就属于这一类。而且，货币主义者关于货币供给稳定化原则也是如此。货币政策要达到理想的结果，只要让纽科姆数量方程式的左边保持固定的增长速度，其右边也就稳定了。"

亚当·斯密再一次站了起来，"谢谢你，这个解释真的很不错。走在大街上的每个人，即使可能不了解实际所要表达的意思，也应该熟悉共振这个现象。因此，我们来看下一个问题。"

他又转身在白板上写下：

为什么经济周期中的经济现象都出现一些明显的波动？

第20章　亚当·斯密的3个问题

"经济肯定比任何简单的机械都要复杂得多。让我们想象一下，把现代许许多多的各种机器黏合在一起——从最小的电动牙刷，到汽车、火车以及喷气发动机——变成一个嗡嗡作响的巨大圆球。经济又是什么样子呢？许多人每时每刻都在做出货币决策，有许多产品与服务，还有数百个部门和数千个次级部门。当中的每一个元素会不会创造与他们自身频率一致的共振呢？我们如何获得这个巨大而缓慢的总体共振呢？这实际上正是我们在观察的。"

"我可以回答吗？"有一位代表说。斯密点了点头。

"谢谢。大家还记得上午会议开始时我们鼓掌的情形吗？一开始，每个人按照他们自己的快节奏独立拍掌。但是，过了一会儿，我们从快节奏、不连贯的拍掌转变成了更慢且同步的节奏。虽然没有任何人引导我们这样做，但不管怎样我们的确这样做了。这种现象叫作锁模。当许多无关联的过程自发地锁定彼此的节奏并创造出一个很强的加总运动时，就发生了锁模现象。举一个例子：如果你把两把机械锁并排挂在墙上，由于通过墙壁传递过来的很小力量的冲动，就会使它们同时发生振动。假设经济中存在大量能够影响不稳定性的过程，如果没有这种强有力的现象，那么，最后就只能得到类似于随机噪音的结果。正是由于存在锁模现象，繁荣可以从一个部门溢出到多个部门，比如供给创造需求，经济活动创造货币，而货币又创造供给。"

"但是存在的周期不止一个……"斯密说道。

"是的，因为周期过程自身能够适应锁模过程，但这仅仅在一定限度之内。因此，如果一些频率振动非常慢，而另外一些频率振动较快，就出现了集群现象，这些现象造成了几个周期同时发生。节奏慢的现象通常与带有大量商业摩擦的经济活动有关，像计划、融资等活动往往需要花费几年的时间。"

"我认为，这样的总结与解释非常好，"斯密答道。"它也为我们研究下一个问题搭建了布景。下面请大家吃午餐。但是，我还是要请各位在休息的时间能够坐在一起讨论，并共同阐释经济周期在实践中如何表现。"

他再一次转身在演示板上写下：

经济周期在实践中最重要的表现是什么？

人们一边享用着午餐，一边谈论着经济周期以及其他话题。不过，有些桌的讨论非常热烈。喝完咖啡之后，亚当·斯密站起来说道，"作为这次午餐聚会的一个正式内容，哪位愿意发言？"

"我来吧，"有人回应道，"我就直奔主题了，接着午餐之前讨论的话题，也就是造成周期的集群现象。好的，我们认为有三种主要的集群现象。"这时斯密在一旁问道，"这些是……？"

"第一个是存货。它主要造成了所谓的基钦周期，我们优秀的同事曾经将其时长描述成 3~5 年。现在我们认为最好假设其时长为 4.5 年。第二个集群现象是资本支出。它似乎造成了所谓的朱格拉周期，平均时长大约为 9 年。第三个是财产，它导致了库兹涅茨周期，这种周期平均时长约为 18 年。我们这里所说的财产包含资产价格与建造两个方面的含义。

"接下来我们要考察的是这三种周期的联合运动。由于锁模，不同周期的转折点存在着趋于一致的可能。例如，它们可能以这样的方式锁定，即每两个基钦周期的低谷与朱格拉周期的低谷相一致，每四个基钦周期的低谷与库兹涅茨周期的低谷相一致。这种情况可能会很严重，而且会导致经济萧条以及凯恩斯所说的流动性陷阱，除非中央银行或政府进行及时而适当的干预。1825~1830 年、1873~1878 年、1929~1938 年、1974~1975 年、1990~1991 年就曾经发生过这种情形。

"我们最后来考察一下关于刚才所说内容的可靠性。基钦周期的时长为 4.5 年。其他周期则各有不同，而且实际上没有一个能够按照其严格的定义是周期性的，即使是其时长也在很大程度上取决于传播机制，这种传播机制并不会随着时间的流逝而发生很大变化。"

"那么康德拉季耶夫周期呢？"斯密问道。

"我们对此提出了几点看法。首先，俄罗斯同行在其不同而出色的研究中所衡量的基本是通货膨胀，而并不是必然的总体商业活动。

第 20 章 亚当·斯密的 3 个问题

"其次，我们认为，在数学专家认可此类现象已获得可靠的统计样本之前，大约还需要进行约 10 次观察——时间会超过 500 年。这个时点大约要延伸到 2300 年。

"此外，20 世纪 70 年代中期之后，这种周期的表现似乎不再符合预期。按照模型，20 世纪 90 年代应该是非常脆弱的时期，但实际上出现了所谓的'金发女孩经济'[①]。尽管这种童话式的经济在 2000~2002 年被打断，但随后在新兴市场的驱动下经济又出现了一轮巨大的增长浪潮。这是该理论根本没有预测到的。

"然而，最为重要的批评则是我们看不到任何坚实的理论可以作支持。大家认为能够解释第一个康德拉季耶夫周期现象的，实际上似乎是各种孤立的技术创新，如蒸汽机与纺纱厂、计算机与互联网的发展，或者是政治变化，如柏林墙的倒塌等事件。我们很难看出这类事件是由某些周期性现象造成的。例如，我们考虑一下，哪一种周期性现象导致蒂姆·伯纳斯-李发明互联网协议呢？这类现象似乎更应该被看成是独立的外部冲击。"

"这样看来康德拉季耶夫周期是不存在的？"斯密问道。

"不，我们多数人并不这样认为。但是经济中存在另外的力量。所有的扩张能够连续几个月释放出活力，其原因还不清楚，而收缩也能够在经济恢复之前使其出现短暂的停止。这类现象通常称为'松软'或'强硬'地带。我们认为这种小的振动要么是对外部冲击的反应，要么是我们尚未充分了解的更为细小的集群现象造成的周期性行为。"

亚当·斯密再一次从椅子上站起身说道，"非常谢谢大家。我确信你们每个人都会得出自己的结论，但对于我来说，有一点非常重要：我认为人类在探究经济周期方面已经走得很远了，但是我们还要认识到，即使最优秀的专家对处于周期性背景下的经济运行提出合理建议时，他们也从来不会有什

[①] Goldilocks economy，20 世纪 90 年代中期出现的一个名词，是华尔街借用《格林童话》中一个小女孩在 3 只熊家里的故事，来描述美国经济处于既不太冷，又不过热，而是刚刚好的状态。——译者注

么绝对的把握。因此，研究经济周期这个现象总会具有挑战性，无论你是一位商业经理、金融投资者、企业家或者是财政大臣。"

"中央银行家也一样，"人群中有人咧嘴笑着喊道。

"哦，对了，"斯密答道，"中央银行家，的确是这样。他们的任务或许是最为艰巨的。"

第 21 章　周期的主要驱动力

我们看到，大多数早期的经济学家都具有较为丰富的实务经验，劳、坎蒂隆、桑顿、李嘉图、霍特里和卡钦斯都是银行家，萨伊与帕累托是工商界的实业家，纽科姆是天文学家，穆勒曾经在东印度公司里任职，魁奈和朱格拉两个人都做过医生，熊彼特担任过埃及一家精炼厂的经理和奥地利财政部部长，至于凯恩斯，要列出他的工作经历那就太长了。这些成就辉煌的思想者都曾经致力于探索和理解现实世界，而许多后来的科学家似乎常常只知道迷恋数学分析的精妙。结果使有失偏颇的理论大量充斥，却几乎没有人去关注这些理论所依存的背景。经济学家华西里·列昂惕夫就曾经抱怨说，在20世纪70年代《美国经济评论》杂志所发表的文章中，虽然一半以上的文章都包含数学模型，却没有运用任何数据。

制造货币的机器

当然，与数学方程不同，运用数据的问题一般在于数据难以掌控，很难不招致批评。不过，我们现在可以设法通过某些情况来加以理解。这里不妨做一个假设性试验，即把全球经济看成是一台运转的经济机器。这台机器看上去并不像你所佩戴的腕表那样闪亮，甚至也不像汽车引擎那样平稳地轰鸣。这台机器比较特别，它是一个体积庞大、摇摇晃晃、轰隆作响的家伙，看起来有点像查尔斯·巴贝奇的巨型蒸汽计算机——这是一台来自查尔斯·狄更斯那个时代的巨大机器，装有活塞、齿轮，还有当蒸汽充满气缸时能够将重物上下传动的连杆。现在再想象一下，当这台机器开始运转的时候，地面就会发生颤动，因为机器中 5 个巨大的活塞上下运动的速度是不同的。偶尔，这些活塞同时到达最低点的位置，就会产生足够大的撞击力量，造成地板的破裂，而且也会让你的胃感到不舒服。

如果这台机器可以用来象征经济，我们就可以给这 5 个活塞分别命名。根据我们对经济周期理论的探索，这些活塞的名称分别是"货币"、"资产"、"房地产建造"、"资本性支出"和"存货"。我们把第一个称为"货币因素"，而把其余称为"经济因素"，并且把前者看成是为经济提供蒸汽，后者则是将这种蒸汽转化成实际的活动（参见表 21-1）。

表 21-1 造成经济周期的 5 个主要因素

货币方面的周期驱动力	经济方面的周期驱动力
·利息支付	·资产价格 ·房地产建造 ·资本性支出 ·存货

然而，实际货币的范畴又是什么？这些现象在现实中各自对经济周期的影响能有多大呢？实际上，这是一个很难回答的问题——一是因为在这些因素当中，每一个因素都会受到其余因素的干扰；二是因为我们已经闯进了经济统计的云山雾罩之中来寻找答案。尽管如此，我们在这一章仍然会努力寻求问题的答案，需要记住的是，我们在这里所发掘出来的每一个数字都是那些特别聪慧的人论证过的。还应该了解的是，我们很难把这 5 个因素的作用完全清楚地分开，也就是说我们接下来的讨论无论如何都不可能是完全精确的。但是，我们所能做的是获得一种非常基本的辨别各种因素轻重缓急的能力，这一点实际上也正是我们的全部目的。

为此，我们继续进行分析。首先，需要挑选一个相当正常的样本年。在这里我们选择了 2004 年（尽管 1994 年也是一样的）。2004 年既不处于泡沫的巅峰，也不处于失望和沮丧情绪的低谷。这是相当平庸的一年，因此非常适合我们的研究目的。

第一个数字出现了：根据世界银行采用"阿特拉斯"方法所作的估计，2004年全部的理发服务、汽车产品以及其他所有的产品与服务加总起来达到了41万亿美元。这也就相当于GDP（国内生产总值）为41万亿美元，它也是用纽科姆方程式MV=PQ的右边来计量的。虽然这样一个庞大的数字对任何人都没有意义，但是，对于今后的很多分析都需要有这样的数字，比如资产价格分析等。

利息支付

利息支付是货币环境的一个重要表征，但所支付利息的总体数字也是最难统计的。因此，我们不得不采用单个国家在某个时点上的数据，查看某个国家的国民收入报表，然后把个人、公司与政府三部分的数字进行加总。这些数据在不同的国家之间实际上差别非常大，这取决于一国的政府财政状况、社会繁荣状况、信用文化与制度，以及合适的利率水平，但从各国平均水平来看，该项约占其GDP的3.6%~5%。利息支付的增加将会带来利息收入的增加，因此，我们不能机械地估计利率发生变化对封闭的经济具有什么样的意义。其更大的效果在于增加储蓄，由此减少消费与投资，而这当然会造成经济增长的放慢。

这是第一个数字的有关情况，现在再看第二个关键的驱动力，也就是资产价格。

资产可以分为固定价格资产和可变价格资产，前者如现金、银行账户等，后者如房产与股票等。我们这里感兴趣的是具有可变价格的资产部分，而且这里所指的是总额，而非其减去债务之后的净额。根据UBS（瑞银集团）的估计，2004年发达国家的住宅房产价值大约为70万亿美元。我们就将其算为60万亿~80万亿美元，再加上发展中国家的住宅房地产价值（缺乏很好的记载）大约为15万亿~20万亿美元。此外还有全球可投资的5万亿美元商用房地产价值，以及另外10万亿~20万亿美元私人紧密持有的房产。

虽然对股票市场的规模有多种不同的估计，但它们几乎都来自于《国际货币基金组织2005年金融统计报告》所给出的数字，2004年的这个数字大约为37万亿美元，我们据此可以将其估算为35万亿~40万亿美元。这份报告还估计了2004年债券市场的价值为58万亿美元，而此前一年的债券市场价值为52万亿美元。美林公司在其《2004年世界债券市场的规模与结构》报告中估计，截至2003年年底，世界债券市场规模大约为45万亿美元，这个数字在麦肯锡全球机构的一份报告中得到了很大程度的印证，这份报告名为《118万亿美元及其计算：纳入世界资本市场中的股票》，报告中的数据也是截至2003年年底，只是比美林公司估计的数字少了2万亿美元。我们在此不妨假设2004年世界债券市场的规模为45万亿~55万亿美元。部分债券正处于为房地产融资的过程，但这并无妨碍，因为我们要估计的是可变价格资产的总额，而不是净额。然而，其中肯定也会存在一些双重计算的问题，因为有一些上市公司持有其他上市公司的债券、股票，尤其是持有房产。这部分估计要剔除2万亿~5万亿美元，我们最终得出全球可变价格资产的总额估计为170万亿~220万亿美元。

但是，还有其他形式的资产：地面黄金的总量大约为1.6万亿~2.0万亿美元，而且还有各种各样的收藏品，等等。表21-2显示了这个样本年的最终估计结果。

表21-2　全球2004年可变价格资产估计　　　（单位：万亿美元）

住宅房地产（经合组织国家）	60~80
住宅房地产（新兴市场国家）	15~25
商业性房地产	15~25
＝房地产总计	90~130
债券	45~55
股票	35~40
黄金	1.6~2.0
收藏品	0.3~0.6
全部可变价格资产总额	172~228
减去可能双重计算的上市公司资产	−2~8
剔除双重计算部分后的可变价格资产总额	170~220

表 21-2 中的资产价值总额的数字可以让我们得出这样的结论：全球可变价格资产的总额高达 GDP 的 400%~500%。这里还应该注意到，这个数字是 2004 年的，如果我们选择具有较高通货膨胀率的年份，那么资产价格占 GDP 的比例就要低一些，而如果选择出现泡沫的年份，这个比例就会更高一些（1990 年开始的时候，日本经济中的这个比例肯定非常高）。

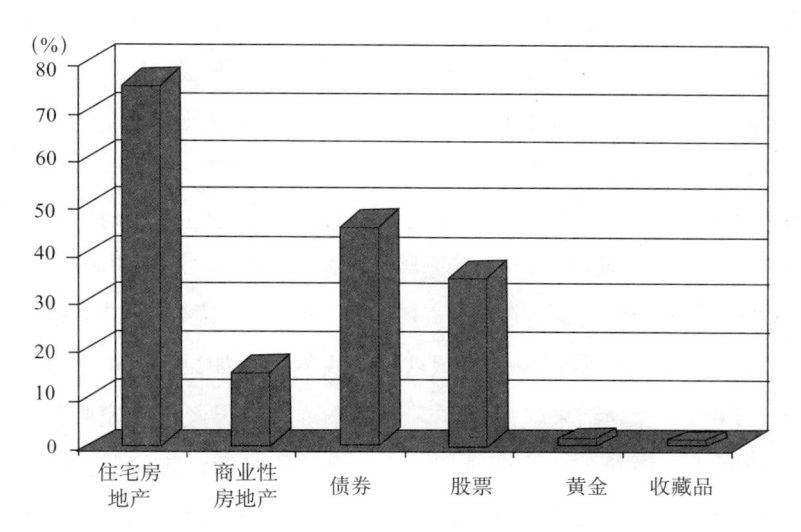

图 21-1 不同类别的可变价格资产在现代经济中的大概分布（占总量的百分比）

注意到全球可变价格资产总额在多大程度上是建立在房地产基础上的，这一点很重要。典型的情况是，房地产大约占全部可变价格资产的一半。

资产价格倾向于在 GDP 下降之前出现下跌，并且在 GDP 开始下降之后还会持续下跌一段时间（我们将在本书第五篇更详细地讨论）。那么，资产价格变化对经济增长会有什么影响呢？这种影响有若干方面，但最为重要的是所谓的"财富效应"，这种效应是指当人们看到自己的财富增长时就会花费更多，反之亦然。那么，这种效应到底有多大呢？

对于财富效应如何产生影响，多数人认为这取决于人口分类和资产类别。这个问题比较复杂，甚至很有可能不是线性的，而且在牛市与熊市两种情形下也不是对称的，但是我们现在所需要的只是简单粗略地推测其数量级，而多数意见认为财富效应占总资产价值变化的 4%。

　　对此不妨多作一点儿说明。设想一种繁荣的全球经济，资产价格突破了其正常的估值范围（GDP 的 400%~500%），而且在一段时间内上涨到了 GDP 的 6 倍。而后其调头向下跌了 1/3，跌幅等于 GDP 的 200%。这样大的损失对消费会有什么影响呢？如果我们接受了 4% 这个财富效应值，那就意味着 GDP 的实际增长将会损失 200%×4% = 8%。用一个例子来说明这种影响：如果说 GDP 在 4 年中实际年均增长率只有 2%，那么这种财富效应相当于造成了经济在 4 年时间里根本没有任何增长。但情况也可能比这还要糟糕。试想一下大萧条时期的市场情绪，当时的资产价值下跌了大约 80%。或者再想一想日本在 1990 年之后的情况。资产缩水的财富效应的确需要经过一些时间才能慢慢消除。再计算一下：如果资产价格出现严重泡沫，上涨到 GDP 的 700%，而后再下跌到 GDP 的 200%，那么我们的资产价格的缩水量就等于 GDP 的 500%，再和 4% 这个数字相乘就得到……希望这不是真的……如果是真的，我们将损失掉 GDP 的 20%。计算结果就是这样，举例来说，如果经济的实际年均增长率为 2%，前两年的增长被随后两年 2% 的负增长所抵消，之后紧接着又有大约 6 年时间是零增长，那么简单地说，这意味着经济有 10 年时间是零增长。

表 21-3　道琼斯工业平均指数表现最坏的年份前十

排名	年份	收盘点位	变动率（%）
1	1931	77.90	−52.67
2	1907	58.75	−37.73
3	1930	164.58	−33.77
4	1920	71.95	−32.90
5	1937	120.85	−32.82
6	1914	54.58	−30.72
7	1974	616.24	−27.57
8	1903	49.11	−23.61
9	1932	59.93	−23.07
10	1917	74.38	−21.71

从这里所列出的股市下跌情况来看，股票市场下跌的财富效应可能是相当大的。

房地产建造

经济学中的一个现成术语叫"固定资本形成总额"，它包括以下内容：

- 建造资本形成
- 房屋
- 机器与设备资本形成
- 其他建筑物

这个总值在大多数发达经济体总量中约占 1/5，其中的一部分是商业建筑市场总值与住宅建筑市场总值。2004 年全球房屋建造市场总值（住宅建筑市场总值）约占 GDP 的 9%，在欧洲这一比例为 12%（我们应该注意到一点：在成熟市场上大约一半的建造活动都是重新装修）。中国的这一比例更低，仅为 3%~4%，但增长速度非常快（就房地产市场总值占 GDP 的比例而言，富裕国家比贫穷国家要高）。因此，我们这里作个估计：全球在房屋建造上的支出大约占经济总量的 9%，还有另外的 2%~3% 可能花费在商业性房地产建造上，加起来大约占 GDP 的 11%——为了方便记忆，就将这一比例算作 10%。这个市场正常情况下会容纳大约占劳动力总量 5%~6% 的人就业，但还间接涉及其他更多的人员，包括那些从事相关产品（水泥、钢铁、木料、铜等）开采与冶炼的人员。

大约 1/5 的房地产建造活动通常是公开的，而且比较稳定，但其余部分则具有高度的周期性。如果房屋建造市场总值下降 1/3，那么 GDP 将会减少至少 3%，这个比例听起来似乎还不算太高，但我们应该知道它肯定与房地产价格的下跌是有联系的，价格下跌在财富效应的作用下又会把 GDP 另外削减掉一大块。

资本性支出

第四个主要的周期驱动力是资本性支出，这部分是指机器与设备方面的投资，而不是建筑方面的投资。在大多数经济体中，私人与公共部门的资本性支出合起来约占 GDP 的 10%（但在快速成长的新兴市场中这个比例还要高得多）。这一块当中有一些是公共性质的，因而也是相当稳定的，但大多数还是私人性质的。

资本性支出通常与斯皮索夫和熊彼特所强调的某些新的核心创新有联系，而且每一次大的资本性消费浪潮都存在于某个独特的、领导性的产业部门。纺织机器、蒸汽机、钢船、铁路、电、汽车、飞机、化工以及其他许多产业领导了以往的历次繁荣，而且每一次又都出现了泡沫与崩溃的情形。不妨回想一下 20 世纪 90 年代在信息技术、通信与互联网方面疯狂的投资支出，而 2000 年 3 月以后这种投资又是如何突然停止的，我们并不能完全忘掉。资本性支出周期很显然被竞争性投资以及加速数现象放大了，加速数现象是产业为了扩张产能而自我订购。

这方面的影响有多大呢？假设资本性支出占 GDP 的 10%，并且由于一次明显的经济衰退而下降了 1/3，这大约相当于 GDP 的 3%。同时股权财富损失与它也是有联系的。如果正常年份的股权价值约为 GDP 的 90%（2004 年股权价值是 37 万亿美元，而 GDP 是 41 万亿美元），那么我们假设其在巅峰时上涨到 GDP 的 130%，而后随着资本性支出周期下跌到 60%。这相当于资产价值下跌的部分等于 GDP 的 70%。这个 70% 乘以 4% 的财富效应值将会使 GDP 减少 2.8%，这很糟糕，但与房地产财富以相同的百分比下降所造成的破坏相比，还是不能等量齐观。

存　货

经济中最后一个主要的波动因素是存货。实际上，存货总量的波动比最终需求量的波动要大得多。存货总量一般大约占 GDP 的 6%，并且在扩张时期的增加量约为 GDP 的 3%，但是，它围绕这两个数字还会有较大的波动。之所以出现这种反复无常的变化，其中的一个原因在于存货包含的电视机、DVD、冰箱、空调与汽车等耐用品的数量是不成比例的，当人们对未来心存隐忧的时候，就会停止购买这些耐用品。在许多国家，有接近 1/3 的存货是汽车与汽车零部件（零部件也是耐用品，特别是德国制造的）。存货中啤酒与牛奶这类消费品并没有多少，因为这些物品从生产商到消费者的流转非常快。存货也不包括像理发与看牙医这样的服务，经济中这些部分极少表现出周期性。

存货周期会有多糟糕呢？举一个例子：如果存货订单减少了 1/3，那么我们看到 GDP 大约将会损失 2%。这虽然很不幸，但显然并不可怕，因为它通常不会被任何有意义的反向财富效应放大，情况正好相反。在存货单独开始调整的时候，资产价格可能出现下跌，但由于利率的下降，资产价格通常很快就会出现逆转。

规模是重要的

以下的高低顺序是在正常年份里平均水平经济的典型情况：

	约占 GDP 的百分比（%）
金融方面的驱动力	
资产价值	400~500
资产价值变化的财富效应	4
利息支付	5
经济方面的驱动力	
房屋建造市场总值	10
资本性支出	10
存货	6

周期是不同的

大量的研究都把经济周期描述成好像是相同的。例如，许多研究对资产价格在整个经济周期中的波动情况进行实证，但是由于驱动周期的因素不同，研究结果也会大相径庭——某一特定的周期可能是由房地产、资本性支出或者是存货方面的变动（或者这些因素的任意组合）所支配的，也可能是与短期以及长期利率急剧上升有关，或者也许不是这样的情况，它还可能涉及显著的财富损失，最终有可能导致银行危机与货币危机的发生。

我们继续用一个图表来说明，假设现在出现了灾难性的滞胀（即同时出现了通货膨胀与经济停滞）并且陷入了房地产崩溃以及资本性支出的周期。我们这里采用的数字没有依据任何科学研究，因此，完全可以写上厚厚的一本书来说明这些数字为什么可能是错误的。但是，这些数字给出了我们在现实世界中不得不面对的一些粗略概念。不妨假设上述情况是紧随着经济大繁荣而来的，此时的债务水平已经非常高，而且由于通货膨胀率的上升，中央银行已经提高了利率，债券利率也因为这个原因以及资本的短缺而提高，因此，总的利息支付就从正常情况下占 GDP 的 5% 上涨到了可怕的 9%——为了应对前两年的收缩需要每年拿出 GDP 的 4% 用于支付利息（我们这里假设支付的利息最终流向外国的债权人与中央银行，所以这部分完全离开了我们的经济系统），再假设房屋建造活动和花在机器与设备上的资本性支出也分别下跌了 1/3，这是由于产能出现了过剩，并且银行危机也把这个问题放大了。另外，我们还可以考虑资产价格下跌的影响，假设其跌幅达到了 GDP 的 150%。而后，我们再考虑到那些还在担惊受怕的公司在一段时间内停止订购存货，这又会另外削减 2% 的 GDP（应该注意到，在收缩开始时存货仍然有可能增加），于是，这些因素最终全都包含了进来。把这些数字加总会得出什么结果呢？表 21-4 显示，总的损失将达到 GDP 的 15%。

表 21-4 设想处于经济滞胀环境中的灾难性情景

经济周期驱动力	事件	对 GDP 的整体影响
可变价格资产总额	下跌了 GDP 的 1.5 倍	−6%
房屋建造市场价值	下跌了 GDP 的 1/3	−4%
资本性支出	下跌了 GDP 的 1/3	−3%
存货订购量	下跌了 GDP 的 1/3	−2%
= GDP 的总损失	下跌了 GDP 的 1/3	−15%

这个例子就说明了萧条是如何发生的，在我们设想的这个例子中，结果很可能是从若干年的 GDP 趋势值中减去 15%。

然而，萧条又是如何停止的呢？有些收缩会经历由自身带动的过程，正如奥地利经济学派经济学家所强调的，但是，如果通货膨胀水平下降，并且中央银行能够随意地显著降低利率（特别是如果债券收益也下降），那么这肯定会有助于阻止萧条。如果不存在货币危机的压力，通常就可以迅速采取这类措施，而且如果通货膨胀水平随着收缩一起下降——它通常都会如此——那么这可以把利息支付从占 GDP 的 9% 减少到仅占 3% 或 4%。此外，利息支付的这种减少将会触发资产价格的上涨，于是又会导致反向的财富效应。它还可能刺激新的房屋建造活动，而且经过一段较长的时滞后，公司会在厂房建设以及机器与设备方面进行投资。使经济从极为疲弱的状态中解脱出来的这些事件最有可能的次序是：

1. 利率下降→利息支付下降；
2. 利率下降→资产价格上涨＝反向的财富效应；
3. 利率下降→房屋建造业的复苏；
4. 经过一段时滞后，存货达到更加保守的水平→出现存货周期；
5. 就业率上升→消费支出增加；
6. 公司利润增长并且产能得到扩展→更新公司的固定投资。

稳定的部门

在上面这个并不严谨的数字游戏中,最后一个重要的方面是经济中确实存在一些较为稳定,或者甚至能够进行稳定化处理的部门。消费的大部分是服务与非耐用品("消费者稳定")——至少在发达经济体中是这样。这意味着报纸、药品、杂货店、啤酒、理发、保洁、牙医以及其他一些行业在整个经济周期中都不会有太大的改变。在绝大多数国家,大约有85%的私人与公共消费属于这些类别,这是一个可以进行稳定化处理的因素。在有的国家,公共部门的消费很多,这部分所占GDP的比例大约在20%~55%之间,多数发达国家的这个比例保持在40%左右。这个部门——如果有的话——是轻微反周期的,因为在衰退期间社会性支出是上升的,而在繁荣时期税收则是增加的。然而,消费者随意性的消费项目是更加周期化的,尤其会对货币环境的变化作出反应,而且还会对就业情况与就业前景的变化作出反应,这部分又是跟随周期的主要驱动力的。

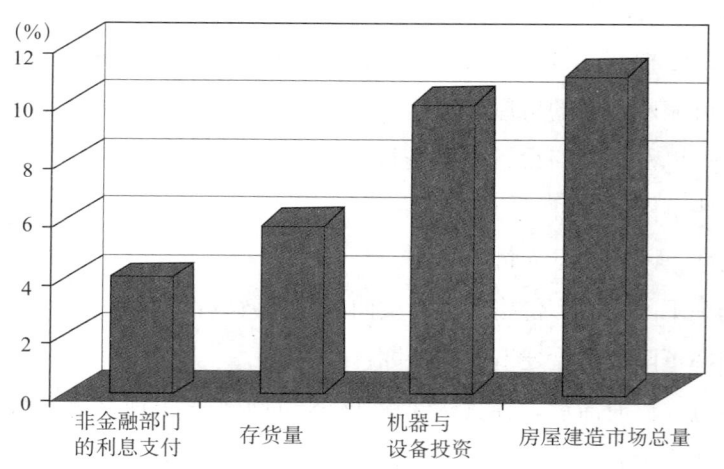

图 21-2 主要波动因素在典型的现代经济中占 GDP 的大概比例

因此,公共部门是轻微反周期的,而非耐用品的消费巨大并且相当稳定。但是,消费者在耐用品与房屋上的支出这部分很少成为周期出现的基本原因,而是周期主要驱动力传导机制的一部分。

至此，还有什么遗漏的因素吗？我们需要考虑商品这个因素吗？的确，商品的需求、供给和价格都发生了很大的变化，但在2004年，商品价值在经济总量41万亿美元当中仅仅占了1万亿美元，即大约2.5%。商品曾经是世界上几乎所有经济表现的中心，但好景不再。诚然，在巴西或者俄罗斯，商品的变化仍然能够引发许多骚动，石油价格的波动在德国、日本或者美国也仍然会引起注意，但其影响已经远远不及以往。

第22章　中央银行的挑战

2000年2月17日，经济呈现一派繁荣的景象，纳斯达克市场达到了历史高位。艾伦·格林斯潘刚刚在美国国会的一次听证会上作完陈述报告，开始接受提问。共和党议员罗恩·保罗也正在关注货币方面的问题。他注意到在货币供应中被称为M3的增长情况，统计数据显示，从1992年以来，这个指标的扩张速度似乎要比整个经济快得多。因此，他想知道美联储为什么会允许这种情况出现。格林斯潘给出的答案让人有些不安："……我们一直努力对货币进行准确的定义，问题在于……现行的货币定义并不能为我们提供控制货币供给的有效方法……"

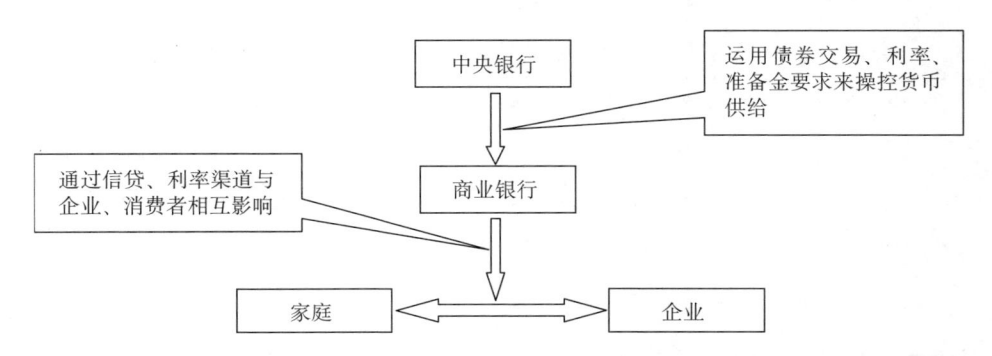

图22-1　中央银行如何管理货币。关键在于中央银行完全通过商业银行来产生相互作用，所以中央银行的管理要依赖于这些商业银行的健康度。

保罗先生对此有点疑惑地问道："那好，如果你不能准确定义货币，又怎么能够控制货币体系呢？"

艾伦·格林斯潘回答道："这的确是个问题……"

定义货币成了一个问题。然而，在一个反复无常的世界中，当中央银行试图驾驭货币政策时，这还不是其所面临的唯一问题。事实上，中央银行的工作至少要面临10个主要的挑战，必须针对问题选择某一种战略性的方法。这就是一个挑战。而后，中央银行的问题还包括如何定义与测度著名的纽科姆方程式中的"M"、"V"、"P"、"Q"这些变量。这又是4个挑战。除了这4个问题之外，中央银行还要承担多项任务，包括有能力阻止货币流通速度的严重下降，处理资产泡沫，避免过度刺激和研究处理外汇汇率问题。最后，中央银行还要维护市场信心。在一个周期性的世界里，中央银行的任务并不轻松，下面我们就来看看其原因究竟何在。

挑战一：选择战略性方法

不管中央银行行长的偏好如何，他们都需要拉住手中的绳索。中央银行行长经常使用的3个基本工具包括：

- 改变贴现率。例如，降低利率将会刺激更多的借贷活动，并且减少全社会的储蓄，而亨利·桑顿早在1802年就已经观察到这一点。
- 向商业银行购买或者出售政府债券。这些交易是在商业银行开设于中央银行的账户上进行贷记/借记。这类交易可以修正商业银行的超额准备金，进而影响其放贷能力。
- 提高或降低商业银行的准备金要求。提高准备金可以防止商业银行发放更多的信贷，反之亦然。

因此，中央银行与商业银行之间相互影响，而且它们又会和消费者及企业相互影响（见图22–1）。中央银行为什么要用商业银行作为中介来和消费者及企业发生联系呢？一个很好的理由就是商业银行拥有关于其客户的重要信息，所以商业银行能够更好地区分各种项目的优劣。

一般认为，中央银行的所作所为都会通过银行体系得到放大。中央银行活动的直接效应体现在货币的数量与价格（利率）的变化上。但是，它还伴随着派生效应，这也被称为"金融加速器"。凭借这种效应，企业如果以低成本举债就可以增加利润。运用新的较低利率的贷款，企业能够提高盈利水平与市场价值，于是也增加了企业的信誉度，因此银行又可以给企业提供更多的贷款。另外一个次级效应是货币刺激经常会导致货币贬值，这会刺激出口，从而促进地区内部的经济增长。

对于中央银行来说，最为关键的问题当然是要决定在什么时候增加或者减少货币供给，以及变动多大的幅度。在这个问题上，不同中央银行的风格是有差异的。经济就像一台机器，有许许多多的运转部件，而且每一种货币政策风格都强调针对不同的运转部件。我们可以把这些不同的风格划分成若干"口味"：

- 奥地利口味，意味着尽可能地保持货币供给的稳定，而不必试图对经济进行微观的管理。这种对纽科姆方程中的"MV"进行稳定化的方法在20世纪80年代特别流行（是针对70年代通货膨胀的应对措施），日本则在90年代采用这种方法。弗里德曼是这种方法的一个伟大的提倡者，但是经过多年之后，他也对自己的观点作了某些修正。
- 瑞典口味，意味着要能够识别"自然利率"（商业投资的平均回报，如克努特·魏克塞尔所描述的那样），并且朝着这个自然利率的方向对实际利率进行调整。这个方法在20世纪80年代之后逐渐得到推广。
- 英国口味（凯恩斯之后），关注识别充分就业增长率，或者经济增长速度的极限，并且尽力按照这个速度水平来驾驭经济的增长——既不偏高，也不偏低。这意味着把"Q"作为货币政策的目标。
- 新西兰口味，即公布特定的通货膨胀目标（"P"），只要通货膨胀偏离这个目标水平就进行政策干预。新西兰在1989年开始实施这个方法，该方法在接下来的15年内扩展到了其他20多个国家。
- 加拿大口味，采用所谓的"货币条件指数"（MCI）作为基准。该指数以短期利率以及汇率为基础，加拿大银行在20世纪90年代早期引入了这个指数，自此之后，它在其他国家也流行起来。
- 美国口味，这是一个新近的方法，它是斯坦福大学的约翰·泰勒教授在1993年为中央银行业务设计一个简单的方程时引入的。这个方法的基础是2%的目标通货膨胀率与4%的"中性"短期利率。他的方程中的作用机制是这样安排的：实际利率应该由两部分决定，一部分是通货膨胀率偏离2%的目标水平的程度，另一部分是经济增长偏离长期增速极限的程度。过度的通货膨胀或者增长会导致利率水平的提高，反之亦然。这就是现在所称的"泰勒规则"，经常被用作讨论中央银行政策的参照。
- 最后还有津巴布韦口味，也就是尽可能多地供给货币。

现实中，并不存在许多空谈的中央银行行长，现在他们绝大多数是把不同口味（津巴布韦口味除外）的模型混合在一起，加上显著的个人判断进行决策。然而，中央银行的任务没有哪一项是容易的。我们就拿奥地利口味来说吧，其需要努力稳定的是MV。这里首要的问题就是要对"M"进行简明的定义，正如格林斯潘在2000年2月的听证会上所提到的。对于这个问题，我们不妨作更为深入的探讨。

挑战二：定义货币，"M"

怎么定义货币呢？任何百科全书都会提到货币是记账单位、价值储存和交易媒介。显然，符合这种定义的货币例子有许许多多：铜手镯、琥珀、珊瑚柱、毛皮、干鱼、谷物、糖、烟草、纸牌、小五金、稻米，甚至是奴隶。希腊人曾经用奴隶作为通货，罗马人在征服伊特鲁里亚人之后开始采用金币。现代货币被分成了以下亚成分：

- M0，即硬币与纸币，换句话说，就是现金。
- M1是随时可以用来支付的货币。它是现金（M0）加上支票账户和旅行支票。
- M2 是 M1 加上其他具有相当流动性的价值储存：储蓄账户、货币市场账户、小额存单、货币市场共同基金、隔夜欧洲美元和隔夜回购协议。
- M3 是 M2 加上某些流动性较差的储蓄形式：大额存单、机构的货币市场账户、定期存款、定期的回购协议等。
- M4 是 M3 加上私人部门持有的房贷合作社股份和存款以及大额存单。
- M5 是 M4 加上私人部门（不包括房贷合作社）持有的税收存款的货币市场工具（银行券、财政部国库券、地方当局存款）证明和国民储蓄工具（不包括证明、工资扣存储蓄存款计划和其他长期存款）。

M0、M1 和 M2 经常被称为"狭义货币"，而 M3、M4 和 M5 则是"广义货币"。最近出现的另一种分类是 MZM，或者是零期限货币，它所衡量的是那些不需要给银行任何事先通知，所有者即可使用的金融资产的供给。MZM 等于 M2 除去任何定期存款（因为这些存款需要事先通知银行），但要加上从 M3 中划出来的货币市场基金。换句话说，它所衡量的是真正的流动性货币，或者是那些可能具有高流通速度的货币。这些分类已经相当清楚了。现在，我们来看冯·哈耶克在 1976 年所写的《货币的非国家化：对多元货币理论与实践的分析》这篇文章：

> 货币并不是必须由政府创造的法定货币。像法律、语言和道德一样，它也可以自发地出现。

自发地出现？我们已经看到 J·P·摩根在 1907 年的危机中设计了"手写货币"作为应急货币。数字化时代又出现了一些新的例子：电子电话卡、网络忠诚计划、事项智能卡、预付智能卡和常旅客里程等。举例来说，后者可以是为葡萄酒、旅馆住宿、相机、机票以及租车等进行支付的有效法定货币。这看起来也像货币，但从来都不是由中央银行发行的。然而，中央银行遇到的大麻烦并不是常旅客里程这类东西，而是可变价格资产。这些虽然不是由中央银行所发行的，但在很多方面，它们能够充当货币的角色。所以，我们遇到了第三个挑战。

挑战三：处理资产泡沫

2005 年 1 月 27 日这一天，美国房地产圆桌会议在华盛顿特区举行，美联储的副主席罗格·弗格森在会上就资产价格与经济周期问题作了一个非常有意思的报告。图 22-2、图 22-3 和图 22-4 是从弗格森的报告中摘录出来的，这些图形说明了在增长趋势发生改变的时点附近——此时的产出缺口处于最低位（或者稍后一点儿）——并且适当处于衰退之前，资产价格可能如何变化。正如罗杰·沃德·巴布森早在 1911 年就已经指出的，这表明资产价格是经济的晴雨表，它能把未来的事件进行贴现。然而，资产价格行为还可以放大经济周期。弗格森总结道：

> 衰退几乎总是伴随着资产价格的下跌。但是，这种下跌有时看起来像是那些出人意料的负面事件的源头，而资产价格的下跌随后可能产生不成比例的不利结果。正在下跌的资产价格造成了反向财富效应并且抑制了消费。它使抵押物贬值，还增加了商业借贷风险，并且因此恶化了借贷者所面对的借贷合同条款。当资产价格大幅下跌时，出借人也可能发现自己持有了大量的不良贷款，支撑这些贷款的抵押物有的已经变得毫无价值。由于这个原因，在资产价格的上涨与下跌之后发生的衰退，可能与银行业的问题也有关系。
>
> 在这种情况下，继而发生的调节损失可以作为另外一种力量，以拖延和加深轻微的衰退——否则其可能已经发生。

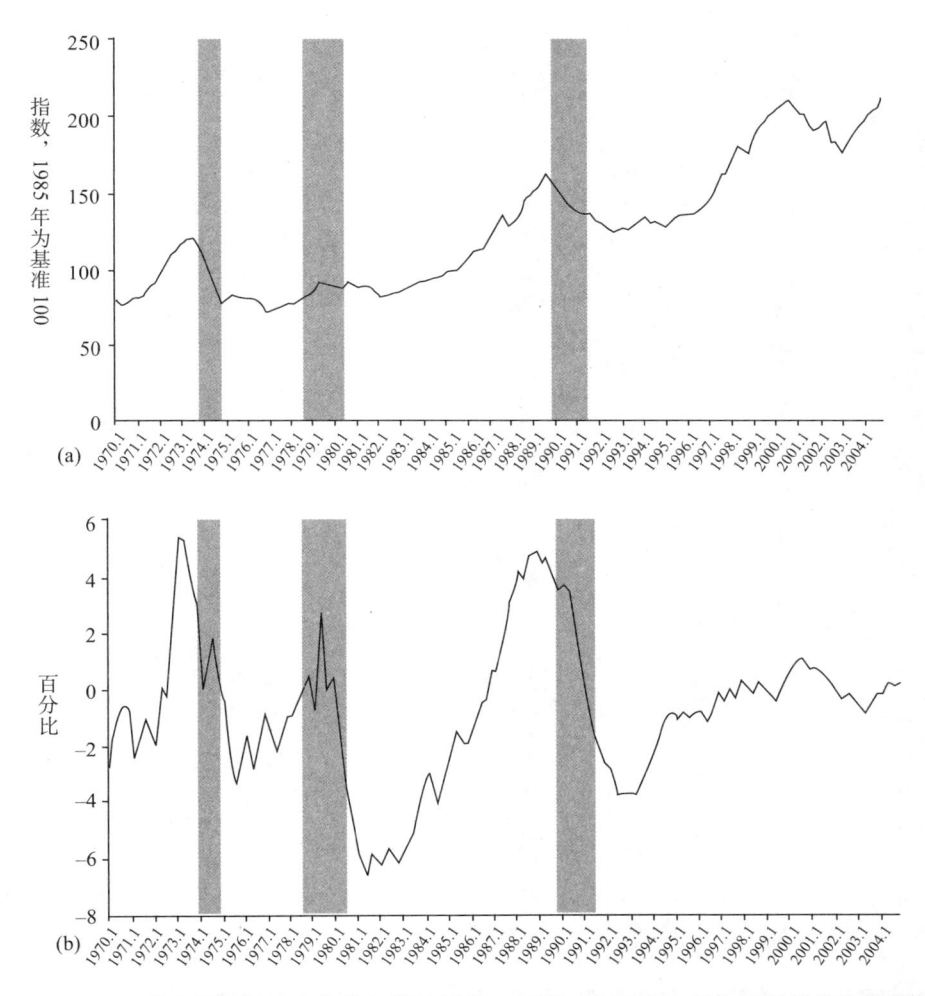

图 22-2　英国的总体资产价格与经济活动，1970~2004 年。图中阴影部分表示衰退期间。图 (a) 表示总体资产价格，图 (b) 表示产出缺口。这意味着经济增长一直处于可持续发展水平。在产出缺口达到最高点或者稍迟一点的时候，资产价格向下反转表现得非常显著，而且资产价格的每一次下跌都正好发生在经济衰退之前。

逃不开的经济周期

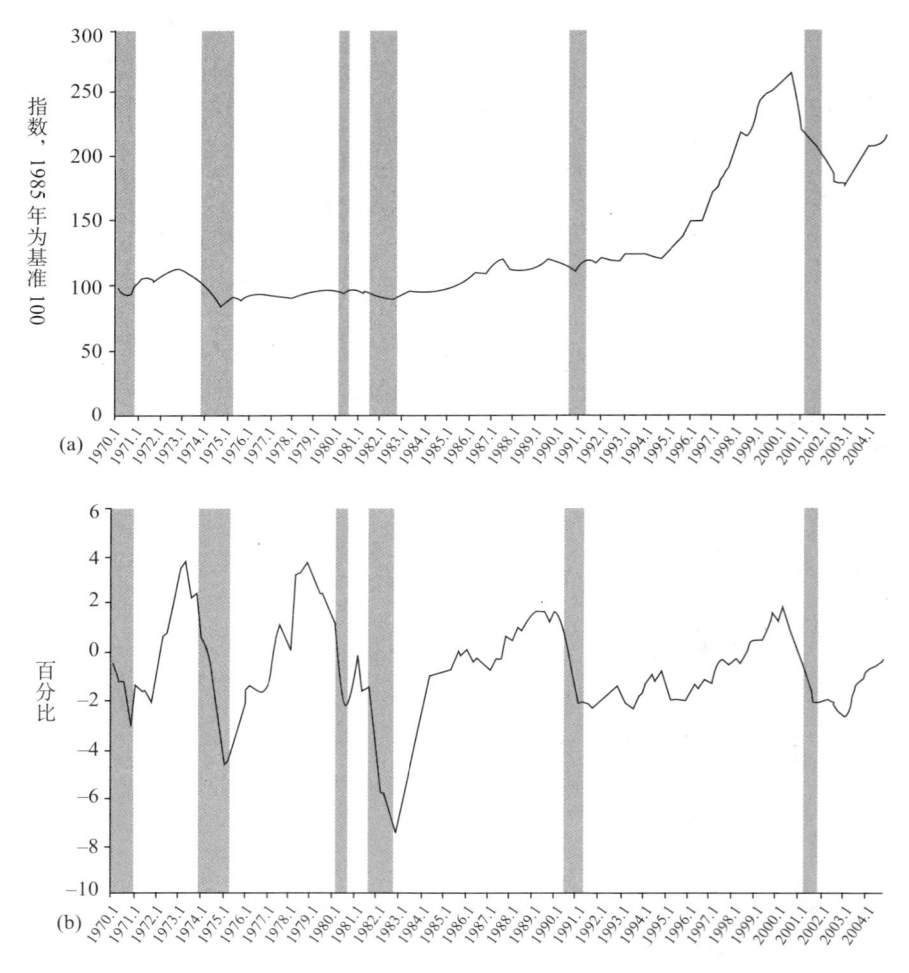

图 22-3　美国的总体资产价格与经济活动，1970~2004 年。图中阴影部分表示衰退期间。图（a）表示总体资产价格，图（b）表示产出缺口。美国的资产价格也像英国一样，正好在经济衰退之前出现向下反转。

第 22 章 中央银行的挑战

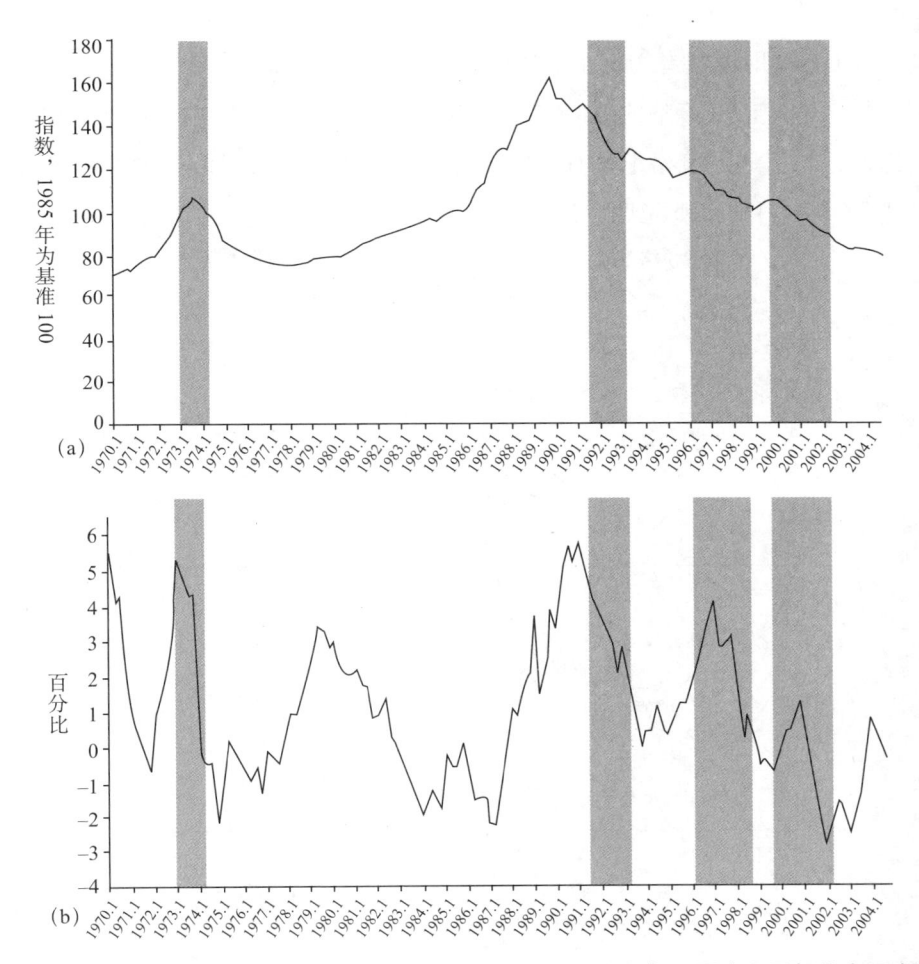

图 22-4 日本的总体资产价格与经济活动，1970~2004 年。图中阴影部分表示衰退期间。图（a）表示总体资产价格，图（b）表示产出缺口。该图说明了在资产价格大幅上涨期间没有发生经济衰退，然而，随后的资产价格下跌则与一连串异常的经济衰退有关。

另一项研究出现在国际货币基金组织 2003 年的《世界经济展望》第二章。这项研究利用了 1959~2002 年 19 个工业化国家的各种股票价格指数，还有大约从 1970 年开始的主要覆盖 14 个国家的房屋价格数据（这些数据都剔除了 CPI，即消费者物价指数的影响）。其作者赫尔伯林与特若尼斯对股票市场与房地产市场萧条的效应作了明确的区分。该研究得出的第一个有趣的结论是，与房地产价格下跌有关的全部附带结果要比股票市场萧条造成的灾难严重得多。图 22-5 说明了这一点。

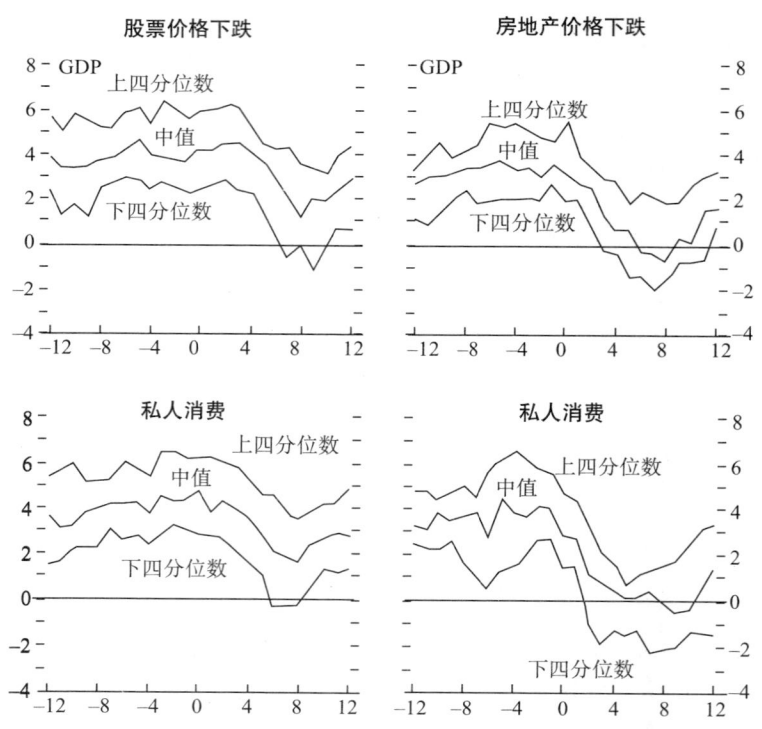

图 22-5　股票与房地产的价格下跌分别对 GDP 造成的影响。该图表明，房地产价格下跌通常与经济总量的最大幅度下降有关。该图和图 22-6、图 22-7 和图 22-8 中的纵轴刻度是在下跌中顶点之前与之后的四分位。

接下来，作者继续调查了两个主要的经济周期驱动因素——资本性支出（私人在机器设备方面的支出）和私人房屋建造支出的情况。结果再次说明房地产价格下跌造成的影响要严重得多，我们从图 22-6 可以看出这一点。

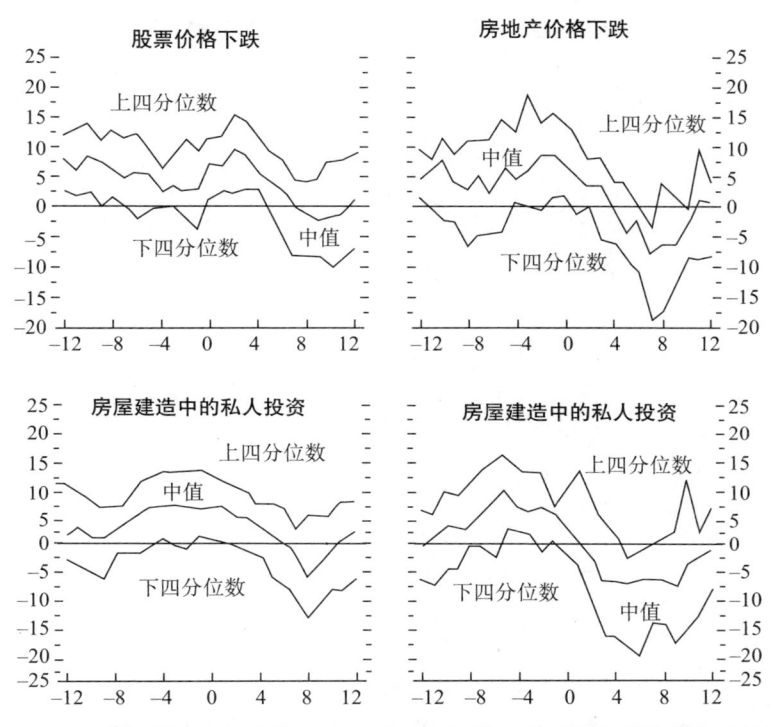

图 22-6　股票与房地产的价格下跌分别对资本性支出和房屋建造所造成的影响。在房地产价格下跌期间，这两个变量下跌的幅度要比在股票周期性下挫期间大得多。

他们还调查了信贷与货币供给所发生的变化，结论仍然是房地产价格下跌带来了最大程度的收缩（到目前为止）。图 22-7 说明了这一点。

最后，他们研究了房地产价格与股票市场表现之间存在相关性的情况。结果显示在图 22-8 中，我们看到，房地产价格下跌导致股票市场的下挫，要比反过来所造成的下跌幅度大得多。

这项研究的最后一幅图（见图 22-9）表明，在房地产价格与股票价格下跌期间，银行的坏账准备金是如何变化的（"坏账准备金"指银行核销不能偿还的贷款）。结论非常清楚：股票价格的下跌根本没有牵连到任何的银行危机（平均而言），然而，房地产价格的下跌导致了明显的坏账准备金提升（在图 22-7 显示的货币供给中也说明了这一点）。至此，该研究的总体结论

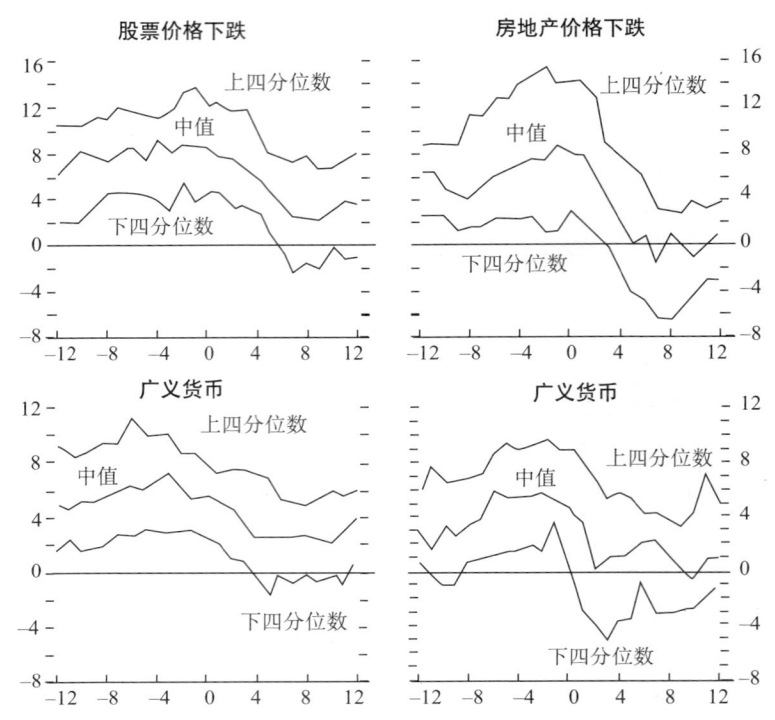

图 22-7　股票与房地产的价格下跌分别对信贷与货币供给所造成的影响。该图说明，在房地产价格下挫期间，这两个货币性指标下跌的幅度要比在股票下挫期间大一些。

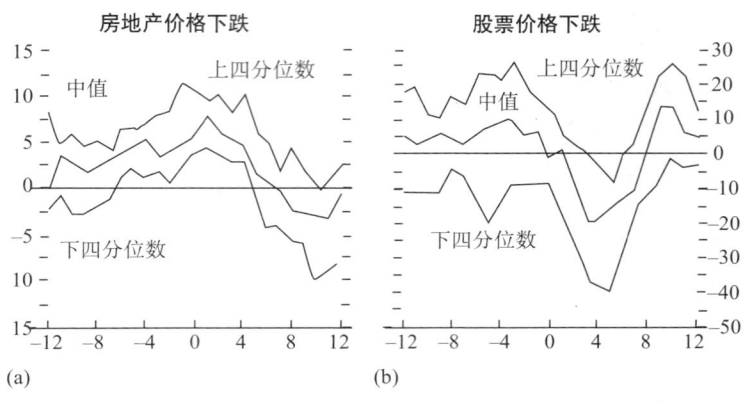

图 22-8　股票价格下跌与房地产价格下跌之间的相关性。图（a）说明在股票价格下跌期间房地产价格所发生的情况，典型情况下会出现适度的下跌，但是，上四分位数则表明房地产价格根本就没有下跌，仅仅是增长减速而已。图（b）说明了反向相关的情况，每次房地产价格出现下跌后，股票价格会立即大幅下跌。

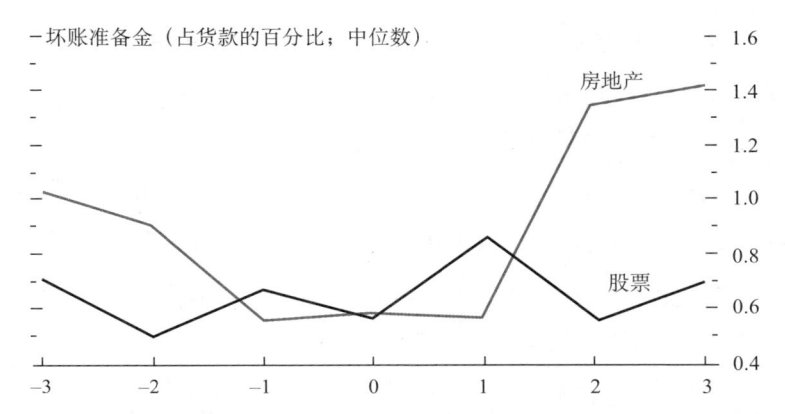

图 22-9 在股票与房地产价格下跌期间，银行的坏账准备金。纵轴表示下跌中的顶点之前与之后的年份。该图显示，股票价格崩溃一年之后，通常所涉及的坏账准备金增加非常有限，而在下一个四分位的年份则恢复到正常状态。另一方面，房地产价格崩溃一年之后所涉及的准备金要高得多。

是：房地产价格下跌比股票价格下跌有着更为严重的后果。

我们已经看到，房地产市场正常的规模大约是 GDP 的 400%~500%，财富效应值大约是 4%，所以房地产价格发生急剧变化会对经济产生显著的影响。通常的情形是：例如，从 2000 年 3 月 1 日到一年之后，纳斯达克的综合市值下跌了 2.2 万亿美元，这相当于每一个美国家庭损失了 4.5 万美元。这可是很大的一笔数字呀。现在，记住这个数字，我们再来看看一直在谈论的纽科姆方程式：$MV = PQ$。

创造房地产或者珠宝这些资产的过程构成了方程式中"Q"这一部分，这类经济活动是流量。但是，已经完工的房屋或者珠宝随后成为了可以出售、使用或者抵押的资产，这让我们想起它们有一点"M"的味道。有人甚至可能认为采用另外的货币定义就可以把这类资产也囊括到货币之中。或许我们可以想象，"M13"是"M12"加上商业性房地产，"M14"则是"M13"加上珍贵的艺术品，等等。例如，现有房地产价格的增长显然能够增加建造活动，或者是建造业的"PQ"。最起码，我们应该考虑到资产在某种程度上是可以承担"M"（货币）功能的，因此资产的增加能够有效地提高"MV"。当然，有人可能会认为，只要资产不是用于直接的物物交换，就总是需要有真实的货币来完成交易。这最起码可以加快货币的流通速度。实际上，这就像投资银行高盛沿着这些路径设计其"金融环境指数"一样——高盛的这个指数不仅包括了短期利率与公司债券收益率，也包括了美元的交易权重指数和相对于GDP的股票市值。换句话说，高盛把货币刺激所衡量的资产价格也考虑在内。

如果"MV"上升，其另一个含义是它不仅仅影响消费者价格"P"，还会影响资产价格"P"。例如，残酷的商业竞争与供给冲击使消费者价格出现上涨是几乎不可能的，因此中央银行可以在不提高消费者价格上涨水平的情况下进行很好的刺激。我们回忆一下萨伊定律所说的供给等于需求的命题。在资产价格上涨的环境下，消费品的供给超过了其需求，然而资产的需求则超过了其供给。

这就是北美市场在18世纪开放时的情形，印度等国家大约从1990年开放的时候也是如此。这种经济环境能够刺激贸易量与资产价格的上涨。而后，它又能够导致一个经济过程，在此过程中，资产价格的上涨增加了抵押物的价值，这反过来又导致了借贷的增长，并且因此提高了货币流通速度。这种情形发生的时候非常美好，但它确实倾向于变成一个循环：

- 内在的反通货膨胀环境迫使中央银行采取刺激性政策（以避免通货紧缩）；
- 这种货币刺激导致了资产的通货膨胀；
- 资产所有者把这些当作一种货币并用来抵押……
- ……这就意味着额外的货币刺激……
- ……导致了更高的资产膨胀。

当然，经济学家早就已经知道资产膨胀的风险。这是奥地利经济学派的基石，而且创办了私人研究机构"银行信贷分析师"的汉密尔顿·博尔顿，在1967年出版的《货币与投资收益》一书中也这样写道：

> 任何时候，货币供给的一部分用作价值储存，还有一部分用作交易

媒介，这两部分的相互关系可能正在改变。但是，在任何时候，交易媒介这部分也都被进一步分解，一部分用于新增的真实产出，另一部分则进入其他的实际交易——比如买卖二手汽车，或者是柯罗的绘画，或者普通股票与债券。

日本在1990年之后的衰退与博尔顿谈到的资产价格下跌是有关联的。在1991~2001年间，日本的工业用地价格下跌了22%，商业用地价格下跌了54%，住宅用地价格下跌了41%（高尔夫会员资格的平均价格则大幅下跌了90%）。1991~2001年，日本资产价格的综合下跌幅度超过了GDP的两倍，个人的总财富大约削减了一半。1992~2002年，日本GDP的实际年均增长率仅为可怜的1.1%，并且在1998~2002年间下降到仅0.1%。这还恰恰是在政府坚持大额举债刺激经济的情况下发生的。低经济增长率伴随着一再出现的通货紧缩，从而导致了典型的债务紧缩与流动性陷阱的情形。

由于传统方法（CPI）所度量的通货膨胀上升得非常缓慢，日本中央银行在20世纪80年代快速扩大货币供给；它此时正在进行稳定化的对象是"P"，而不是奥地利经济学派经济学家（以及米尔顿·弗里德曼）曾经提出的"MV"。它也没有稳定资产价格"P"。

如此一来，这个曾经的错误能够避免吗？中央银行应该设法对资产价格进行管理吗？我们看看一些专家的意见。下面是路德维希·冯·米塞斯说过的一段话：

> 信用扩张在起初阶段的确能够带来经济繁荣，这一点是真实的，但或迟或早，这种繁荣必然要崩溃，并且带来新的下跌。银行与货币的伎俩仅仅具有表面上暂时的救济功效。长期来看，这些伎俩一定会把国家置于极深重的灾难之中。这些方法对国民福利造成的全部伤害越重，民众设法用繁荣的幻觉来自我欺骗的时间也就越长，而这种繁荣的幻觉是依靠信用魔法的召唤不断创造出来的。

这段引文来自米塞斯1934年写的（参见《社会主义》），那么近期的评价如何呢？从1987年到2006年掌管美联储的艾伦·格林斯潘，2002年曾经在怀俄明举行的一次互联网泡沫讨论会上作了如下的评论：

> 这些数据表明，只有短期利率急剧提高，从而造成经济显著减速，才足以阻止刚刚开始出现的泡沫。想要正合时宜地逐渐增强银根收紧力度，以防止20世纪90年代末的泡沫，肯定只是幻想而已。

另一位专家是美联储的现任主席本·伯南克，他在日本经济崩盘与互联网泡沫破灭之后（在获任命之前）发表了一系列的演讲与文章来讨论这些问题。他把应对资产泡沫出现的方法分为3种："什么也不做"、"凭借风势"、"主动刺破泡沫"。伯南克和其他许多人的看法一致，认为资产泡沫会造成巨大的不稳定性，而且常常导致货币不成比例、无效地流入那些出现泡沫的部门。然而，当谈到他上面所提出的3种可选方法时，他把主动刺破泡沫这种方法完全排除了。为什么呢？我们再来想一想纽科姆方程式：$MV=PQ$。他说，一家把目标定为稳定消费者价格（P）的中央银行实际上也会暗中管理Q，因为当Q接近于其极限的时候，就只有看P的表现了。这意味着当资产泡沫能够提高Q的时候，就将被纳入美联储所设定的目标，也就间接说明了问题的原因。

在反对主动刺破泡沫的问题上，伯南克还有另外一种看法：中央银行的工具太钝了。他认为，诚如格林斯潘所说，企图刺破经济中的某些泡沫可能会对其他部门造成意想不到的巨大伤害。反对主动刺破泡沫的做法还有一个理由：人们所声称的泡沫是否真的存在常常很难确定。有一个较为著名的例子：艾伦·格林斯潘在1996年12月的一次演讲中，曾经暗示股票市场可能处于"非理性繁荣"的状态，这立刻引起了相当大的惊慌。格林斯潘的判断从何而来呢？这可能来自两位值得尊敬的经济学家，耶鲁大学的罗伯特·席勒和约翰·坎贝尔，他们两人刚刚就这个问题向美联储提交了一份报告。让人相当担忧的是，这两位专家得出的结论是，当标准普尔指数在750点附近时，股票市场的交易估价不低于公允价值的3倍（公允价值大约为250点）。

如果真是这样的话，那么市场绝对已经出现了大量高估值的问题。然而，之后的3年，股票市场仍然保持了强劲的升势，直到2000~2002年出现大崩溃时，这个指数也从未低于800点，这个点位高出经济学家5年前所假设点位的3倍还多。

了解这些情况之后，任何一位称职的经济学家应该不难看出，当日本的房地产价值达到世界其他地区房地产总值的150%时，就肯定出现了估值泡沫，或者，当互联网公司的市值超过其收入的500倍时，股票估价也的确高过了头。但是回头来看，如果我们自己站在20世纪80年代末日本银行的立场上，我们就会发现，不仅要与包含资产泡沫的问题作斗争，还要与通货紧缩的风险和顽固的货币升值问题作斗争，因此，在紧缩资产市场方面所作的一切努力又会加剧另外两个问题的严重性。然而，不刺破泡沫却导致了灾难：当经济进入冰点时，企图把货币重新注入经济体系中的做法似乎已经失灵了。为什么会这样呢？因为货币流通速度已经大大放慢，好像蜗牛在爬行一样，这也带给我们第四个大挑战。

挑战四：测量货币流通速度，V

一部分货币供给会快速转手流通，而另外一部分似乎有些黏滞。我们看到MZM定义的是趋于快速流动的货币，而且M1的流通速度也很高——特别是其中的有形货币。M2中包含的货币市场基金的流通速度也是较快的，但M2中其余的特定部分流通速度则要慢得多。M3所包含的成分流通速度也很慢——只需要想一下定期存款的情况就知道了。如果已经把货币存入银行定期账户，那么货币转手还能有多快呢？

中央银行是如何计算货币流通速度的呢？当然，这也要运用纽科姆方程式，再加上基础的数学知识。因为"MV"等于"PQ"，所以有：

$$V=PQ/M$$

货币流通速度，就是每隔一定时期，货币总量为名义GDP提供支出而周转的次数。它等于 GDP 除以货币总量。

我们假设出现了经济衰退，并且中央银行已经增加了货币总量 M 来刺激新的增长——但没有产生效果。接下来还能做些什么呢？如果总体货币流通速度已经出现下降，首先就会进行检查，而后再研究狭义货币与广义货币的相对表现，这样就可以知道货币流到哪里去了。如果流通速度真的下降了，可能就会看到广义货币的表现超过了狭义货币。

现在来考虑一种情况：货币流通速度实际上的确下降了，因此抵消了刺激经济的企图。货币卡在了流通链条的某个环节，但究竟卡在哪儿呢？首先能想到的是消费者。可能是货币到了消费者的手中之后，其流通就变得黏滞了，因为人们心理上有忧虑，并且正在逐步增加预防性的现金储备——为应对艰难的岁月而节约金钱。如果人们认为银行可能会倒闭的话，那么这部分货币甚至会被人们以有形现金的形式持有。与消费者有关的一些典型征兆是有形货币的流通速度下降，货币市场基金快速增长，以及较低的/下降的商业/消费者信心。

再一个因素是商业银行。银行预计人们会及时偿付债务，但在衰退期间银行存在需要面对的问题，因为此时只有那些可靠的客户才能归还现金，而那些劣质客户已经没有足够的偿付能力。这意味着，银行最终要削减业务量，并且平均信用风险会上升——需要承受双重的挤压。这可能导致凯恩斯的"流动性陷阱"：商业银行的资产负债表受到如此大的损害，以至于它们不敢，或者不能完全担当传导中央银行的任何货币政策的职能（根据所谓的已经有100多个国家签署的"巴塞尔协议"，银行只有满足了特定的资本要求，才获准放贷）。

当金融机构开始倒闭的时候，银行危机就扩大了。每次一家银行破产，都会在纳税人、股东、存款人和债权人之间造成损失与痛苦。此外，银行通常要发掘有关客户信誉度的有价值的信息，如果银行倒闭了，这种信息大部分也就损失掉了。这意味着，遭遇破产的银行的许多有信誉的客户在再次贷款融资时，又要与那些对自己不够了解的其他金融机构打交道。而且，纯粹的银行失败的可能还意味着银行机构彼此之间丧失信心，从而抑制了货币的自由流动。凯恩斯流动性陷阱的两个最普遍的征兆是，银行的股票价格下跌，而债券价格上涨，测量的黏滞货币（M3 或者 M4）流通速度超过快速流通货币（M1 和 MZM）。这种情况发生于 20 世纪 30 年代的全球大萧条时期和 90 年代的日本，在 1990 年 3 月，日本能够满足 8% 的资本充足率要求的地区银行数量还有 50 家，而到 9 月时仅仅剩下了 4 家。

关于货币黏滞的另一个原因可能是欧文·费雪的"债务紧缩"机制在起作用：资产价格正在下跌，所以资产负债表也正在恶化，于是导致了廉价抛售与债务偿还的恶性循环，这降低了货币流通速度。债务紧缩的征兆包括很高的债务水平，很高的借款服务成本，当然还有快速下跌的资产价格。如果还有许多公司大量举借外债从而发生了货币危机，债务紧缩就会被进一步放大。20 世纪 90 年代的日本，1997~1998 年新兴的东亚国家，以及 2000 年互联网泡沫崩溃后的不幸后果，都是这方面实实在在的例子。

如果经济衰退恶化到出现银行危机的程度，会造成什么不同的后果吗？2001 年，霍格思、雷斯与萨波塔所作的一项研究说明，一次银行危机过后，总产出的平均损失为 GDP 的 6%~8%，但是如果还存在货币危机的话，损失会上升到 GDP 的 10%。这些数字表明了社会整体所蒙受的损失，但是，这三位经济学家还研究了政府所承担的干预成本、税收损失等问题，他们发现发达国家为此付出的代价是 GDP 的 12%，新兴经济体则要付出 GDP 的 18%，所有国家为此付出的成本平均为 GDP 的 16%。但是，这种成本的大小对于是否存在货币危机表现出了很强的依赖性。在仅有银行危机的情况下，这个成本是 GDP 的 4.5%，而对存在双重危机的情况来说，这个成本就大幅攀升到了 GDP 的 23%（政府的损失可能超过社会蒙受的总损失，因为大量的政府成本与货币的再分配有关的）。这些成本是巨大的，因此，如果有办法能够避免的话，那显然太好了。问题是怎样才能避免呢？这是我们的第五个挑战。

挑战五：阻止货币流通速度的严重下降

中央银行在处理货币流通速度严重下降的问题时，多数情况下会不断采取传统的刺激方法，并预期只要时间足够长，这种刺激就能够发挥作用。然而，中央银行还是会遇到一个真正的难题，这就是其所面对的第五大挑战。尽管中央银行把利率降低到零，但它发现即使这样做，刺激的力度仍然不够。或者是，商业银行卖给中央银行的政府债券数量达不到中央银行的要求。在遭遇这种难题时，中央银行可能需要考虑表22-1中所列出的非传统的补救方案。

表22-1 扭转货币流通速度下降的特别措施

	预防性现金储备的累积	债务紧缩	流动性陷阱
明确的征兆	·有形货币的流通速度下降 ·货币市场基金的快速增长 ·较低的/下降的商业/消费者信心	·公司/消费者的债务水平很高 ·相对于现金流/处置性收入的借款服务成本高昂 ·房地产价格下跌 ·股票价格下跌	·M3/M1和M3/MZM这两个比率提高 ·相对于政府债券价格的银行股票价格下跌
央行非传统的补救措施	·对消费者的银行存款提供/增加担保	·购买股票 ·购买房产 ·购买更加长期的债券 ·购买抵押债券 ·购买公司债券 ·干预货币市场造成货币贬值 ·公开通货膨胀目标水平	·向商业银行提供固定期限的低息或零息贷款，允许银行使用一定范围的资产类别作抵押 ·承诺在较长一段时期内把隔夜利率保持为零 ·宣布明确的长期利率目标并且承诺无限量购买以支持债券价格

20世纪90年代的日本遭受了货币流通速度下降与黏滞货币的全部3种征兆：民众储存货币，银行的资产负债表太过脆弱而无力创造新的信用，并且资产价格快速下跌。但是，中央银行仍然是作出蜗牛式的反应，并未能运用多种非传统的战略来更加快速地解决问题。

然而，我们也不应忘记那些让人震惊的案例，有些时候中央银行因为所采取的刺激力度太大而遭受了失败。这里的问题是对未来的经济增长要能作出准确的预测。这也正是中央银行所面临的第六个挑战。

挑战六：预测增长，Q

我们回忆一下具有英国口味的中央银行业务，其核心是向着自然速度的极限来驾驭经济增长。然而，只有在能够预测的情况下，才能驾驭好经济的增长。为此，我们需要有领先指标来作预测，诚然，不同的组织机构会按照不同的方法。

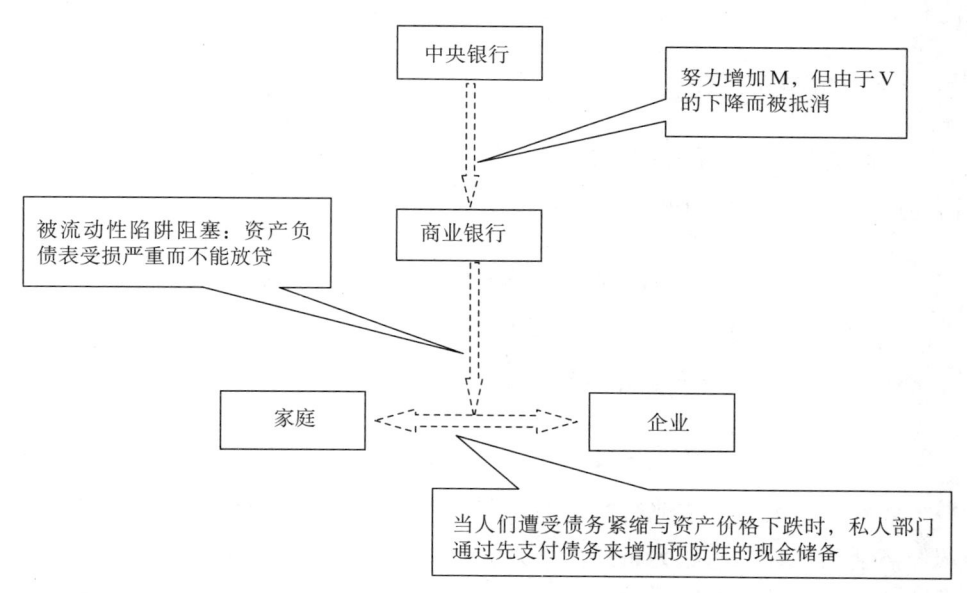

```
                        中央银行
                            │
                            │          努力增加 M，但由于 V
                            │          的下降而被抵消
                            ▼
被流动性陷阱阻塞：资产负
债表受损严重而不能放贷 ──→ 商业银行
                            │
                            ▼
                    家庭 ←──→ 企业
                            │
                    当人们遭受债务紧缩与资产价格下跌时，私人部门
                    通过先支付债务来增加预防性的现金储备
```

图 22-10 货币流通过程中的故障。如果商业银行不能或者不愿创造新的信用，那么中央银行所做的可能只是"推动一根绳子"。在资产价格严重崩溃之后极有可能出现这种情况。

利用这些指标。在此，我们可以用美国经济咨商会所采用的指标为例加以分析。经济咨商会指数的第一个指标是货币供给的扩张，这个因素被认为是所有指标中真正最初始的指标，是经济增长的原始动力所在。

- 货币供给，M2

指数中所有其他指标正在发生的变化主要是货币供给造成的结果。我们将其中的两个指标称为金融类指标：

- 利差，即 10 年期国债收益率减去联邦基金利率
- 股票价格，即 500 种普通股构成的价格指数（标准普尔 500 指数）

这两个指标都很好，部分原因在于金融市场一直在努力预测未来并加以贴现，另一部分原因则在于股票投资者一般会采用利率来贴现未来收益，因此利率成为领先指标。另外一个是寄希望于预期的领先指标：

- 消费者预期指数

下面的三项指标能够告诉我们已经决定了的经济活动，但是，这些经济活动还需要经过一段时间才能完成：

- 建筑许可数量，新的私人住房单元数量（新屋开工量）
- 生产商对消费品与材料的新订单
- 生产商对非国防资本货物的新订单

在这三项之中，建筑许可是预测经济复苏最好的经济类（反金融的）指标。这是因为房屋建造业对经济的影响很大，也是因为消费者才是推动每一项经济活动上升的起始力量。接下来的经济咨商会指标反映了当企业捕捉到生活中最早的信号时作出反应的情况：企业不再雇用更多的员工，但确实会要求现职员工更加努力地工作。之后，企业会积压一定数量的订单，这导致交货更慢。这类指标包括：

- 平均每周制造工时
- 供应商绩效，延迟交货扩散指数

领先指标中的最后一个是关于失业率的，这个指标随着经济活动的上升而下降：

- 平均每周失业保险的首次索赔额

综合领先指标一般在经济活动达到高峰之前的 6~8 个月就已经达到了高峰，而在经济进入低谷之前的 2~4 个月也已经出现了低谷。我们在研究长期历史图表时，对领先指标与 GDP 进行比较，至少会发现这样的结果。但是，我们在习惯上对领先指标的运用并不像其在历史图表中所显现的那样容易。其中一个问题在于，绝大多数的数据在公开时都有些延迟，而你需要观察几个月来的趋势以及所发生的变化，然后才能确定其意味着什么。因此，我们的问题是，如果领先指标在两个月之前实际上已经进入了低谷，而在这些数据被准予发表时几乎又已经过去了两个月，那么这就很让人恼怒了。

20 世纪 80 年代末，杰弗里·穆尔（来自 NBER 的经济学家，他后来创办了 ECRI，即经济周期研究所）提出了加强预测的两个建议。其中的一项建议是把一些所谓的"长期领先"指标分离出来。这些指标相对经济的领先时间特别长。他发现以下 4 项指标符合这个特点：

- 实际货币供给
- 债券价格
- 建筑许可数量
- 价格对单位劳动成本的比率

在对 1948~1989 年期间的这些指标作了研究之后，他发现，这些指标的综合指数的领先时间发生了改变，平均而言，其领先经济高峰的时间为 14 个月，而领先经济低谷的时间为 8 个月。这比美国商务部的综合指数要好得多。那些并非"长期"的领先指标综合指数已经改变为领先经济高峰 8 个月，而领先经济谷底则仅两个月。穆尔的另一个建议是关注"迅速可用的指标"。这些领先指标的表现并不比其余的指标更好，但是其数据发表出来的平均延迟时间不到 3 个星期。

对此我们还可以作进一步的研究。一些研究结果表明，把领先指标与滞后指标分开来看，比仅仅孤立地看领先指标要好。经济咨商会采用了 7 个滞后指标，首先是关于贷款与货币方面的指标：

- 消费分期付款的信贷余额对个人收入的比率
- 工商业的贷款余额
- 平均银行贷款基本利率

这些指标显示出经济活动正在扩张而货币则在收紧。下面是有关成本上涨方面的指标：

- 服务业消费者物价指数的变动
- 单位劳动产量的劳动成本变动

还有一个指标与存货的惊人累积有关：

- 制造与贸易库存对销售额的比率

最后一个是有关就业方面的指标：

- 反向的平均就业持续时间

如果领先指标上升，而这些滞后指标（瓶颈与消耗的信号）下降，这对经济而言就是特别强的信号。

最后，为强化对纽科姆方程式中的 Q 进行的预测可以运用特殊的亚领先指标。经济周期研究所发布了一个针对房地产业的领先建造指数，还有多个应用于整体经济活动、特定部门、贸易与通货膨胀方面的指数。

在现实中，决策制定者是如何预测经济活动的呢？他们有多种方法，但更多的做法就像著名的华尔街公司 ISI 那样——这家公司运用若干小的、简单而易于理解的方程式进行预测。ISI 的经理人员研究了每一个这类迷你模型的预测情况，将它们相互比照，再阅读报纸信息，用已经分成正面或负面的美国与世界经济数据创造出扩散指数。然后，他们坐下来总结出自己的观点，一直到当天结束，他们的观点都还是一种直觉。（但这个结果并不是到当天结束才对外发布。它每天要向所有的客户作两次更新！）

挑战七：避免过度刺激

如果中央银行宣称目标通货膨胀率为2%（或者其他水平），那么它们多半是指CPI（消费者物价指数）这个指标。CPI是反应消费者必须支付价格的相当好的指标，即使说它在反映消费习惯的变化方面太慢，而且在反映消费品质的变化方面也没有什么希望，但它仍然是最好的指标。

通货膨胀已经屡屡对社会造成了危害。我们看到早期的一些例子，在16世纪和17世纪的西班牙，当白花花的银子从新大陆大量涌进的时候，结果是造成了破坏性的通货膨胀；加利福尼亚发现大量金矿的时候，19世纪和20世纪早期的澳大利亚与南非则因此发生了通货膨胀。我们还可以回忆一下，奥尔良大公是如何印发过多的纸币（归功于约翰·劳）而造成18世纪法国的通货膨胀的，但是，更为极端的通货膨胀例子还要算1922年的德国（5 000%）、1973年的智利（600%）、1985年的玻利维亚（12 000%）、1989年的阿根廷（3 100%）、1990年的秘鲁（7 500%）、1993年的巴西（2 100%）、1993年的乌克兰（5 000%）和2003年的津巴布韦（600%）。当政府透过中央银行（不是独立地）进行支出并大大超过经济所承受的限度时，这些国家发生恶性通货膨胀就是很正常的现象。关于通货膨胀带来的威胁，前面已经说得很多了。约翰·梅纳德·凯恩斯曾经说过一段甚为经典的话：

> 通过持续的通货膨胀过程，政府可以秘密地把公民的一部分重要财富没收。采取这个方法，政府不只是伪装巧取，还是专横豪夺，并且这个过程会让许多人陷入贫困，但的确也能让少数人暴富。应该看到，这种方法

专横地重新调整了钱财的分布，遭受打击的不仅仅是社会的安全保障，还有目前社会对财富分配的公正性（或公平性）所秉持的信心。

由于通货膨胀的继续，而货币的实际价值每个月都在发生大幅波动，因此，奠定资本主义根基的债务人与债权人之间所保持的各种长久关系也变得完全混乱，乃至几乎毫无意义，而且获取财富的过程也堕落成了各种赌博与博彩活动。

路德维希·冯·米塞斯也指出：

只有政府这个机构，既能把白纸印成钱来花费，又能滥印纸币而让其变得一文不值。

冯·哈耶克也认为：

要说历史大部分是通货膨胀的历史，我认为这毫不夸张，一般而言，通货膨胀就是政府为了自身的利益而精心炮制出来的。

保罗·沃尔克，这位曾经真正阻断了20世纪70年代之后通货膨胀的中央银行行长，这样说道：

人们认为通货膨胀是一种残酷的，而且可能是最为残酷的税收，因为它给许多部门造成了意想不到的打击，而且给那些固定收入者造成了最大的损失。

然而，在所有关于通货膨胀的言论当中，我们还是应该牢牢记住米尔顿·弗里德曼曾经说过的一句话：

无论何时何地，通货膨胀都是一种货币现象。要想控制通货膨胀，只需要控制货币供给。

当然，弗里德曼所作的绝对是核心观察。根据纽科姆方程式的逻辑，通货膨胀总是和货币供给的持续、过量增长有关（理论上，它也可能与 Q 的持续下降有关，但实际上不是这样）。

20 世纪 70 年代所发生的高通货膨胀是较为近期的过度刺激的例子，它最终演变成了重要的全球性的威胁。这个事件是中央银行在 20 世纪所犯下最大的集体性错误之一，它使通货膨胀率在英国超过了 25%，在日本大约为 20%，在法国为 15%，在美国为 10%。在号称拥有世界上大部分最优秀的经济学家的国度，如此巨大的失策又是如何发生的呢？

这很可能是由多个问题共同造成的结果。首先，当时有许多政治家与经济学家都认为，接受稍微增长的通货膨胀率，就可以长期降低失业率。其次，他们过高估计了经济的非通货膨胀增长速度极限。最后，许多人从一开始就没有把货币供给与通货膨胀联系起来。人们指责高涨的石油价格，糟糕的气候，食品的短缺，贪婪的公司，不公平的工会等等，而且其中有些人认为应该采取价格与工资控制的办法，而不是紧缩银根来对付通货膨胀。

当然，米尔顿·弗里德曼对这些会感到不高兴。的确，他认为石油与食品价格的上涨确实造成了直接的通货膨胀刺激，但是这也意味着人们会减少在其他方面的开销，于是通货膨胀又会渐渐停止，除非经济中处处都存在太多的货币。1968 年，他在美国经济学会上作主席致辞，在致辞中，他努力解释了菲利普斯曲线关于失业与通货膨胀之间的替换仅仅在短期内成立。他后来继续对这个理论问题作了深入的研究，设法估计了货币供给扩张对经济增长（因而降低失业水平）的刺激效应结束所需要的时间，以及它导致通货膨胀所需要的时间。1992 年，他提出了从货币供给扩张到它对通货膨胀产生最大影响的时滞：对于 M1 来说，平均为 20 个月；对于 M2 来说，平均则为 23 个月。

$$MV \to Q \to P$$

正是以上事件的这种次序造成了某些强制性的过量货币创造。货币刺激的初始效应是正面的（提高 Q），只是到了后期，过量刺激的负面效应（提高 P）才显露出来。

挑战八：预测通货膨胀

有没有其他不同于观察货币供给和平均时滞统计数据的方法来预测通货膨胀呢？这样的方法的确也有。许多研究机构（包括一些投资银行）已经开发出一些领先通货膨胀指标体系。其中的一位先锋人物还是杰弗里·穆尔，他在 20 世纪 80 年代开发出了两套系统。其中一套系统的指数是建立在 16 种被广泛使用的工业原材料（棉花、聚酯、粗麻布、印花布、钢屑、锌、废铜、铝、锡、兽皮、橡胶、动物脂肪、胶合板、红橡木、苯、原油）现货价格基础上的。他宣称，如果这些原材料的价格出现了上涨，那么消费价格就会跟着上涨。这一指数名为《商业日报》工业原材料现货价格指数。穆尔的另一个指数包括了 7 个要素，其中的前 3 个与瓶颈问题有关：

- 工作年龄人口中就业的百分比
- 《商业日报》工业原材料现货价格指数增长
- 总体债务（企业、消费者和联邦政府）的增长率

这 3 项指标背后的理论是劳动力、商品或资本的瓶颈将会导致价格上涨。接下来的 3 项指标和对价格上涨的观察有关，这种价格上涨逐渐通过经济系统向消费者传递：

- 进口价格指数的增长率
- 邓白氏公司对考虑到销售价格的商业预期的调查
- 全美采购经理人协会（NAPM）的价格扩散

最后一个是关于供应商方面的，显示其产能是否短缺因而可能出现的价格上涨：

- NAPM 供应商绩效

另一位先锋人物是来自普惠公司的迈克尔·尼米拉，他采用了以下通货

膨胀指标：

- 供应商绩效
- 就业人口比率
- NAPM 价格调查
- 美联储的贸易加权美元指数

ECRI，即经济周期研究所（由杰弗里·穆尔创办），在以下指标基础上开发了"未来通货膨胀计量器"：

- NAPM 供应商绩效
- 进口价格
- 工业原材料价格
- 房地产贷款
- 总债务
- 居民就业比率
- 失业保险比率
- 收益差

NAPM 供应商绩效指数已经成为中央银行及其观察者跟踪最密切的指数之一。美国的经验是，NAPM 指数值高于 55，一般能够较好地说明美联储将要采取紧缩性政策。相反，除非 NAPM 指数下跌到 50 或者 45 以下，否则美联储的宽松政策周期很少会结束。

第四个领先通货膨胀指数是由赛勒斯·J·劳伦斯公司（Cyrus J. Lawrence Inc.）所开发的"莫若桑尼指数"，该指数是建立在将产能的利用水平与美元的贸易加权水平相比较的基础之上。其他已经采用的指标包括黄金、M1 和 CRB（美国商品调查局）指数，CRB 指数中的商品包括玉米、燕麦、黄豆、黄豆粉、小麦、黄豆油、可可豆、咖啡、糖、棉花、橘汁、木材、猪腩、活猪、活牛、铜、金、银、铂、原油、燃料油等。

1999年，两位NBER的经济学家詹姆斯·斯托克和马克·沃森发表了一项关于不同的领先通货膨胀指标是如何起作用的研究成果。他们的研究包括190多个针对美国经济的指标，其时间跨度从1959年到1997年，长达28年。他们还提出了一个简单的问题：这些指标当中有没有能够像通货膨胀指标那样可以战胜失业的指标呢？

他们认为，货币供给是作为预测工具的一个明显的候选指标，但是他们的研究并没有发现非常清晰的相关性，即货币供给作为一个指标，并没有战胜失业。那么利率这个指标呢？不幸的是，它也不够好。商品价格指标会怎么样呢？这听起来还不错，因为这是穆尔的《商业日报》工业原材料现货价格指数的基础，然而，令人遗憾的是它也不行。另一项研究中的确发现了在商品、黄金、石油的价格与CPI之间存在着一定的相关性，但这不是期望的结果：随着原材料价格的上涨，会出现……CPI的下降。这符合弗里德曼的观察，如果货币供给是常量的话，那么随着某些商品的价格上涨，其他商品的价格出现下降就是正常的。这也可能简明地反映出了这样的事实，即商品价格是经济周期的滞后指标，因此，当通货膨胀在后期出现的时候，我们没有过多的理由可以相信，周期的出现会比商品价格的变化还要迟。不管怎样，我们还是回到斯托克和沃森的研究上来：他们发现比失业更好地预测CPI的工具了吗？让人高兴的是，他们找到了预测CPI的最佳方法，那就是运用全部经济活动指标的总加权指数，这些指标包括工业生产、实际的个人收入、贸易销售额、非农产业的收入、产能利用率以及新屋开工量。经济活动由方程式中的Q代表，而且这部分可以作为预测CPI或者是价格P的工具。

这一点非常有趣，因为它表明了弗里德曼甚至是桑顿所主张的那种次序：平均而言，货币刺激（MV）首先会对经济活动Q产生最大的影响，之后再影响到通货膨胀P。现在人们一般都相信货币刺激对产出的影响会在6~9个月之后出现，而对通货膨胀的影响则在12~18个月之后出现。这两个时滞都是非常易变的，然而，这也正是从MV到P的时滞难以预测的原因，而从Q到P的时滞更短，并且变化也较小一些。

我们现在已经讨论了对 M、V、Q、P 的定义与预测问题，还有像资产膨胀、银行危机、债务紧缩、经济崩溃和恶性通货膨胀等更加复杂的问题。中央银行还会遇上其他的挑战吗？的确，还有一个外汇方面的问题。要理解这个问题为什么也可能构成一个大的挑战，我们不妨把时钟拨回到 20 世纪 90 年代，探访一位工作突然之间遭遇困难的中央银行行长。

挑战九：处理外汇汇率

1990 年，诺曼·拉蒙特成为了英国中央银行的领头人，这一年他 48 岁。他的职衔是"财政大臣"，也就是中央银行行长。这种职位要求其具有很强的背景，就此而言，他是非常适合的。诺曼·拉蒙特出身于一个显赫的家庭，从剑桥大学毕业之后，就在伦敦工作，曾经担任过罗斯柴尔德资产管理公司的主管。他还当选为议会的议员，并且曾经在能源部、工业部和国防部等多个部门任职。

拉蒙特出任中央银行行长这个新的职位，尽管报酬丰厚，但也承担着很重的责任，经常需要处理一些重大的问题，甚至有可能是极为重大的问题。实际上，在 1992 年 9 月之前，他已经面临一个非常重大的问题。这个问题主要与一位名叫索罗斯的匈牙利投机者有关。

乔治·索罗斯 1930 年出生于匈牙利，是一位犹太律师的儿子。他的父亲在"二战"期间给他弄了一些伪造的身份证件，战争期间，他不得不躲在阁楼里，或者隐藏在一些别人用石头砌成的地窖里。幸运的是，他活了下来，并且在 17 岁的时候移居伦敦。虽然又脏又穷，但是人生充满了希望，他依靠打零工来维持简单的生计，像粉刷房屋、挑拣苹果或者在铁路上当搬运工、救生员，还在人造模特车间当过辅助工。他开始时的支出预算是每天 4 英镑，而且还在日记里把所有的花销都记录下来。

1956 年，他从伦敦经济学院毕业，但是好不容易才在奎格里诺餐馆谋到一个侍应生的差事，有时要依赖富人们剩下的残羹来果腹，他还在布莱克浦这个蓝领度假胜地兜售女士们用的手提袋与珠宝。在如此艰难的日子里，他

295

过得一点儿也不开心。这时候，如果有人告诉他，有一天他将会挑战英国财政大臣的权势，打死他也不会相信（他最终面对的这个人也不会相信，因为拉蒙特那时还只是一个14岁的学生）。

乔治·索罗斯开始时决心要成为一位哲学家，还起草了一篇论文，但最后还是没有弄懂哲学，于是决定全盘放弃。他的职业生涯一直比较惨淡，直到有一天，他有了一个想法，于是给全城的股票交易商写了求职信。这次，他终于获得在辛格–弗里德兰德公司（Singer & Friedlander）担任一名股票套利交易员的工作。后来，他又获得一份股票市场分析师的工作，这一次是与F·M·迈耶一起在纽约工作。此后，他又在其他几家股票交易公司工作过一段时间，1969年，他与合伙人一起创立了量子基金。这一年他已经39岁，事业总算开始有了眉目。

量子基金是世界上最早的对冲基金之一，而且是非常成功的一只基金。在1969年基金创立之时投入的100美元，到1985年，已经增长到至少16 487美元。

索罗斯和他的助理斯坦利·德鲁肯米勒在1992年的整个夏天都对英镑感兴趣。英镑在1990年10月（拉蒙特获得委任之前）已经加入了欧洲汇率机制（ERM），中心汇率为1英镑兑换2.95德国马克，而且可以浮动的区间为6%。加入欧洲汇率机制从来就不是拉蒙特的想法，况且在一次严重的衰退之前加入这个机制，无论如何都不是明智之举。英国的通货膨胀率是德国的3倍，而且英国经济到1992年之前已经处于严重的衰退期。索罗斯与德鲁肯米勒认为英镑将不得不贬值。德鲁肯米勒建议针对英镑可以赌上30亿~40亿美元，但是索罗斯没有同意。这时袭击英镑可以说是轻而易举，所以为什么不做一笔真正的大买卖呢？要做真正的大买卖！例如，赌金可以高达150亿美元。

他们从卖出70亿美元的空头合约开始。作为其整体战略的一部分，他们也买进英国的股票以及法国和德国的债券——这些市场可能从英镑贬值中受益。1992年9月15日星期二这一天，英镑开始快速下跌，尽管英格兰银行[①]迅速作出反应，吃进了30亿英镑，以支持汇率的稳定，但这一天市场在

[①] 即英国中央银行。——编者注

收盘时还是表现得非常疲弱。晚上，拉蒙特先生与美国大使一起用晚餐，在用餐时可能有点不礼貌，因为他每隔 10 分钟就试图与德意志联邦银行的官员取得联系，希望能够说服他们削减德国的货币利率。然而，当他最终与德国人取得电话联系时，他们并没有帮忙。晚餐过后，他召集英格兰银行的官员开会，研究制订第二天的博弈计划。他们同意第二天一大早就采取市场干预措施，稍后还可能跟着提高利率。

第二天一早 7 点 30 分，英格兰银行的交易员开始按照批准的价格买进了价值 20 亿美元的英镑。一个小时之后，拉蒙特先生给英格兰银行方面和约翰·梅杰（时任英国首相）打电话讨论了目前的局势。10 点 30 分，拉蒙特再次给梅杰打电话建议把利率提高 2%。梅杰同意了他的意见，但是不管怎样，英镑还是继续下跌。尽管英格兰银行在这一天最后支出了 150 亿英镑，但是这场战斗显然还是失败了。就在纽约时间早晨 7 点的时候，斯坦利·德鲁肯米勒给乔治·索罗斯打电话宣布了一个消息：

"乔治，你刚才已经赚进了 9.58 亿美元！"

在接下来的 10 个月时间里，西班牙货币贬值了三次，葡萄牙货币贬值了两次，而爱尔兰货币也贬值了一次。

这个故事说明，在短短的一天之内赚进 10 亿美元并非完全不可能，当然，这个故事也是米尔顿·弗里德曼所说的"三难"问题的一个出色的说明，也就是说，要同时达成以下三个目标中的两个以上目标是不可能的：

- 汇率控制
- 价格水平的控制
- 外汇交易的自由化

这让我们想到罗伯特·卢卡斯和他的理性预期理论，因为无论中央银行想要达成什么目标，如果人们认为它能够成功的话，那么中央银行成功的可能性就较高。这实际上也是对中央银行最后的一个主要挑战。

297

挑战十：维持信誉

理性预期理论现在经常被中央银行整合到经济计量模型之中，例如，它们假设人们预期未来的通货膨胀与计量经济模型（通过迭代）的计算是相同的。对中央银行而言，理性预期就是指事情的发展像它们认为的那样。它们也努力设法通过公布通货膨胀目标或者固定汇率浮动区间这样的信息来动员（或者像经济学家所说的"锚定"）人们的预期。但是，平衡性的行动则是宣布那些具有合理确定性的能够实现的政策与目标。

预期管理可能会起到作用，但也可能破坏镜子里的游戏，为此我们需要借助博弈论和大量高深复杂的数学知识。特别有可能的情况是，如果公众当中包括了像索罗斯这样既有定见又很聪慧，但并不总与中央银行的看法相一致的人，事情就会变得非常复杂。然而，中央银行在这场战斗中至少还有一个优势，即市场上没有人知道中央银行会怎么做，但是中央银行对市场中的这些人还是比较了解的。它们知道公众对利率的预期，因为有高度流动性的金融合同一直在跟踪长期与短期利率的未来预期。它们还可能研究市场更长期的利率结构，并且以此为基础来预计实际利率应该处于什么水平。此外，因为它们知道人们的预期，所以也了解市场对于意外事件会作出怎样的反应。例如，利率意外地改变25个基点（0.25%），将立即造成股票指数变化大约1%——至少在美国是这样。这类信息是通过经济学家所说的"事件研究"收集到的。

它们所具有的优势也就是这些，然而，由于它们受到的智力挑战非常大，最大的问题可能就是下决心拍板这种简单的事情。一位金融投机者可以在任何时候放弃他的市场位置，而且经常是马上就可以做得到。但是中央银行没有这样的特权。首先，在管理预期时为了表现出可信性，它们可能从来不会显得犹豫不决——政策方向一旦选定，它们就必须坚持一段时间。其次，它们一般要给人们一定的时间去作调整，以适应政策的变化。比如说，如果它们要提高利率，那它们更喜欢在较长的时间内作较小增幅的改变，这样做可以让市场参与者有时间井然有序地调整他们的行为。

现金、信用与信誉

我们可以设计下面的一则广告，对应聘中央银行行长的职位提出要求，以此结束我们对中央银行与经济周期问题的讨论。

诚聘中央银行行长

你需要运用现金、信用与信誉来稳定经济增长与通货膨胀。你需要理解这些变量所发生的波动是三种不同周期现象的结果，涉及存货、资本性支出与房地产，以及其他大量周期性与结构性的变量，而且这些周期现象是不同的，彼此之间也在以某种混乱的方式相互发生影响。

有人会为你提供一连串的大量信息，然而，当你得到这些信息的时候，它们可能已经较为过时，而且你获得这些信息之后，还需要对其进行有意义的修正。不过你需要运用这些材料作为决策的基础，你的决策将会立即影响到外汇、货币、债券与股票市场，对总产出的影响要延迟一段时间，而对通货膨胀的影响甚至更迟。

你还要了解政策对通货膨胀的影响，这种影响发生的时间窗口可能超出现实预测的范围，你并不能控制这类通货膨胀是发生在消费品的价格领域，还是发生在投资的资产价格领域。然而，你知道，如果资产膨胀水平的确飙升起来了，将会导致未来产出与通货膨胀的显著波动，因此你需要对此进行干预。

最后，你要接受这样的事实，即无论何时，如果你要改变已经宣布的政策，你都不得不坚持一段时间，这是为了表明你完全掌握上面所规划的全部目标。

有负面新闻问题的申请者不能应聘。薪资与退休金面议。

BUSINESS CYCLES

第五篇
经济周期与资产价格

第23章 周期之母：房地产市场

让我们把镜头拉回到1932年芝加哥的房地产审计师办公室。当时正值大萧条时期，有大量的失业人员，因此能在这家机构谋一份相对安稳的差事应该是让人满意的。这里的员工每天工作任务并不重，主要负责对这个城市的所有房地产交易作好准确的记录。另外他们还要做一些图书馆性质的工作，因为人们会到这里来查阅房地产交易的文件，而每一次最多可以查阅5份。

在办公室的职员中有一位年轻的姑娘，她注意到有一位先生经常来这里查阅文件。这个人看起来很体面，他在这里查阅的文件越来越多，实际上，他好像要研究清楚这里的每一份房地产交易文件。这位先生就是霍默·霍伊特。

一项精心的调查

当时，这位好奇的绅士已经37岁，他来到这里，便一头扎进了房地产交易的文件当中。这个人非常聪明，23岁的时候就获得了法学学位，现在是芝加哥的一名房地产经纪人与顾问。他不满足自己在这个市场上仅仅是一个参与者，而想要成为一名领头的专家。于是，霍默·霍伊特决定对房地产价值的周期性波动问题作一次真正全面的研究，这将成为世界首次，而且他的这项研究还可以成为申请经济学博士的基础，要是再能找到出版商的话，他随后就可以出版一本书。

研究按照计划完成了，霍伊特1933年也获得了博士学位，并且就在这一年出版了他的专著。霍伊特撰写的这本《百年来芝加哥地区的土地价值》，对芝加哥城市发展的每一个阶段都作了详细描述，从他所说的"1830年仅有几十个木棚屋的小村落"开始，一直发展到1933年广为扩展的城市。这本书的第一部分对过去103年间所发生的各种情况进行了纯粹的描述。之后，他才提出问题的核心：设法探寻土地价格的周期性波动。他的研究都有哪些发现呢？

- 似乎确实存在所谓的"房地产周期"现象；
- 这些周期非常缓慢；
- 周期是缓慢的，但振幅很大，并且在反转向下的时候会变得很可怕；
- 房地产周期不一定与其他商品与股票的周期相互重合——投资者看起来好像经常在这3个市场之间轮番出入；
- 房地产业回报最高的是萧条期间的购买行为，但可能让人感到惊讶的是，谁会赚到这么大笔的钱呢？这通常不是房地产业的专业人士。

以上就是他所得出的一些主要结论。下面我们就来仔细研究这些结论。

霍伊特的房地产周期

在对以往103年间的房地产交易统计数据，以及周围相关的所有商业、政治与人口统计事件进行调查之后，霍伊特决定把房地产周期描述成以下20个阶段：

1. 总租金开始快速上涨。
2. 净租金上涨得更快。
3. 作为租金上涨的结果，现有房屋的销售价格大幅上涨。
4. 为新建房屋支出。
5. 新建房屋数量增加。
6. 廉价信贷刺激了新建房屋数量的增加。

7. 小额融资扩大了新建房屋的数量。

8. 新建房屋吸收了闲置土地。

9. 繁荣时期的乐观人口预测。

10. 麦田里的新城愿景：土地细分的方法。

11. 大笔花费用于改善公共条件。

12. 所有类型的房地产达到高潮：顶峰。

13. 开始出现逆转的变动：间歇期。

14. 房屋抵押赎回权丧失的增加。

15. 股市崩溃以及普遍的商业萧条。

16. 损耗的过程。

17. 银行改变繁荣时期房地产贷款业务的政策。

18. 停滞与房屋抵押赎回权丧失的阶段。

19. 残局清理完毕。

20. 为另一次繁荣作准备，但是另一次繁荣是不会自动到来的。

霍伊特发现，在他所调查的103年间，这些戏剧性的事件按先后顺序不自觉地重复了5~6遍。

蜗牛式的运动

霍伊特的20个阶段的周期是缓慢的。从对房地产需求开始上升到市场作出反应需要几年的时间。土地必须分成一片一片的地带，而后再细分成一小块一小块来出售，之后土地有可能被搁置很长一段时间。一旦实际作出了建造计划，就必须上报以获得批准，而计划获得批准之前可能还要经过若干次的修改。这意味着，在所有新的房地产项目竣工并且进入市场销售之前，还要再经过几年的时间。当这些最终全部完成的时候，市场供给可能已经过剩了。于是便出现了危机，这样又要经过多年的时间才能把危机残局清理干净。霍伊特在研究中发现了一些重要的时间点：芝加哥土地价格分别在1836

年、1856年、1869年、1891年和1925年达到高峰，这就意味着这些高峰年份之间分别有20年、13年、22年和34年的间隔。

图23-1显示了这些周期。我们从这幅图可以清楚地看到，1912年建筑业活动出现了高峰，当时的土地价格并没有上涨太多。如果我们把这一年算成另一个房地产业的高峰，那么上面的时间间隔就变成了20年、13年、22年、21年和13年，平均间隔为18年。这简直是蜗牛蠕动的步伐，至少与长度为4.5年的基钦周期和长度为9年的朱格拉周期相比，房地产周期的步伐实在是太慢了。然而，这是在一定背景下的情况。对任何时间序列中的周期长度进行研究，筛选的定义不同，将会导致不同的结果。例如，国际清算银行曾经用一个较好的筛选机制分析了房地产周期，研究结果表明周期的平均长度与存货周期近似，但这种短的房地产周期中许多都有最低振幅。通过对房地产价格的许多直观检验，我们就能够揭示出很小的波动与平均大约长达18年的长周期之间所存在的差异。房地产市场可以略过总体经济中许多更短的周期，即使有所纠正，差距也不会太大。

非常大的振幅

霍伊特长达18~20年的房地产周期是很慢的，但是周期的振幅非常大。霍伊特通过与其他变量的比较来说明这一点：在他所研究的103年间，整体经济活动（用GDP代表）从未超过其趋势水平16%，银行清算量（信贷）也从未超过趋势水平28%。但是，他发现高峰时期房地产的销售量比正常水平高131%，新建房屋数量高于其趋势水平167%，地块细分高于趋势水平540%；处在下跌阶段的房地产周期波动同样剧烈，新建房屋数量下降达到了98%，地块细分也下降了100%——地块细分的工作很容易停下来。无论用哪一个指标来衡量，周期的振幅都非常大。

他还发现房地产周期对经济有很大的影响，由于房地产周期的下跌阶段会持续很长的时间，泡沫也在这个阶段破裂消退。霍伊特指出，房地产活动位于趋势水平下方的最短时间不少于 10 年,而最长时间则达 26 年之久。换句话说,这种"清理残局"的过程,对经济有很大的拖累,而且时间很长。此外,在他所研究的 103 年中,房地产周期的高峰和股票及商品市场的高峰并没有非常直接的联系,但是每一次房地产危机则与整体经济的恶化是一致的。其中的一个原因就在于,房地产业的规模一般是年度GDP的2~3倍左右,因此当房地产业受损时,经济确实也受到了很大的损害。许多后续的研究也证实了这个发现。其他大量的研究还发现了房地产危机与总体金融危机之间存在着联系。

资产配置交替

图 23-1 显示了商品、房地产和股票价值之间的关系,并且霍伊特观察到这种关系倾向于相互交替,而不是趋于一致。他认为,这可以用战争来作部分解释,战争进程推动了对商品的需求,士兵返乡则意味着对房屋的需求,随后的经济复苏创造了对消费品的需求,这又有利于股票价格的上涨。

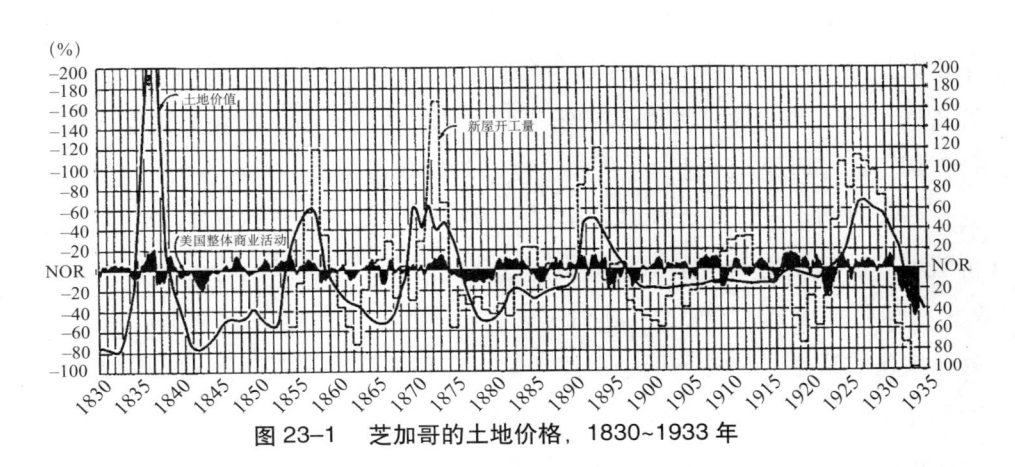

图 23-1　芝加哥的土地价格,1830~1933 年

抄底的艺术

霍伊特认为多数的投资者/投机者是善于做商品、房地产或者股票交易的。他得出的结论是，赚钱最多的人显然是在危机期间以特别低的价格买入，但这些人通常并不是那些取得成功的房地产专家，因为当房地产价格真的变得很低廉的时候，他们自己可能赶上了低迷时期，手中的流动资金极为缺乏。结果当机会来临的时候，得到好处的经常是那些拥有足够的流动资金来买入土地与房产的其他领域的人。他发现，在他所研究的103年间，在芝加哥周期性的房地产交易中做得最好的是约翰·雅各布·阿斯特（皮货商）、马歇尔·菲尔德（批发与零售商）以及波特·帕尔默（从事贸易与旅馆业）。这些人没有谁是房地产方面的行家里手，但在房地产危机的谷底，他们手中掌握的全是流动资金，并且很好地利用了自己的这个优势。

更多的研究

霍默·霍伊特的书出版之后，马上就成了经济学文献中的经典。在这本书出版之后一年，他便加入了美国联邦住房管理局，并且于1944~1946年在麻省理工学院与哥伦比亚大学担任土地经济学访问教授。他还与阿瑟·韦默合作撰写了《房地产原理》一书，这是1939年出版的另一本经典著作。后来，他重新投身房地产市场，并且发了财。1979年，他把自己在佛罗里达的一处价值不菲的房产捐赠给了一家机构，这家机构现在还是以他的名字命名（霍默·霍伊特研究所）。他的家庭情况怎么样呢？由于他经常到房地产审计师办公室借阅房地产交易的记录文件，于是便有机会娶了那位多次目送他离去的漂亮姑娘。

霍默·霍伊特对房地产周期的描述在他那个时代是一个例外，尽管他可能低估了失业、财富、流动性和利率的影响，但直到今天他书中真正错误之处也实在不多。然而，《百年来芝加哥地区的土地价值》这本书是我们理解房地产周期的唯一开端，其后才有了更多的研究。例如，在霍伊特的著作之后，在阿瑟·伯恩斯（来自NBER，后来担任美联储主席）出版其更为详细地描述房地产周期的杰作《住宅建造的长周期》之前，普林斯顿大学的克拉伦斯·朗花了两年的时间，发表了论文《建筑业中的长周期》（1939年）和《建筑周期与投资理论》（1940年）。

但是，由于缺少全国性或者国际性的统计数据，许多早期的研究受到了限制，直到20世纪90年代，国际性的房地产周期的清晰图景及其在很长时期内的行为才被人们描画出来。但在转向这些研究之前，我们应该迅速估量一下所探究的对象：什么是房地产？

房地产市场分类

房地产有私人与公共之分。大约20%~25%的房地产建造活动通常是公共领域的，而且这部分相对稳定，但其余的部分则表现出了霍伊特所观察到的周期性波动。在富裕国家，房地产市场在GDP构成中的比例要高于贫穷国家，这就意味着房地产市场的增长和国民收入的增长是不相称的。我们已经看到房地产市场的价值一般是年度GDP的2~3倍左右，但是这个界限有可能被突破，而且平均而言，房地产建造活动超过了经济活动的10%。

许多房地产研究关注4类建筑资产：住宅房地产、零售业房地产、办公楼和工业房地产。这些资产是房地产市场的大多数，其中大约75%是住宅，还有大约25%是酒店与会议中心、建设用地、停车场以及农用土地。

大多数房地产是紧密持有的，但还有一部分是通过流动性工具进行交易的，因而这部分被称为"报价"房地产。紧密持有的房地产交易价格变化可以通过当地的统计来跟踪，而公开的房地产基金交易活动可以通过像GPR250这类指数来跟踪，该指数跟踪了250家具有流动性的房地产上市公司的情况。虽然这个指数所代表的还不到报价房地产市场总量的10%，但它具有总体的代表性。NCREIF农用地指数跟踪美国的农业用地情况。农用地所有者的通行做法是把土地出租以谋取稳定的收入，这部分收入会随着通货膨胀一起上涨。美国有大约 1/3 的报价农用地是森林，这部分是由 NCREIF 林地指数跟踪的。因此，有多种途径可以跟踪房地产市场的价格变化。然而，这些资产的价值会发生什么样的变化呢？在此，我们需要了解一些关键的术语：

- 净营业收入（NOI），指总的营业收入减去营业成本。营业收入可以包括租金、停车费、洗衣/摊位的收入等。营业成本指修理费、保险费、行政管理成本、日常用品费用、物业税等（成本不包括融资成本、资本性支出、所得税和贷款分期偿付）。
- 资本性支出，指用于改造而不是日常维护的成本支出。
- 债务偿付，指按揭之类的融资利息与本金偿付。
- 净现金流，指净营业收入减去资本性支出与借款服务的支出。
- 资本化率（CAP率），指用年度净营业收入除以资产购置价格所得到的预期收益率（与此类似的基准是股票的市盈率）。换句话说，它是在扣除融资成本、所得税以及改造支出之前的现金流量占购置价格的比例。资产的预期价值可以用其净营业收入除以该类资产一般具有的最高资本化率来估计。
- 债务抵补率（DCR），是净营业收入除以债务偿付成本（利息加上本金偿付）。大多数的出借人会要求这个比率至少达到 1.1~1.3，以保证资产所有者能够偿付债务并有宽裕的现金流用于日常的经营维护等。

房地产投资工具

房地产交易中有 3 种主要的工具：

- 直接所有权。这提供了改变资产的潜在能力，但也可能涉及相当多的工作。

第 23 章 周期之母：房地产市场

> - 开放式房地产基金。这些基金允许其投资者按照以评估为基础的资产净值进行交易。这样做保证了公允价值，但也会迫使基金维持流动性准备以应对赎回。
> - REITs（房地产投资信托基金）。这种工具是类似于普通股的封闭结构，意味着可以交易但不能赎回。由于它们是用来作为其他类别投资的工具，因而一般在公司层面享受免税待遇，只要基金承诺将绝大部分的收益（典型情况下是85%~100%）用于分红。
>
> 在这3种工具中，REITs提供了最大的便利。例如，如果房地产业已经出现了泡沫，做空 REITs 就是很容易的。

资本化率一般为1%~1.5%（100~150个基点），要比长期利率高一些。举个例子：一项资产的购置价格为1 000万美元，它能够带来60万美元的净现金流。如果融资成本大约为4.5%，那么这项投资就是合理的，因为投资人还有1.5%的收益用来支付改造支出和所得税，但他也希望随着时间的推移，通货膨胀或者繁荣能够增加该项资产带来的收入与出售资产的价格。如果投资人认为资产的净营业收入会随着时间进一步上涨的话，他在购买该项资产时可能会接受更低的资本化率。但是，由于资本化率要和利率进行比较，如果利率走高，资本化率也会倾向于上升，这就意味着，如果利率上涨，在其他条件相同的情况下，房地产的市场价格会下跌。

对于房主自用住宅房产来说，情况会有些不同，由于该房产没有产生现金收入，所以也就没有净营业收入。用以替代的是经济学家所说的"留用价值"，英语中用这个名称来描述出售资产的最低价格，这并不贴切，资产出售的最低价格应该与该项资产扣除运营成本之后所能产生的埃奇沃思的快乐原子数量相对应（在拍卖市场中，"底价"这个术语是指出售方的最低价格）。无论何时，现实情况似乎是私人部门购买的房地产数量，大约为人们对未来所能负担的有信心的购买量。此外，由于住房的平均质量会随着经济的繁荣而提升，并且收入中基本生活必需品的开支部分则会随着经济的繁荣而下降，于是存在一种趋势，即人们把房地产收入中增加的部分当成了实际收入的增量来花费。但是，也存在多种情形（正如霍伊特所观察到的），在这些情形下，对房地产基本价值所作的研究表明，房地产有时已经昂贵得不可思议，或者极其便宜。我们接下来看看为什么会发生这种情况。

现实中的房地产周期

用我们非常熟悉的纽科姆方程式 MV=PQ 来处理这个问题。图 23–2 表明了纽科姆方程式左边的构成元素，还列出了其右边部分最常见的经济效应——我们这样看待这个问题，是因为随后要详细说明这个方法。

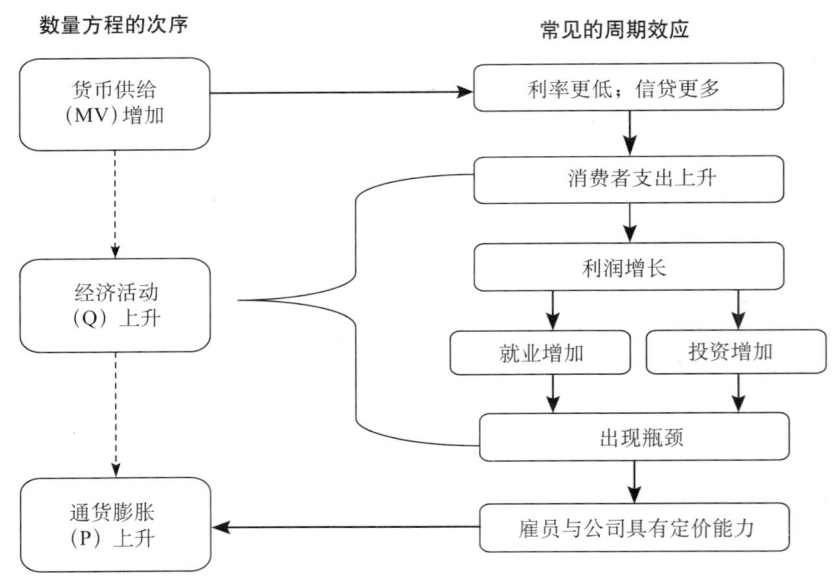

图 23–2　纽科姆方程式与最常见效应的次序

我们假设现在正处于刚开始扩张的阶段：MV 已经增加，消费支出也上升，中央银行降低利率，而且债券利率也随之降低。许多消费者决定利用当前更为便宜的融资来建造或购买新房。新屋开工量上升比 GDP 出现上涨大约要早6个月时间（回忆一下，新屋开工量是最好的经济领先指标——仅次于某些金融领先指标）。

背景情况就是这样，现在房地产市场出现了最早的循环交替。公寓、单个家庭住房、零售业与酒店业的房地产价格都开始上涨。人们又住回了提供全套服务的酒店，这些酒店在衰退期间大量空置，并且总体租金也开始上涨。净租金上涨得更快，因为收入上涨超过了成本增加，并且不管怎样，通常抵押贷款都是固定的。（来看一个例子：霍伊特发现办公楼租金从1918年到1926年上涨了90%，但是成本仅仅增加了31%，这意味着房地产业的利润上涨的幅度不低于300%。）然而，由于开发成本已经上涨，专业的开发商在新屋开工上表现出了犹豫，因此采取翻新现有房屋的办法来努力满足增长的需求。

大约在对住宅房产的需求回暖之后一年，办公楼的租金收入也开始上涨。当价格还处于较为合理的水平时，这个阶段会鼓励白领工作性质的商业部门（特别是服务部门）去寻求好的办公空间。这里的"好"意味着市区中心，因此市区中心的办公区首先被占满，这就导致了价格的上涨。利率在这个阶段的典型表现是处于下降状态，由此减少了按揭成本并且增强了支付能力。消费者常常在这个阶段开始作出过高的承诺，因为当通货膨胀水平与利率正在下降的时候，他们对以更高价格购买资产的真实成本是倾向于低估的。毕竟，由于预期的通货膨胀率较低，所以利率是很低的。低利率造成了按揭初始还款较低，但实际的按揭成本（经通货膨胀调整的）将不会像通货膨胀率较高时那样较快下降。因此他们所用掉的将来收入也超过了可以实现的水平。

扩张到顶与投机问题

现在我们正在接近扩张的中期，此时的经济稳定增长，到处是欣欣向荣的景象，产能则开始吃紧。由于现有的房产存货已经销售一空，土地价格正开始强劲上涨。这是建造业繁荣的预警信号，这时的繁荣得到了合理的商业模式和唾手可得的廉价融资的鼓舞。人们察觉到目前的投资更加安全和有利，这也在一定程度上增强了获得融资的便利性，另外，人们因为可以用现有的房地产进行抵押，所以能在房地产领域作更多的投资。在这个阶段，汽车销售也非常活跃，停车场的生意也很好。

扩张最终一步步地进入了尾声，但是，当消费者把自己的储蓄花得差不多的时候，他们并未就此收手，而仍然在继续大笔花费。同时，工业生产正在奋力跟上需求的增长，所以又开始建设新的产能，这些投资将在稍迟一段时间推动经济增长。扩建产能意味着工业房地产（研发与仓储用房）的价格，以及工业用地的价格都会强劲上涨，住宅用地引领着土地价格的复苏。此时，人们被迫到主要市区中心以外寻找办公空间，于是市郊的办公楼业务兴旺起来，建设办公楼用地的价格也开始上涨。通货膨胀在这个阶段可能已经开始上升，酒店与停车场还有能力不断地涨价（它们不同于其他的房地产领域）。在此过程中，消费者的贡献很大，许多人有能力从公寓搬迁到单个家庭住房，从而使单个家庭住房的发展速度超过了公寓。许多地块需要细分出售，有些人完全是出于投机目的来买地。此时的融资变得更加容易，许多开发商可以用极少的本钱来启动新项目。

与此同时，新屋建造活动吸收了大量空置的土地，这给土地所有者带来了一大笔额外的收益，也导致了土地投机之风的盛行，因为有更多的人要赶在将来有需求之前购买土地。这是投机狂热的开端，那些房地产推销人员选择采用最为乐观的学术研究结果（而更多保守学者的研究成果则被忽视），据此对房地产业的未来增长率发布一些甚为乐观的预测。他们还在制作一些营销资料，向人们描绘现在的空地上将要建造的住宅小区。这是由大胆激进的销售方法促成的。

房地产业的繁荣也吸引了地方当局的兴趣，地方当局希望通过重新规划更多的土地和建设新的基础设施来支持房地产业的增长。这又给那些购买细分地块的投资者更大的信心，他们相信未来的发展即将要实现。然而，这也造成了这些土地在预期的城市化尚未实现的时候就已经失去了农业用途。

第23章　周期之母：房地产市场

边缘之上

现在我们已经跨过了顶峰。此时的消费能力已经达到了最高点，工业产能建设也已经达到了高峰，只有租金与建造成本开始对商业团体造成伤害。由于置换房屋销售量比新的需求增长速度要快，所以房地产的需求达到了平稳状态。租金下降，空置率增加，房地产价格开始下滑，在GDP达到顶峰之后一年，新屋建造活动甚至还在继续扩张。

第一个发生严重变局的是土地，它直接进入了冰点状态：没有人还要购买土地。接下来是砖块与灰泥等建材市场。在这个阶段，没有哪一个房地产领域还有良好的表现，但是，有些房地产领域的稳定性仍然比其他领域稍好一些。相对而言，表现最好的是那些提供有限服务的酒店（因为此时人们又抛弃了那些提供全套服务的酒店）和零售业房地产，因为当人们没有能力再去购买房屋和汽车的时候，他们仍然有能力购买那些小一些的物件。这意味着购物中心和最低层次的地方商场的经营会比较不错。

这个阶段最严重的威胁是通货紧缩，对于像酒店业和停车场那样的价格可变行业来说，这特别糟糕，因为这类行业有固定的按揭成本，但也被迫削减服务价格。那些令人疑虑的持有大量抵押房产的人，此时可能会以高于市场的价格彼此间互换所持有的房产，这样做能够在账面上体现出并无实据的利润，从而安抚那些紧张兮兮的债权人。那些采取了长期融资与租赁方式的人则会因此而感到宽慰，他们认为这种融资安排可以免遭普遍的压力和股票市场的急剧动荡（如果股市暴跌时间很短，但是房地产的崩溃可能持续很长的时间，他们也会这样认为）。

最后的崩溃

遭遇困境！现在情况真的变得非常糟糕，房地产市场的下挫加剧了更大范围的经济紧缩，因为建筑业（正在非常快速地下跌）一般平均占总投资的

1/4左右，并且大约占GDP的10%——此时的财富也正在下降。

房产所有者现在慢慢开始感觉到经济紧缩带来的全部后果，因为越来越多的出租合同到期之后，要么不再续约，要么只能以更低的价格续约。此时开始出现了财务困境、破产、不良按揭的增加、抵押赎回权丧失与大量拖欠的情形，由于房产被转移到接管者的手中，而他们大幅度削减租金，这又迫使更多的房产持有者陷入激烈的竞争和严重的困境之中。那些进入拖欠状态的房产尤其缺乏需求，此时根本没有什么买家愿意光顾。如果卖方不要求出售价格高于融资成本的话，那么稍好一些的房产还有人愿意接手。按揭持有人与银行现在也感受到了压力，金融机构被迫急刹车，因为这些机构正面临流动性匮乏的风险，特别是那些手里握着没有什么人想要的房产的机构。

瘫痪

在出现恐慌与困境之后，房地产业进入了冰点状态。土地细分工作已经完全停止了，实际上也没有发生新的借贷，现有房产的交易也非常有限。增建房产的价值现在可能也显著下降到重置成本以下。那些继续持有房产的人承受着持续的损失，因此也没有能力去购买新的房产，更别提再去启动新的建筑项目了，除非等到其资产负债表得到修复之后。许多新建或者翻新的房屋很难出售，因为已经发生了对债权人的拖欠。那些丧失抵押赎回权的房产也没有什么人来购买，因为获得融资几乎是不可能的。这些房产通常会归属那些承受抵押者，他们的出价不高于抵押价值。那些寻找便宜货的人会以很大的折扣购买遭遇困境的抵押债券，而后取消设定给最初持有人的抵押赎回权，并且在出售已经丧失抵押赎回权的房产时把余下的债券持有者清理出去。这个过程会持续下去，直到抵押赎回权的丧失按照常规程序发展，并且原来的责任完全被清除。

如果金融机构出现了系统的脆弱性，更为可怕的是，如果还伴随着汇率危机的话，那么冰点阶段可能会大幅延长。例如，在20世纪90年代末亚洲金融危机（特别是在印度尼西亚与泰国）和1990年之后的日本经济衰退过

第 23 章 周期之母：房地产市场

程中就表现出了某些这类症状。房地产的崩溃造成了金融机构的危机，在这些国家，很可能是银行提供了大量的房地产融资，如果是专业的抵押机构提供融资，则危机程度要轻一些。

危机残局的清理过程会耗时 4~5 年，有时还要长得多，当自然的需求慢慢能够赶上已经处于静止状态的供给时，房产也就从脆弱者手中转移到了强健者的手中。现在大量的房产集中到了抵押所有者手中，他们愿意按照其抵押价格或者再便宜一些来出售房产——并且可能会给打包出售的房产附加有限的租金保证。与此同时，经济正在复苏，那些老练的投资者也正在买进一些非常便宜的房产。房屋空置率开始下降，租金比较稳定，而后又开始上涨。此外，建筑成本现在很低，翻新与新建房屋又开始具有价值了。

在这个阶段，面向预算紧张的消费者的房产最有市场。这意味着第二层次的地方商场与工厂直销的效益会比较不错。图 23-3 说明了在整个房地产

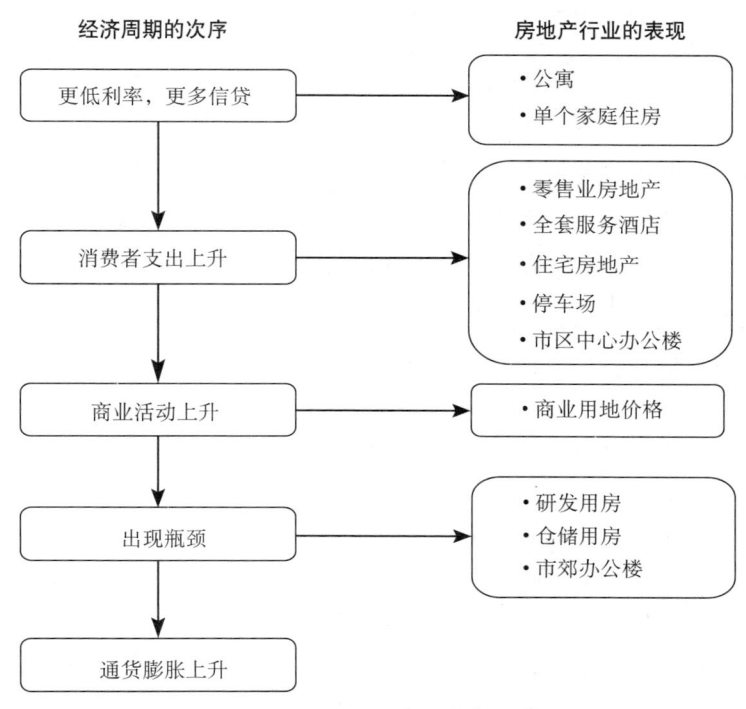

经济周期的次序	房地产行业的表现
更低利率，更多信贷	·公寓 ·单个家庭住房
消费者支出上升	·零售业房地产 ·全套服务酒店 ·住宅房地产 ·停车场 ·市区中心办公楼
商业活动上升	·商业用地价格
出现瓶颈	·研发用房 ·仓储用房 ·市郊办公楼
通货膨胀上升	

图 23-3 房地产周期中不同的房地产领域的交替

周期中所出现的不同房地产领域的交替情况。

相对的变动性

如果没有考虑到变动性，对房地产行业轮转的描述就不可能全面。1976年，英国国家经济发展局发表了一项研究，其结论是：

> 在广泛的投资名目中，私人住房投资可以看成是最不稳定的，甚至比工业制造部门的投资还不稳定。

私人房产比较容易变动，但是办公楼是最不稳定的一类，而工业用房地产的不稳定性要弱一些，零售业房地产则最不容易变化。建筑活动不易变动，但其价格容易变动，而交易量则更容易变动。后者在住宅房地产中表现尤其明显，其交易量变化的幅度最高达到价格变化幅度的 25 倍。（这使住宅房地产中介业务成了真正的云霄飞车！）最后，土地细分的变动性大约是增建房屋的两倍。例如，霍默·霍伊特发现，关于土地价格的波动有一个突出的例子：1836 年在芝加哥购买一英亩土地需要花费 11 000 美元，而其在 1840 年的出售价格则不到 100 美元。在短短 4 年之中价格下跌幅度竟然超过了 99%！实际上，许多这样的土地又变回农业用地，因为人们最终放弃了从玉米地里冒出新都市的希望。当然，所有这些情形意味着房地产业最终的搏杀应该是这样的过程：

- 购买市区中心的办公楼（为了潜在的快速回报）……
- ……或者土地（为了可能的巨额回报）……
- ……从陷入困境的卖方或者背负信贷者手中
- ……在房地产周期处于底部的时候

这在理论上听起来很容易，并且在周期处于顶部时做空 REITs（房地产投资信托基金或者上市的房地产交易商）也不差。然而，这里的关键挑战在

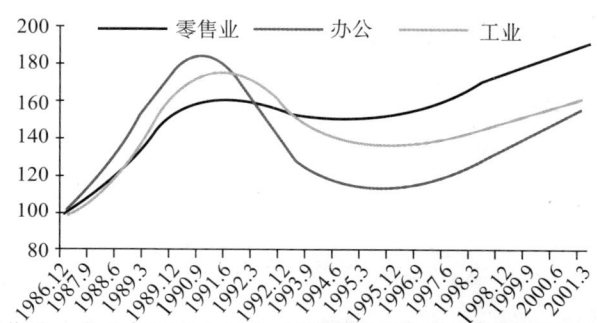

图 23-4 零售业、办公与工业房地产市场的相对变动性。图形显示零售业房地产是最稳定的，而办公楼是最不稳定的。

于预测房地产周期在什么时候会发生逆转。对此，我们需要了解房地产方面的一些领先指标。

预测房地产周期

在房地产市场的最佳领先指标中，有一个简单的指标，就是先前发生的房地产繁荣与萧条。巴塞尔国际清算银行（BIS）的一项研究发现，40%的房地产繁荣紧接着以萧条告终，然而波多和珍妮在2002年所作的另一项研究发现这个比例达到了55%（其差异取决于样本选择与对"繁荣"和"萧条"的定义）。无论是40%还是55%，对于房地产业来说，很显然这个比例比在股票市场要高得多，国际清算银行的研究发现，仅有16%的股票市场在繁荣之后跟随着萧条的发生。然而，什么是"繁荣"或者"萧条"呢？对于住宅房地产来说，我们应该首先看一下下面3个指标对长期趋势的偏离情况：

- 支付能力，指每月支付按揭占可支配收入的部分
- 房价与雇员收入之比
- 房价与 GDP 的比率

对于商业性房地产来说，我们应该首先研究：

- 投资收益率和资本化率分别与利率之比
- 租金成本与抵押成本的比率

房地产萧条与金融危机

国际清算银行对房价下跌及其对金融体系的影响作了一个调查，有以下发现：

- BIS 分析了 75 个较长及较短的房地产周期后发现，上升阶段如果平均持续 3 年以下，会导致房地产价格上涨 11%，而下降阶段如果有一年的时间，则会造成 6% 的损失。
- 平均而言，房价崩溃与 GDP 下降幅度达到 8% 有关，然而股票市场的下跌只和 GDP 下降 4% 相关。
- 繁荣以萧条结束的概率略低于 40%。萧条发生于较弱的牛市之后的可能性，和发生于很强的牛市之后的可能性是一样的。
- 自从第二次世界大战以来，发展中国家所有的主要银行业务都与房价下跌有关。

资料来源：赫尔伯林，2005 年。

我们已经看到，大多数商业性房地产的拐点在住宅房地产的拐点之后出现，存在着时滞。对于商业性房地产而言，领先指标中最重要的一类是货币状况，其中的实际利率与货币供给指标特别有用。例如，实际利率的显著下降或货币供给的增加，将是房地产重拾升势的强有力警示——反之亦然。较近的一项研究《运用领先指标预测英国的商业房地产周期阶段：一种概率方法》说明了这一点，这项研究是由 3 位经济学家在 2004 年完成的，他们对 1986~2002 年间英国商业性房地产的许多潜在的领先指标进行了检验。表

23-1 说明，零售业房地产首先发生变动，正如人们所预期的那样，消费者支出带动了这类房地产的增长。

工业与办公用房地产在几个月之后也出现了扭转。这项研究得出了以下结论：

> 对于预期英国商业性房地产资本价值变化的方向而言，我们的研究有助于确定哪类英国经济指标可以用来作监测。在用来分析全部 3 类房地产的解释变量中有两项指标，即金边债券收益率和广义的货币供给（M4）。在解释办公用与工业房地产时，工业产量也是统计显著的。对解释零售业的资本价值而言，汽车注册数字也具有统计显著性。

表 23-1　英国商业性房地产的领先指标，1986~2002 年（单位：月）

	零售业房地产	工业房地产	办公用房地产
M0 货币供给	0	4	6
M4 货币供给	6	5	9
招聘广告	6	2	4
总交易利润	0	4	5
新屋开工量	1	5	5
新汽车注册	6	8	5
零售业销售额	10	12	12
工业产量	0	4	6
消费者信心	0	5	4
金边债券收益率	5	2	2

这些都很好理解。对经济来说，货币状况的改善是好事，这会压低资本化率，提高债务抵补率，并且与金融状况的改善也有联系。工业产量作为工业房地产的一个很强的预测指标也是合乎逻辑的。提高工业产量意味着提高产能利用率，这又意味着对新的工业厂房的需求。用汽车注册量来解释零售业房地产又如何呢？汽车注册量是消费者支出中非常容易变动的一部分，因此这也应该是一个较好的预测指标。

我们最后一个问题是，是否存在能够警示房地产价格即将见顶的领先指标？以下 6 个警示信号可供参考：

- 出售天数的增加
- 一个城市中未销售住房数量的增加
- 卖方报价与成交价格比率的下降
- 出售超过 120 天的住房数量的增加
- 为投资所购买房产所占百分比的增加
- 抵押申请数量的下降

周期的长度

我们看到霍默·霍伊特发现的周期平均长度为 18 年。然而，在他的发现中根本就没有强调这一点。更为关键的是，他对于周期的持续性表示了严重怀疑，而且他后来认为周期已经停止了，这一点很有趣。虽然库兹涅茨的名字被用来命名周期，但他从未把周期与房地产市场联系起来，这也有几分奇怪。他的著作《生产和价格的长期运动》（1930 年）中不乏各种细节，在结尾还有一部分关于经济周期理论的概要。在他所提到的经济周期理论中，没有一个涉及房地产市场。在库兹涅茨的表述中，甚至连这方面的一个字都未曾提到过：指数包含了对多种不明要素的参考，像缝纫机、火车头、土豆与丝绸，但"土地"、"房地产"、"建筑物"或"建造"等词语在这里并没有被明确地列出来。就此而言，他没有参考过霍默·霍伊特的任何东西。因此，要说长度为 18~20 年的库兹涅茨周期由房地产周期驱动，这确实公正吗？

问题显然似乎就是这样。对此，我们邀请的第一位证人出场了。罗伊·温茨利克是美国的一位房地产经纪商和罗伊·温茨利克研究公司的创办人，该公司在过去多年中推出了许多被广泛使用的房地产估价手册。他的公司实际完成了超过 475 000 项价值评估，还有大量的现场勘察以及 60 多项主要的房地产再发展项目研究。他还是1932年出版的《房地产分析》一书的编者和发行人，该书准确预测了房地产的繁荣在1936年即将到来。然而，他的重要之处在于其在1974年所作的一项研究。这项研究工作覆盖了1795~1973年间美国全国的房地产市场情况——时间跨度不低于178年。他发现，房地产周期的平均长度为18.33年。另一项由克拉伦斯·朗完成的研究成果《建筑业周期与投资理论》则发现，在1868~1935年间美国存在着长达18年的城市建筑周期。

英国皇家特许测量师学会（RICS）委托有关人员对英国市场作了更多的近期研究，这些研究覆盖了英国从1921年到1997年的周期情况，他们发现了长度大致为5年和9年的周期交叠的某些迹象，这也大约与18年存在倍数关系。巴拉斯也对英国市场的情况作了研究，他在1994年出版了研究英国建筑活动的成果（《房地产与经济周期：建筑业周期再考察》），他发现存在一系列长达4~5年、9~10年、20年和50年的波动交叠的情形。有趣的是，他发现了20年周期与其顶峰出现之前的主要投机有联系。最后，IMF（国际货币基金组织）在其2003年《世界经济展望》中包含了赫尔伯林与特若尼斯所完成的一项研究成果，这份研究对14个发达国家的股票价格与房地产价格进行了详细的分析（从1959年到2002年的股票价格和从1970年到2002年的房地产价格）。他们要找的是"萧条"，对此他们作了如下的判断：

> 引用经济周期的分析方法，首先要确认房地产价格中的高峰与低谷。而后，可以把萧条定义为价格从高峰向低谷下降的过程，在熊市期间，价格累积下跌的幅度达到其高点的1/4；同样，繁荣可以定义为从低谷向高峰上升的过程，其价格累积上涨幅度也达到高点的1/4。

这也就是说，他们并不是要寻找每一次价格波动，而仅仅是为了寻找真正的"萧条"。这些情形通常又是如何发生的呢？

要确认情况符合萧条的定义，房地产价格收缩必须超过14%，相比之下，股票价格则必须收缩37%。房产价格的下跌一般比股票价格的崩溃要轻一些。14个国家从1970年第一季度到2002年第三季度的真实住宅房产价格，总共有20次崩溃的记录（而股票价格崩溃的记录则有25次）。这相当于一个国家大概每隔20年就会发生一次房地产萧条。

霍伊特发现两次萧条之间的平均间隔为18年，巴拉斯以英国为基础的研究，以及IMF对14个国家的研究，都发现了两次萧条的间隔大约为20年——这与霍伊特的结论基本相同。英国皇家特许测量师学会的研究也发现，在两次主要的投机活动之间也有20年的时间间隔。

这些研究给我们的印象是，房地产市场存在短期的波动，但主要的萧条平均每隔18年，或者可能20年才会出现（波动幅度多大可以称为"周期"，对此进行更为宽泛的定义就很容易解释为什么一些研究发现了更短的周期，这正如前面所提到的那样）。然而，所有这些现象将我们引到了一个很好的问题上来：是经济造成了房地产市场的18年周期，还是相反的情况呢？对这个问题的答案则是，正是房地产市场引起了这个长周期。让我们想一想这是为什么。

为什么存在房地产周期

在《土地中的权力》一书中，弗雷德·哈里森提到了G·夏克对美国建筑业周期的一项研究，他将其与霍伊特的土地价值周期以及经济衰退的时点作了比较。表23-2列出了比较的结果。

在表23-2中，土地价格下降与建筑活动放缓是早于整体经济的，而且在大多数情况下土地价格早于建筑活动达到高峰。哈里森对此给出了很好的解释：房地产周期的上升阶段与房地产回报（租金）的增长以及其他商业回报的下跌有关联。他提到了几项研究，其中包含了表23-3中所显示的1920~1929年间的一些数字。

表 23-2　房地产市场与衰退的时序，1818~1929 年

地价最高点	建造业周期的高点	经济衰退
1818 年	—	1819 年
1836 年	1836 年	1837 年
1854 年	1856 年	1857 年
1872 年	1871 年	1873 年
1890 年	1892 年	1893 年
—	1916 年	1918 年
1925 年	1927 年	1929 年

资料来源：哈里森，1983 年。

表 23-3　英国国民收入分配，1920~1939 年

	10 年间平均收入占总收入的百分比（%）	
	租金	利润、利息与综合收入
1920~1929 年	6.6	33.7
1925~1934 年	8.1	31.2
1930~1939 年	8.7	29.2

资料来源：哈里森，1983 年；迪安与科尔，1962 年。

他还发现了一些数字可以用来说明后来的周期中所发生的情况（参见表 23-4）。

新屋开工量为整体经济提供了最佳的经济领先指数，并且当其崩溃时，在整体经济改变之前，房地产市场大部分已经发生了逆转，这些事实是很强的指标，说明了房地产市场平均每隔 18 年就驱动经济周期出现拐点。

表 23-4　土地价格的领先指标

土地类型	领先指标	周期行为
建筑用地 • 住宅 • 商业	• 货币供给 • 利率（反向） • 新屋开工量（住宅） • 新办公楼建设（办公） • 产能利用率（工业）	• 在向周期中间发展时住宅用地变动强烈，在周期快结束时商业用地变动强烈 • 变动性极强
农业用地 • 森林 • 耕作	• 货币供给 • 利率（反向） • 通货膨胀与通货膨胀预期 • 软性商品价格 ①	• 在周期后期变化 • 变动性适度

表 23-5　收入占国民生产总值的百分比（%），英国，1955~1973 年

年　份	租　金	公司利润
1955~1959 年	4.5	18.0
1960~1963 年	5.1	17.9
1964~1968 年	6.4	16.8
1969~1973 年	7.6	13.2

资料来源：哈里森，1983 年。

周期的驱动因素

我们已经讨论了为什么房地产周期是如此缓慢，但或许还应该作更进一步的检查。时间滞后性在经济周期中扮演了重要角色，而且在实际的房地产业务中也同样存在大量的时滞现象。我们不妨从租金开始来看。租住合约期限通常固定在 6~12 个月，或者时间再长一点儿，办公楼与商业零售场地的出租期可以固定为多年的时间。

在建造方面也存在很长的时滞，特别是在开发商业性房地产的过程中，主要是规模的原因而造成的。林肯土地政策研究院 1980 年的一份研究报告说明了这一点。这项研究的基础工作是，对 1977~1979 年间美国六大都市

---

① 软性商品是指咖啡、可可、糖及水果等种植所得，而非来自开采的商品。——译者注

郊区未开发土地的700名所有者进行访谈。该研究表明建筑业的早期过程可能非常缓慢：投资者与开发商经常会谈，但在实际动用一砖一瓦之前，投资者持有土地会长达15年以上。房地产开发过程包括了细分土地、建设基础设施、第三方融资、计划、建造与营销。例如，波士顿国际广场2期项目在1981年已完成了构思，到1983年公开宣布消息，1985年得到了波士顿市的批准，1988年开始破土动工，到1993年才竣工并对外开放。也就是说，从项目构思到变成现实经过了12年的时间，当建筑物最终落成开放的时候，项目已经不再受到欢迎了，波士顿市共有14%的办公用房处于空置状态。

房地产市场对利率变化的反应也可能比较慢。在一些国家，如澳大利亚、加拿大、芬兰、爱尔兰、卢森堡、挪威、葡萄牙、西班牙以及英国，融资主要是以可变（短期）利率为基础的，因而会对货币利率变化作出较为迅速的反应。然而，在其他国家，包括比利时、丹麦、法国、德国、意大利、日本、荷兰与美国，长期固定利率融资占据了更高的比例，这使其对货币利率的变化具有更大的弹性。

正向反馈环是房地产市场作为周期驱动因素的另一种形式。许多抵押可以直接或者间接用来购买新的房地产。由于房地产价格走高，房地产的抵押价值也相应上升，于是可以释放出新的融资。这是一种正向反馈环，但过程较为缓慢。当商业性房地产的所有者在享受不断降低的空置率时，一种类似的加速过程也会发生。这导致房地产业利润不成比例地增长，从而再一次增加了房地产公司的市场价值。

房地产市场驱动周期的加速效应还在心理方面发生作用。人们考虑购买房产时，可能是观察到房产价格正在上涨，并且认为要赶紧购买，不然就来不及了（后悔理论）。其他人也会被价格上涨所吸引加入购买者的行列，他们是为了日后再将其卖掉赚钱而购买的——于是这也推动了价格的进一步上涨。如果人们忘记了上一次的房地产萧条，那么这种情绪加速器是最有效的，而上一次的萧条很可能已经大概经过了一代人（大约20年）的时间。因此，有很好的理由来解释房地产为什么必然存在固有的周期性，而问题的核心可能是这样的：

- 当一般的经济周期由于和房地产市场无关的原因而处于衰退的阶段时，房地产市场是趋于下挫的。房地产市场的这种下挫是对下降需求和货币紧缩的滞后反应，可能比较缓和而且简短。在由存货因素或者资本性支出所诱发的衰退期间，房地产市场甚至可能会继续攀升。

- 对于想把经济拖出衰退阶段的中央银行来说，住宅房地产的市场行为可能特别有用。当中央银行放松货币政策时，新屋开工量是中央银行最先获得的显著反应之一。房地产市场还在对周期中的其他事件作出反应，但是，住宅房地产市场在周期的顶峰是追随 GDP 的，而在复苏期间则是领先的。

- 住宅房地产会立即放大中央银行政策的效应，而商业性房地产市场则在稍迟的阶段开始上升，因此它就像初始货币刺激产生的较迟回声反应一样。商业性房地产市场的复苏经常发生在中央银行不再希望看到额外的经济扩张的时候。

- 在大多数情况下，房地产市场对需求和利率变化的反应很简单，实际上，房地产市场也存在着和房地产供给不稳定有关的固有的周期。

- 固有的房地产周期进展缓慢，从一个顶峰到下一个顶峰平均大约要经过 18~20 年的时间。当这种固有的周期达到其顶峰的时候，一般会先于经济的其他部分进入平稳的整理状态，因此也成为扣动随后下跌的扳机。在大多数情况下，这种情形会演变成严重的、持续期更长的衰退/萧条。

- 当房地产周期处于衰退阶段时，存在 3 种主要的影响。首先，价格下跌的财富效应（大约为 4%，而典型的房地产市场价值一般是年度 GDP 的 2~3 倍）是负的。其次，价格下跌意味着建筑业产值的减少。建筑业产值平均占 GDP 的比例略超过 10%。最后，许多房地产周期的下跌阶段导致了银行危机，在有些情况下，甚至出现汇率危机，这又会放大负面的影响。

换句话说，这意味着固有的长度为 18 年（平均而言）的房地产周期本质上是供给驱动型，然而时长更短和幅度更小的房地产波动则是对总需求和融资成本发生变化的消极反应,而总需求与融资成本的变化则是由存货与资本性支出的周期造成的。

房地产周期与经济周期理论

房地产周期包含了若干驱动因素,这些因素在一般经济周期理论中得到了验证。其他的周期造成了总需求和利率的变化,驱动因素会对这些变化作出反应。还存在一个"猪循环",开发商设法适应需求的增长,但最终出现了调整过度。有一个概念,即初始刺激发生后,企业以熊彼特所说的"蜂聚"方式行动,同时还有过度投资问题(巴拉诺夫斯基),或者是奥地利学派所说的阻塞经济扩张,以及导致资本分配不当与资本边际效率下降(凯恩斯)的不当投资。当房地产价格发生飞涨时,我们再次想起约翰·斯图尔特·穆勒 1826 年在《纸币与商业困境》中所说的话:

> 每一个期盼走在自己全部竞争对手之前的商人,会向市场提供他认为市场起飞时自己所能获得的最大份额:这没有反映出其他对手的供给,而其他人的行为也像他这样,并且他们都没有预估到价格的下跌,而一旦增加的供给进入市场,就一定会发生价格的下跌。这样一来,短缺很快就演变成了过剩。

表 23-6 住宅房地产的领先指标与周期行为

资产类别	领先指标	周期行为
• 单个家庭住房(房主自用) • 公寓承租	• 货币供给 • 利率 • 支付能力 • 房价与雇员收入比 • 房价与 GDP 比率指数 • 出售天数 • 城市中未售出数量 • 报价与成交价的比率 • 出售超过 120 天的房屋数量 • 为投资而购买的房地产的百分比 • 申请按揭的数量	• 第一类转变 • 在衰退与早期增长阶段公寓超过单个家庭住房 • 住宅房地产价格变动性是有限的,但第二套房要高一些 • 交易的变动性非常高

表 23-7 商业性房地产的领先指标与周期行为

资产类别	领先指标	周期行为
零售业房地产 • 最低层次地区商场 • 第二层次地区商场 • 工厂直销 • 邻近地区与社区中心 • 购物中心	• 货币供给 • 利率 • GDP • 通货膨胀预期 • 总的可支配收入 • 总的家庭财富 • 零售业开支 • 零售业销售额 • 汽车注册量 • 空置率 • 资本化率与利率之比 • 租金成本与抵押成本的比率	• 落后于住宅房地产，但领先于其他商业性房地产 • 在开始下降阶段邻近地区与社区中心首先变化，购物中心与最低层次地区商场随后，在下降的后期，工厂直销与第二层次地区商场表现更好
办公用房地产 • 市区中心 • 市郊	• 货币供给 • 利率 • GDP • 白领就业人数 • 资本化率与利率之比 • 租金成本与抵押成本的比率	• 大约落后于零售业房地产一年时间 • 市区中心率先挤满因而成为周期的领先者 • 交易的变动性很高，特别是那些缺乏需求的房地产
工业房地产 • 研发区 • 仓库	• 货币供给 • 利率 • GDP • 工业产量 • 零售业销售额 • 产能利用率 • 制造业就业人数 • 运输业就业人数 • 航运量 • 铁路与公路运量 • 空置率 • 资本化率与利率之比 • 租金成本与抵押成本的比率	• 变动几乎与办公用房地产同步或稍稍落后一点儿
酒店与会议中心 • 酒店（全套服务） • 酒店（有限服务）	• 货币供给 • 利率 • 航空旅客量 • 旅游收入或访客人数 • 空置率 • 资本化率与利率之比	• 较早变化，提供全套服务的酒店是市场的领先者，而提供有限服务的酒店在下降阶段表现更好 • 最好位置的酒店价格变动性有限，但房间价格会持续变化
停车场	• 货币供给 • 利率 • 新车销售量 • 资本化率与利率之比	• 对消费支出作出反应从而较早变化 • 有限的变动性

第23章 周期之母：房地产市场

我们也知道所谓的"金融加速器"的构成要素，其中房地产是用来作为抵押的（伯南克），而且这也影响到金融的不稳定性（明斯基与金德尔伯格）。房地产价格上涨可以吸引新的投机者（马歇尔），而房地产价格下跌的结果会很残酷并且导致债务紧缩（费雪）、过度的现金偏好（奥地利学派）与流动性陷阱（凯恩斯）。换句话说，房地产周期是经济周期一般所涉及内容（尤其是猪循环）的蜕变，但是，由于房地产业的规模巨大，其对经济与金融所造成的影响可能确实非常可怕。

房地产与财富效应

凯斯、奎格利和席勒在2001年作过一项研究，他们对财富效应（股票市场与房地产市场的衰退引起财富损失，从而导致支出减少的情况）进行了比较。研究结果没有发现股票市场的财富效应，但对于房地产市场来说，其财富效应是明显的，而且很可怕：

> 关于股票市场财富效应的证据是脆弱的，我们的研究结果并不支持普遍的推测，即认为股票市场的财富效应会有很充分的证据。但是，我们确实发现了房地产市场财富的变化对消费有着重要的影响，有很强的证据支持这一点。

价值上升的土地

房地产业的影响到底有多么可怕呢？我们已经看到，在一个典型国家，房地产市场的总价值一般是年度GDP的2~3倍，房地产业大约占可变价格财富总量的50%。我们还看到它的确发生了许多波动。日本在20世纪90年代所发生的情形就是一个突出的例子，这是现代历史上最为荒谬的资产膨胀之一。在1986~1988年间，东京商业用地的合并价值翻了一番，这个城市的全部房地产价值超过了美国所有房地产的成本总和。到1989年年底，日本的全部房地产价值超过了美国房地产价值的 5 倍，是全球股市总市值的两倍以上。然而，这还不是故事的结束，到 1990 年，日本土地的总价值超过了世界其余地区全部土地价值的一半，东京的单个家庭住房价值高达 3 000 万或者 4 000 万美元，而高尔夫俱乐部的一个会员资格要价则高达 30 万美元。

这样的价格让日本人感觉他们非常富有。许多日本人觉得自己的确是如此富裕，便很高兴进行巨额贷款，并且几乎在任何市场上都以高出别人的出价来使用这些贷款。

下一章讨论的是关于收藏品的问题，我们将会遇到一些心情非常急切的日本投标人，他们刚刚在房地产市场上发了财。或者说，至少他们认为自己是发了财的……

第 24 章　收藏品投资[①]

1987年，精美的艺术品和其他收藏品，像一些经典款式的轿车、跑车和名表之类的市场可谓热闹非凡。从1985年开始，那些能够吸引眼球的艺术品绝大多数的交易价格和交易量都出现了大幅攀升。佳士得拍卖行、苏富比拍卖行以及其他众多的展览馆、经纪公司、拍卖公司的生意都呈现一派兴隆的景象。

很多人都认为艺术品市场的黄金年代开始于"杰伊·古尔德收藏品"的买卖。杰伊·古尔德在去世之前，把自己在铁路、黄金投机交易中所攫取的巨额收益的一部分投资于艺术品的收藏。但在1985年4月，杰伊·古尔德的财产继承人把这些藏品中的175幅名画交给苏富比，在纽约公开拍卖。在当时，全世界活跃的艺术品收藏者大约有40万人（每人每年在艺术品投资方面的花费超过1万美元），并且其中可能有250~350个超级收藏家（每人拥有价值超过100万美元的收藏品）。而参与竞拍的买家范围却比较小，绝大多数买得起价格高昂的艺术品的收藏人士往往并不涉足拍卖市场。然而，这次古尔德的收藏品拍卖却吸引了异乎寻常的众多的收藏者前来参与。这次交易不仅是参与人员数量增加了，而且成交金额也大幅增长。参加苏富比拍卖的买家可以在交易完成后的12个月内付清全款，而卖家则可以提前支取交易的收入。但是，艺术品市场的最大变化则是出现了众多的日本超级买家。

[①] 中国电力财务公司胡志成博士对本章至附录部分的翻译提供了帮助，在此表示感谢。——译者注

《向日葵》的交易

　　正是在这样热闹的市场环境下，1987年1月，佳士得拍卖行宣布已获得委托，将拍卖世界著名绘画大师凡·高的作品——《向日葵》，拍卖时间定于凡·高的诞辰纪念日3月30日。佳士得拍卖行刚收到这件作品时，估计其价值应该为500万~600万英镑。但经过再次的评估之后，佳士得将其价值提高了几乎一倍。随后，就在拍卖的前几周，英国政府花了1 000万英镑购买了约翰·康斯特布尔的名画《斯特拉福磨坊》。这一事件让佳士得拍卖行的工作人员不得不重新考虑《向日葵》这幅画作的价值。既然那样一件作品都能够卖那么高的价钱，那么参加竞拍的博物馆为什么不会为《向日葵》出更高的价格呢？这种想法让拍卖行的工作人员既兴奋，又紧张。兴奋是因为之前的交易反映出了这个市场空间是如此庞大，而紧张则是因为根据税务方面的规定，要想让卖家能获得1 000万英镑的税后收入，那么《向日葵》的拍卖成交价格就必须达到1 500万~1 800万英镑。因此，要么《向日葵》的拍卖价能够达到这么高的水平，要么人们就会认为拍卖行在误导卖家，不要私下将画作卖给博物馆。拍卖之前的几周，佳士得拍卖行公布拍品的价值评估结果为："1 000万英镑，可能再高一些，还可能更高。"

　　在拍卖当天的晚上，拍卖大厅里早已座无虚席，而且气氛相当紧张。这件凡·高拍品真的能够创造一个新的拍卖纪录吗？拍卖师查尔斯·奥尔索普将起拍价设在了500万英镑，这接近于初期的评估价格。随后的竞价迅速展开。550万英镑。600万英镑。很快就有人叫到了650万英镑。这个价格已经超过了最初预估的水平，而且许多竞拍者聚集在大厅内、侧厅里，还有通过电话报价的众多买家仍然在不断竞价。

　　当拍品的价格被叫到2 000万英镑时，拍卖大厅内响起了热烈的掌声。现在的价格是2 000万英镑，而且还有两位买家在角逐。这两位神秘买家都是通过佳士得拍卖行雇员的电话进行报价的。最终，当竞拍价格达到2 250万英镑时，其中的一位买家终于放弃了。《向日葵》以史无前例的2 250万英镑的天价落槌成交，加上 10% 的佣金，总交易金额达到了 2 475 万英镑。几天后，有消息透露，最终的神秘买家是日本的安田海上火灾保险公司。另一位竞拍者是澳大利亚的房地产大亨艾伦·邦德。

《向日葵》的成功交易对整个艺术品市场产生了巨大的影响。3 个月之后，凡·高的另一件稍逊一筹的作品《顶奎特尔桥》也拍出了 1 260 万英镑的高价，艾伦·邦德这次又差了一点儿。这时候，人们已经开始猜测哪一件艺术品将会创出新的拍卖纪录了。

当年夏天，这件可能创纪录的拍品终于出现了。佳士得拍卖行宣布将公开拍卖凡·高的《鸢尾花》。人们普遍认为这是一幅价值超过《向日葵》的作品。拍卖时间定在了 1987 年 11 月，如果一切顺利的话，这件艺术品将会改写此前拍卖交易的世界纪录。令人始料未及的是，随后突然爆发了"黑色星期一"大股灾。如果说那些专业的艺术品投资家们在股灾前似乎不太关心价格的话，那么在股灾之后，他们该深入地考虑这个问题了。难道艺术品市场也会和股市一样垮掉吗？或者，这个更小圈子的各个竞拍者仍然会不顾"黑色星期一"的冲击影响，继续高举手中的竞价号牌吗？

牛　市

当佳士得拍卖行在星期三举行一场珠宝拍卖的时候，出乎大多数人的意料，拍卖结果仍然相当理想，这是市场发出的第一个信号。紧接着，一本《古登堡圣经》在星期五又成功拍出，成交价格达到了 590 万美元，创造了印刷版图书拍卖价格的最高纪录。在这样的市场走势下，对于将要在 11 月 1 日竞拍的凡·高画作《鸢尾花》来说，人们虽然有些担心，但还是抱持相当大的希望。毕竟，这件拍品将有可能改写原有的拍卖纪录。拍卖当天，《鸢尾花》被列在拍卖清单的前 1/3 顺序位置上，当天竟有超过 2 000 人出席了这场拍卖活动。尽管每个参与者都希望这次拍卖能够创造历史，但当人们看到 1 500 万美元的起拍价格时，还是不由自主地屏住了呼吸。

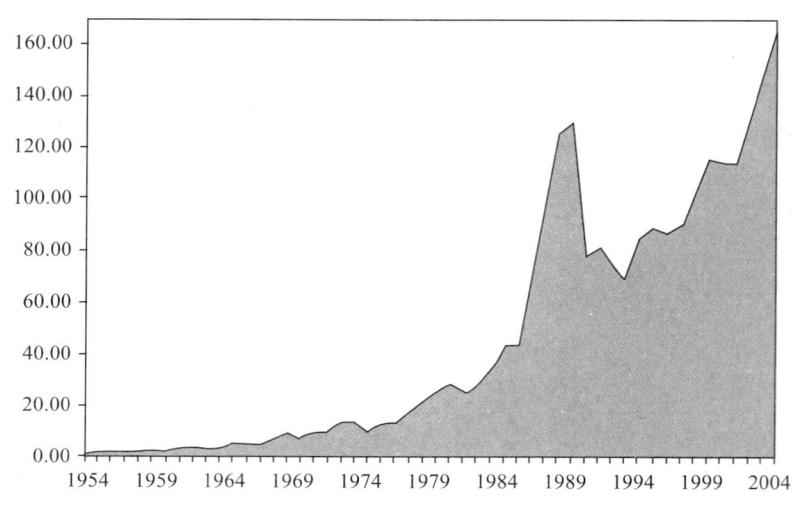

图 24-1　梅摩艺术品指数。该指数由纽约大学教授梅建平和迈克尔·摩西创建。

从 1 500 万美元起拍，这是在《向日葵》成功拍卖之前为一幅画作所支付价格的两倍，而且这次拍卖的竞价阶梯为每次 100 万美元。当时在拍卖大厅的人们还不知道此次竞拍的价格底限（设定的最低价）竟然高达 3 400 万美元，远远高于之前画作拍卖的世界纪录。但是实际的竞拍价格很快就突破了这一水平，达到 4 000 万美元后还在持续飙升。最终落槌的拍卖价格为 4 900 万美元，加上交易佣金后总费用达 5 390 万美元。拍卖大厅内再次响起了之前《向日葵》成交时那样热烈的掌声。事后证实，这次的买家是艾伦·邦德。

两个标志性的月份

此后两年，艺术品投资市场的牛市行情依然不改。在苏富比拍卖行主办的一场拍卖会上，第 16 件拍品，威廉姆·德·库宁的作品《交换》估价为 400 万~600 万美元，竞价阶梯达到了每次 20 万美元。当报价达到 170 万美元时，有一个竞拍者突然高声喊出："600 万美元！"

拍卖师不由得停顿了片刻，之后才缓过神来继续拍卖程序。到底是谁会把竞拍价格从 170 万美元直接拉高到 600 万美元呢？很显然，这是来自日本的龟山先生报出的价格。按照常理，下一个竞标的价格应该是 620 万美元，但是拍卖系统的秩序再次被打破，因为有人通过代理电话给出新的报价是："700 万美元。"

此后，拍卖竞价又按照每次 20 万美元的阶梯不断蹿升到了接近 1 580 万美元。与龟山先生竞争的是来自瑞典的艾尔维尔德先生。下一个报价又一次打破了秩序："1 700 万美元。"

然而，这是一个错误——龟山先生早就有些心不在焉了。拍卖师发现了这一错误，并将报价改回到 1 600 万美元。但报价到 1 680 万美元时又一次跳升："1 800 万美元。"

显然龟山先生的思想又在开小差了，因此报价被修改为 1 700 万美元。最终，瑞典人放弃了，龟山先生则以包括交易费用在内共 2 070 万美元的价格将这幅画作收入了囊中。在 1989 年的 11 月和 12 月，这样的拍卖场景又多次重演，艺术品拍卖市场已经达到了近乎疯狂的程度。包括富士银行、三菱银行、第一劝业银行和太阳神户三井银行在内的众多日本银行频频出手为名画收藏提供融资——一般都在估值的 50% 以上。

这两个月可能是艺术品投资历史上最为突出的时间段。共有超过 300 幅

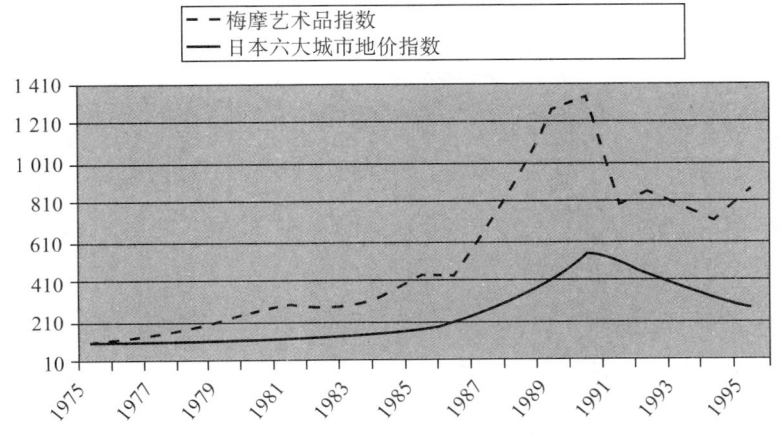

图 24-2　梅摩艺术品指数与日本六大城市地价指数，1975~1996 年。该图显示出，日本土地价格与全球艺术品价格之间存在着明显的相关性。

画作的拍卖价格超过了 100 万美元，有 58 幅名画的价格达到 500 万美元之上。根据艺术品价格统计，自 1985 年年初以来，艺术品指数已经上涨了大约 580%。短短 4 年的时间竟然上涨了 580%。这该是一个多么疯狂的市场啊，这又是一股多么狂热的潮流啊！

一件昂贵的肖像作品

毫不奇怪，佳士得美国拍卖公司的 CEO 克里斯托弗·伯奇先生完全有理由轻松惬意地度过 1989 年的圣诞假期。公司不仅业绩突出，而且即将要拍卖凡·高的另一幅名画，这将很有可能创造出近 4 年来世界第三高位的拍卖价格。这就是著名的《嘉舍医生的画像》。

佳士得拍卖行预计这幅名画的拍卖价格将达到 4 000 万~5 000 万美元，而卖家私下确定的销售底价为 3 500 万美元。全世界范围内大概有 10~20 位买家会对此件拍品感兴趣并有实力支付这样的高价：美国有 5 个人；伦敦有 3 个，但都不是英国人；3 个人来自瑞士；1 人来自德国；另外日本有 5~10 个人。澳大利亚的艾伦·邦德先生退出了收藏界。在他拍得《鸢尾花》之后，人们发现他的部分竞拍资金是苏富比拍卖行提供的。事实上，这对艺术品拍卖市场而言并不是一个好的信号，特别是，因为他后来无力筹措剩余的款项，所以这幅画不得不以一个"未透露的"价格转售给了一家博物馆。未透露价格说明其成交价格有可能比较低。另一个负面的因素是日本股市在圣诞节后达到顶峰便急转直下。最终，很可惜，有多场欧洲的拍卖活动在 1990 年头几个月出现了流拍现象。当然，市场上也不全是坏消息。一家名叫 Maruko 的房地产公司从 1990 年 1 月开始对外销售名画的股份，这些名画的作者包括雷诺阿、巴勃罗·毕加索、莫迪里阿尼和马克·夏加尔等。当这些画作在几年之后被转售的时候，每一位股东都能获得一定比例的收益。

当时蓬勃兴起的收藏品市场不断扩大至全球范围。任何一个具有收藏价值的种类都被疯狂的收藏者紧盯不放。经典款式的轿车和跑车就是典型的例子。《跑车杂志》的创始人基思·马丁就亲身经历了这样狂热的市场氛围。1990 年，基思·马丁在纽约购买了一辆法拉利戴通纳车（Daytona）。除了外观之外，那简直就不是一辆汽车。好多零件都已经坏掉了，汽化器也烧坏了。但这样的车竟然卖到了 115 000 美元。

冲向顶峰

我们再回到《嘉舍医生的画像》的拍卖上来。拍卖时间安排在 5 月 15 日，这天下午 6 点 30 分，一些参与竞拍的人就陆陆续续来到了现场。拍卖开始的时候，竟然有 1 700 位参与者到场。在拍卖《嘉舍医生的画像》之前，另外 20 件拍品的成交情况相当好。等到这第 21 件拍卖品最终登场时，所有的电视转播都已经启动，激动人心的时刻就要到了。

拍卖师开出的起拍价格是 2 000 万美元的天价，而且每次竞拍报价递增 100 万美元。很快，报价一路拉升到了 3 500 万美元，达到了卖方的底价。拍卖师往上推了推眼镜，心想这下保底没有问题了，况且，价格还在继续飙升。在叫到 4 000 万美元的时候，现场出现了一次小小的停顿。很显然，有一位竞拍者已经退出了争夺。难道这个 4 000 万美元就是最终的报价结果吗？

当然不会！突然之间，有一位坐在大厅后面的日本买家举起了手。之后，玛丽亚·瑞恩舍根报出了下一个价格，她是佳士得苏黎世公司的雇员，正在通过电话为客户报价。当竞拍价格达到 5 000 万美元时，大厅内响起了热烈的掌声。但竞价并未停止，价格稳稳地突破了 6 000 万美元，并沿着 7 100 万美元、7 200 万美元、7 300 万美元一路攀升。而后又该轮到玛丽亚了，她在电话里与客户悄声地说了好长一段时间，之后再次举起了手。

"7 400 万美元！"

但是日本的小林先生并没有罢手，他又把价格抬高到了 7 500 万美元。此刻，人们看到玛丽亚正在仔细倾听电话那端的意见，并没有再说什么。最终，玛丽亚抬起头并摇了摇，显然电话那头的买家终于放弃了。这次小林先生以 7 500 万美元的价格，再加上佣金，总计 8 250 万美元买下了这幅《嘉舍医生的画像》。两天之后，他又花 7 100 万美元的高价买走了雷诺阿的画作《煎饼磨坊的舞会》。

后来，人们了解到真正的买家是大昭和纸业制造公司主席齐藤良平先生，当时他的身价接近 7.7 亿美元。收到这幅名画后，他只是简单地看了一眼便放进了储藏室，于是这幅名画被放在用布料蒙着的画框里沉睡了多年。尽管如此，他此后至少把这幅名画拿出来看过一次：他还曾经把这幅画送到著名的吉兆餐厅，在那里专门招待一位来自苏富比拍卖行的访客。

崩　盘

这宗交易也成为这个狂热市场达到顶点的标志。不久之后，收藏品市场的交易价格和交易量开始逐步萎缩，在随后的两年时间里，艺术品指数下降了 50% 左右，无论从哪个角度来看，其下滑的幅度都非常大。随着市场残局清理过程的完成，人们越来越清楚地体会到在此前的市场中日本买家所起的重要作用。日本的投资者不仅用高得离谱的价格买走了《向日葵》、《交换》和《嘉舍医生的画像》，而且日本 Aska 国际公司的老板森下恭通还花 3.84 亿美元买走了雷诺阿和莫奈这样的印象派和后印象派画家的很多作品，包括 1989 年秋天在纽约举行的一次拍卖会上动用大约 1 亿美元巨资买走了近 100 幅名画。此外，三越百货公司用 3 750 万美元购买了毕加索的《杂技演员之家》，而立邦赛车场的主人则为毕加索的《瑟雅瑞的喜宴》花费了 5 200 万美元。事实上，在市场开始大幅下滑之后，约有 1 万幅被日本投资者买走的名画作为抵押品被存放在银行的库房里。

不仅是艺术品市场出现了恶化的情况。艾伦·邦德的公司在 1989 年被接管之前亏损已经达到 9.8 亿美元。随后他本人也被指控犯有欺诈罪，并于 1992 年锒铛入狱。一年后，曾经购买名画《嘉舍医生的画像》和《煎饼磨坊的舞会》的齐藤良平也被指控犯有行贿罪，齐藤先生也破产了。

收藏品的界定

艺术品收藏市场在 1987~1991 年间从兴盛走向衰败的过程也表明：这个市场与股票市场和房地产市场一样，会表现出非理性的特点。但是，在我们分析原因之前，也许应该先对这个市场中的收藏品范围作一下界定，以及了解应该如何去跟踪观察这些收藏品的行情。

> **收藏品的界定**
>
> 要明确地界定收藏品市场的范围并不是一件容易的事，不过，我们可以采取下面的方法来进行分类：
>
> - 古老的艺术品（古董）
> - 美洲印第安、非洲海洋、哥伦布以前的艺术品
> - 亚洲及伊斯兰艺术品
> - 书籍和手稿
> - 文学集
> - 美术品
> - 家居及装饰艺术品
> - 钟表和手表
> - 汽车
> - 邮票
> - 钱币
>
> 本章所涉及的收藏品并不包括珠宝和贵金属，之后我们会对其进行专门的分析。

收藏品经常被笼统地称为"艺术品"，即使这个概念中包括了像具有收藏价值的汽车、武器这样或许不太具有艺术性的物品。然而，记录最完备的

收藏品主要还是纯粹的艺术品，有不少个人和机构在专门作这方面的研究和跟踪。最负盛名的艺术品指数可能要算是梅摩艺术品指数、艺术品市场研究指数、Kusine 公司指数和 Gabrius 指数。

与房地产市场和金融资产市场相比，收藏品市场的规模要小得多。欧洲艺术品基金会在 2002 年提供的一项研究结果表明：2002 年全球艺术品销售总额达到近 260 亿美元（采用欧元计价大约也是这个数额），其中美国的销售额大约占 45%，英国大约占 20%。再加上酒类、汽车等其他收藏品，全球收藏品的拍卖交易总额很可能达到 300 亿美元（不包括珠宝类）。现在我们可以简单地估算一下收藏品市场的大致规模。假设艺术品和其他高级收藏品平均每 15 年交易一次，这就意味着 2002 年收藏品市场的总价值大约为 4 500 亿美元，我们不妨把它估算为 "3 000 亿~6 000 亿美元"。这当然是相当庞大的规模，但当它与房地产、债券和股票市场相比时，还是显得小多了。收藏品市场的总价值占 GDP 的比例最低也在 0.7%~2.5%，大约是全球可变价格资产总额的 0.3%。

周期驱动因素

由此我们可以得出一个很明显的结论：经济会影响收藏品市场的发展，而收藏品市场则可能不会对经济产生什么影响。既然是这样，那么收藏品市场对经济周期是如何作出反应的呢？

首先，我们知道，正是那些非常富有的人在推动收藏品市场的发展。如果你有能力在拍卖会上竞拍到一件价值不菲的艺术品，那你就应该算是很富有的人了。凯捷咨询公司（Cap Gemini）和美林公司对这类人群作过一系列的年度研究分析，其 2003 年的研究分析结论是：全球个人金融资产超过 100 万美元的人数达到 830 万，并且这些人所控制的资产总额达到了 31 万亿美元。这一估算还不包括他们的房地产等其他非金融资产。他们被称为"高净值人士"（HNWI），并且被普遍认为是影响收藏品市场的重要驱动因素。

第 24 章 收藏品投资

收藏品市场可以划分为不同的层次，我们随后会看到最高层次与其他层次的行为表现有些不同。那些能够驱动高端收藏品市场的人群在凯捷咨询公司和美林公司的研究报告中被称为"超级高净值人士"。他们平均拥有至少3 000万美元的资产用于投资，这类人的数量在2004年大约为77 500。那么，是什么原因驱动着这些超级富豪像1991年前的日本大亨一样去投资贵重的艺术品呢？其经济方面的动机可能有以下三点：

- 潜在的财务收益
- 安全的实物资产
- 分散化

收藏品投资上的其他明显动机是与情感红利和效用相关的：

- 感官愉悦/情感红利
- 社会声望

这些需求属于马斯洛需求层次金字塔的高端需求，也就是人们所有其他的需求都得到满足之后所要考虑的。人们首先需要购买的资产是一些基本用品：冰箱、收音机、MP3、电视机，随后会购买一些名牌服饰、汽车等。在一定意义上，这些基本用品也是一种资产，但具有高度的实用价值。典型的消费者会继而考虑养老计划，如果他们能够继续获得财富的话，他们还会攒钱购买自己的住房。其他的额外财富会转向更具投机性的投资，更好的住宿条件或者可能用于投资第二套住房。对绝大多数人来说，最高层级的资产是像游艇、私人飞机之类非常昂贵的用品，以及名画之类的贵重物品。我们可以想象，如果人们觉得以前的投资已经获得了很高的收益，他们就会放松警惕，在资产金字塔上更加快速地迈向更高层次（参见图24-3）。

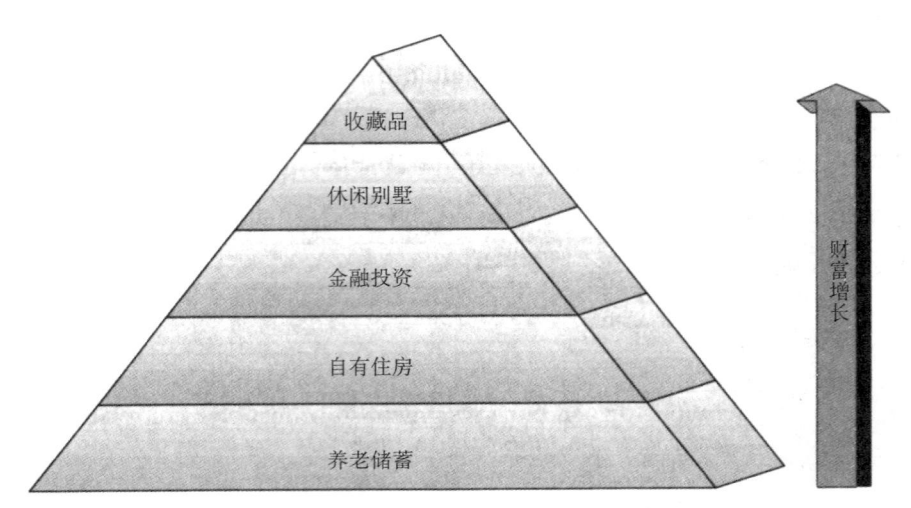

图 24-3 购置资产的层次结构。由于人们前期的投资已经大幅增值，可以想象，他们会在资产投资的层次上更加快速地攀升。

资产类收藏品

收藏品如果能够长时间保存（尤其是在不考虑高昂的交易、保险和可能的储藏费用的情况下），就可以被看成是合理的资产，根据纽约大学教授梅建平与迈克尔·摩西的研究成果，那些中、低价位的艺术品属于利润率最高的收藏品类别。并且，从投资组合的角度来看，收藏品与金融资产之间的统计相关性非常有限。菲门乌德艺术投资基金计算了艺术品指数与其他类别的资产在 25 年内的相关系数，结果参见表 24-1。

表 24-1 艺术品与其他类别资产之间的相关性（1978~2003）

资产类别	与艺术品 100 指数相关的系数（1978~2003）
标准普尔 500 指数（美国股票）	−0.029
美国 10 年期国债	−0.037
标准普尔黄金指数	0.035
英国金融时报 100 指数	0.055

艺术品资产也是有形资产，当投资者不相信其他类别的资产时，艺术品资产可能就会受到青睐。比如，1913~1920年间（第一次世界大战期间），美国和英国的股票市场都下挫6%，而梅摩艺术品指数则攀升125%。1937~1946年间（第二次世界大战期间），美国股票市场仅增长了7%，英国的股票市场没有增长，但是同期的艺术品市场的增长幅度达到了30%。1949~1954年间（朝鲜战争期间），美国股市上涨了67%，而同期的艺术品市场却上蹿了108%。越南战争期间的表现如何呢？在1966~1975年间，美国股票市场下挫了27%，但是同期的艺术品价格上涨幅度竟然超过了108%。当股票市场经历剧烈振荡的时候，艺术品市场仍然有良好的表现。例如，标准普尔500指数在1987年10月下降了31.54%，但同期的艺术品100指数还是上涨了2.86%。

收藏品和经济周期

那么收藏品市场是如何与经济周期发生关联的呢？奥利弗·香奈尔的一份题为《艺术品市场行为可预测吗？》的研究发现，英国、日本和美国的艺术品价格表现较之股票价格，往往滞后1~4个季度。他总结道：

> 一般而言，金融市场对经济冲击会迅速作出反应，金融市场所产生的收益会被投资到艺术品市场，因此，股票交易情况可以用作预测艺术品市场走势的一个领先指标。

这份研究报告在1995年出版，但是，它根本不能对2000~2002年间股票市场出现的崩溃现象进行很好的解释。核心问题是，无论何时，只要富人变得更加富有，收藏品市场就会有很好的表现，而收藏品市场在2000~2002年间也的确表现不错。在此期间，根据《世界财富报告》，不仅房地产价格强劲上涨，而且高净值人士的金融资产也快速增长。当这些富人变得更加富有的时候，还会有一个数量不成比例的人群可以向需求金字塔的上方攀登。

梅建平与迈克尔·摩西教授在2002年的一项研究《作为投资的艺术品与表现不佳的杰作》中，也反映了这一现象，该项研究表明当艺术品市场处于上涨阶段时，中低价位的艺术品增值最快，而在市场反转的时候，这些艺术品的价格跳水也是最快的。

20世纪80年代末，收藏品市场处于疯狂的状态，财富净值显然也在迅速增长，日本的情形尤为突出，因为其房地产的价值明显超过了世界其他地区的房地产价值。当人们在某一种资产（本例中是房地产）上积累了巨额财富之后，他们自然会充满信心地投资其他形式的资产。这或许是出于投资分散化的考虑，也可能只是他们认为自己有能力承担这样的投资。对此，我们的结论是：

- 收藏品市场蓬勃发展出现在全球高净值人士财富高速增长时……
- ……倾向于在利率下降或者至少是经济合理增长的期间。
- 与其他资产市场类似，收藏品市场如果在一段时间内持续上涨的话，也会陷入投机狂热。
- 收藏品市场与房地产价格具有高度的相关性，这在一定程度上是因为房地产是决定高净值人士增加的主要因素。
- 收藏品与股票的相关性较低，并且其转折点有可能滞后于股票市场。
- 长期来看，收藏品投资的收益表现优于固定收益市场。
- 长期来看，收藏品投资的收益比不上股票市场。
- 中低价位的收藏品对经济周期更为敏感。

正如我们在本章所讨论的，收藏品市场虽然是一个较小的市场，但很有意思，因为它清楚地表明了纽科姆方程式的一些有趣性质：方程式右边的净资产价值增加，会给很多人造成财富增长的感觉，这导致了经济活动的增加以及更高的货币流通速度，并且造成收藏品市场的巨大泡沫，就像1990年那样。就在10年之前，同样的故事再一次发生，但这一次人们狂热追逐的东西不再是名画或跑车，而是黄金和钻石。它们是两个令人沉迷的市场，要讲述这两个市场的故事，还是要从已经尘封了几千年的一个交易市场开始。这是下一章的内容。

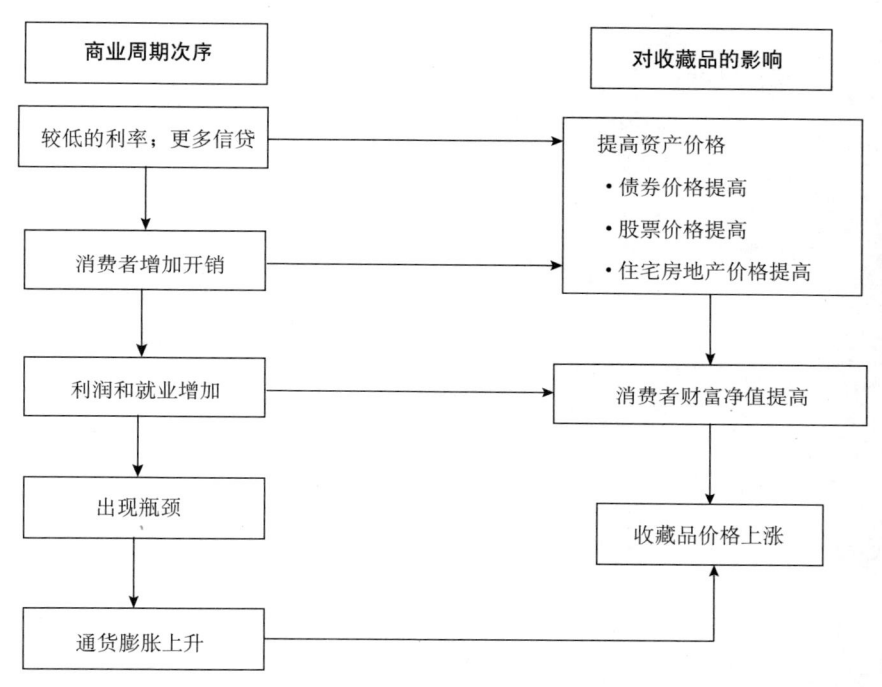

商业周期次序

较低的利率；更多信贷 → 提高资产价格
- 债券价格提高
- 股票价格提高
- 住宅房地产价格提高

消费者增加开销

利润和就业增加 → 消费者财富净值提高

出现瓶颈

通货膨胀上升 → 收藏品价格上涨

对收藏品的影响

图 24-4　经济周期中驱动收藏品市场的因素

第 25 章　贵金属交易

想象一下这样的场景：大约公元前 500 年，我们在阿拉伯半岛的某个地方，坐在我们面前的两个人想要交易一袋金粉。这两个人首先需要就袋中所装的黄金数量达成一致，因此一个人先把金粉放在天平的左边，另一位则打开一个小口袋倒出一些从角豆树上摘下的小种子，放在天平的右边，直到天平两边达到平衡为止：此时黄金和种子的重量是相同的。接着他们数清楚种子的数量就可以确定有多少黄金。角豆树种子是一种非常好的计量单位，因为角豆树种子有着这样的特点：它们的重量几乎完全相同。

用角豆树种子衡重的方法由地中海东部地区的人们发明，但没过多久就传开了。希腊人也采用了这种方法，他们将用角豆树种子衡量的方法传播到其他地方，那些地方的人们不仅喜爱角豆树的豆粒和豆荚，还很喜爱角豆树均匀一致的小种子，希腊人把这些种子称为"keration"（克拉）。随着时间流逝，"keration"也就变成了"carat"（克拉），这个计量单位一直沿用到今天，用来描述极为珍贵的黄金和钻石。如果我们今天说一颗钻石重一克拉，也就表示它的重量和一颗角豆树种子是相同的，或者也可以精确地计量为 0.2 克。现在"克拉"这个单位仍然被用来描述钻石的重量，但在描述黄金时"克拉"则代表纯度。24 克拉的黄金意味着其纯度接近 100%，低一点儿的纯度比如 22 克拉、18 克拉、14 克拉或者 9 克拉，则表示黄金中混合了其他合金或者是银、铜、钯或铂的合成物。24 克拉的黄金相当柔软并且非常容易分割。实际上，黄金的质地非常柔软，人们可以把它碾成只有书本一页纸厚度的 1/1 000 那么薄。

发现黄金

大约 6 000 年前，中欧与东欧地区的人们可能首次尝试使用黄金，当时主要用于制作一些简单的工具。当今所发现的最古老的黄金首饰是从大约 5 000 年前吾珥城的苏美尔皇室古墓中出土的。而后便是埃及金字塔出土的精美物件，包括图坦卡门王的黄金面罩，这件面罩看上去依然像 3 500 年前制作出来时那样美轮美奂。在大约 3 200 年前的秘鲁查文文明中，人们也用黄金制作一些精美的工艺品，而且这些文物今天依然保存完好。这也从一个方面说明了人们为什么会迷恋黄金这种贵金属：它不和空气、水或者大多数的溶剂发生反应，它似乎能够永存世间。

对于珠宝首饰行业而言，销售状况很不错。当今，珠宝首饰行业大约占每年黄金需求总量的 80%，还有 8% 的黄金进入了零散的投资领域，余下 12% 的黄金则被用于电子行业以及其他工业领域。

黄金交易

几乎所有已经被开采的黄金依然保存完好，原因就在于黄金具有金属的持久性。当然，有一些黄金被用来镶嵌义齿，还有一些被用于玻璃镀膜与电子行业，另外也有一些沉在海底。但是，实际上其余的所有黄金都仍然存在，到目前为止，人们或许正坐在一个大约 1.3 亿~1.4 亿千克的金堆上面（所谓的"地面存储量"），而且这个金堆每年还要增加 260 万千克。我们可以将其换算成人均数量，即目前世界上人均持有黄金的数量为 20 克。每年的黄金产量为人均 0.4 克，这与每年人均 150 千克的钢铁产量，或者是每年铝（4.3 千克）或者铜（2.1 千克）的人均产量相比起来，实在不算多，甚至可以说微不足道。

一个用黄金制作的高尔夫球的重量大约有 1 千克（这样的高尔夫球太重了，是不能打的），如此高的密度也就意味着世界上所有的黄金可以储存在一个 18 米长、18 米宽、18 米高的容器里。那么这样一个装满黄金的容器能值多少钱呢？罗斯柴尔德男爵曾经说过，他知道仅有两个人真正理解黄金的价值——一位是在法国巴黎银行地下金库工作的精明职员，另一位则是英格兰银行的一个部门主管——但遗憾的是，他们本人不同意这样的说法。价值一般是经过多方讨论得出来的结果，但至少黄金的价值是明确的。我们知道，黄金的市场价格在 2005 年一直在每盎司 440 美元左右徘徊，即每千克价值大约为 14 000 美元。用 14 000 美元/千克乘以 1.3 亿千克，也就是 1.8 万亿美元，即人均 285 美元。我们不妨取 1.6 万亿~2.0 万亿美元来算，将这个数字范围和前面所描述的 2004 年其他资产的价值作比较：

全球房地产市场：　　　90 万亿~130 万亿美元
全球债券市场：　　　　45 万亿~55 万亿美元
全球股票市场：　　　　35 万亿~40 万亿美元
全球收藏品市场：　　　3 000 亿~6 000 亿美元

因此，1.6 万亿~2.0 万亿美元的黄金价值大约是股票价值的 5%，但大约相当于收藏品价值的 8 倍。所有黄金公司的市值总共达到 1 000 亿美元左右（白银公司大概只有 20 亿美元）。顺便问一下，谁拥有世界上的黄金呢？中央银行持有的黄金量大约为 3 万吨，也就是黄金总量的 23%，这主要是由美国、德国、法国、意大利和瑞士的中央银行以及国际货币基金组织所拥有（各国拥有量多少的排序大概也是这样）。剩下的主要是个人所拥有的珠宝等，包括手镯、金表、金条和金币等。我们再猜一下这些黄金到底储藏在哪些地区——可能大约有 80% 的黄金留在美国、欧洲和日本？

确切地说，根本不是这样。印度是世界上购买黄金最多的国家，紧接着是美国和中国。穆斯林世界也购买了很多黄金，特别是阿拉伯国家，再加上土耳其和巴基斯坦。实际上，令人吃惊的是，中东加上新兴市场在全球黄金需求中大约占到了 80%，其中，仅仅印度一个国家的黄金消费量就超过了美国、欧洲和日本的总和。

银和铂

银和铂具有珠宝业和工业的双重用途。有 7% 以上的白银用于制作收藏品（首饰、纯银制品、银餐具），余下的则被用于照相材料、电子产品、电池、催化剂以及其他许多用途。根据美国商品调查局（CRB）所编制的 2005 年商品年鉴，大概有 50% 的铂被用来制作首饰，20% 用于自动催化剂，在余下的铂中还有一定数量用于工业用途。

2003 年白银的年产量是 18 700 吨，而铂的年产量仅有 205 吨，从世界范围来看，大约分别是每人 3 克和 0.03 克。20 世纪 80 年代和 90 年代，白银的地面存储量逐年稳步下降，截至 2004 年年中，大家一致的估计是白银存储量大概减少了 6 亿盎司，大约相当于 35 亿~40 亿美元。

金银作为货币

为什么中东和新兴国家成为黄金消费市场的主要力量？首先可能是因为这里的人们将首饰、金条和金币当成储存财富的安全替代物。过去人们大都是将其当成财富加以储存的。古代埃及就是这样，人们把金币称为"谢克尔"（shekel），它起源于公元前 3000 年的美索不达米亚，后来在中东地区成为标准的交易媒介。于是黄金可作为交易媒介的观念迅速传播开来，自此黄金也成为世界各地铸造货币的首选材料，这种状况一直延续到后来——最早是中国人，然后是约翰·劳试图用纸币来替代黄金，我们记得当杰伊·古尔德和吉姆·菲斯克设法操纵黄金兑换美元的价格时，黄金依然扮演着货币锚的角色。大约从公元前 500 年开始，白银也逐渐被铸成硬币使用，最早是在土耳其，后来传到希腊、波斯、马其顿，最后传到了强大的罗马帝国。

如此看来，时至今日，白银，特别是黄金仍然被视为一种货币，这往往有着很好的理由。20世纪70年代，发达国家曾经历了一场严重的通货膨胀，那些倒霉的政治人物像奥尔良大公那样滥发纸币，许多新兴国家的民众都能够回忆起当时的景况多么糟糕——只要回想一下20世纪70年代的智利，1992~1994年发生金融危机的南美洲国家，1997年发生金融危机的东南亚，以及1998年发生货币危机的俄罗斯或者2002年发生货币危机的阿根廷。

黄金和白银或许是一种货币形式，但它们再也不会是唯一的形式。我们把全球GDP（41万亿美元）或者全球资产（170万亿~220万亿美元）与黄金的价值挂钩，可以看到，如果我们真的回到金本位制，那么可以肯定的是黄金价格将因此而上涨好几个数量级。这样做会把巨额的财富从没有金矿或黄金储备的国家转移到那些由于足够幸运而拥有大量金矿与黄金储备的国家，它还会吸引人们费尽心机寻找新的金矿（以及造成污染），而且还将造成中央银行失去处理经济周期与冲击的能力。多年以前，黄金是与纸币相互替换的实实在在的货币。尽管黄金如今依然是货币，但也只是补充意义上的货币。黄金还是一种很典型的资产，就这个问题还可以作更深入的讨论。不过，我们在此还是先来研究一下常常与黄金、白银并列的珠宝：钻石。

"希望之钻"

我们脚下的土层里充满了碳原子，有些是以天然气形式存在的，有些是以石油、炭或者石头的形式存在的。然而，有时这些东西埋在很深的地下，处于非常高的温度与巨大的压力之下，这使得碳原子处于一种全新而且极其紧密的排列状态，由此便产生了钻石。当温度达到1 000~2 000摄氏度、压力达到每平方米700 000吨的时候，这种情形就会发生。

钻石被埋藏在地层深处长达几百万年之久，直到有一天在火山爆发时它们从火山口里突然喷发出来。火山喷发同时也毁掉了大多数的钻石。其中有一些会深深地沉入岩浆中，在岩浆里销熔后再次化成了自由状态的碳原子。还有一些则慢慢地冷却变成了石墨，另外一些喷发出来的钻石在非常炙热的时候就与表面的氧气发生接触——蒸发成为植物呼吸所需要的二氧化碳。但是仍然会有一些钻石完好无损地保留下来：这些钻石到达岩浆的表面，但并没有暴露在空气中，之后快速冷却下来，而不是慢慢地冷却。这些完好的钻石混在火山灰与熔岩之中，就像丑小鸭一样，等着人们去发现它们。

据估计，人们第一次挑拣出钻石并将其用作珠宝是在大约5 000年前，第一次真正开采钻石则是发生在2 400年前的印度。然而，直到大约14世纪，欧洲还没有一个人听说过钻石，当时人们偶尔挑捡到钻石，不经切割就将它们当成八面体的水晶来用。这些石头看上去有点像乳白色的玻璃，不过仅此而已。到了17世纪，法国珠宝商人塔沃尼尔6次来到印度，并在那里看到了让他感到惊奇的东西——莫卧儿国王所收藏的一颗经过切割的钻石——所有的情况便都发生了变化。他回欧洲的时候，带走了44颗经过切割的大钻石和1 122颗小一点的钻石。我们猜一猜，谁会是塔沃尼尔最大的买家呢？他就是著名的太阳王。没错，就是这位法国的太阳王买下了44颗大钻石中的14颗，还有一些小钻石。其中有一颗钻石非常特别，它有112个角豆树籽那么重，而且是按照所谓的印度风格进行切割的，相对于光度而言，它更强调尺寸。1668年，太阳王把它重新切割成为一颗重67克拉的更漂亮的钻石。后来这颗钻石又不止一次地被进行切割，结果成为了"希望之钻"，如今还镶嵌在英国女王的皇冠上，闪闪发光。

三颗重要的钻石

科–依–诺尔（Koh-i-noor，也称为"光之山"）是世界上最著名的钻石，它重达108.93克拉，在首次记载时重达1 304克拉。世界上最大的钻石是库里南（Cullinan），1905年在南非被发现，发现时重达3 106.75克拉，后来被切割成一颗重达530.2克拉的"非洲巨星"（Great star of Africa）、一颗重量为317.40克拉的"非洲之星"二号钻石以及104颗小钻石。

然而，宇宙中已知的最大钻石则是一颗已经燃烧殆尽的名为

第25章 贵金属交易

> "BPM37093"星球的内核,按照钻石的计量单位来估计重量,达到100亿兆兆克拉,即1的后面跟有34个0。其宽度大约有2 500英里或者4 000公里。不过,我们不要奢望能够看到佳士得来拍卖它。它距离我们有50光年,并且和太阳一样重。

现代钻石分销体系

今天大多数的钻石产于非洲、澳大利亚或者加拿大。钻石在被发现之后,就要送往分类与估价中心,并被分为许多种类——戴比尔斯采用16 000种分类。在这个阶段,所有钻石看上去都像是平淡无奇的玻璃卵石,并且在100万颗钻石中,只有一颗钻石的重量会超过1克拉。即使所有用于工业的钻石都用来制作首饰,也只有1/20的钻石重量能够超过1克拉。

经过分拣后的钻石就可以进行第一次销售。世界上大概有一半的原石销售是通过戴比尔斯所控制的位于伦敦的CSO(中央统售组织)完成的,CSO将其出售给4个交易商,这4个交易商再把这些原石转卖给配售商。每隔5个星期,装有原石的箱子就会出现在事先受邀请的配售商面前。交易谈判遵循古老的规则:你可以带走它或者留下它。在现场议价,或者不买货的看货商将不会被邀请。配售商再将这些原石卖给一个大规模的交易网络。大概有80%的这类交易在安特卫普的4个钻石交易所中完成。

交易商可以对这些钻石进行切割,切割的工序大部分在印度(加工最便宜的大量原石),以及中国、以色列和比利时(加工中等大小的原石),或者是在纽约(主要加工那些特别的,也就是最好的原石)完成,再经过一些不同水平的交易商最终通向使用者。所有这些费用都将包含在钻石的价格之中。一颗钻石在一天之内可以多次易手,在到达消费者手里之前,可能已有过10位主人。拉帕波特服务系统一直跟踪这些中间交易市场的状况,这个系统会列出几乎全部卖家愿意出售的最高价格(实际成交价格往往会低于拉帕波特服务系统价格 10%~40%)。

关于钻石的数字

市场营销有一个古老的经验法则：在大多数的生意中，20%的交易占据了80%的交易额。这个法则也同样适用于钻石生意，仅有大约20%的原石能够具有宝石品质就算很不错了。另外有45%可以称为"具有准宝石品质"，而且1970年之前这些准宝石是不会用来制作珠宝首饰的。然而，今天印度的抛光技术很有效，许多这样的原石也被有效地用来制作价格低一点的宝石。2004年，全球钻石珠宝市场在零售层面上达到约700亿美元，另外这些钻石本身的价值大约为180亿美元。在世界上600亿美元的钻石珠宝销售额中，约有一半是在美国创造的——第50大街和第47大街的商家掌握着超过95%的钻石进口生意。

同样的这些原石在抛光之后、深加工之前的价值大约为160亿美元，而在抛光之前的价值大约是120亿美元。其在开采之前的价值则只是超过100亿美元。在许多用来制作珠宝的珍贵或者比较珍贵的原石当中，钻石是绝无仅有的。我们可以将钻石与有颜色的宝石，比如绿宝石、红宝石以及蓝宝石作个比较。根据美国矿业局2004年的估计，世界上全部有色宝石每年的零售市场规模大概仅为100亿~120亿美元，所以我们不去讨论它。

第二次世界大战之后，全球钻石的产量仅有1 260万克拉，到20世纪60年代末上升到大约4 000万克拉，到2004年，则超过了1.45亿克拉（或者说接近30吨）。假如其中只有20%具有宝石品质，45%具有准宝石品质，那么这就意味着大约有20吨是用来切割制作宝石的。在切割过程中，原石会损失50%的重量，这也意味着会有大概10吨的宝石进入市场。钻石也像黄金一样代表着"永恒"，但是要估算既有的全部具有宝石品质的钻石的价值非常困难（钻石实际上也会销蚀掉，但可能需要经历100万年之久。实际上只有黄金才是真正永恒的）。我们可以估计，从第二次世界大战结束一直到 2004 年，每年的钻石产量平均为 4~5 吨。那么流通中的具有宝石品质的钻石总共大概有 200~250 吨，价值大约为 3 500 亿~4 500 亿美元。这些数据有很多的不确定性（比如切割质量会发生变化），把这些因素都包括进去，我们认为钻石总价值应该为 3 000 亿~5 000 亿美元，而黄金市场价值为 1.6 万亿~2.0 万亿美元。为了更生动地解释，我们设想一下如果把所有这些钻石都集合到一起，又会占据多大的空间呢？由于固态钻石每立方米的重量为 3.5 吨，那么在毫无缝隙堆放的情况下，就需要一个 70~100 立方米的容器，或者按照其自然形状来装载的话，则需要一个 150~200 立方米的容器。而后者实际上是一个长、宽、高分别为 6 米的容器。

谁会购买钻石呢？我们这里所看到的情况与黄金是很不一样的。大约有 50% 的钻石是在美国销售的，其次是在欧洲和日本（不过，中国与印度可能很快就会赶上来）。

大繁荣

哪些因素能够驱动黄金、白银和钻石的价格呢？在过去几十年里，戴比尔斯曾经企图控制钻石市场的定价，公司通过管理大量的缓冲库存和操控批发价格，非常成功地使这一市场保持着平稳的发展环境。但是，在 1977~1982 年间，情况发生了重要的变化，一些销售环节的力量变得非常强大，经销商们不再忍受戴比尔斯的定价指令。结果是安特卫普钻石价格指数在 1977 年突然冲破了戴比尔斯所设定的很窄的目标区间，在 3 年之内上升了至少 400%。后期价格攀升得最快。在安特卫普，一颗没有瑕疵的钻石 1979 年的价格为两万美元，13 个月之后，其价格就上涨到了最高点 6 万美元——仅仅一年多的时间就上涨了 300%。随后价格下跌的速度也很快，到 1982 年 1 月，这样一颗无瑕疵的钻石价格又很快回到了两万美元。在这个事件之后，价格又出现了新的稳定，很显然，戴比尔斯似乎再次控制了局面。然而，这个卡特尔已经逐渐失去了市场份额，并且很可能未来的钻石价格会受到更多自然波动因素的影响。

1980年，钻石泡沫产生了。与此同时，纳尔逊·邦克·亨特想要垄断全球的白银市场，这种情况似乎早在1970年就已经初露端倪。纳尔逊·邦克·亨特是一位石油大亨的继承人，当时，有一位得克萨斯牧场的朋友登门拜访他，于是这个著名的故事就开始了。这位朋友名叫阿尔文·布罗德斯基，当他们在厨房里谈论时，他告诉亨特说，所有厨房里的东西到明年价格会更高。中央银行错误地相信存在着长期的菲利普斯曲线关系，但其实世界正处于严重通货膨胀的早期阶段。布罗德斯基建议说，既然货币每年都在贬值，人们应该考虑将货币兑换成白银。亨特每年来自利比亚的石油收入大约有3 000万美元，他对布罗德斯基的这个想法很感兴趣。没过多久，便开始购

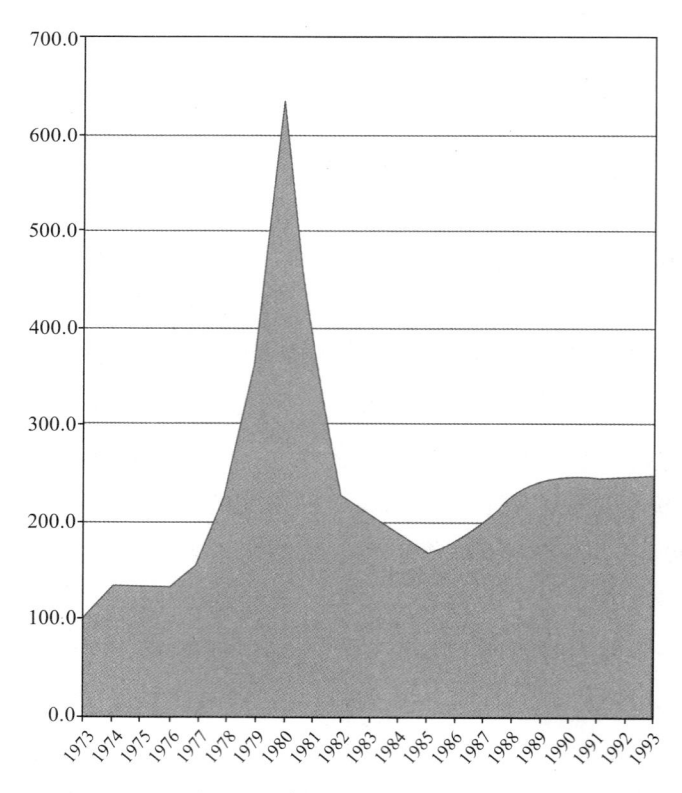

图25-1 1980年的钻石泡沫。数据来自安特卫普钻石价格指数。

买白银。

　　白银的价格有几年相当稳定,但到最后,在20世纪70年代末,银价开始上涨。在正常情况下,如果你想作一笔不错的投资,那么你应该尽力隐藏自己的真实意图,以避开和其他人的竞争,但是亨特当时改变了态度。他不仅想要购买预期价格节节上涨的白银,而且好像还想组建一个国际购买财团来操纵白银价格的上涨。他在沙特阿拉伯找到了他的同盟。这样一个投资团队现在要买断数量巨大的白银期货,而且要在合约到期时进行实物交割。

　　亨特对美国当局并不抱持过多的信任,因此他决定把至少重约125吨的白银送到瑞士。他在农场里举行了一次牛仔射击比赛,获胜的牛仔会得到任务,即押送这些白银飞往欧洲。一天晚上,亨特租借的3架波音707飞机满载着白银和牛仔,飞越大西洋后在苏黎世降落并卸货。而后他和合伙人继续购买白银,后来所交割的数量已达到他们储存在瑞士的白银数量。白银价格在一个劲儿地飞涨,但是这个国际财团最后受到了挤压,外汇管理当局不准设立新的多头仓位,而激进的中央银行则开始加息以打压通货膨胀。1980年,整个计划崩溃了,而亨特也在1988年被迫破产。

贵金属、钻石和经济周期

　　1980年的泡沫席卷了黄金、白银、铂和钻石市场(见图25-2)。不管是什么原因,在这4个市场中,泡沫都不像是由供给扰动这类特定的因素造成的——它是由一个更加普遍的自然因素,一种简单而又巨大的投机性需求造成的。我们来看看哪些因素能够周期性地驱动这些贵金属的需求。

　　因为黄金有一个流动性强的巨大市场,所以我们可以发现有关经济周期影响的很好的研究素材。我们不妨从欧文和兰达所作的研究开始,他们探讨了国库券(短期债券)、国债(长期债券)、股票、房地产和黄金之间的相互关系。表25-1是他们一些核心发现的概括。

　　表25-1中的数值为正则表示正相关。该项研究发现,黄金价格和债券、

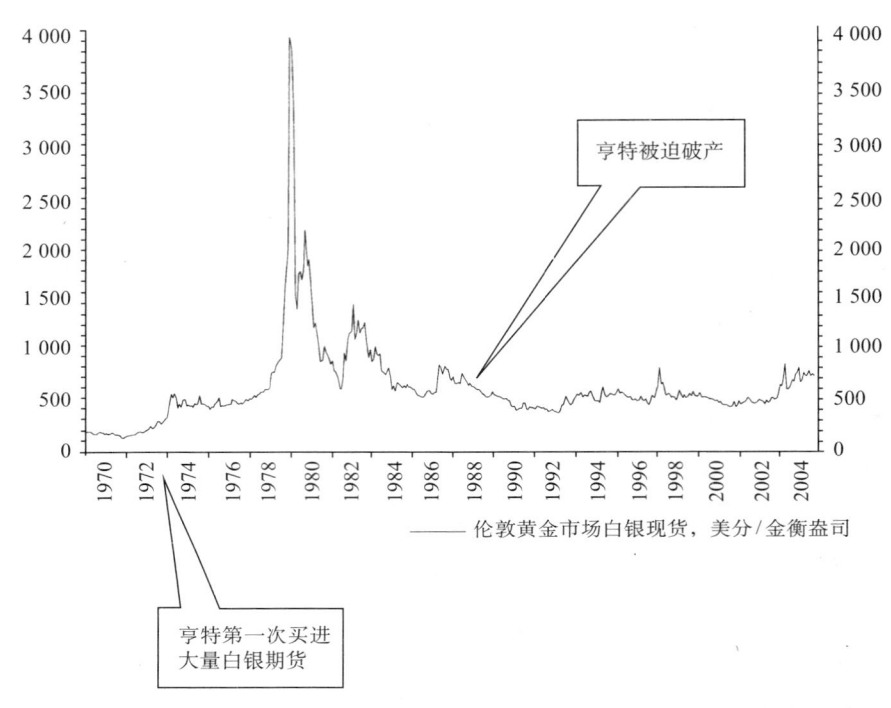

图 25-2　白银泡沫与纳尔逊·邦克·亨特。许多人会把白银泡沫与亨特及其合伙人的冒进收购联系起来，但并非凑巧的是，黄金、铂与钻石的价格也有类似的泡沫。

股票的价格变动方向是相反的，这在商品交易中很正常。然而，研究还发现黄金和房地产市场之间是正相关的，这是我们将要讨论的问题。另一项是戈顿和鲁文霍斯特所作的研究，题为《关于商品期货的现实和幻想》。在 NBER 官方对 1959~2004 年间经济周期阶段划分的基础上，他们检测了商品价格相对于美国的经济周期是如何波动的。当然，这里的商品价格是全球价格，而经济周期是美国经济自身的周期，因此可能存在这样的阶段，不同的经济体会朝不同的方向进行拉动。然而，它们表现出了相当的同步性，在这一阶段，美国经济体平均占世界经济总量的 1/3 左右。表 25-2 的数据表明了贵金属在这种背景下的市场表现。该表还显示出，黄金的市场走势和白银、铂的市场走势之间存在着明显的差异。白银和铂主要用于工业，而且地面以上存储量相对较小——这应该可以解释为什么在扩张后期其市场表现很好，而在衰退后期其表现则很差（特别是铂）的原因。另一方面，黄金价格几乎完全独立于供给流量和工业需求。黄金是一种资产，也是一种财富储藏，当利率较低的时候，黄金的表现更是如此。

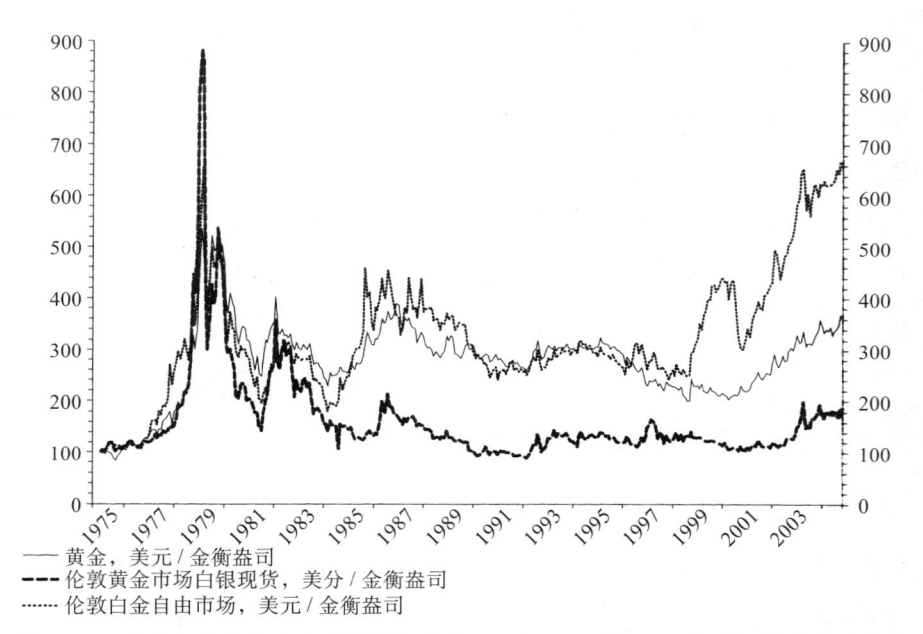

—— 黄金，美元/金衡盎司
--- 伦敦黄金市场白银现货，美分/金衡盎司
...... 伦敦白金自由市场，美元/金衡盎司

图 25-3　黄金、白银与白金价格的相关性。本图显示出 1980 年这三种贵金属的价格泡沫之间存在着协同性。

表 25-1　黄金和其他资产之间的收益相关性

	国库券	国债	股票	房地产
相关系数	−0.53	−0.23	−0.15	+0.41

表 25-2　经济周期中贵金属的表现

	扩张早期	扩张后期	衰退早期	衰退后期
黄金	−1.2	4.1	−2.5	14
白银	−2.0	13.9	−1.1	−0.2
铂	5.0	16.3	−2.5	−20.2

周期长度

埃德加·彼得斯在他 1994 年的著作《分形市场分析，应用于投资与经济学的混沌理论》中，分析了从 1968 年 1 月到 1992 年 12 月这 25 年间的黄金价格，发现存在两个黄金周期，一个周期平均长达 48 周，另一个长达 248 周。后一个周期值得我们注意，因为 248 周也就是 4.8 年，这个时间长度接近于存货周期平均长度。哈米什·特威迪也作过类似的研究，在 1994 年发表的《对引起黄金价格变动的预测方法的调查》中，他研究了从 1966 年到 1994 年的黄金市场情况，发现黄金价格在此期间出现过 6 次牛市和 5 次熊市。他得出的结论是：

> 总之，在过去的 15 年里，黄金价格走势存在着 80~100 天以及 240 周的潜在周期或者更长时间的记忆/依赖性。

这里需要注意的是，240 周是 4.3 年，这和平均存货周期更加接近。那么黄金价格的领先指标有哪些呢？特威迪检验了美国、日本和瑞士经济中的许多时间序列以及一些商品价格，发现对于过去 28 年里存在的最早的两个黄金周期来说，有许多很好的领先指标，但对于整个时期来说，仅有以下 4 个指标是有用的：

- 美国的招工广告（平均领先时间：14 个月）
- 美国工业产出（11 个月）
- 美国基准利率，反向指标（28 个月）
- 美国贷款和投资（18 个月）

另一种似乎更有前景的方法被黄金矿业服务公司运用，这个方法已经发展成为一个黄金预测模型，其使用的指标列在表 25-3 中。

表 25-3　黄金价格的领先指标

全球	印度	日本	美国	欧盟
• GDP	• GDP	• GDP	• GDP	• 工业产出
• 工业化国家产出	• 消费支出		• 工业产出	

这种方法对于包括印度以及 4 个最大经济体在内的情况而言，是可行的。

那么所有这些指标会把我们领向何处呢？在下结论之前，我们应该考虑一下人们为什么会购买贵金属和钻石。我们已经了解到，所有地面以上黄金的价值大概是现有的具有宝石品质的钻石价值的 5 倍，几乎是白银价值的 50 倍。此外，由于黄金是能够明确界定的商品，因此能够以非常低廉的交易成本进行期货与期权的交易。全球黄金衍生市场的交易量超过实物交易量的 50 倍，这意味着黄金交易量可能是钻石交易量的好几百倍。

钻石是根本无法清晰界定的商品。我们已经知道戴比尔斯把钻石分成了 16 000 个种类，这需要通过专家对每一块单个的原石进行仔细的辨识，来进行合理的归类。当原石被制作成珠宝首饰时，情况就会变得更加复杂，而大部分原石又都被制成了珠宝首饰。好的二手钻石珠宝主要是通过拍卖方式交易的，在拍卖中，落槌成交的价格不会比拉帕波特价格高出 75%，拉帕波特价格是包括原石和加工成本的价格——许多拍卖价格实际上只会上升 35%~50%。而后卖方与买方还要支付佣金，这就意味着，卖方最终仅能获得拉帕波特价格 1/3 的收益，而且相对于更高的场外价格而言，其所获收益的比例甚至更小。黄金是来自我们周期系统的原子，具有几个特征——很好界定、便于交易并且是重要的投资工具。钻石则是一种快乐的原子，可以很好地用来表达爱情、美貌或者财富。然而，钻石并不是投资的品种。

快乐原子

在讨论收藏品时，我们发现人们在财力承受的范围内购买能令其快乐的藏品，而财富增值则是驱使他们购买这些藏品的主要因素。与那些拍卖的藏品相比，钻石的市场更广，例如，戴比尔斯宣称2005年有80%的上海新娘接受了钻石婚戒（或者可以肯定地说，与这80%相比，购买拍卖藏品的人数要少得多）。由此可见，钻石拥有一个相当大的市场，但是这个市场到底有多大，则主要取决于财富的增长。对于贵金属和钻石而言，有4个潜在的驱动需求的因素：

- 利率下降
- 股票价格上涨
- 至少有适度的经济增长
- 房地产市场的增长

房地产市场似乎是能够创造基础广泛的财富增长的最佳因素，为此我们先看一下这些资产的上涨是如何造成1979~1980年的巨大钻石泡沫的。答案很简单：1975~1978年，包括英国和美国在内的许多国家实际的房地产价格出现了非常显著的上涨。看起来，这次房地产繁荣引起净财富的增长成为驱动钻石泡沫的关键因素，也是驱动黄金、白银和铂需求增加的一个原因。但是，黄金价格不能完全由财富效应来解释，因为人们购买黄金还有其他的原因：不信任货币。

人们常说黄金投资者的投资决策是采用排除法做出的，这可以解释为什么当债券和股票价格下降时贵金属价格会上升——反之亦然。投资者也考虑到黄金扮演的货币这样一种古老的角色。当人们认为短期利率相对于预期通货膨胀率太低的时候，黄金的价格就会上涨。这意味着，当短期利率相对于长期利率处于低位时，人们习惯于买黄金——长期利率是反映未来通货膨胀率的指标。换句话说，当所谓的"收益曲线"变得陡峭的时候，黄金价格就会走强。（收益曲线是有着相同信用质量但具有不同到期日的债券的利率所连成的一条曲线。当短期利率比长期利率低很多时，曲线是陡峭的。当中央银行加息时，曲线就会变平缓，而在紧缩导致短期利率升得过高的情况下，曲线方向可能会发生反转。）所有这些结论表明，驱动贵金属和钻石未来价格的最重要的基础性周期因素很可能是：

- 经济增长（与高增长正相关）
- 房地产周期（与价格上升正相关）
- 实际的短期收益（与低收益正相关）
- 收益曲线（与陡峭的收益曲线正相关）

经济增长意味着合理的就业保障以及因此而拥有的信心。房地产周期是财富的主要长期驱动因素，因此对钻石的需求来说尤为重要。实际的短期收益是黄金需求的主要驱动因素，因为大量的黄金是作为期货或者利率的替代品来交易的。当实际的短期收益很低时，持有黄金的机会损失会很小。最后，收益曲线将现时的利率和预期的未来通货膨胀率进行了比较，而陡峭的曲线则表明用黄金替代纸币是可行的选择。当经济步入周期的下降阶段时，收益曲线通常会变得陡峭。早期的周期下降阶段通常和通货膨胀率上升以及长期债券收益上升是一致的，而中央银行将会开始削减短期收益。这在一定程度上解释了当股票和债券价格下降时，黄金价格通常会上升的原因。我们把这些结论概括在表25-4中。

表25-4 需求引致的贵金属、钻石价格走势

	贵金属	钻石
经济增长	领先者，特别是经合组织成员国的经济增长	领先者，特别是印度、穆斯林地区和其他新兴市场的经济增长
房地产周期	领先者，特别是经合组织成员国的房地产周期	领先者，特别是印度、穆斯林地区和其他新兴市场的房地产周期
实际的短期收益	低收益情况下是上涨的	相关性很弱
收益曲线	上升的收益曲线是领先的，特别是在经合组织成员国	相关性很弱

在此需要补充说明的是，揭示有关黄金的问题并不需要用直接的数据。一个替代性的方法是考察金矿开采公司的股票价格情况。在低通货膨胀时期，这些公司的股票价格通常比黄金价格表现要好，而当结构性通货膨胀处于高

位的时候，其表现就不如黄金了。

> **比较房地产、收藏品、贵金属和钻石的周期**
>
> - 房地产周期最适合被描述成内在的、供给驱动型的"猪循环"，它能驱动整体经济。
> - 收藏品、贵金属和钻石的周期是需求驱动型的"真实周期"，主要反映了私人财富的变化。这些市场规模太小，不足以对经济周期产生有意义的影响。
> - 货币环境，特别是名义利率变化和实际利率的真实水平是直接驱动所有这些市场的因素。
> - 货币环境通过房地产价格以及由此而产生的财富效应，也成为间接驱动收藏品、贵金属和钻石周期的因素。
> - 这些市场中任何单个市场所发生的泡沫至少会相隔15年，因为人们需要时间去忘记以前泡沫破裂的情形。因此，存在着一种"泡沫循环"的趋势，例如，跟随贵金属/钻石泡沫之后的是收藏品泡沫，而收藏品泡沫过后又是房地产或者贵金属/钻石泡沫。

第 26 章　商品期货投资

建立一个理想投资组合的艺术不仅在于寻求高水平的平均收益，还要追求稳定性。许多大投资者通过组合一些类别差异很大的资产，可以实现这一目标。我们这里不妨举个例子来说明。以下是著名的耶鲁基金在 2004 年 6 月的目标资产配置情况：

股票	30.0%
债券	7.5%
对冲基金	25.0%
私募股权	17.5%
实物资产	<u>20.0%</u>
总计	100.0%

这样的投资组合模型很有趣，因为股票与债券这两类传统的投资品种所占的比例仅仅为 37.5%。而且这种投资组合使耶鲁基金能够历经各种困难，实现了卓越而稳定的投资回报。该基金能够取得如此骄人的业绩，某种程度上是因为对冲基金（说明了其风险暴露的大部分）往往能够经历经济危机而得以完好幸存，同时还因为其持有规模可观的实物资产。实物资产可以是房地产，或者农场与林场——在这个案例中主要是这些，当然它们还可以是商品期货。

诚然，琳琅满目的商品充斥着我们的生活。表 26–1 列出了一些例子，显示出全球每年所生产的人均商品数量。

表 26-1　2004 年全球人均商品的消耗量（单位：千克）

能源	纺织品，谷物，软性商品	工业品
原油：562	谷物和玉米：110	水泥：277
煤炭：13	大米：93	粗钢：150
	小麦：97	铝：4.3
	大豆：36	铜：2.1
	蔗糖：22	锌：1.5
	橙汁：7.8	铅：1.1
	棉花：3.3	镍：0.2
	咖啡：1.1	
	橄榄油：0.5	

资料来源：美国商品调查局，2005 年。

这些数据说明人们日常消耗的大部分商品包括：我们所吃的食品、所使用的能源，还有我们在城市中随处可见的钢铁和水泥。然而，当我们谈论所交易的商品期货的美元价值时，情况就会有些不同了。首先，钢铁和水泥在期货市场中所占的比例非常小——它们主要是在金融市场之外交易。在期货市场交易的主要有以下这些商品：

- 能源（石油和天然气）
- 工业品（木材等）
- 纺织品（棉花、羊毛等）
- 家畜（牛、猪、猪肉等）
- 谷物（水稻、小麦、饲料、大米、大豆等）
- 软性商品（可可、咖啡、橙汁等）
- 工业用金属（铝、铜等）
- 贵金属（金、银、铂、钯）

跟踪商品市场

应用最广泛的商品指数主要有：路透–CRB，高盛商品指数，道琼斯–国际集团商品价格指数和罗杰斯国际商品指数。

现货溢价

在众多著名的早期商品投机者中，约翰·梅纳德·凯恩斯要算一位佼佼者。1923年，他在《曼彻斯特卫报》上发表了一篇题为《商品市场的某些方面》的文章。在该文中，他解释了自己涉猎商品市场的一些缘由。假设你在此时此地要购买一件价值100美元的商品。然而，你也可以从期货市场购买12个月后到期交割的同样一件商品。很显然，你会预期卖家为持有这件商品12个月而收取一些仓储/融资成本的费用——假设为5%。因此，你预期这件商品12个月的期货价格为105美元。这5%的额外费用可以被称作"期货溢价"。然而，远期价格比实际的现货价格低的情况会有很多，这就是所谓的"现货溢价"。

凯恩斯在文章中所讲述的就是有关现货溢价的系统性趋势问题。原因在于，商品市场的绝大多数卖家本身就是商品生产者，他们需要通过远期销售来对冲风险，这就意味着大多数的期货市场买家不得不成为投机者。由于投机者要为所承担的风险获取一个平均的风险溢价，所以就产生了现货溢价。在凯恩斯看来，这很正常，因而他将其称为"正常现货溢价"，这也说明了市场中优秀的投机者所要扮演的理想角色：像保险公司那样承担风险并为市场提供流动性的人。

来自耶鲁国际金融中心的戈顿和鲁文霍斯特在2004年作过的一项研究（《关于商品期货的现实和幻想》）表明，正常现货溢价是存在的，而且是商品期货市场产生投资回报的主要原因。实际上，商品期货组合很广泛，并且在到期日上不断延展，其收益不仅要优于债券，而且能与美国43年来的股票市场平均收益持平。这与连抵御通货膨胀能力都没有的现货相比要好得多。然而，关于现货溢价的问题，我们在这里需要说明三点内容。第一，它在能源期货方面很普遍。而工业用品的现货溢价往往是在市场的实际供给发生短缺时出现的，也就是说，有现货溢价的市场在预测期货价格下跌方面通常做得比较好。

第二，现货溢价可以随时转变成期货溢价。举例来说，德国金属公司1993年在该项会计账目上记录的损失是13.3亿美元。其美国子公司MGRM分别按5年期和10年期固定价格的远期合约出售了1.6亿桶原油。该公司希望通过购买短期期货合约来设法对冲风险，这样一来，因为要在每一份短期合约到期之前不断将其滚动到新的到期日，公司为此预先支付了现货溢价。不料，到1993年年底的时候，市场发生不利于其对冲头寸的变化，因为现货价格出现下跌，市场转变成了期货溢价。这迫使公司为其持有的期货合约支付了巨额的保证金，这也超出了其原来设想的对冲额度。

第三个关于现货溢价的问题是，大约从1995年以来，商品市场上的对冲基金数量已经不断增加。这可能使正常现货溢价大为减少，因为这也是对冲基金所追逐的。

周期的时点

现货溢价是商品期货市场上做多的原因之一。另一个原因则是商品期货的价格高点与股票市场相比，会出现得稍迟一些，这就意味着持有包含股票和商品的投资组合会比单独投资两者中的任何一个都更加稳定。戈顿和鲁文霍斯特曾经调查过在股票市场受挫时商品期货市场的平均表现。首先，他们挑选了股票市场5%的表现最差的月份来作分析。在此期间，股票市场平均下挫了9.18%，而商品期货市场竟然在上升，平均升幅达到了1.43%，这说明商品期货市场的表现是相当好的。实际上，这时的收益比所有月份的商品期货市场的平均收益还要高出0.88%。然而，当两位经济学家把研究范围进一步缩小到股票市场表现最糟糕的 1% 的月份时，商品期货市场的表现则更好。在这些月份，股票市场平均损失达到了 13.87%，但商品期货市场平均上升了 2.32%。

这个研究结果使我们看到了商品期货市场的另一个特点。我们回想一下曼德勃罗在 1960 年如何发现哈佛大学的黑板上那条拖着两个肥尾的"钟形"曲线，并揭示出这条曲线所显示的棉花的月投资收益。戈顿和鲁文霍斯特对商品指数组合的肥尾也进行了分析，并将其与股票市场收益分布的曲线尾部作了比较。他们发现了一些有意思的情况。股票市场的肥尾避向左边，而商品期货市场的肥尾则避向右边。这就意味着股票价格在出现异常波动时往往是下跌的，而商品价格在出现异常时往往是上涨的。换言之，在发生意外时，这对于股票市场而言往往意味着损失，而对商品市场上做多的投资者来说则是好事。

因此，我们认为在投资组合中纳入商品期货有 3 个很好的理由：存在现货溢价，其与债券和股票市场的相关性低，偏向上涨的变动性。然而，商品在整个投资组合中的比例不能过高。目前商品在全球 GDP 中所占的比例大约

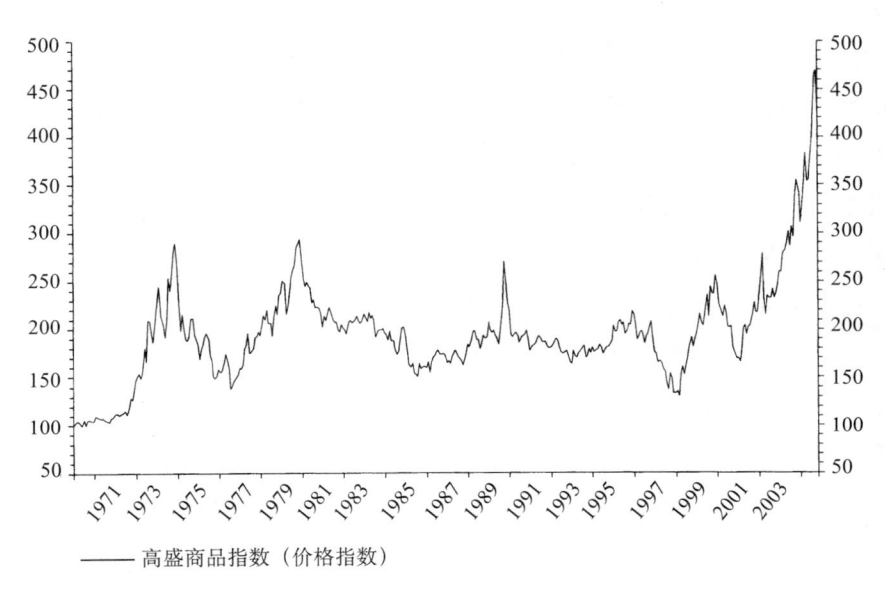

—— 高盛商品指数（价格指数）

图 26-1　1970~2004 年的 CRB 指数

为 2.5%。尽管这个百分比在主要的资本投资高峰期会有所上升，但估计这个数字会基本保持稳定。一个很好的问题是在经济周期中，能否在时间上成功地确定商品的风险敞口。许多与非耐用消费品有关的商品，像谷物、家畜和纺织品，与经济周期的联系也并不紧密。那些与经济周期密切相关的商品主要集中在大规模、周期性的领域：房屋建造、资本性支出和汽车等。我们先看看房屋建造，了解一下它是如何驱动一些商品的周期性需求的。

周期性需求的驱动因素

我们在前面的讲述中已经知道，正常的房屋建造市场占 GDP 的比例要高于 10%。这个行业有一部分是公共部门的建造（比如机场、铁路、医院、学校、行政办公楼等），但大部分则是私人性质的。这也使房地产成为影响许多商品的周期性需求的重要因素。只要想一下建筑物的构成就可明白其中的道理：房地产业需要消耗木材、钢铁、水泥、锌、铜、铝等许多物料，而且都是数以吨计。按照正常的估计，全球建筑业每年要消耗大约 25% 的新伐木材，大约 40% 的石材、碎石与砂土。世界观察研究所称，房屋建造和日常运营消耗大约占全球能源消耗总量的 40%，原材料消耗量的 30%。我们此前已经看到房屋建造市场在较慢周期（平均长度为 18 年）内变化，而且振荡的幅度很大。因此我们有理由推测，在房地产市场的刺激下，相关商品也表现出类似的较慢周期。

接下来是企业在机器与设备方面的资本性支出，这些支出主要是由制造业、运输业、通信业、批发业、零售业、金融业、公用事业和保险业，以及房地产行业的企业所完成的。其中一些较大支出包括机械及机械工具（主要是在制造业）、卡车、飞机、公司船队（主要是在运输业与金融/保险行业）和信息技术（主要是在通信、制造、金融和保险业）上的投资。在一个国家中，这类支出通常会有 30% 花在信息技术方面，还有 20% 用于运输设备方面。资本性支出尽管变化很大，但平均占现代经济总量的 10% 左右。

第三个驱动商品需求的重要因素便是存货。这部分波动很大,而且在许多国家的存货中汽车所占的比例略少于总量的 1/3。

那么到底哪些商品受到房屋建造、机器与设备方面的资本性支出以及存货的影响较大呢?主要有 3 类商品:工业用金属、木材和能源。我们先来看看工业用金属,这类商品中有两种与房屋建造的关系特别密切:

- 铜主要应用在电子设备方面,如电线 (50%)、普通和工业工程设备 (20%),还有建筑装潢材料,如屋顶材料、照明装置、管道设备与管道 (15%),以及传导设备,如暖气片和冷热交换装置 (11%)。尽管这些数字还不能说明铜材消耗的全貌,但上面所提到的大部分电子设备也是整个建造业的一部分——它们并不仅仅局限于所谓"建筑"的范围。由此可见,全部消耗的铜几乎有一半与房屋建造有关。还有许多用于汽车上的电子设备。美国制造的汽车平均每辆所消耗的铜超过了 50 磅(23 千克),其中有 80% 用在了车载电子设备上。美国的单户住宅平均需要消耗的铜达到了 439 磅(200 千克)。2002 年全球的粗铜产量是 136 亿吨,相当于人均仅拥有 2.1 千克。大约有 40% 的铜是循环利用的。

- 锌:大约 57% 用于建筑业,23% 用于运输业,10% 用于机器与设备方面,还有 10% 用于消费品。2003 年全球人均锌产量是 1.5 千克,全球有近 1/3 的锌是循环利用的。

美国单户家庭住宅平均消耗铜材的统计数据

平均到每个单户家庭住宅,我们发现:

195 磅 /88 千克铜用于建筑电线

151 磅 /68 千克铜用于管道、填充物和阀门

24 磅 /11 千克铜用于管道黄铜制品

47 磅 /21 千克铜用于嵌入性设备

> 12磅/5千克铜用于建筑用具
> 10磅/4.5千克铜用于其他导线和管道
> 数据来源：Copper.org

接下来是镍，它主要与资本性支出有关：

- 镍：大约有92%的镍用于像不锈钢这样的合金材料。这些合金材料又用在厨房用具、电线、化学工业管道等方面。因此，镍主要与资本性支出和房屋建造关系密切。2002年全球人均镍产量仅有0.2千克，有40%~50%的镍是循环利用的。

最后要介绍的两种金属主要与汽车和其他运输设备有关：

- 铝：大约41%用于运输业（汽车、飞机、卡车等），其在汽车和卡车上的应用主要是制造节能型发动机。因为铝的重量较轻，所以能够有效降低交通运输中的燃料消耗和排放量。另有18%的铝用于建筑业，16%用于包装（主要是易拉罐），9%用于电子设备，还有9%用于机器与设备。由此可见，铝主要与汽车的周期（因而与短期的存货周期）相关，同时也和更长期的建造业以及资本投资有关。2003年全球人均铝产量为4.3千克，有超过25%的铝是循环利用的。
- 铅：大约有76%的铅用于铅酸电池（尤其是车用蓄电池），因而与存货周期以及私人汽车消费量有关。全球人均铅产量为1.1千克。由于铅有毒性，因此绝大多数都是循环利用的。

我们在前面提到过戈顿和鲁文霍斯特的《关于商品期货的现实和幻想》，这项研究总结了在美国1959~2004年的经济周期中，以上所提到的各种商品（以及其他商品）的波动情况。表26-2显示出这些商品的平均价格信息。

表 26-2　工业用金属期货的周期表现

金属	扩张早期	扩张后期	衰退早期	衰退后期
铜	2.3%	18.8%	11.3%	−21.6%
锌	3.3%	11.9%	−8.6%	−1.7%
镍	3.4%	14.1%	6.9%	−11.2%
铝	−0.6%	4.6%	5.6%	−3.8%
铅	2.6%	11.6%	−16%	−9.7%

我们把这些商品的情况与这项研究中的公司债券与股票的表现作一个比较（参见表26-3），差异是显而易见的。公司债券即使是在衰退后期也出现暴涨，并且持续到经济复苏时期，因为通货膨胀已逐步消退，流动性出现扩张，更好的前景也被贴现。一方面基于相同的原因，另一方面是由于未来收益的贴现率（也就是债券收益率）正在下降，所以股票的走势也紧随着公司债券。但在衰退早期，这两者都是下跌的。商品则呈现出另一番情形。在扩张后期，当建造业达到顶峰的时候，铜和锌的市场表现出众。铜的良好走势甚至延续到了衰退早期，因为大多数的建设项目仍在继续，直到竣工为止，即使经济已经在走下坡路。但在进入衰退后期时，由于前期规划的建设项目都已经陆续完工了，所以金属市场会遇到挫折。

由于资本性支出项目也需要经过一段时间才能完成，因此镍的市场表现与铜和锌的情况差不多。最后，铝和铅的市场表现更加平稳，因为它们与波动较小的汽车市场相关。汽车产量受到消费的驱动，而且汽车产量的削减也很快。铅的价格在衰退早期出现快速下跌的情况突出地反映了这一点。看来，把股票与铜搭配构成投资组合是可行的，但是不能把铅与股票纳入组合。

表 26-3　股票和债券期货的周期表现

	扩张早期	扩张后期	衰退早期	衰退后期
公司债券	11.5%	3.6%	−2.9%	25.7%
标准普尔指数总收益	18.1%	10.4%	−15.5%	17.3%

工业用金属的领先指标

在20世纪90年代,杰弗里·穆尔设计出针对主要金属的一系列领先指标,同时还推出了针对铜和废钢(废钢的期货交易规模不大)的特定领先指标。穆尔的这些指标提供了这些工业用金属的"产业活动"预警信号,包括其产量、价格、应用方面的信息。表26-4列出了这些指标,并介绍了整体经济环境的影响、创造金属需求的行业发展和供应方所显露出来的线索之间的区别。

表26-4 杰弗里·穆尔的金属期货领先指标

指标类别		全部工业用金属的领先指标	钢铁的领先指标	铜的领先指标
整体经济情况	货币刺激	美国M2增长	美国M2增长	收益曲线
	制造业的普遍健康度	采购经理人指数(PMI)	采购经理人指数(PMI)	
	增长与盈利的一般领先指标	价格与单位劳动成本的比率		
特定行业需求	住宅房地产市场	新屋开工量	新屋开工量	新屋开工量
	完成品发货		家具发货	
			美国轿车与轻型货车的零售额	
金属行业状况	与股票价格直接相关	加权标准普尔指数,机器、建造、农场与工业	加权标准普尔指数,钢铁公司	加权标准普尔指数,建筑产品公司
	特定的新的金属订单	新订单,主要金属产品	新订单,钢铁厂	新订单,非铁金属产品
	金属业的瓶颈	平均每周劳动小时,主要金属	平均每周劳动小时,钢铁厂	平均每周加班小时,铜热轧、挤压与合金
	金属价格	JOC-ECRI金属价格指数增长率	废钢价格的增长率	LME主要铜的现货价格

这里需要注意的一个有趣的信息是,各组中的这些指标都关注新屋开工量,并将其视为领先指标,这就说明了房地产周期的重要性。研究机构"美国地质调查"发布这些指标的月度数据。

木材、能源和经济周期

关于工业用金属方面，暂且到此，接下来看看木材的情况。大家知道，在房地产建造中需要使用大量的木材，那么木材在整个周期中会有怎样的表现呢？其实，木材大致与铜的情况相类似，但下跌的时点稍早一些，这可能是因为许多木材也被用来制作家具，而家具行业在周期中会更早出现逆转。

最后一类与房地产、资本性支出和汽车行业关系较为密切的商品就是能源。表26-6列出了能源走势的统计数据。

我们从表中的数据可以看出，石油在衰退早期表现不错，这可能有两方面的原因：第一，很大一部分石油被用于房屋建造方面，而天然气的情况则不是这样；第二，有些时候油价出现冒尖的情况实际上已经触发了经济的衰退。油价上涨所造成的最大影响要延迟12个月才会表现出来。该表中的信息说明能源价格走势与铜十分相似，即在扩张后期和衰退早期表现很好，而在其他阶段则会受到压制。

表 26-5 木材期货的周期表现

	扩张早期	扩张后期	衰退早期	衰退后期
木材	0.0%	15.5%	−7.0%	−23.6%

表 26-6 能源期货的周期表现

	扩张早期	扩张后期	衰退早期	衰退后期
原油期货	4.4%	12.1%	26.3%	−21.3%
天然气期货	5.2%	10.3%	−15.3%	−21.5%

商品与商品生产企业

我们似乎可以凭着直觉设想，直接投资于一定范围的商品生产企业，会比投资于相应的商品期货获得更高的收益。商品生产企业是盈利的，而商品本身并不能产生直接的收益。戈顿和鲁文霍斯特对这个问题作过调查研究，但他们所得出的结论是，在以往的 41 年里，投资商品期货比投资一系列商品的生产企业所获得的利润要高得多。

供给方

不妨问这样一个问题，为什么在经济周期中商品不能更加有效地定价呢？答案具有两面性：一方面，如我们所知，商品需求具有周期性的特点；另一方面，供给缺乏弹性，并存在大量的固定成本。在正常情况下，从金属矿藏或者能源的发现到开始开采，会有很长的时滞——一般是 7~15 年。例如，从北海发现石油资源到所采石油进入市场就耗时 11 年之久。金属矿藏的开发也是如此。即使要增加木材的产量，也需要经历一段时间——树木不会一夜之间长成。但是，一旦基础设施准备就绪，商品生产商就会倾向于不间断地生产，即使商品价格下跌也不愿意停下来。然而，在衰退期间，最终产品的生产商可能卖不出其产品，但是生产商总是会去开拓新的市场，而不是一定要卖出好价钱。这种历尽艰辛的供给滞后本身就足以造成猪循环现象。

第27章　债券、股票与基金

人们对股票、债券和基金的价格行为的关注度是如此之高，使得很少有其他的经济问题能够与之媲美。这些金融资产价格甚至一度成为早期经济学家研究的焦点，我们回想一下劳、坎蒂隆、桑顿和李嘉图这些曾经在市场上活跃的人物，他们都取得了成功——李嘉图和坎蒂隆甚至可以挑战沃伦·巴菲特"最成功金融投资者"的头衔。凯恩斯和费雪尽管经历了市场的跌宕起伏，但也都成了家喻户晓的专家。还有巴布森，他在《货币累积的商业晴雨表》中对市场次序问题的阐述非常精辟，值得我们回顾一番：

1. 提高货币利率
2. 债券价格下跌
3. 股票价格下跌
4. 商品价格下跌
5. 房地产价格下跌
6. 货币利率较低
7. 债券价格上涨
8. 股票价格上涨
9. 商品价格上涨
10. 房地产价格上涨

这段文字由罗杰·沃德·巴布森在1910年所写，令人印象非常深刻，巴布森实际上已经抓住了问题的本质。但是，相对于这些次序而言，还有更多的东西有待发掘，而无论是巴布森，抑或是最早的经济学家，他们的认知都没有我们今天这样丰富。因此，我们不妨更加仔细地研究一下。

> ### 不同市场间的摩擦
>
> 卡尔·冯·克劳塞维茨在他的名著《战争论》中用"摩擦"这个术语来描述在战场上执行指挥计划的复杂情况。
>
> 其实经济中也存在着这样的摩擦，只不过在程度上有所不同。市场体系的一端是金融市场，其中的交易商与经纪商几乎没有摩擦。如果你拥有必要的交易路径，你就可以在不到1分钟的时间内迅速完成1亿美元的交易。但其他的市场中存在着很多的摩擦。当一个零售商订购商品时，商品常常需要几天甚至几周的时间才能送达。卖出这些商品所花费的时间可能更长。购买房产往往需要花费几个月的时间，而要在比较糟糕的市场上出售房产，那可能要苦等好多个年头了。不同市场所存在的摩擦程度不同，这也影响着该市场与经济周期之间的关联程度。因为金融市场几乎不存在摩擦，所以它可以预报经济情况。另一方面，资本货物市场的变化往往是滞后于总产出的。

债　券

首先从债券开始。债券有短期债券（3个月至3年）和长期债券（3~30年）之分。债券还分投资级债券和垃圾债券，其中投资级债券收益比较低，但发行方一般是更加稳固的机构。黄金本身虽然不会产生收益，但它和债券类似，也是一种跨越国界的货币供给。

在经济周期的早期，为什么债券收益会下跌（债券价格上升）呢？究其原因，主要有以下两个方面：第一，在经济放缓后，仍然存在着大量过剩的产能，因而价格竞争非常惨烈，这就意味着几乎没有通货膨胀现象；第二，中央银行降低了利率，向市场释放出大量的货币。在经济周期的早期到中期，

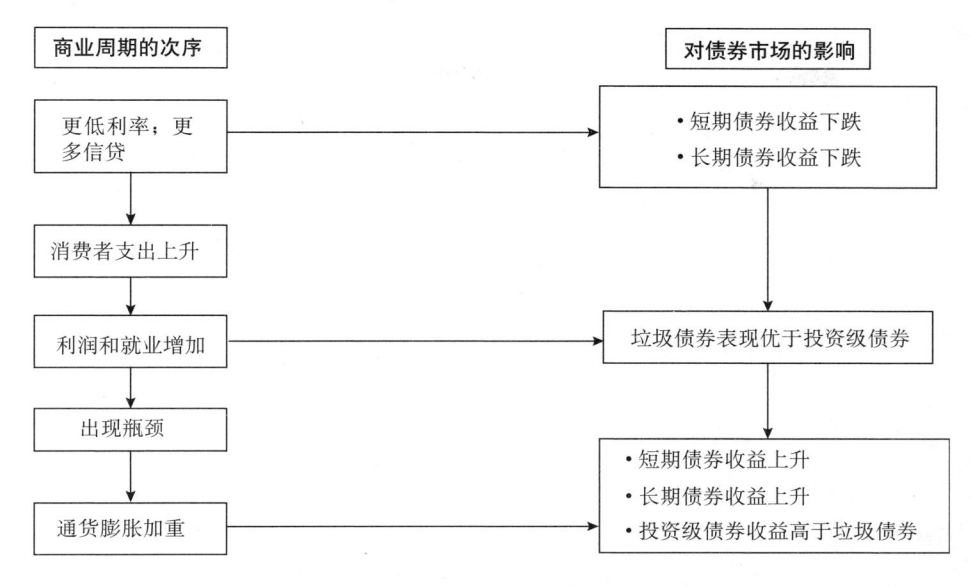

图 27-1 债券市场在经济周期中的表现

当企业利润在增加、经济处于稳定状态时，人们认为垃圾债券是相对安全的，由此造成了垃圾债券的市场表现要优于投资级债券。最后，在经济周期的后期，由于人们对通货膨胀和货币紧缩的预期，债券收益会上升。

股　票

我们接下来看看股票的情况，正如巴布森所观察到的那样，股票的涨跌往往要比债券滞后一些。在中央银行收紧利率的周期中，当可能只会再有一次加息时，股票市场往往开始形成一波快速上涨的行情。这个时点通常要等到某个地方快要发生金融事件的阶段——金融事件使中央银行相信紧缩政策已经足够了（或者是太过了）。平均而言，在经济达到顶峰之前大约 9 个月的时候，股票市场就已经达到了顶峰，而后通常是要么进入箱体震荡，要么开始下跌。高盛集团对美国经济 1847~1982 年间的周期性熊市情况作过分析，发现熊市平均持续 23 个月，并且造成股票价格平均下跌 30%。股票市场的高峰阶段通常会延续几个月时间，并与以下特点有关：

- 在达到市场高点之前，大成交量呈现加速上涨走势。
- 价格通过形成一个更低的高点或低点，打破先前达到高点与低点的模式。
- 存在一次或若干次逆趋势的冲击变动。
- 由于中小盘股的表现要逊色于大盘股，市场成长广度还不够。
- 以上这些情况会在几个月内经常发生，而且会导致市场能量的损失。如果不是这样的话，那么随后的熊市行情可能会比较短暂。

当处于低谷的时候，股票的表现会有些不同，在此情况下，股票市场反转上升的时间平均要比经济低谷大约早5个月。由此可见，无论是高峰还是低谷，股票市场都是整体经济的领先指标。但是，在高峰阶段的领先时间要长一些，这可能要归因于资本性支出与房屋建造活动的动能——这类经济活动不能非常快速地结束。在更低拐点的价格模式也会有所不同，因为常常会出现比较突然的U形反转，人们也很难确定这种反转的时间。

然而，全部情形中当然会包括在这些不同类别的资产范围内出现交替的现象，我们可以对以下主要类别的资产加以区分：

- **金融类**。包括银行、消费金融、投资银行与经纪、资产管理、保险与投资以及房地产，而房地产投资信托基金（REITs）也在其中。金融板块对经济复苏的信号反应非常早，因为人们能够以低利率借贷并投资于具有更高收益率的债券（这就是我们所说的"陡峭的收益曲线"）。早期的经济复苏信号也可以从借贷活动开始增加和不良贷款达到顶峰看出来。
- **可选消费类**。包括汽车及其零部件、耐用消费品和服装、酒店、餐馆与休闲，以及媒体和零售。这类板块会紧随着金融板块而变化，因为消费者在周期中是最早进行支出的群体，他们非常乐于接受很低的借贷/抵押成本。在这里，以更低的利率抵押再融资可能是一个很重要的影响因素。此外，在经济下滑后，消费者被压抑的储蓄与消费欲望此时可以得到释放与宣泄。最后，在这个阶段，许多耐用消费品的价格似乎变得便宜了。

- **信息技术类**。包括软件、硬件、IT 服务和电信。该板块在周期中启动得相当早，并由消费类电子产品所主导，因为商业领域的电子产品更新换代较快，即使还不需要增加产能也会如此。
- **工业类**。包括资本货物、贸易服务、供给与运输。面对消费者日益增长的需求，信息技术与工业会对加速增长的消费需求率先作出回应，先是降低库存，但随后会扩大生产恢复库存，从而导致内部的乘数效应。此外，随着产能达到极限和订单积压的增加，工业企业的定价能力也会上升。
- **资源类**。包括化工、建筑材料、容器、金属及采矿、纸张与木材产品等。由于工业企业需要增加产能，这个过程需要投入大量的基础性资源，所以资源类会在较迟阶段表现突出。
- **稳定的消费类**。包括食品、药品、饮料、烟草，再加上家居用品与个人用品。这个板块会在周期的后期开始有相对好的表现，它几乎不存在周期性，因为它是需求相当稳定的唯一领域。因此，这个领域具有相当强的防御性，而且其中最稳定的是那些固定成本有限而且通常是服务型的部分。
- **公用事业类**。包括燃气、电力和自来水。公用事业类的产出具有相当稳定的需求（像稳定的消费类一样）。然而，公用事业板块具有高额的融资成本，从中央银行停止加息时开始，这类股票会将这些成本的降低贴现，这就意味着其股票会有较好的表现，一直到周期结束。

所有股票都有一个共同的特点，即对未来事件加以贴现（见图 27–2）。

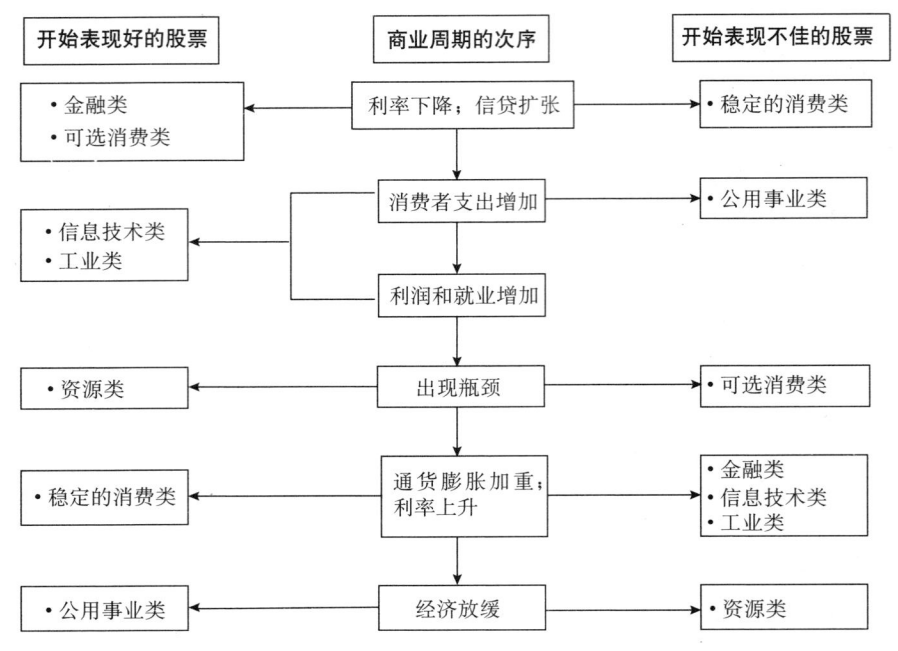

图 27-2　股票市场在经济周期中的表现

规模与变动性

股票另一个需要关注的方面是公司的规模。它们通常可以被分成"小盘股"（3亿~20亿美元市值）、"中盘股"（20亿~100亿美元市值）和"大盘股"。中小盘股在经济复苏和扩张阶段的表现最为抢眼，因为它们比较符合新入市投资者的胃口。大盘股在经济下滑时会有相对出众的表现，因为经济下滑把许多更小的市场参与者排挤出局，并迫使市场合并。

关于股票的最后一个问题是，那些固定成本很高的企业，或者生产的资本货物规模较小、与商业性房地产有关联的企业，或者提供资本性支出的企业，其股票变动性特别强。

对冲基金与私募股权

最后要考虑的金融市场是所谓的"另类投资",它常常被细分成表 27–1 所列的各种类别。

表 27–1　对冲基金和私募股权基金类型概览

对冲基金	私募股权
• 事件主导型基金。其投资策略与市场总体方向无关,事件可以包括兼并、收购、破产或者证券发行等。 • 危机证券基金。它们买入陷于困境公司的股票或债券,通常会积极参与重组,也可能实施债转股。 • 风险套利基金。其主要策略在于发掘源于要约收购的定价折扣。 • 全球新兴市场基金。专门投资于新兴市场。在这类市场上卖空很难,这意味着其风险敞口主要在于多头。 • 全球国际基金。关注全世界的经济变化,并挑选有利的市场进行股票投资。与宏观基金相比,该类基金较少使用衍生品。 • 全球主流市场基金。主要在国际主流市场寻找投资机会,有可能专注于成长型、小盘股或者价值投资等方面。 • 全球宏观基金。大范围使用反映全球基金变化的衍生工具。 • 市场中性基金。通过多、空头寸操作来达到接近市场中性的平均头寸。它们可能专门投资于单纯套利、分散多/空风险敞口或抵押担保证券。 • 行业基金。专门投资于特定的行业。 • 卖空型基金。卖空估值过高的股票。 • 基金的基金。投资于多种对冲基金。它们有些采用分散化方法,其他则有针对性。	• 风险投资基金。投资于新成立的公司,时间上指从初次融资到可以退出之前的最后一次融资。这些新公司多数表现平平或者不佳,但其中成功的企业能够带来非常丰厚的回报。 • 收购型基金。购买企业的全部股份或有控股权比例的股份。被收购企业可能是私人性质或者上市公司。基金在寻求退出之前通常对企业进行合理化改造、分拆或者兼并处理。收购动机可能是企业管理不善,具有未开发的潜力或者总体价值被低估等。 • 夹层基金。通常是向企业提供贷款,这类企业因规模太小而不能发行债券,或者因风险太大而无法获得必要的银行融资。夹层贷款的提供者通常会有准权益要求,即得到购买企业股份的机会。这意味着它们能够获得当前收入,并且可能获得上涨收益。

对冲基金的这种细分,来源于《管理会计报告》,这种细分结构已经作为若干研究的基础被加以利用,而这些研究所关注的是不同环境下对冲基金的业绩问题。

另类投资与经济周期

2001年,富兰克林·爱德华兹和穆斯塔法·卡拉扬发表了一篇研究对冲基金在牛市与熊市中如何表现的文章,他们研究的结论是,在熊市中真正对投资者有保护作用的对冲基金只有3类:宏观基金、市场中性基金和事件主导型基金。我们凭直觉能够理解宏观基金在熊市中会有较好的表现,因为基金经理对经济周期与市场总体环境开始变坏的早期信号会保持密切的关注。市场中性基金在熊市中的避险作用似乎也是合乎逻辑的,因为这类基金善于发现许多公司中所存在的脆弱性问题,并据此在市场上做空。至于事件主导型基金,很显然,熊市为其提供了大量的投资机会,但是事件主导型基金的业绩明显依赖于基金在市场下挫过程中是持有现金比例很高的组合,还是持有大量让人苦恼的资产组合。

最近的一项研究很有意思,这是2003年由卡波西、科黑和胡布纳所完成的,他们分析了1994~2002年间2 894只对冲基金在2000年春开始的大衰退期间的市场表现,基金的平均收益数据参见表27–2。

基金最佳业绩数据在表中是用粗体字标出来的。大致可以看出,所有基金在牛市中的平均业绩要远高于熊市中的业绩,但绝大多数的对冲基金在牛市与熊市两个阶段中都是赚钱的,这就是对冲基金整体的特点。

另一项有意思的研究是伊萨瑞亚·辛拉帕普瑞查2003年完成的硕士论文,作者发现,股票型对冲基金和市场中性基金在牛市阶段表现特别好,而在市场处于熊市阶段时,市场中性基金与套利导向型基金的表现也不错。当然,在牛市中做空者会遭受打击,并且当市场下行时会受到束缚。

第 27 章　债券、股票与基金

表 27-2　对冲基金在经济周期中的表现

对冲基金种类	月平均收益 牛市	月平均收益 熊市
事件主导型基金；危机证券基金	**1.23**	**0.25**
事件主导型基金；风险套利基金	**1.27**	**0.37**
全球主流市场基金	**1.96**	**−0.21**
全球国际基金	**1.30**	**−0.08**
全球新兴市场基金	**1.57**	**0.27**
全球宏观基金	1.10	**0.19**
市场中性基金	1.18	**0.71**
多头杠杆基金	**1.83**	−1.17
行业基金	**2.56**	**0.38**
卖空型基金	0.39	**1.99**

从以上各项研究中我们得到的总体印象，一定要结合研究的时间段内市场实际发生的情况来理解。比如说，新兴市场对冲基金在 2000 年后取得了辉煌的市场业绩，关于这一点，我们很容易用特定的市场因素来解释。非常清楚的是，以下类型的对冲基金在股票牛市行情中可能有上佳的市场业绩，我们将其按照市场业绩排序：

- 特定行业基金（捕捉给定牛市中的某个关键题材）
- 多头对冲基金
- 股票型对冲基金（全球、新兴市场、国际、主流市场）
- 事件主导型基金
- 市场中性基金

至于在股票熊市行情中，市场表现最佳的有：

- 空头卖方（毋庸置疑！）
- 市场中性基金

- 事件主导型基金
- 宏观基金

相对于对冲基金而言,对私募股权基金的研究难度更大。一个原因在于我们所知的这类基金较少,另一个原因在于这类投资往往是按季度,而不是按月披露其资产净值(NAV)信息,况且所披露的数据主观成分较大,因为其所投资的都是非上市企业。然而,从各种研究结果来看,比较清楚的是,在经济状况非常疲软的时期,敢于进行这类投资的实在太少,但是如果在此期间已经抓住了投资机会,那么私募股权投资公司就会有最佳的业绩表现。有以下4个理由可以解释这种情况:

- 质量好的交易缺乏竞争者。
- 投资者有更多的时间来作尽职调查。
- 缺乏即刻退出的机会,这迫使投资者对投资选择更加挑剔。
- 投资进入点的估值更低。

然而,这类基金在选择最佳的市场时机方面可能稍有不同。收购型基金往往在市场危机阶段表现活跃,因为此时投资的价值更有吸引力,而且它们可能从沮丧的卖家手里全部接盘。夹层基金具有固定收益、准权益和违约风险上平衡的风险敞口,因而其市场表现与经济周期之间的关系不大。最后,风险投资基金一般希望其他投资者能够跟随它们投资,但后续投资的估值水平会更高。这就意味着其最佳的进入点可能是在经济复苏开始之时。

基金投资的退出是另一个需要关注的问题。所有这3种类型的基金都能在经济繁荣期间寻找到以高价退出的渠道。表27–3总结了这类基金的相对表现。

需要注意的是,投资者在现有的私募股权基金中是不能随意进入和退出的。大多数这类基金都会要求其投资者的同意,而一个在牛市开始出现时想要进入现有的私募股权基金的人,如果能够找到其他人想要退出,并且如果基金同意改变股份的所有权,那么他才能够进入该基金,除此之外别无他法。

第27章 债券、股票与基金

表 27-3 私募股权基金在经济周期中的表现

	最佳进入点	最佳退出点
风险投资基金	早期复苏阶段	繁荣阶段
收购型基金	衰退阶段	繁荣阶段
夹层基金	中性阶段	繁荣阶段

油价上涨对不同商业领域的影响

剧烈动荡的石油价格会对一些企业的收益产生负面影响,当然也会对另一些企业具有积极作用。表 27-4 分别列出了明显受到高油价正面与负面影响的企业类型。

表 27-4 油价飙升过程中的赢家与输家

正面影响	负面影响
• 原油生产商	• 航空业
• 油品服务和设备业	• 电解铝行业
• 煤炭开采	• 游乐场
• 天然气供应商	• 船舶制造商
• 铁路行业	• 汽车租赁商
• 太阳能供应商	• 汽车制造商
• 核能供应商	• 水泥生产商
• 生物能源供应商	• 陶瓷制造商
• 水电供应商	• 快餐运营商
• 节能行业	• 玻璃制造商
• 公共运输业	• 房屋建筑商
	• 旅馆业
	• 土地开发商
	• 石油化工厂
	• 飞机制造商
	• 轮胎制造商
	• 卡车制造商
	• 收费公路

金融流动性与牛市

在出现牛市之前常常会有金融流动性大幅提高的情况。以下是一些早期信号:

- 定期储蓄存款较多或持续增加。
- 经纪人现金账户余额较高或持续增加。
- 经纪人证券贷款额较高或持续增加。
- 基金账户中的现金/资产比率较高或持续增加。
- 债务/贷款比率较高或上升。
- 净银行自由准备金较高。
- 货币流通速度下降。

有趣的是,金融牛市并不会吸收流动性,更准确地讲,金融牛市会创造出流动性。无论何时,有人买进了一项金融资产,那就是其他人卖出的,并且随着资产价格的上涨,人们会感觉到财富增长了,这将驱动货币流通速度加快。

第28章 世界最大的市场：外汇交易

尽管债券和股票的市场规模巨大，然而与货币市场比起来，则算是小巫见大巫了。正常情况下，在10~15秒内完成的外汇交易额就可能超过1亿美元。人们对这个市场已经作过大量的研究，大多数的研究表明，到2005年，全球每日交易额就已经达到2万亿美元，按年计算则大约是770万亿美元。这个数额确实太庞大了，但是世界上大多数人终其一生恐怕都不会参与外汇交易，哪怕是1美元的交易。如果用65亿世界人口来除这个2万亿美元，那么每人每天的外汇交易额刚刚超过300美元。按年来计算，人均交易额刚刚超过11万美元。将其与6 300美元的全球人均GDP相比，我们可以得出这样一个结论：外汇交易额几乎是GDP的20倍。

外汇交易的形式有许多种。最普通的就是互换，这种方式是把任意两种数额庞大的货币进行交易，互换期限可以是一天，也可以是指定将来任何一天为到期日——至少可以在几年之后。其他的外汇交易形式可以是期货和期权。交易可以以预期汇率变化为基础，这也是常说的现汇交易（尽管这个术语也有盘中交易的意思）。交易也可以是卖出低利率的货币，并买入高利率的货币，从而赚取两种货币之间的利差，这种外汇交易形式被称为利差交易。还有很多关于汇率波动预期变化的外汇交易方式，即使你不知道汇率变化的方向也可以进行交易，这种被称为波动性交易。

学术界为了解释货币价格的变化，已经作了大量的研究，许多人绞尽脑汁，最后可能只会发现这个价格体系中的某些蛛丝马迹。原因在于，两种货币价格的相对变化所反映的变量涉及的范围非常广泛，诸如以下方面：

- 生产率
- 政府支出
- 经常账户余额
- 利率
- 购买力平价
- 经济增长率
- 直接投资
- 投资组合流动
- 心理因素
- 风险对冲活动
- 进口价格
- 出口价格
- 中央银行干预

其中一些变量对统计分析人员来说似乎非常混乱。比如，中央银行在采取干预措施时常常尽可能不被市场预测到。这里还涉及相当程度的心理因素，而对这部分难以进行定量化的学术研究。然而，我们可以清楚识别的外汇交易行为有两个方面，并且它们与经济周期有着密切的联系：

- 中央银行会在经济扩张后期提高利率，这往往会促进本币针对其他货币升值。这就是通货膨胀与利率的联系。
- 一些生产大量商品的国家，其货币往往会随着全球商品周期而波动——有些则与经济周期有着直接联系。

以上是核心内容。我们首先分析通货膨胀／利率的联系。

通货膨胀／利率联系

外汇市场中的互换协议中包括即期价格和远期价格。即期价格是此时此地两种货币价格之间的关系。然而，远期汇率则受两种货币之间的利差影响，而且这种汇率与即期汇率之间几乎总是存在着差异。我们不妨来看一下，假设你卖出一种低利率的货币，买进另一种高利率的货币。例如，你抛售1 000万美元（USD）而买进巴西雷亚尔（BRL），在交易单上可能就会出现"–10USD/BRL"。远期价格将会像商品交易者所说的"期货溢价"一样，因为它比即期价格要高。然而，外汇互换中的远期汇率结构并不是真正的期货溢价或者现货溢价，因为不存在纳入远期价格之中的特别风险估价和期货价格评估。它实际上非常机械，远期价格调整只是单纯地准确反映两种货币之间的利差——不涉及任何其他因素。

我们还是用交易者为例进行说明。他已经卖出美元远期，并且所得到的远期价格比即期价格要高。如果利差很大，则这个远期价格可能相当高。这就意味着，如果货币价格在他的互换协议到期之前没有变动的话，他就肯定能够赚钱。如果巴西雷亚尔升值，他就会发大财。如果下跌了，他仍然有可能赚钱，只要下跌幅度不超过他在货币利差上所挣的就可以了。这些胜算非常诱人，受其驱使的交易者会相当迫切地买进那些利率奇高的货币。

实际上，这正是中央银行最希望看到的。虽然长期利率由市场确定，但短期利率则由中央银行所控制。如果中央银行提高短期利率，那么其原因就在于它正关注通货膨胀。现在，如果投机者进入市场并买进该国货币，那么这种货币往往会升值，从而造成进口价格下跌并抑制出口。这两种效应都有助于中央银行实现其政策目标，即消除通货膨胀。

那么外汇市场对货币政策变化的反应会有多强烈呢？在2005年，澳大利亚储备银行的乔纳森·卡恩斯和菲尔·曼纳斯发表了关于这个问题的一项研究成果（《货币政策对汇率的影响：采用盘中数据的研究》）。这份研究报告所采用数据的时间跨度为1993~2004年，范围包括澳大利亚、加拿大、新西兰和英国，结论如下：

> 结果显示，针对未能预见的政策利率提高100个基点，汇率平均上

升大约 1.5%。个别国家的估计范围是 1.0%~1.8%。而对于 25 个基点的意外加息，汇率则平均上升 0.35%（个别国家估计为 0.25%~0.5%）。

许多其他研究已证实了利率与外汇价格之间的这种普遍关系。外汇市场把未来的许多利率变化加以贴现。但是，当市场感觉发生意外时，就会即刻作出反应：一种货币的利率意外上调，其在外汇市场的报价就会随之上涨，反之亦然。结果是，在本国的经济周期中，本币成了落伍者：它往往在周期的后期升值，而且常常落后于已经达到顶峰的经济活动一段时间。因此，汇率变动与经济周期之间有着密切的联系。

经济周期中的商品货币

货币和经济周期之间第二个非常强的联系是与商品生产经济有关的。3 种主要的"商品货币"是澳大利亚元（AUD）、新元（NZD）和加元（CAD）。表 28-1 所列的是 1972~2001 年间，澳大利亚、新西兰和加拿大最重要的非能源产品中某些类别的平均百分值。

这些数字表明，新西兰主要生产农业产品，而澳大利亚和加拿大相当占优势的是工业商品，我们知道这与经济周期是相关的。另一个领域是能源产品，澳大利亚和（尤其是）加拿大两国都大量生产能源产品，但新西兰绝对不是。对于这些国家，从商品来看，我们已经有了感觉，因此可以总结这项研究的结论：

> 出口商品的全球价格，以真实美元计价，对新西兰和澳大利亚的实际汇率确实存在着强大而稳定的影响。而对加拿大来讲，这种关系的强度要稍逊一筹……

有两种相关的评论。第一种观点认为澳大利亚和新西兰之间有着紧密的货币联系，并且有可能后者的货币受到前者的牵引。第二种观点认为，这项研究是在2002年完成的，随着2002年以后商品价格大幅提高，加元汇率出现了大幅上涨（澳大利亚元和新元汇率也上涨了）。包括这些年份情况的研究会显示出，对于加元而言，相关性更强。

表28-1 澳大利亚、新西兰和加拿大非能源产品的价格指数构成，以美元计价的全球市场价格为基础，1972~2001年。这些数字表明澳大利亚主要生产软性商品和金属，新西兰的食品占优势，加拿大则主要生产木材产品。

		澳大利亚	新西兰	加拿大
软性商品	棉花	3.4		
	稻谷	0.8		
	蔗糖	5.9		
	小麦	13.5		8.9
	羊毛	18.3		
	牛肉	9.2	9.4	9.8
	日用品		21.5	
	羔羊		12.5	
工业商品	铝	9.1	8.3	4.8
	铜	3.2		4.7
	铅	1.3		
	锌	1.8		4.4
	铁矿石	10.9		
	镍	2.6		3.9
	木材、原木、锯木、纸浆、新闻纸		11.2	47.5

资料来源：陈和罗格夫，2002年。

在这里我们还应该提及另两项研究。2002年，国际货币基金组织的卡欣、塞斯佩德斯和萨赫发表了一份工作报告，他们对出口大量商品的58个国家的货币和商品价格之间的关联进行了调查研究。他们对这种关联的定义采取了相当严格的标准，但还是发现其中有22个国家的货币与商品价格之间存在着很强的统计上的相关性。事实上，其相关性是如此之强，以至于这些货币的变化有80%以上是与商品价格的波动有关的。这22种货币就包括了澳大利亚元，但其余都是一些小国家的货币，投机者很少会炒作这类小国的货

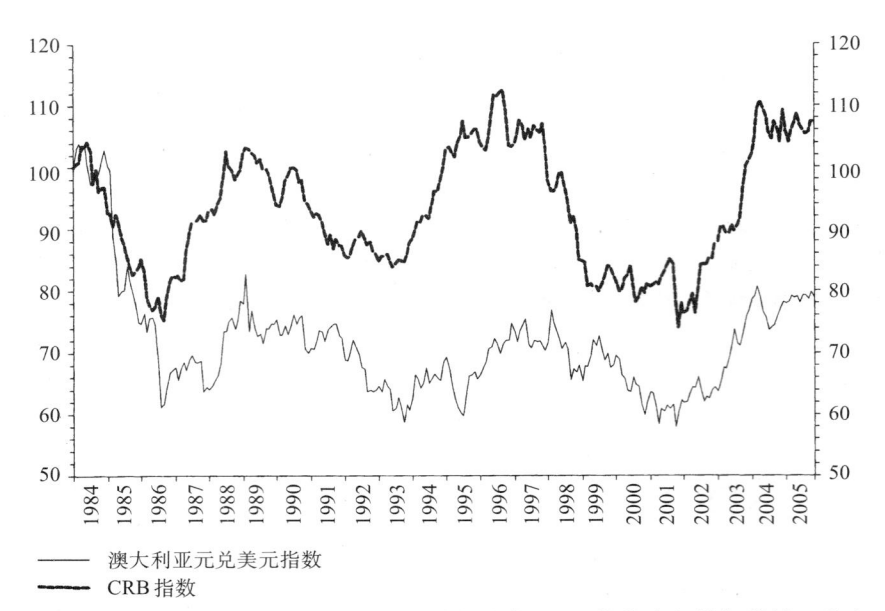

图 28-1　1984~2005 年澳大利亚元汇率指数与 CRB 指数之间的相关性。这张图清楚地表明了澳大利亚元价格与该商品价格指数之间的相关性。

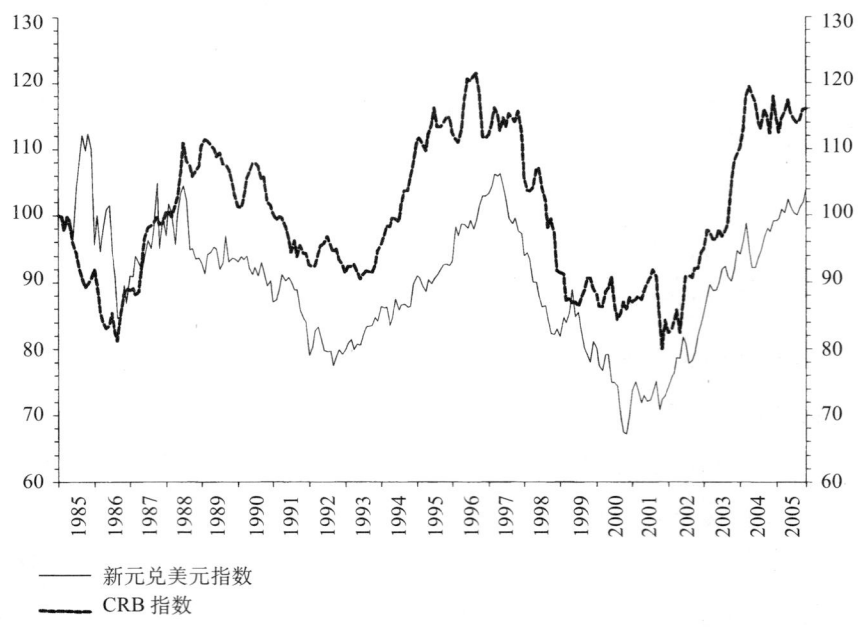

图 28-2　1985~2005 年新元汇率指数和 CRB 指数之间的相关性。其相关性似乎比图 28-1 中的澳大利亚元更加明显。

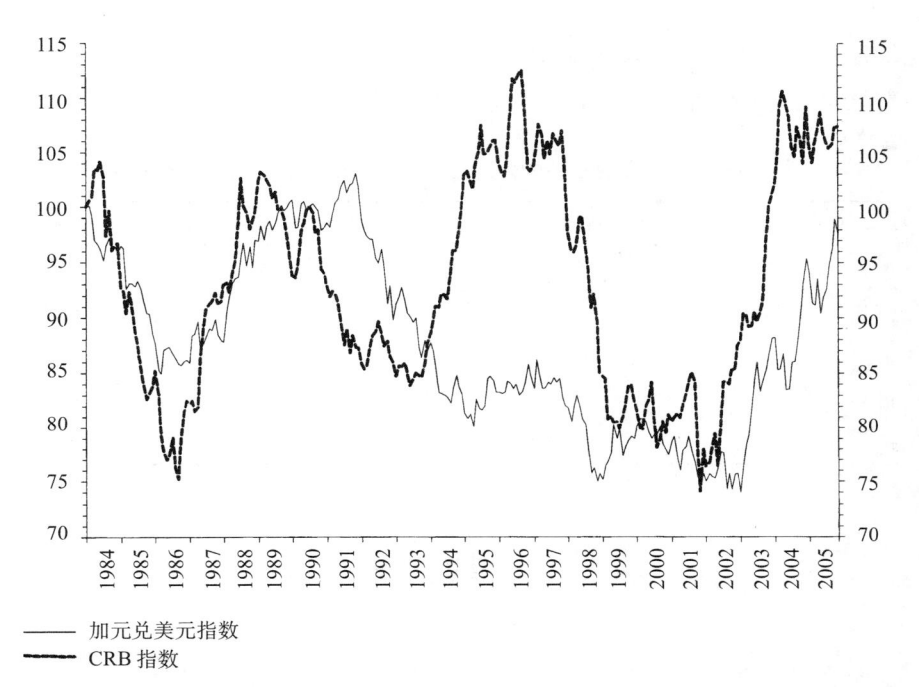

图 28-3 1984~2005 年加元汇率指数与 CRB 指数之间的相关性。在 1995~1997 年间相关性较弱，但其他时间相关性都非常强。

币。而加拿大与新西兰的货币则都不在其中。然而，这项研究也是在 2002 年之后商品价格大幅上升与商品生产国的货币大幅升值以前完成的。

我们再看一下加拿大皇家银行（RBC）资本市场作的一项研究，该项研究涉及的时间段为 2002 年至 2004 年 11 月，这对以上研究的时间缺口或许能够稍有弥补。这项研究的结论是：新元与 ANZ（澳新银行）商品指数之间有着很强的相关性——该指数特别关注农产品，且不包括能源构成，而澳大利亚和加拿大的货币主要与贱金属有关联。当然，从经济周期的视角来看，这很有意思。表 28-2 列出了这两年中一些具体的相关系数，其中正相关系数超过 0.7 的用粗体字标出。

从表中的数据来看，新元和聚焦于农业的 ANZ 商品指数之间存在高度相关性。此外，所有货币与铜、镍和 CRB 贱金属指数有着非常高的相关性，这也使它们与资本性支出和房地产周期牢固地联系在一起。这些货币与铝的相关性要稍弱一点儿，这可能是因为有相当数量的铝是用于易拉罐和其他的消费品包装方面，而这部分特别缺乏周期性。

表 28-2　商品货币的表现与商品以及商品指数之间的相关性

	澳大利亚元（AUD/USD）	新元（NZD/USD）	加元（CAD/USD）
ANZ 商品指数	0.52	**0.82**	0.64
CRB 贱金属指数	**0.83**	**0.83**	**0.81**
铜	**0.77**	**0.76**	**0.73**
铝	0.67	**0.71**	0.64
镍	**0.90**	**0.89**	**0.88**

外汇交易

当然，还有许多外汇交易策略，但是有两种交易策略与更长的经济周期运动有着非常密切的关联。一种策略是，由于资本性支出与房地产因素会驱动经济周期进入扩张的后期，因此外汇交易应把焦点转向商品货币。另一种交易策略是处理好外汇交易、债券和股票。这种策略常常可以采取以下交替措施：

- 扩张早期：买进债券和股票，对冲（卖出）货币。
- 扩张后期：卖出债券，保留股票，然后将股票也卖出。封闭货币对冲并在中央银行开始提高利率时买进货币。
- 下降早期：不介入债券和股票交易（或者进行卖空交易）。只要中央银行还在提高利率，就保持货币多头，或者直到你认为利率仅会再提高一次为止。
- 下降后期：做空货币，买进债券，并且随后也买进股票。

当然，这听起来很简单，或许诚如沃伦·巴菲特曾经说过的那样："投资很简单，但是不容易。"

第 29 章　经济周期和市场循环

现在我们已经讨论过各种主要资产及其在经济周期中的表现，还有经济周期本身的发展过程。我们已经看到存在存货周期、资本性支出周期和房地产周期，并且认为这是 3 种最重要的周期现象。至此，我们应该把这些现象综合起来考虑。然而，这是一个很复杂的问题，因此我们采取以下的办法来处理：先讨论粗略简化的经济周期理论和金融市场，而后再描述一个全部根据其历史平均水平动态呈现的完美情景。当然，实际情况并非如此，因此我们的目标是给出一个参照模型，而不是预测。

周期的七个驱动因素

我们最开始的简化模型特别粗略。我们把所有的经济周期模型简单地捆绑到一起，这些有意义的模型有七组，对此我们将给出自己的命名。第一组是触发战略性变化的中央银行行为：

- 货币加速器。当实际利率低于自然利率（魏克塞尔）或货币供给增长超过趋势水平时，就会发生货币扩张。这导致了乐观主义、经济活跃、资产升值，因此在稍后的阶段还会导致货币流通速度的加快（坎蒂隆、桑顿、弗里德曼等）。

我们现在称其为"加速器"，是因为它含有自我膨胀的种子，而货币供给的扩张所导致的事件提高了货币流通速度，而且使人们感觉更加富有。接下来仍被我们称为"加速器"的四组是一些主要的非货币现象，这些现象能够在经济周期运动中驱动经济向前发展：

- 存贷加速器。低存贷量会诱使公司增加订购量。这将造成总体水平增长更多，也就意味着更大的销售量，从而导致存贷的进一步减少（梅茨勒、基钦等）。
- 资本性支出加速器。在扩张成熟期出现瓶颈将迫使公司扩建产能（阿夫塔里昂、克拉克、朱格拉等）。这将创造更多的增长，而更多的增长又意味着企业甚至不得不建设更大的产能。
- 抵押加速器。资产价格上涨造成资产抵押价值的增长（冯·米塞斯、冯·哈耶克、熊彼特、明斯基、金德尔伯格等）。这会造成更多的借贷，从而刺激商业活动，对资产价格是有利的（伯南克等）。当房地产市场发生这种情况时，其影响是最大的（霍伊特、伯恩斯等），不过其对股票市场也有显著的影响。
- 情绪加速器。资产价格的上涨在一定阶段会俘获那些不成熟的投资者的想象力，从而导致大量投资和泡沫（特沃斯基、卡尼曼、席勒、斯特曼等）。

我们所说的第六组现象是由经济自身内在的驱动最终到达拐点的趋势：

- 耗竭现象。经济繁荣造成了劳动力、实物资源和信贷出现瓶颈，这最终导致私人花费不可能进一步增长，新的商业机遇也变得无利可图（霍特里、巴拉诺夫斯基、卡塞尔、霍布森、卡钦斯、福斯特、庇古、凯恩斯等）。

以上所提到的六组现象同样可以起到相反的作用。然而，我们还需要再加上最后一组现象，这仅在严重衰退/萧条的情况下才会发生，而且情况更糟糕：

- 信用崩溃。信用显著收缩可能导致债务紧缩或流动性陷阱（费雪、明斯基、金德尔伯格、凯恩斯等）。

以上是粗略简化的模型，由七组经济现象驱动——虽不完整，但也并非全部毫无用处。

周期长度

接下来我们假设经济周期行为总是像平均状态那样：

- 每一次和每一个存货周期持续4.5年；
- 每一次资本性支出周期持续9年；
- 每一次完整的房地产周期会持续18年；
- 这些周期同步时表现出一个整齐的模式，即每个房地产周期中包含4个存货周期和2个资本性支出周期；
- 因此当可能的时候，周期的高峰与谷底会出现重合。

这也很粗糙，但完全不荒唐。因为随着时间的流逝，在不同的经济体中，这些周期的平均长度实际上已经相当稳固，并且确实存在着调整高峰与低谷的内在趋势（熊彼特、福里斯特、摩斯基尔德等）。

这些是关于经济的简单假设。我们还需要对人们怎样投资和为什么投资的问题作出一些简单的描述，因为这将导致我们得出一个关于几乎所有投资问题的重要结论。

人们为什么投资

让我们先来考虑投资的动机，就从那些主要出于商业目的而购买的资产开始，如表29–1所示。正如我们从表中所看到的，这些动机融合了当前收益、商业短缺和现货溢价因素。

在我们的调查中，其余的资产，诸如住宅房地产、收藏品、贵金属和钻石，主要不是出于商业目的而购买，购买这些东西是为了个人的乐趣。这类投资的动机似乎主要是财力可承受程度。当人们觉得自己有购买能力时，就会购买这些物品。

表 29-1　在不同资产类别/投资工具上进行投资的商业动机

投资种类	购买动机	主要投资标准
债券	净收入	收益率与预期通货膨胀率的比率
货币存款/远期	净收入	收益率与预期通货膨胀率的比率，预期相对增长率，支付平衡
股票	净收入	远期收益率与债券收益率的比率
对冲基金	净收入	预期收益率与股票收益率和/或与通货膨胀率的比率
私募股权	净收入	预期收益率与股票收益率和/或与通货膨胀率的比率
商业性房地产	净收入，实用性	最高利率与债券收益率的比率
工业用金属	实用性，稀有性	估计未来的稀缺性和通胀率，加上现货溢价，并且将其与债券和股票的收益率相比
贵金属期货	安全性，对冲未预料通货膨胀	现货溢价和利率与预期通胀率的比率

利率的作用

如果购买一些资产是为了赚钱，而购买另一些资产是为了个人乐趣，那么所有这些资产在定价方面是否存在共同点呢？有一点是共同的：在所有类型的资产定价中，利率起着独特的作用。利率下降和较低的实际利率对各种类型的资产定价具有很强的正面影响。货币利率和债券收益率会驱动住宅房地产市场繁荣发展，因为低利率使人们具有支付能力，而这又导致了个人财富的增值，个人财富的增值又会驱动珠宝和收藏品的价格上涨。此外，债券能够驱动股票市场，因为利率是未来收益的贴现因素。债券还驱动各种经济活动，从而影响着社会的方方面面。图 29-1 对以上情况都有说明。

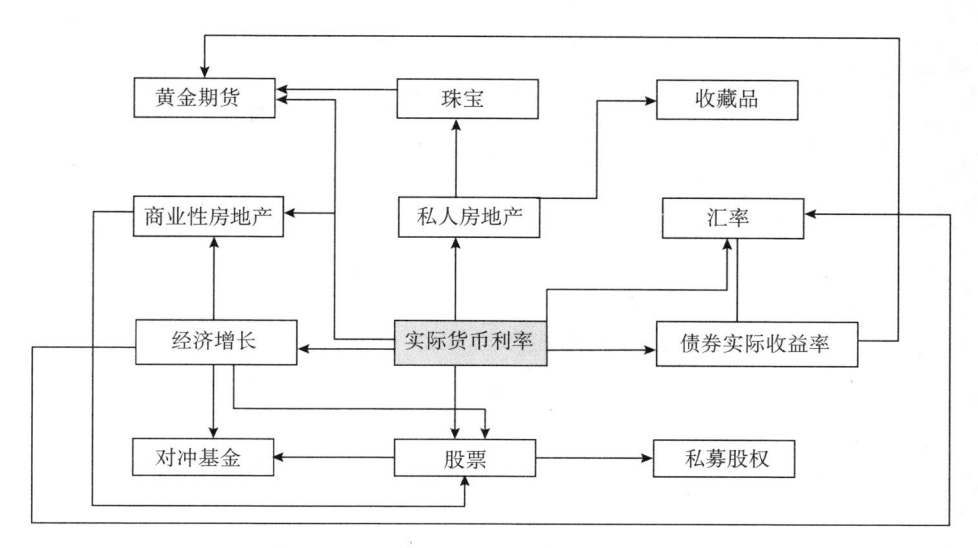

图 29-1 货币利率在资产估值中的作用

泡沫循环原理

所有类型的资产还存在一个更为普遍的共同点。我们已经看到经济周期不时创造出传导资产泡沫的货币环境。然而，人们会想起过去的泡沫崩溃，这也意味着对上次发生泡沫的任何资产，人们在下次的投资中都不太可能再次选择，以免重蹈覆辙。这就导致了一个系统性的泡沫循环。举例来说，1980 年，贵金属/钻石出现了泡沫，而后在 1990 年出现了收藏品泡沫（日本），到 2000 年则是股票市场出现泡沫。

各类资产在不同经济增长/通货膨胀水平下的表现

2005 年，巴克莱银行发布了一项研究，内容是有关不同类型资产从第二次世界大战到 2004 年间在英国市场上的表现，该项研究把这 60 年划分为表 29-2 中所示的 4 种情况，而后对不同类型资产在每一种情况下的市场表现进行测度（其中对房地产和商品的测度时间是从 1970

年到 2004 年)。研究结果如下,在每种情况下表现最好的资产以粗体字着重标明。

正如人们所预期的,这一研究表明实物资产(艺术品、房地产和商品)的市场表现主要取决于经济增长,而股票市场表现的好坏则强烈依赖于是否存在通货膨胀。

表 29-2 英国不同类型资产的表现(截至 2004 年)

	高通货膨胀	低通货膨胀
高增长	股票:4.4% 债券:-0.2% 现金:-0.4% **艺术品:9.2%** 房地产:8.1% 商品:6.1%	**股票:13.4%** 债券:0.1% 现金:2.0% 艺术品:7.5% 房地产:11.0% **商品:15.1%**
低增长	**股票:4.1%** 债券:-0.8% 现金:0.7% 艺术品:0.3% 房地产:-4.2% 商品:2.8%	**股票:11.1%** 债券:0.0% 现金:2.2% 艺术品:0.9% 房地产:4.7% 商品:3.2%

资料来源:巴克莱银行,2004 年。

情况就是这样。我们在这里采用超级简化的模型,就像我们在前面提到的经济蒸汽机一样:一台按照几条简单规则运行的机器轰隆作响地运转着,把不同的资产推高又拉下,就这样永不停息。现在,我们设想一下,在锅炉中装满煤炭,发动机器并把它设置在起始点,此时活塞上下运动的最低点和经济萧条时期的底部相一致。换句话说,在存货周期、资本性支出周期和房地产周期同时处于低谷时,我们这台经济机器也会调适到对应位置与之相称。于是,这台机器启动了。

第29章 经济周期和市场循环

新的拂晓

在经济扩张刚刚开始之时，实际上已经出现了早期的警示信号。还记得第 20 章中所提到的 4 个"长期领先指标"吗？它们是债券价格、实际货币供给、新屋开工量以及价格与单位劳动成本的比率，大约在 GDP 开始上升之前的 8 个月，这些领先指标就开始出现了上涨。其他的领先指标也已经出现上涨，但其中有一些只是领先经济活动几个月而已。

我们现在仍然处在非常早期的经济扩张阶段，人们对就业的忧虑已经有一段时间了，因此他们已经开始控制消费。失业人数较多，但绝大多数的人仍然在工作，并且他们的积蓄实际上有所增加。因此会有大量现金闲置，贷款也变得更加便宜，于是有些人又开始增加花费。房地产销售量正快速增长，而房地产的价格也很快开始逐步上涨。

股票市场也正在上涨，而且比房地产价格上涨的速度要快得多。在经济开始下滑的时候股票市场曾经遭受挫折，但是现在对于那些精明的投资者来说，许多股票的价格已经完全低于其价值，因而是迎来拂晓的时刻。一些上市公司的经营还处在亏损状态，一部分原因是这些企业正考虑冲销巨额费用，但是你能计算出当其收入增加（收益正常化）时，它们将会如何处理财务账目，结果将会证明公司的股价应该比现在高得多。因此，精明的投资者会买入股票，并且特别会追捧那些可选消费类、金融与 IT（信息技术）行业的公司。现在我们的货币加速器显然正受到很大的推动，因为货币流通速度在加快。

同时，房地产价格还在继续上涨，那些拥有住房的人又以更低的利率进行抵押再融资，与此同时金融投资组合的账面利润也在增长。消费者的信心增加，更多的人一头扎进商场购物和购买汽车。铝和铅的价格上涨了，因为这两种金属被广泛用于制造汽车。对于许多对冲基金经理来说，这也是一个投资的黄金时机，因为他们看到处处都是有价值的投资建议，并且交易具有很强的动量。

表 29-3　典型存货周期（基钦周期）的经济特征

长度和振幅：
- 平均长度是 4.5 年，并且有相当强的规律性；
- 下降阶段平均为 6~9 个月；
- 波动幅度有限。许多这样的下降并不会演变成经济衰退，只有"增长周期"处于低迷。

主要驱动因素：
- 存货，大约平均占年度 GDP 的 6%；
- 存货中一个不成比例的部分是耐用品，它比服务业和稳定的消费类波动幅度更大。汽车与汽车零部件的存货起了非常重要的作用。

关键理论概念：
- 存货周期；
- 啤酒游戏现象；
- 猪循环／蛛网／船舶建造周期。

破坏效应：
- 非常有限。

积极效应：
- 消除通货膨胀问题。

关键指标：
- **总体指标**：综合的领先指标，短期与长期利率，收益曲线；
- **具体指标**：存货。

最初的难题

需求浪潮的冲击使一些企业获得了意外惊喜，因为存货量在减少。这些企业的反应是加大订购量并恢复正常的存货水平，这样的行动还会刺激更多的增长：于是我们的存货加速器就有了用武之地。企业的产能仍然有相当大的提升空间，用现有的劳动力仍然能够满足新的需求。这使企业在不增加过多成本的情况下增加了大量的收入，因而其利润也出现大幅上涨。此外，那些熬过经济衰退的企业最终感觉到自身具有一定的定价能力，因此价格上涨的一波浪潮会给经济造成打击。中央银行非常慎重地关注这种情势的变化，然而，央行因此还是决定停止踩油门。而后央行开始踩刹车，即提高利率，一段时间过后，我们的货币加速器就开始发挥反向的作用。

一些投资者也在关注着形势的变化。债券达到高峰然后开始缓慢下挫，这与企业达到令人满意的存货水平几乎同时发生，并且存货的下降造成的涟

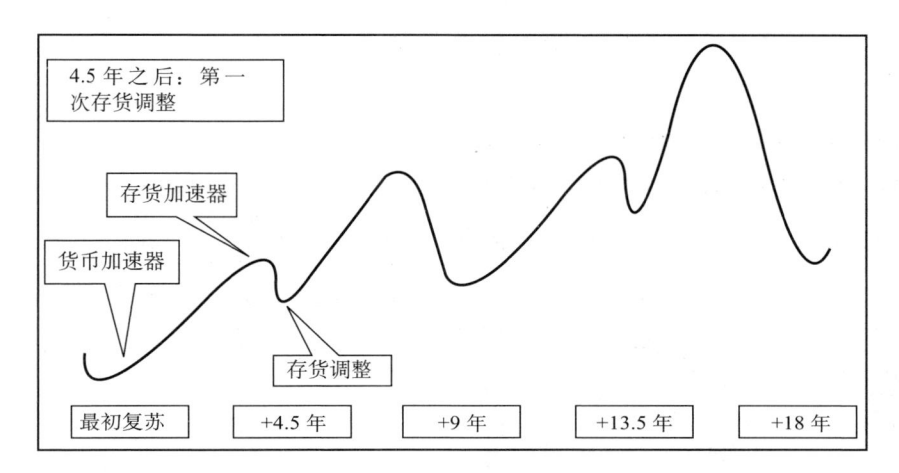

图 29-2　多周期参照模型中最早的存货周期

漪在经济中扩散开来，经过一段时间后经济也出现放缓：我们的存货加速器也已经在发挥反向的作用。

现在，自从扩张开始，已经过去了 4.5 年的时间。对冲基金正在奋力搏杀，因为市场正在以一种复杂的大幅波动的方式进行调整，并且拒绝陷入明显的熊市。

新的复苏

所有这些有一种非常正面的效应：大约在几个月之内，通货膨胀就可以重新得到控制。中央银行观察到核心 CPI（消费物价指数）正在回落到目标水平以下，并且随着 PMI（采购经理人指数）回落到 50 这个中性水平以下，中央银行就会认为这样的控制力度已经完全足够了，只要继续保持就可以。6 个月之后，中央银行开始放松政策。债券又出现上涨，之后股票紧跟着上涨，而在股票市场创出新高之前，我们甚至还没有看到有关新的经济复苏的证据。由于人们看到抵押贷款利率新的下降有利可图，于是房地产价格也再次上涨。这样，我们第一个存货周期就完全结束了。

资本性投资周期

存货周期的实际影响是足够大的，但与资本性投资周期的影响相比，它还算不上什么。纯粹的存货周期对于黄金、钻石、私募股权和收藏品的影响微乎其微，这也是表29-4中不包括存货周期的原因。然而，我们这台经济

表29-4　存货周期中典型的资产价格行为

	扩张早期	扩张后期	下降早期	下降后期
债券收益	下跌（债券价格上升）。垃圾债券表现更好	达到谷底而后缓慢上升	上升。投资级债券表现更好	缓慢下跌
货币	稳定或缓慢下跌	开始缓慢上升	缓慢上升	下跌
全部股票	快速上涨，但滞后于债券	平稳上升，而后达到顶峰，缓慢下跌	短暂下跌，而后由于通货膨胀下降和长期领先指标上升而再次上涨	上涨
行业股票	**表现更好**：金融，消费类，IT，小盘股	**表现更好**：工业	**表现更好**：稳定的消费类，公用事业，大盘股	**表现更好**：金融，消费类，IT，小盘股
	表现更差：稳定的消费类，公用事业，大盘股	**表现更差**：金融	**表现更差**：可选消费类，IT，小盘股	**表现更差**：稳定的消费类，公用事业与工业
全部对冲基金	表现非常好	表现较好	表现相对差	表现缓慢
表现最佳的对冲基金	特定行业基金，多头对冲基金，股票型基金，事件主导型基金和市场中性基金	特定行业基金，多头对冲基金，股票型基金，事件主导型基金和市场中性基金	空头卖方，市场中性基金，事件主导型基金	特定行业基金，多头对冲基金，股票型基金，事件主导型基金和市场中性基金
全部房地产	上升	上升	停滞	上升
表现更好的房地产	公寓，单个家庭住房	零售业房地产，提供全套服务的酒店，住宅用地，停车场，市区中心办公楼，商业用地	市郊办公楼，研发用房，工业仓库	第二层次的地区商场，工厂直销
全部商品	停滞	缓慢上升	上升	下降
表现更好的商品	铅	铜，锌，镍，铝，铅	铜	

蒸汽机仍然在运行着,而当第一个存货周期已经完成的时候,有一个关键性的指标已经出现了缓慢但颇为显著的变化:产能利用率已经逐渐提高了。

这一点很重要。尽管产能利用率在存货周期的短暂下降过程中停顿下来,但是企业通过运用现有的产能加上提高员工的工作效率,或者增加雇员,就可以满足市场需求。在经历 4.5 年前结束的严重衰退之后,企业已经动用所赚收益中相当大的部分来改善资产负债表。银行已经核销了坏账,并且企业用现金偿还贷款的水平超出了银行的安全要求。事实上,其安全度可能如此之高,以至于股东们开始质询企业为什么不作更多的未来投资。越来越多的企业正好都在作出决定:开始更多投资于研发和新的产能。这一波资本性投资浪潮触发了资本性支出加速器,因为企业之间相互出售产能。

在商业性房地产行业,资本性支出的增加尤其受到欢迎,至此,商业性房地产行业还是保持着缓慢的步伐。租金收入正在得到改善,最好的办公楼(市区中心)的空置率从中等程度下降到几乎为零。一些新租户对吸引力稍逊一筹的郊区办公楼也感到满意。此时工业房地产也正在上涨,因为许多企业正在建设新的产能。

此时产能的建设已经取代消费者支出,成为推动整体经济增长的力量,并且那些提供最新技术的公司股票正在显著上涨。然后股票加速上涨,更多的人便决定购买,而后是人们情绪高涨,接下来可能是狂热:情绪加速器的魔力已经发挥作用。至此,财富快速增长,而且人们用资产抵押来获取贷款:抵押加速器也在发挥作用。货币加速器也是这样,因为货币流通速度加快了,而且商业又以创新的信用形式来满足激增的贷款需求。

对绝大多数公司而言,市场占有率都是关键的优势,因此便出现了收购与兼并的浪潮。与此同时,金属和矿业生产商发现很难跟上市场需求增长的步伐,于是就采取提高产品价格的做法,另外它们也在准备扩建新的产能。然而,在大部分新扩建的产能正式投入运营之前,还要等上几年的时间。在此阶段,铜、铝和铅的市场表现很好,锌和镍可能表现得更好;毕竟这些原材料在工程应用、电线、化工管道等方面会有大量的消耗。对冲基金经理相当成功，因为他们能够发现飙升的收入与企业、交易趋势等。私募股权基金的发展也是这样，这些基金在市场表现最佳的时候，如果不是价格过高，就可以退出以前所作的大量投资。黄金、钻石和收藏品的市场会怎么样呢？这些市场的表现毋庸置疑，的确非常好。

至此，经济在总体上的表现非常好，而且存货加速器也成为政党选举的武器。但是问题逐渐浮现出来：所有的成本似乎都在逐渐上升。例如，当租赁协议即将到期而面临重新谈判的时候，商业性房地产的租金变得更加高昂了。企业也首次面临为许多种类的熟练员工增加工资的重大压力，因为企业相互之间会提供更高的收入来挖走这些人。需求高涨，但是市场供应紧张，因此公司增长前景看好，而供给开始落后：耗竭现象正在出现。就在这个时点，中央银行开始担心并进而提高利率，债券出现下挫。然而工业用金属市场的上涨还会持续较长的一段时间。

一些企业经理现在也开始担心，因为他们不能看清在这个成本水平上，进一步的经济扩张能在多大程度上增加公司的收入。经济学家也告诉他们，长期领先指标往往在经济活动达到高峰之前大约 14 个月会出现逆转。而现在这些领先指标已经出现了逆转，因此他们停止了投资。这是 9 年里导致第

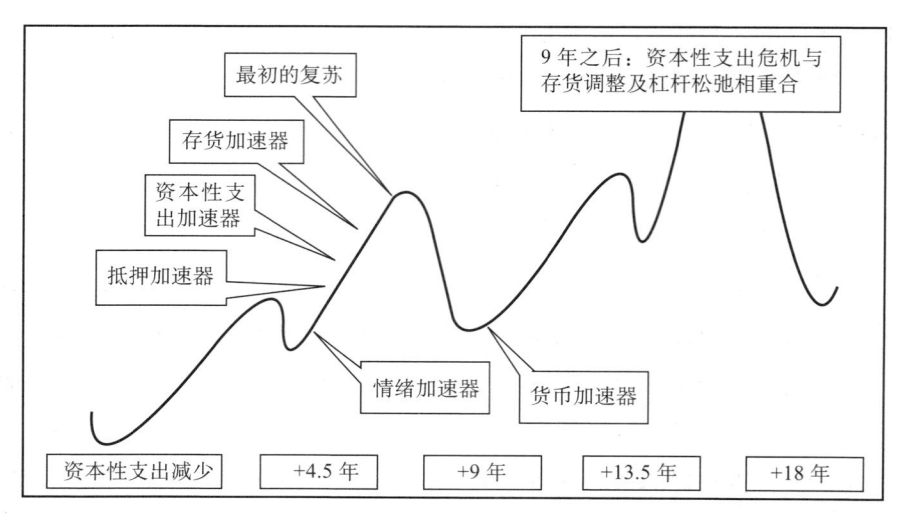

图 29-3　多周期参照模型中最早的资本性支出周期

一次严重衰退的转折点，也是资本性支出的崩溃与严重的存货调整混合在一起的时点。房地产市场也受到了损害，但还不是如此严重，因为当需求趋于平稳状态时，不会存在任何过量建造的问题。房地产市场的供应是合理的。

表 29-5　典型资本性支出周期（朱格拉周期）的经济特征

长度和振幅：
・平均长度为 9 年，频率受到具体创新、贸易自由化等因素的影响而有些变化；
・典型的衰落阶段会持续大约 2~2.5 年；
・振幅可能很大。
主要驱动因素：
・资本性支出在发达经济体中平均约占 GDP 的 10%，在快速增长的新兴市场中所占比例会更高，这与经济发展和技术创新的特定阶段有关。
关键理论概念：
总体概念　　　　　　　　扩张阶段　　　　　　　　衰落阶段
・资本性支出周期　　　・自然利率与实际利率　　・货币加速器（反向）
・资本投资加速器　　　・资产膨胀　　　　　　　・情绪加速器（反向）
・乘数　　　　　　　　・情绪加速器　　　　　　・抵押加速器（反向）
・猪循环／蛛网／船舶建造周期　・抵押加速器　　　　・信用崩溃
・耗竭现象
破坏效应：
・可能很显著，因为投资下降可能导致猛烈的债务紧缩、过度的现金偏好和流动性陷阱。
积极效应：
・消除通货膨胀；
・控制过高的雇员报酬压力；
・导致必要的合并和资产负债表调整过程。
关键指标：
・总体指标：综合的领先指标，短期和长期利率，收益曲线；
・具体指标：产能利用率，上市公司股票的追踪收益和预期收益。

我们的存货、资本性支出、抵押和情绪这些加速器现在都在起反向的作用。股票市场急剧下挫，与最近的资本性支出浪潮相关的一些特定行业更是如此。工业商品则紧随其后。许多对冲基金经理错过了牛市最后的晚餐，因为他们知道市场动量缺乏价值支撑，他们也可能在把握市场转折的时点上失败了。然而，一旦熊市方向得以确定，他们就会挺立潮头，又开始赚钱。那些在此前的牛市中没有退出的私募股权基金现在则要面临一段困难的时期。有一些私募股权基金被迫卖空，但这并不典型，有一些则走向了破产。

经济现在正面临落入流动性陷阱的风险，中央银行必须对此加以密切关注。然而，由于大多数资产的下跌都涉及股票，而大部分的股票又是用现金购买的，因而债务紧缩的问题并不是难以克服的，中央银行的任务还不算太艰巨。

趋向房地产繁荣

在接下来的4.5年中，经济又会像我们故事中的第一个4.5年那样演进，开始从危机中恢复过来，而企业在刚刚经历一场冲击之后，在新的资本性支出方面仍然会犹豫和退缩。大约18个月之后，经济开始复苏，这个时间点也是上一次严重危机的谷底之后大约9年。消费者受到了较为严重的伤害，提供资本设备的行业也彻底遭受了打击，实际上，许多企业已经破产。然而，房地产市场可能受到了刺激，但还没有地动山摇。而且随着经济的恢复增长，很显然，具有缓慢周期的房地产市场的巨大车轮转得更快，即使它们还未接近最高的运转速度。至此，我们所设想的经济机器运转的时间已经有13.5年，而我们也正在为最疯狂的景象作好准备。

表29-6 资本性支出周期中典型的资产价格行为

	扩张早期	扩张后期	衰退早期	衰退后期
债券收益	下降（债券价格上升），垃圾债券表现更好	达到谷底后上升	上升，投资级债券表现更好	下降
货币	稳定或缓慢下降	开始缓慢上升，商品货币表现更好	高峰	下跌或危机，商品货币表现更差
全部股票	迅速上涨，但滞后于债券	迅速上涨并可能达到摇摇欲坠的顶点，而后反转并快速下跌	大幅下跌，而后经济发生逆转	上涨

(续)

	扩张早期	扩张后期	衰退早期	衰退后期
行业股票	**表现更好**：金融，可选消费类，IT，小盘股 **表现更差**：稳定的消费类和公用事业，大盘股	**表现更好**：工业，IT，小盘股 **表现更差**：金融	**表现更好**：稳定的消费类，公用事业 **表现更差**：可选消费类，IT，小盘股	**表现更好**：金融，消费类，IT，小盘股 **表现更差**：稳定的消费类，公用事业与工业
全部对冲基金	表现良好	表现引人注目	表现相对较差	表现良好
表现最佳的对冲基金	特定行业基金，多头对冲基金，股票型基金，事件主导型基金和市场中性基金	特定行业基金，多头对冲基金，股票型基金，事件主导型基金和市场中性基金	空头卖方，市场中性基金，事件主导型基金，宏观基金	特定行业基金，多头对冲基金，股票型基金，事件主导型基金和市场中性基金
私募股权	表现良好，特别是收购型与风险投资基金	表现良好，特别是收购型与风险投资基金	可能大量退出	许多基金损失很大，尤其是风险投资基金
全部房地产	上涨	上涨	停滞或缓慢下跌	上涨
表现更好的房地产	公寓/单个家庭住房	零售业房地产，提供全套服务的酒店，住宅用地，市区中心办公楼，商业用地	市郊办公楼，研发用房，工业仓库	第二层次的地区商场，工厂直销
全部商品	停滞	缓慢上涨	上涨	下跌
表现更好的商品	铅	铜，锌，镍，铝，铅	铜	
黄金、钻石收藏品	上涨	迅速上涨，可能出现泡沫	达到高峰，而后下降	下跌，而后趋于平衡

房地产周期的发作

最疯狂的景象来自房地产周期。直到最近，还没有发生房地产供应面的任何严重不足，但是现在这种情况出现了。毕竟，经济在过去多年里已经大幅扩张，当许多投资者追逐其他资本性支出项目时，他们只是没有对房地产给予足够的重视而已。

现在，房地产供应紧张的局面意味着租金与销售价格正在相当稳定地上涨，而且与利率相比，资本化率与投资收益率看起来更加诱人。老练的房地产开发商已经嗅到发财的味道，于是储备中的建设项目上马，更多的开发项目会很快进入计划进程。开发商们发展出一些新的概念，获得融资并开始建造。新的土地被分成一片一片，而后再被分成一小块一小块，交易非常活跃。由于消费者加入这个热闹的"派对"并抢购别墅，新屋开工的情况出现了一派狂热的景象。一些人买房子的目的是获取以更高价格出售而带来的收益，另外一些人是因为担心如果他们再等下去，就买不起了。房地产的繁荣导致经济出现了总体增长，而且此时几个加速器在同时起作用：货币、存货、资本性支出和房屋加速器全部在发挥着各自的魔力。此外，房屋建造与资本性支出的步伐一致导致贱金属需求的快速上涨，矿业主们无法应付。他们加大投资来扩建产能，这又使疯狂得以持续。那些情绪高涨的投机者胃口大开，好像毫无顾忌地大肆吞下了股票、房地产和收藏品。艺术品市场也痛快地狂热了一阵子。

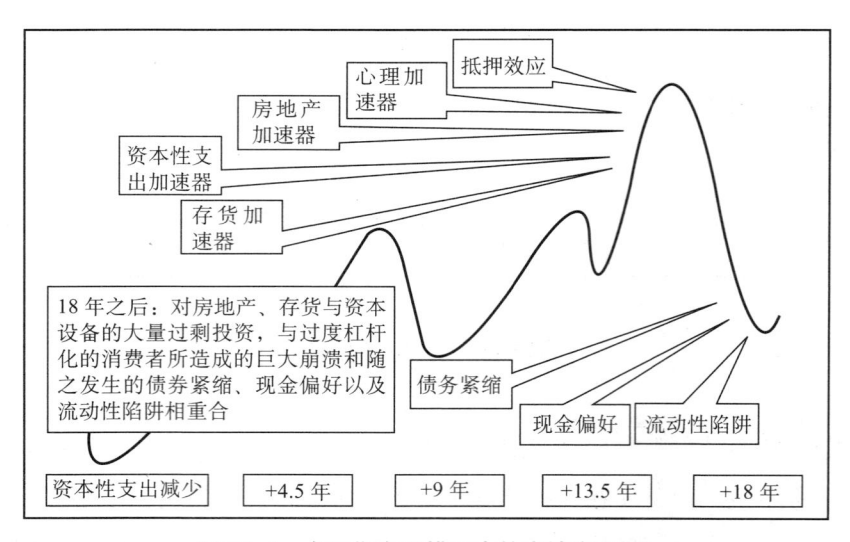

图29-4　多周期参照模型中的房地产周期

表 29-7 典型房地产周期（库兹涅茨周期）的经济特征

长度和振幅：
- 平均长度是 18 年，频率有点变化且受利率结构化趋势的影响（它再次依赖于贸易自由化与中央银行政策等）；
- 典型的衰退期会持续 3~3.5 年；
- 振幅可能非常大。

主要驱动因素：
- 房地产建造活动（约占全球 GDP 的 8%，波动性很大）以及房地产价格（一般约占全球 GDP 的 250%）的财富效应。发达国家房地产建造占 GDP 的比例要高于新兴市场国家。

关键理论概念：

总体概念	扩张阶段	衰落阶段
房地产周期	自然利率与实际利率	货币加速器（反向）
乘数	资产膨胀	情绪加速器（反向）
猪循环/蛛网/船舶建造周期	情绪加速器	抵押加速器（反向）
	抵押加速器	信用崩溃
	耗竭现象	

破坏效应：
- 房地产价格崩溃之后几乎总是出现严重的长期衰退，这也导致金融部门出现问题。

积极效应：
- 消除通货膨胀；
- 增加储蓄率；
- 使得房地产需求跟上供给。

关键指标：
- 总体指标：综合的领先指标，短期和长期利率，收益曲线；
- 具体指标：购房能力，房价与员工收入之比，房价与 GDP 之比，商业性房地产资本化率与债券收益率之比，租金成本与抵押利率之比。

表 29-8 房地产周期中典型的资产价格行为

	扩张早期	扩张后期	下降早期	下降后期
债券收益	下跌（债券价格上升），垃圾债券表现好	达到谷底后上升	迅速上升，投资级债券表现更好	长久停在低水平
货币	稳定或缓慢下跌	开始缓慢上升，商品货币表现更好	下降	下跌或危机，商品货币表现更差
全部股票	迅速上涨	稳定上涨，而后达到高点并缓慢下降	迅速下降或崩溃	上涨

(续)

	扩张早期	扩张后期	下降早期	下降后期
行业股票	**表现更好**：金融，消费类，IT，小盘股，REITs **表现更差**：稳定的消费类和公用事业，大盘股	**表现更好**：工业，REITs，可选消费类 **表现更差**：金融	**表现更好**：稳定的消费类和公用事业 **表现更差**：可选消费类，IT，小盘股，REITs	**表现更好**：金融，消费类，IT，小盘股 **表现更差**：稳定的消费类，公用事业，工业，REITs
全部对冲基金	表现良好	表现良好	表现相对差	表现良好
表现更好的对冲基金	特定行业基金，多头对冲基金，股票型基金，事件主导型基金和市场中性基金	特定行业基金，多头对冲基金，股票型基金，事件主导型基金和市场中性基金	空头卖方，市场中性基金，事件主导型基金，宏观基金	特定行业基金，多头对冲基金，股票型基金，事件主导型基金与市场中性基金
全部房地产	上升	上升，但扩张后期交易量下降	崩溃	稳定在最小交易量
表现更好的房地产	公寓，单个家庭住房	零售业房地产，提供全套服务的酒店，住宅用地，停车场，市区中心办公楼，商业用地	市郊办公楼，研发用房，工业仓库	第二层次的地区商场，工厂直销
全部商品	停滞	快速增长	增长	崩溃
表现更好的商品	铅	铜，锌，镍，铝，铅	铜	
黄金、钻石和收藏品	上涨	快速上升，可能造成泡沫	达到顶峰后回落	下跌，而后趋于平衡

最后的衰退

直到其后大约15~16年的时候，疯狂最终失去动力并造成了大危机的出现。房地产建设现在严重过剩，产能也超过了需求，消费者支出也超出了限度，通货膨胀正愈演愈烈，中央银行为此正在提高利率来控制这种局面。一切都陷入了停顿，而后便是崩溃，由此导致了债务紧缩、银行危机，经济也陷入了瘫痪，而中央银行几年来复苏经济的努力都是徒劳——此时便该出现信用崩溃了。这是一次大萧条，是上次之后又一个 18 年的终点。至此，我们所假设的经济机器在时间上已经完成了整个循环。

我们经历了 4 个存货周期、2 个资本性支出周期和 1 个房地产周期。我们并不知道自己在周期中会处于什么样的位置，我们现在或者可能很富有，"巍然屹立"，或者可能非常贫穷。但是，无论处于何种境地，我们都会更加明智。

图1：股票-GNP滞后时间

图2：短期债券-长期债券滞后时间

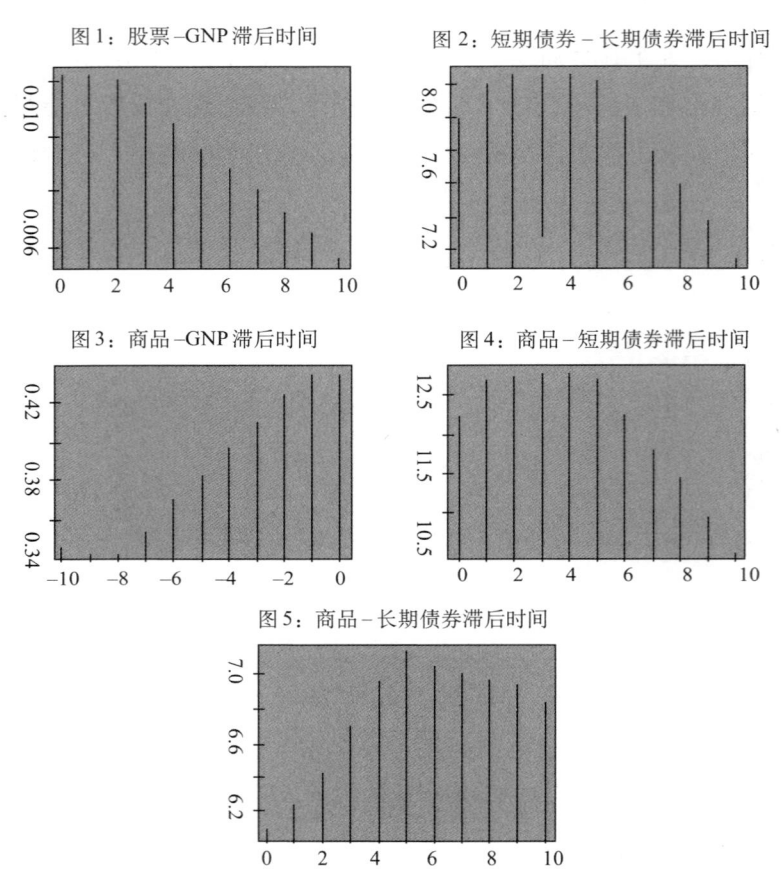

图3：商品-GNP滞后时间

图4：商品-短期债券滞后时间

图5：商品-长期债券滞后时间

图29-5　围绕经济周期的金融次序。这些图表说明了1900~1983年以来美国短期债券、长期债券、股票市场、GNP（国民生产总值）和商品价格变动之间的交叉协方差分析。图中所采用的是季度统计数据，每个图表示了两个时间序列之间的协方差。如果协方差在一个或多个季度后达到峰值，分析就检测到滞后性。第一幅图说明，平均而言，GNP与股票市场同时或者延后一个月出现反转：它们存在很好的相关性，但滞后时间短。第二幅图说明，从短期债券到长期债券的滞后时间很显然为4个季度。第三幅图说明，从GNP到商品价格的滞后时间为一个季度。第四幅图说明，从商品到短期债券的滞后时间为2~4个季度。最后一幅图说明，从商品价格到长期债券的滞后时间为5个季度。总的来看，这些图说明了传统的短期债券——长期债券——股票市场——GNP——商品周期的序列。

跋
Business Cycles

心跳之声

　　一大早，我在门外待了大约 10 秒钟的时间，就感到非常寒冷。现在，我回到屋子里，舒服地坐在炉边，一边享用着早餐，一边阅读报纸。

　　放下报纸，我望了望窗外，满眼尽是晶莹剔透的冰晶。突然，我看到一大一小两只胖胖的"熊"从花园走过来。大的是黑熊，小的是白熊。无论何时向前走出几步，那只小白熊都会停下来，好像在雪地中找什么东西，大黑熊也会转过身子耐心等待。最后，两只熊跑到了窗前，正好在阳台下。大黑熊打开了门，寒风立刻吹进屋子里。她正是我的妻子伊塞亚，此时穿着长长的黑色外套。小索菲一起进来，立刻跑到我的椅子边，我帮她脱下白色的外套和小靴子。她的下巴冻得红红的，眼睛一眨一眨。

　　"你看起来很是自得其乐，"伊塞亚说道，"……你的早餐已经吃了 4 个小时了，知道吗？"

　　当然。我早餐能吃一整天。

　　"让我猜猜，"她说道，"你读有关经济周期的报纸或书籍了？"

　　"都读过了。"

　　"那你发现了什么没有——我是说关于经济周期的问题？"

　　"无法根治，但很有趣。人们可以修正经济的波动，但不可能完全避免。如果你想要完全避免，事情就会变得更加糟糕。"

　　她倒了一杯咖啡，看了看正在地板上玩苹果的索菲，我则看着窗外。湖面上小小的涟漪慢慢向着湖岸散开。或许这个星期湖面就会开始结冰？此时，伊塞亚也正望着窗外,她像在思考什么。而后她从口袋中抽出一张皱巴巴的纸条,这张纸条是我写的。

"我一直在找它……"我问道,"你在哪里找到它的?"

"在花园的亭子下,"她回答道,"现在我明白你为什么不愿意再写下去了。"

她朗声念道:

  周期并不像扁桃体那样,是可以单独摘除的东西,而是像心跳一样,是有机体的核心。

——约瑟夫·熊彼特,1939 年

附录1　经济周期理论重要事件一览

1705年，约翰·劳出版《论货币与贸易：兼向国家供应货币的建议》，呼吁建立土地银行。

1716年，劳氏公司设立。

1734年，坎蒂隆去世并留下《商业性质概论》手稿。手稿中有对货币流通速度效应的分析。

1759年，亚当·斯密出版《道德情操论》。

1764年，亚当·斯密乘船来到法国，遇见了魁奈。

1773年，亚当·斯密出版《国富论》，在书中提出"看不见的手"的概念。

1788年，让·巴蒂斯特·萨伊读到《国富论》一书。

1797年，英国下议院邀请亨利·桑顿就恐慌原因作证。

1799年，大卫·李嘉图读到《国富论》一书。

1802年，亨利·桑顿出版《大不列颠的票据信用》，该书详细地阐述了货币政策是如何发挥作用的。他提出通过积极的货币政策来稳定经济。

1803年，让·巴蒂斯特·萨伊出版《政治经济学概论》，该书提出萨伊定律，即供给能够自行创造需求。

1808年，詹姆斯·穆勒会见了大卫·李嘉图，并开始劝说他撰写有关经济方面的文章。

1809年，大卫·李嘉图发表《金银的高价格，银行票据贬值的证据》。

1816年，大卫·李嘉图发表《有关经济与稳定通货的建议》。他建议使用可以转换成黄金的纸币稳定经济。

1819年，詹姆斯·穆勒之子约翰·斯图尔特·穆勒在13岁时出版《政治经济学要义》。

1822年，查尔斯·巴贝奇发表《机器在数学表计算中的应用》。

1826年，约翰·斯图尔特·穆勒在《纸币与商业困境》中引入了竞争性投资这一概念。

1848年，约翰·斯图尔特·穆勒出版《政治经济学原理》，该书把货币流通速度与经济波动联系起来，并谈到了投机问题，还特别强调了信心的重要性。卡尔·马克思完成《资本论》初稿，论述了经济周期问题。

1862年，克莱门特·朱格拉出版《论德、英、美三国经济危机及其发展周期》，首次清楚地论述了经济周期的原因源自于内在的不稳定现象。

1867年，卡尔·马克思的《资本论》第一卷出版。

1871年，威廉·斯坦利·杰文斯出版《政治经济学理论》，第一次正式阐述"理性人"的概念。

1873年，沃尔特·巴奇霍特（《经济学》杂志的主编）出版《朗伯德街：关于货币市场的描述》，论述了银行业的作用及其对经济的主要影响。

1875~1882年，威廉·斯坦利·杰文斯撰写一系列论述经济周期的文章，试图把造成经济周期的原因解释为太阳黑子，或者是对太阳黑子的预期。

1885年，西蒙·纽科姆在他的《政治经济学原理》中介绍了后来被称为"货币数量论"的理论。

1889年，里昂·瓦尔拉斯出版《纯粹经济学要义》，尝试用数学语言来描述经济。约翰·阿特金森·霍布森出版《产业生理学》，介绍了经济周期的消费不足理论。

1890年，马歇尔出版《经济学原理》，论述了经济中的正反馈过程。

1894年，米哈伊尔·塔干-巴拉诺夫斯基出版《英国的产业危机》，介绍一个关于经济周期的过渡投资/耗竭模型。

1896年，欧文·费雪在他的《增值与利息》中对自然利率和实际利率作了区分。

附录1 经济周期理论重要事件一览

1902 年，阿瑟·斯皮索夫介绍了关于经济周期的过度产出/技术的理论。

1907 年，克努特·魏克塞尔出版《利率对价格的影响》，介绍实际利率和自然利率的概念。

1910 年，罗杰·沃德·巴布森出版《货币累积的商业晴雨表》，论述货币利率、股票、债券、商品价格以及房产如何与经济周期发生联系。尼古拉·康德拉季耶夫在德国《社会经济学文献》发文描述了长周期问题。

1911 年，欧文·费雪出版《货币的购买力》，主要讨论货币供给的膨胀与波动的不稳定效应。约瑟夫·熊彼特在《经济发展理论》中以技术创新蜂聚理论来解释经济周期现象，并介绍了"创造性毁灭"的概念。

1913 年，拉尔夫·乔治·霍特里出版《商业的盛衰》，关注货币的不稳定性问题以及对经济周期现象的解释。韦斯利·米切尔出版《经济周期》。

1915 年，丹尼斯·罗伯逊出版《工业波动研究》，重点强调了资本性投资的波动是经济周期的关键推动力。

1920 年，欧文·费雪出版《稳定美元》，首次建议要稳定通货膨胀与货币供给。韦斯利·米切尔发起创立了国民经济研究局（NBER）。

1923 年，约瑟夫·基钦发表《经济因素中的周期与倾向》，描述了短期经济周期现象。卡钦斯和福斯特出版《货币》一书，讨论消费不足理论。

1925 年，卡钦斯和福斯特出版《利润》一书。

1926 年，欧文·费雪发表《失业率同价格变化之间的统计关系》，阐述了所谓的"菲利普斯曲线"。

1927 年，庇古出版《工业波动》。卡钦斯与福斯特出版《没有买家的生意》。米切尔出版《经济周期：问题与解决办法》。

1929 年，巴布森预言了股票市场的崩溃，费雪则不同意这个观点。

1930 年，拉格纳·弗里希与约瑟夫·熊彼特、欧文·费雪以及其他人共同发起设立了"计量经济学会"。库兹涅茨出版《生产和价格的长期运动》，论述了一个中等长度的周期。

1931 年，R·F·卡恩在《国内投资与失业之关系》中介绍了乘数的概念。

1933年，冯·哈耶克出版《货币理论与经济周期》，他提出货币系统自身是不稳定的，而且货币自身的膨胀能够持续几年而不会导致价格水平膨胀。霍默·霍伊特在《百年来芝加哥地区的土地价值》中第一次提到了房地产周期理论。《计量经济学》发刊。拉格纳·弗里希发表了《动态经济学的传播与推动问题》，说明随机冲击如何造成经济的周期性波动。约瑟夫·熊彼特开始撰写有关经济周期的著作。罗伯特·B·布赖斯到美国访学，并就约翰·梅纳德·凯恩斯的新观点发表演讲。

1936年，约翰·梅纳德·凯恩斯出版《就业、利息和货币通论》，建议国家应该运用财政政策来稳定经济。该书还阐述"消费倾向"、"储蓄倾向"、"流动性陷阱"和"乘数"等概念。简·丁伯根设计了一个含有24个方程式的美国经济模型。

1937年，冯·哈伯勒出版《繁荣与萧条》。该书对全部已有的经济周期理论进行了审视。

1938年，约翰·恩纳森发表《再投资周期》，介绍了挪威造船行业投资中的一些"回声"问题。伊齐基尔发表了《蛛网定理》。

1939年，简·丁伯根发表了两篇文章，在这两篇文章中，他检验了冯·哈伯勒书中的理论。得出的一个结论是，总利润波动最能解释投资波动。保罗·萨缪尔森发表一篇检验加速数与乘数混合效应的文章。他发现存在复杂的模式，其中可能存在若干完全不同的效应，这取决于参数值。约瑟夫·熊彼特出版《经济周期》，认为存在三种主要的波动形式：基钦周期、朱格拉周期和康德拉季耶夫周期。萧条则可能是它们同时处于下滑阶段的结果。

1941年，劳埃德·梅茨勒发表《存货周期的性质与稳定性》，解释了存货波动如何造成短期的经济周期。

1943年，庇古出版《古典的静态》，认为衰退的紧缩提高了流通中现金的购买力，这是一个负向反馈环，这种现象后来被称为"庇古效应"。

1946年，世界上第一台计算机ENIAC正式公开面世。杰伊·福里斯特的"旋风"项目获得批准。

1948 年，米尔顿·弗里德曼加入 NBER。

1951 年，H·E·赫斯特发表《水库的长期库容量》，介绍了赫斯特指数。

1953 年，冯·米塞斯出版《货币与信用理论》。

1954 年，肯尼斯·阿罗和杰拉德·德布鲁发表《竞争经济下存在的均衡》，用数学模型说明经济是内在稳定的。

1956 年，杰伊·福里斯特进入斯隆商学院，后来他在此提出系统动力学的概念。

1957 年，明斯基出版《中央银行与货币市场的变化》，这是明斯基研究该问题系列的第一篇，他认为资本市场的不稳定性是商业波动的关键所在。

1958 年，菲利普斯再次发现菲利普斯曲线，并发表《英国 1861~1957 年失业与货币工资变化率之间的关系》。

1961 年，洛伦茨在一个模仿气象的系统中发现蝴蝶效应。穆思出版《理性预期与价格变动理论》，它成为早期理性预期假说的先驱。

1963 年，米尔顿·弗里德曼和安娜·施瓦茨出版《美国货币史》。他们发现，在短期内，货币增长反映在经济活动方面，而在长期内，则反映在通货膨胀方面。

1967 年，汉密尔顿·博尔顿出版《货币与投资收益》，描述了金融流动性效应。

1969 年，拉格纳·弗里希和简·丁伯根因为"设计并应用动态模型来分析经济过程"而获得了诺贝尔奖。

1970 年，保罗·萨缪尔森因为"提出静态与动态经济理论以及对提高经济科学的经济分析水平作出积极贡献"而获得诺贝尔奖。

1971 年，西蒙·库兹涅茨获得诺贝尔奖，因为他"对经济增长作出实证解释，从而开拓了对经济与社会结构以及发展过程更新和深入的研究"。罗伯特·梅在模拟鱼群的数量时，发现费根鲍姆叶栅。

1974 年，冯·哈耶克和纲纳·缪达尔因为"在货币理论与经济波动理论的开拓性研究，以及对经济、社会和制度现象的互相依赖关系的深刻分析"而获得诺贝尔奖。

1975年，詹姆斯·约克和李天岩发表了《周期3意味着混沌》，引入了确定性混乱这一概念。

1976年，杰伊·福里斯特出版《商业结构、经济周期与国家政治》。米尔顿·弗里德曼因为在"消费领域分析、货币历史与理论以及对稳定性政策的复杂性方面所取得的成就"而获得诺贝尔奖。

1980年，劳伦斯·R·克莱因由于"建立了计量模型并用于分析经济波动与经济政策"而获得诺贝尔奖。

1981年，卢卡斯和萨金特出版《理性预期与经济实践》，把理性预期假说应用到计量经济模型。

1982年，芬恩·基德兰德和爱德华·普雷斯科特发表《置备资本的时间和总量波动》，介绍"真实经济周期"的现代定义。

1986年，莫斯基尔德和阿瑞斯尔因为对系统动力学的研究而获得杰伊·福里斯特奖。

1989年，斯特曼出版《试验经济系统中的确定性混沌》。

1990年，斯特曼、莫斯基尔德及其合作者对麻省理工学院系统动力学的国家模型进行研究，发现其中存在着超混沌。

1991年，埃德加·彼得斯发表《资本市场的混沌与秩序》，说明在许多市场中存在着肥尾现象（正反馈指标）。

1995年，小罗伯特·E·卢卡斯因为"提出并应用了理性预期假说"而获得诺贝尔奖。

附录2 历史上大规模金融危机一览表

年份	国家和地区	投机性事件	高峰期	危机严重期
1557年	法国、奥地利、西班牙（哈布斯堡帝国）	债券	1557年	
1636年	荷兰	郁金香	1636夏	1636年11月
1720年	法国	密西西比公司、兴业银行、皇家银行	1719年12月	1720年5月
1720年	英国	南海公司	1720年7月	1720年9月
1763年	荷兰	商品，通过发行通融票据融资	1763年1月	1763年9月
1773年	英国	房地产、运河、公路	1772年6月	1773年1月
1773年	荷兰	东印度公司	1772年6月	1773年1月
1793年	英国	运河	1792年11月	1793年2月
1797年	英国	证券、运河	1796年	1797年2~6月
1799年	德国	商品，通过发行通融票据融资	1799年8~11月	1799年
1811年	英国	出口项目	1809年	1811年1月
1815年	英国	出口、商品	1815年	1816年
1819年	美国	一般生产企业	1818年8月	1819年6月
1825年	英国	拉美债券、采矿、羊毛	1825年年初	1825年12月
1836年	英国	羊毛、铁路	1836年4月	1836年12月
1837年	美国	羊毛、土地	1836年11月	1837年9月
1837年	法国	羊毛、建筑地点	1836年11月	1837年6月
1847年	英国	铁路、小麦	1847年1月	1847年10月
1848年	欧洲大陆	铁路、小麦、房地产	1848年4月	1848年3月

(续)

年份	国家和地区	投机性事件	高峰期	危机严重期
1857 年	美国	铁路、土地	1856 年年底	1857 年 8 月
1857 年	英国	铁路、小麦	1856 年年底	1857 年 10 月
1857 年	欧洲大陆	铁路、重工业	1857 年 3 月	1857 年 10 月
1864 年	法国	羊毛、航运、新公司	1863 年	1864 年 1 月
1866 年	英国、意大利	羊毛、航运、新公司	1865 年 7 月	1866 年 5 月
1873 年	德国、奥地利	建筑地点、铁路、股票、商品	1872 年秋	1873 年 5 月
1873 年	美国	铁路	1873 年 3 月	1873 年 9 月
1882 年	法国	银行股票	1881 年 12 月	1882 年 1 月
1890 年	英国	阿根廷股票	1890 年 8 月	1890 年 11 月
1893 年	美国	白银和黄金	1892 年 12 月	1893 年 5 月
1895 年	英国、欧洲大陆	南非和罗得西亚金矿股票	1895 年夏	1895 年年底
1907 年	美国	咖啡、联合太平洋公司	1907 年年初	1907 年 10 月
1921 年	美国	股票、造船、商品、存货	1920 年夏	1921 年春
1929 年	美国	股票	1929 年 9 月	1929 年 10 月
1931 年	奥地利、德国、英国、日本	各种投资	1929 年	1931 年 5~12 月
1974 年	全球	股票、办公楼、油轮、飞机	1969 年	1974~1975 年
1980 年	全球	黄金、白银、铂、钻石	1980 年 1~2 月	1980 年 3~4 月
1985 年	全球	美元	1985 年 2~3 月	1985 年 2~3 月
1987 年	全球	股票	1987 年 8 月	1987 年 10 月
1990 年	日本	股票、房地产	1989 年 12 月	1990 年 2 月
1990 年	全球	艺术品与收藏品	1990 年 3 月	1991 年
1997 年	亚太地区	房地产、普遍过度投资	1996 年 6 月	1997 年 10 月
1997 年	俄罗斯	普遍过度投资、资本充足率低的银行	1996 年	1997 年 8 月
1999 年	巴西	政府支出	1998 年	1999 年 1 月
2000 年	全球	互联网与科技股票	2000 年 3 月	2001 年
2001 年	阿根廷	政府支出	2000 年 8 月	2001 年 3 月至 2002 年 6 月

THE MOST IMPORTANT THING

投资最重要的事
顶尖价值投资者的忠告

> 我每天打开邮箱的第一件事，
> 就是看有没有来自霍华德·马克斯的备忘录
>
> **沃伦·巴菲特**

橡树资本主席霍华德·马克斯投身顶级投资管理行业40年，跻身世界顶尖价值投资者之列。他的客户备忘录充满了富有洞察力的评论与久经考验的基本投资理念。本书倾注了他一生的经验和研究，是作者多年来投资备忘录的精华。它阐述了成功投资的秘诀，以及足以摧毁资本或断送职业生涯的错误。作者摘录备忘录中的段落阐明自己的思想，以亲身经历详细阐述了其投资理念的发展历程，充分肯定了投资的复杂性和金融领域的危险性。

作者：（美）霍华德·马克斯 著
ISBN：978-7-5086-3380-0
出版时间：2012年7月
定价：58.00元